普通高等教育“十一五”国家级规划教材

媒介管理学概论

Meijie Guanlixue Gailun

邵培仁　陈　兵　著

高等教育出版社·北京

内容简介

本书是普通高等教育“十一五”国家级规划教材。

本书编者立足于十五年来的丰富的教学和实践经验，吸纳了国内外最新学术研究成果，从媒介管理的基本概念、基本原理入手，全面、系统地反映和体现了媒介管理学较为先进的、成熟的理论成果和当代媒介管理的新变化、新趋势。全书分为十四章，系统阐述了媒介产业与媒介组织、媒介战略管理、媒介领导、媒介计划与决策、媒介生产与媒介产品、媒介市场与媒介营销、媒介人力资源管理、媒介财务管理、媒介管理与社会、报刊业经营管理、广播影视业经营管理、新媒体业经营管理、广告经营管理等内容。

全书内容简洁，重点突出，案例丰富，论述严谨，旨在使读者用最短的时间掌握媒介管理学的基本框架，并能了解每个重要环节的关键知识。

本书既可作为高校新闻传播学、广播电视新闻学、广告学、管理学等专业教材，也可供媒体从业人员阅读参考。

图书在版编目（CIP）数据

媒介管理学概论/邵培仁，陈兵著．—北京：高等教育出版社，2010.8（2025.1 重印）
ISBN 978-7-04-028964-0

Ⅰ．①媒…　Ⅱ．①邵…　②陈…　Ⅲ．①传播媒介-经济管理-管理学-高等学校-教材　Ⅳ．①G206.2

中国版本图书馆 CIP 数据核字（2010）第 108308 号

策划编辑　武　黎　　责任编辑　武　黎　　封面设计　于文燕　　责任绘图　尹　莉
版式设计　余　杨　　责任校对　胡晓琪　　责任印制　沈心怡

出版发行　高等教育出版社
社　　址　北京市西城区德外大街 4 号
邮政编码　100120
印　　刷　涿州市星河印刷有限公司
开　　本　787 × 960　1/16
印　　张　23.75
字　　数　440 000
购书热线　010-58581118
咨询电话　400-810-0598
网　　址　http://www.hep.edu.cn
　　　　　http://www.hep.com.cn
网上订购　http://www.landraco.com
　　　　　http://www.landraco.com.cn
版　　次　2010 年 8 月第 1 版
印　　次　2025 年 1 月第 18 次印刷
定　　价　47.00 元

物 料 号　28964-A0

目　录

绪　论

媒介管理学是一门建立在管理学、营销学、经济学、传播学、新闻学、广告学、组织行为学、广播影视学等学科基础上的新兴交叉学科。目前，它的学科特点、研究内容、理论体系尚未完全形成和明确，其研究对象和研究意义亦未得到充分阐释和论述，需要我们一一加以讨论和分析。

第一节　媒介管理学的产生与发展

法国学者巴尔比耶和拉维尼尔认为，国家社会之所以能够恒久延续，与其社会成员不断分享与支持在日常公共生活中需要的各种表达方式联系密切，关系重大。因此，他们认为大众传播在新世纪所担负的不仅是使用媒介传递信息这样单纯的意义，更被赋予"将思维诉诸表达，构建从属于公共生活的空间并使社会关系恒久延续的锻炼与改变的时代职责"。[①]

我国媒介具有双重属性。作为事业，媒介进行新闻宣传，从事非营利性经营，享受政府扶持政策，按照国家事业单位的有关规定进行管理，目的是通过计划、组织、控制实现以社会效益为中心的活动过程；而作为产业，媒介是按照市场机制和媒介产业规律组建起来的，目的是通过计划、组织、控制实现以经济效益为中心的活动过程。新中国成立以来，媒介作为党的喉舌，主要宣传党的方针政策，引导社会舆论。在媒介所具有的政治与经济双重功能的前提下，我们在很长一段时期比较重视媒介的政治功能，而忽视了其经济功能。随着信息技术的飞速进步，大众媒介的地位和作用日益加强。自改革开放以来，市场体制的转型与人民群众日益增长的文化需求，促使我国媒介开始了产业化的探索和实践，媒介的企业属性逐步得到承认，媒介市场逐步走向成熟。目前，我国媒介业无论在数量、品类、结构布局上，还是在技术、资金投入上，都发生了巨大的变化，已经形成了一个巨大的媒介市场。

媒介不仅服务于我们的生活，而且改变着我们的观念与生活。根据研究观

---

① [法]巴尔比耶、拉维尼尔：《从狄德罗到因特网》，施婉丽等译，上海人民出版社 2009 年版，第 333～334 页。

察，在不同历史阶段，媒介形态的发展和运作一方面深受社会政治形态和文化观念的约束与影响，一方面又极大地推动了社会政治格局变化和文化需求增长。由此可见，其表现出的复杂互动关系是与对其赖以生存的社会公共生活的发展变化相呼应相匹配的。近几年，随着媒介改革的进行，媒介在经济上逐渐趋于独立，媒介规模日渐扩大，媒介经营日趋多元，媒介内在发展的动力要求媒介管理者给予科学管理，同时，媒介业受到日新月异的技术、新的消费模式、激烈的市场竞争及西方跨国媒介集团的巨大挑战，外部发展的压力要求媒介管理者给予创新管理。在这样的背景下，媒介业不论在宏观、中观，还是微观机制上都面临着如何更加有效、有序管理的问题。

媒介管理主要研究媒介管理者协调、组织、领导和控制媒介员工的工作和充分利用媒介资源来达到既定的媒介发展目标的过程。而媒介管理学作为一门学科，其研究目的就是从媒介管理的各种现象和要素的相互关系中，探索和揭示媒介管理的原理和规律，协助媒介管理者更新管理思想，采用新的战略和战术来指导媒介企业改进现有媒介产品的质量，研发新的媒介产品，以期在激烈的媒介市场竞争中占有一席之地。虽然我国初步构筑起了一系列媒介产业发展的政策体系，但由于我国媒介政策基本上是在两种体制转型过程中制定和形成的，很大程度上带有计划体制的痕迹，媒介政策还不够宽松，媒介产业还没有完全实现企业化经营，无论从政策导向还是经营管理体制上都存在许多弊端，阻碍着媒介产业的快速发展。“管理科学，兴国之道”①。只有从理论的高度、实践的角度，系统而全面地研究媒介管理全过程，才能适应经济社会发展需要和世界媒介发展潮流，推动我国媒介业开拓创新，不断进步。

第二节　媒介管理学的研究对象

媒介管理学的研究对象是媒介管理现象，它既包括媒介战略管理现象，又包括媒介经营管理现象；既包括媒介管理活动现象，也包括媒介管理意识现象、媒介管理关系现象和媒介管理规范现象。

菲利普·科特勒(Philip Kotler)认为，一门学科就应该有一个核心概念。如果说政治学的核心概念是权力，经济学的核心概念是短缺，人类学的核心概念是文化，社会学的核心概念是群体，那么媒介管理学的核心概念就是交换。作为核心概念，交换不只是有形物质的交换，也包括无形信息的交流与沟通；交换也不只定位于市场，它上连传播和生产过程，下接接受与消费过程，外部涉及政治、

① 朱镕基：《管理科学，兴国之道》，载《人民日报》1996 年 7 月 25 日。

经济、文化、社会等各个方面。因为,与交换相连的媒介管理中的各个环节和相关的各种因素,都是相互联系、相互制约、相互作用的一个有机整体,而非一个个孤立的存在。

从上述基本思想出发,本书分四部分共十四章来研究媒介管理学。

第一部分:媒介管理与媒介产业分析

这一部分主要探讨四个方面的问题,一是界定媒介管理学的研究对象、研究内容、研究意义和研究方法。二是分析媒介的含义、媒介管理的本质、特征、职能、作用和原则。这两方面是一种宏观的分析与认识,意在展现媒介管理学的大体形貌、科学研究的基本思路和媒介管理的现状与走向,是确立一门学科所必须澄清的基本问题,也是媒介管理学能成为一门独立学科的主要表征。三是审视媒介产业化的途径。这是一种中观的认识和透视,意在论述媒介作为一个产业所面临的重大问题。四是分析媒介组织与媒介文化的情况,主要讨论媒介组织设计、媒介组织变革趋势、媒介文化的构成要素及媒介文化培育途径等问题。这一部分属于微观的论述,意在说明一个高效的媒介组织和良好的文化氛围对媒介公司的生存与发展起着十分重要的作用,必须切实加强建设和管理。

第二部分:媒介管理的任务分析

媒介管理的任务不仅重大,而且繁多。这一部分通过麻雀解剖式的梳理,对媒介管理的主要任务一一进行研究。

我们从媒介战略管理入手,深入分析媒介战略管理,对媒介战略管理的过程提出独特的看法。媒介战略管理关系到媒介的兴衰成败,在整个媒介管理体系中起着极为重要的作用。媒介战略管理是一种动态的全过程的管理,是媒介管理思想的集中体现。

接着研究媒介领导,主要研究媒介领导的本质、特点、权威、原则和媒介领导者的职责、素质以及选聘、组合等问题,鼓励有抱负的年轻的媒介从业者都应有一个梦想,就是力争成为媒介领导者。

随后,我们分析媒介管理的计划与决策问题。通过分析,试图说明在一个现代化的媒介组织中,计划和决策应该得到应有的重视。计划和决策是媒介领导者带领全体员工奋斗的两个轮子。在这之后,我们对媒介管理的资源——人力资源、财务资源——分别进行研究。

人力资源管理是媒介管理的重要组成部分。这一部分着重研究人力资源的内涵;论述媒介人才的选择与任用,介绍如何发现和任用、驾驭和用好优秀媒介人才的策略和技巧;分析媒介人员培训与发展的原则和形式及对媒介人员进行业绩考核的意义及方法。媒介人力资源的质量、管理水平和管理效率,直接关系到媒介企业的生存、发展和兴衰成败,也关系到媒介辐射范围内的政治稳定、社会进步和经济发展。

媒介财务管理是对媒介产品产销过程中的成本、投资、利润进行核算，对资金、资产的使用进行预算、组织、分配和监控的过程。对于这一过程，除了研究媒介财务管理的一般特点、原则和策略之外，还将着重研究媒介财务管理中的重要概念和关键问题，分析财务预算的作用、要求和步骤、方法。媒介领导者对媒介的经济盈亏负有责任，尽管他们中有不少人对财务账目敬而远之，对传播业务充满兴趣，而亏损还是盈利，最能证明一个人的领导水平和管理能力。

在这部分的最后，我们对媒介管理的媒介法规与伦理道德给予关注。作为传播工具的媒介，在社会中发挥着持久而深刻的影响，已经成为人们生活方式的重要内容。媒介与社会的密切互动，使媒介管理遇到了一些新问题或者旧问题的新形式，进入我们观照视野的是文化、法律和伦理道德等问题。媒介必须按照社会准则进行生产经营运作，而且必须恪守大众传播的公信力和社会责任等基本准则，以正确的舆论导向建立媒介在新经济时代的重要地位。

第三部分：媒介产品生产与营销分析

可以说，媒介产品从生产到销售到受众的手中，是一个非常完整的商业过程。媒介产品是媒介组织一切活动的中心。媒介产品的市场营销活动的水平高低，取决于媒介组织管理能力的强弱。消费者、受众是媒介市场的主体，没有他们就没有媒介市场。

在媒介的生产与媒介产品这一章，我们试图说明媒介产品是一种特殊的商品，应当不断适应受众需要的变化和市场的变化。在媒介产品分析中，我们将主要分析媒介产品定位、媒介产品生命周期、媒介产品开发和媒介产品组合等内容。媒介要善于扬长避短，利用自身的优势开发具有个性和竞争力的产品。价格策略是媒介管理的重要手段。在给出制订媒介产品价格策略的依据后，我们重点研究媒介产品的定价手段、定价过程和价格策略的运用原则。

媒介产品的发行与销售，是整个媒介产品经营的龙头，制约着媒介产品生产与营销的全过程。可以说，媒介管理的目标主要是围绕媒介产品的营销而展开的。因此，媒介的发展、媒介产品市场占有率的提高，都要从提高营销能力上去寻找出路。因此，在媒介市场与媒介营销这一章里，我们首先观照与分析媒介市场的特点与类型、媒介市场的配置与表现、媒介市场的细分与定位等有关内容；接着，对信息消费者的特点与权利、信息消费者的需要与满足进行研究；最后分析媒介营销策略，分析媒介市场渗透、开发及其他发展策略等重要的问题。

第四部分：媒介管理的领域分析

这一部分主要分析报业、广播影视业、新媒体业和广告公司在管理中经常碰到的具体问题，目的在于让不同媒介的从业人员在“短、平、快”的信息接受中，迅速抓住适合自己的、最有效用的管理要点和原理，这是媒介管理理论在实践中的应用。

今天的报业在媒介竞争中仍然掌握着主动权，面临的主要问题不是如何生存，而是如何发展。为了保持报业的继续繁荣，报业管理要有一种全新的战略眼光，尽量建立一种富有成效的管理风格。在报业管理这一章中，我们主要分析报业市场与报业竞争、报业广告经营管理、报业的发行和销售管理、报业集团经营管理，以及 WTO 与中国的报业管理等问题。报纸管理者要在变幻莫测的市场和激烈的媒介竞争中创造利润，并为读者、广告主和社会提供富有责任的服务。

广播影视业作为当前最具影响力的媒介产业，取得了飞速的、令人吃惊的发展。广播是出现最早、信息传播快捷的电子大众媒介。我们在研究广播影视业的发展历史、现状以及发展趋势后，将对广播、电视、电影分别进行详细的论述。虽然现在广播业经营碰到了前所未有的困难，但我们认为，广播电台不应该失去发展的希望。我们还对广播业的管理体制和要素、广播节目管理与编排的原则、广播节目管理的环节，以及提高广播节目质量的途径进行探讨。电视集信息传播和娱乐于一身，使人们获得信息和享受娱乐的方式发生了很大的变化。我们在分析电视的核心竞争力后，结合实例对电视节目编排要领与策略、电视节目的制作与播出管理给予重点关注。全球电影业发展迅速，市场化是不变的方向。我们将阐述电影业存在的问题，并在此基础上提出电影业发展的对策，还对电影营销进行专门研究。

新媒体业给人类带来了天翻地覆的变化，并正以空前的力量和速度改变着这个世界。网络媒介集各种高科技于一体，几乎能做到所有传统媒介所能做到的事。在进入网络时代的 21 世纪后，我们必须给这一“新生事物”找到合适的管理“钥匙”。在新媒体业的经营管理这一章，我们首先对新媒体业进行分析，然后重点关注新媒体业与传统媒体业管理的异同之处，提出新媒体业的经营模式及发展对策。

本书第十四章对广告公司的历史、形貌、市场开发、经营策略、运作管理进行分析研究；对广告在媒体生存发展中的重要性、媒体与广告公司和企业的关系、媒体广告的经营方式和路径策略进行了分析和探讨；接着对企业广告的作用、企业广告的运作流程、企业运用广告媒介策略和广告媒介组合的原则等进行了描述和分析。

第三节　媒介管理学的研究方法

媒介管理者要正确认识媒介管理的过去、现在和未来，掌握媒介管理的客观规律，搞好媒介管理工作，必须先要有正确的学习和研究方法。在我国，学习和研究媒介管理学首先必须坚持辩证唯物主义和历史唯物主义，必须以马列主义为指导，以整体的、唯物的、辩证的、发展的眼光看待问题和分析问题，理论与实践结合。为此，必须注意以下几点：

一、坚持理论联系实际的方法

理论来源于实践，实践是检验真理的唯一标准。媒介管理理论产生于媒介管理实践，是媒介管理实践经验的科学总结和理论概括，具有很强的指导性、实践性和应用性。学习和研究媒介管理学，不仅要知道"是什么"、"为什么"，还要知道"怎么做"、"为何做"。也就是说，媒介管理者不但要充分理解和消化书本上的理论知识，还要努力将学到的理论知识运用到实践中去，将媒介管理理论与媒介管理实践紧密结合起来，在实践中检验理论、发展理论，不断提高媒介管理的科学水平。因此，在学习和研究媒介管理学，运用媒介管理理论指导媒介管理实践的时候，必须坚持实事求是的科学态度，深入媒介管理实践，密切结合中国国情，紧密联系中国实际，认真调查研究，不断总结经验，从中找出规律性理论，用以指导媒介管理活动，从而获得最佳的社会效益和经济效益。

二、运用唯物的和辩证的分析方法

媒介管理学主要研究媒介与社会、媒介与媒介，以及媒介内部人财物讯等各种因素之间的相互影响、相互作用、相互联系的复杂情状和动态关系。因此，研究必须坚持唯物、辩证的分析方法，从实际出发，从互动入手。如果孤立地静止地看待和分析媒介管理中的单一因素，割断它与其他因素之间的联系与互动关系，那么这种研究通常是没有价值和意义的。同样，在具体的媒介经营中，也必须注意考虑各种因素之间的相互作用、相互影响的关系，如果经理部只顾抓自己的经济效益，不顾编辑部的任务目标，或者编辑部只顾自己的任务，不顾经理部的经济指标，那么这两者最终都将难以达到自己的目标和效果。所以，媒介管理者在研究媒介组织内部的人事、财务、规章、计划、讯息、设备等问题时，必须联系媒介以外的政策导向、社会趋势、受众需求、市场走向、新科技的发展等现象；在规划媒介战略等重大的宏观问题时，必须关注媒介经营等一般的微观问题，因为这些因素之间客观存在着复杂的互动关系。

三、运用系统的和动态的分析方法

用全面的、历史的眼光来观察和分析问题，以发展的、动态的观点来审视和处理问题，是科学研究中的一个十分重要的方法。媒介管理学要研究的不只是媒介管理活动中的几种要素和个别单纯现象，而是一个复杂的相互联系的社会系统。这个系统上延到党和政府的方针、政策，主管部门的指令、计划，传播活动前的市场调研、信息采集，传播活动中的宣传发动、策划组织，下伸到传播活动后的搜集反馈、产品的售后服务和咨询及受众研究等；既要研究信息产品的市场、生产、传播和接收问题，又要研究媒介产品、广告产品的市场、生产、销售和消费现象；既要研究加强媒介内部管理的方案，又要探讨适应媒介外部市场环境的对策。如果把媒介管理学的研究对象局限于信息传播，或者限定在广告、推销等方面，那就等于将它混同于传播学或广告学、销售学，也就失去了它自身的特点和存在价值。

四、运用多种分析手段和多种学科知识

媒介管理是一项能够产生超越时间和空间的影响力的复杂活动，也是一项记住过去、反映现在、关注未来的精神运动，影响它的因素千头万绪，错综复杂。因此，在分析、研究它时，就不能局限于只使用一两种方法、手段和相关学科知识，而必须灵活地综合地运用多种方法、多种手段和多种学科的知识，对它们做多变量、多层面的立体观照和分析，否则，是很难得出规律性的认识的。事实上，媒介管理学在发展中已显示出吐故纳新、兼容并蓄的特性，正日益成为综合性的边缘学科和交叉学科。它以经济学、管理学为理论基础，吸收、借鉴了传播学、新闻学、营销学、广告学、领导学、行为科学等学科的理论和研究方法，自成一体，显示出特有的生机与活力。因此，学习和研究媒介管理学必须在掌握经济学和管理学的基础上，广泛吸收传播学、营销学等各门学科的知识和营养，用它们来充实和武装自己的大脑。

五、坚持“洋为中用”、“古为今用”的原则

要让媒介管理学成为适应中国国情和需要的科学，成为中国文化和学术的有机部分，就必须积极引进、移植、消化、借鉴西方先进的媒介管理理论与经验，弄清其来龙去脉，认清其是非曲直，取其精华，舍其糟粕，使其植根于中国的学术土壤，消融于中国的学术氛围。对待海外媒介管理学，既不要崇洋媚外，一味附和，也不要唯我独尊，盲目排斥，正确的态度应该是排污不排外，迎新不迎旧。同时，必须注意继承和发扬中国文化传统和学术优势，努力在中国古代文化典籍和现代学术著作中汲取营养，增强媒介管理学的科学性、本土性、应用性和实践性，力求在理论和实践上有所超越，有所创新，进而建立起具有中国特点的媒介管理学和媒介管理体系及模式。套用美国著名未来学家阿尔文·托夫勒在《第三次

浪潮》一书中的最后一句话："就像革命先辈那样，我们的使命注定是创造未来。"[①]

第四节 学习与研究媒介管理学的意义

媒介管理学是一门实践性很强的新兴应用学科，认真学习和研究这门学科，对于借鉴其他国家和地区媒介管理的经验和方法，总结我国媒介管理的经验和教训，认识媒介管理的现存样态，构筑媒介管理的美好未来，提高媒介管理者的综合素质，增强媒介在信息传播和产品营销方面的竞争力，有效发挥和执行媒介的传播功能和管理职能，都具有重要的理论价值和现实意义。

一、媒介"企业经营"的客观要求

"事业单位，企业管理。""政治家办报，企业家经营。"这是改革开放之后，党和政府对媒介性质的重新界定和要求。这意味着媒介既要承担宣传任务、社会责任，追求社会效益，又要独立核算，自负盈亏，追求经济效益。媒介管理者必须具备"上岸能驾车，下海能行船"的特殊本领。但是，我们以往的媒介体系所需要的和教育体系所培养的都是传播人才，而不是管理人才。如今，面向市场经济的大众传播媒介，迫切需要大批媒介管理人才，也需要人们加强对媒介管理知识和原理的学习和研究。

在管理实践中，许多媒介组织提出了"向管理要质量"、"向管理要效益"的口号，要求通过提高媒介管理水平来获取较大的经济效益。事实证明，在媒介生存环境、地理位置、地位、规模、人员、设备等条件基本相同的情况下，由于媒介管理水平的差别，所导致的媒介社会效益和经济效益是大不相同的，管理不佳的媒介甚至面临生存危机，优秀人才纷纷"跳槽"。

随着市场经济的发展和西方媒体帝国参与竞争，我国大众传媒面对的形势和局面将十分严峻，加强媒介管理，提高管理水平，壮大管理队伍，认真学习和研究媒介管理学，是我们应付这一挑战的最佳抉择。

二、媒介管理者的迫切需要

媒介管理学是人类对媒介管理实践的概括和总结，是对媒介管理现状的审

---

① [美]阿尔文·托夫勒：《第三次浪潮》，黄明坚译，新华出版社 1996 年版，第 492 页。

视和分析，是对媒介管理未来的构筑和规划。理论来源于实践，反过来亦能指导实践。只有掌握正确的媒介管理理论，才会有正确的媒介管理实践。媒介管理学的指导意义，在任何情况下都是无法否认的。试图否认的人，无非是想标榜自己是个天才，但这样的天才在媒介管理实践中是不存在的。对此，列宁曾尖锐指出："任何管理工作都需要有特殊的本领，有的人可以当一个最有能力的革命家和鼓动家，但完全不适合做一个管理人员。"凡是熟悉生活、阅历丰富的人都知道："要管理就要内行，就要精通生产的一切条件，就要懂得现代高度的生产技术，就要有一定的科学修养。"①因此，学习和研究媒介管理学，正确认识和了解媒介管理的昨天、今天和明天，是做好媒介管理工作的必由之路。

媒介管理作为一种致力于在媒介组织中影响和调动各种要素创造传播奇迹的基本活动，它要求媒介管理者既是优秀的"革命家"、"鼓动家"，又是出色的企业家。它要求媒介管理者以崇高的历史使命感和强烈的社会责任感，以高度的综合素质和出色的管理工作，不断地为媒介历史和个人历史增光添彩，为社会发展和媒介未来添砖加瓦。这些都要求媒介管理者必须掌握和研究媒介管理学。

三、大众传播者的最新需求

过去，我国的新闻与传播教育，不论是新闻、广告、出版专业，还是广播、电视、电影专业，大都只重视理论与业务方面的教育和训练，其中特别偏重采、写、摄、制、编、导、评等课程，不太重视媒介管理知识的讲授与学习。结果，学生的就业去向大多只能局限在新闻与传播媒介的讯息制播范围，而与管理有关的岗位都拱手相让了。

随着市场经济的强力渗透和全面拓展，只掌握一种"制播本领"的大众传播者，在市场经济的汪洋大海中已经手忙脚乱，捉襟见肘。在计划经济时代，大众传播者可以只顾"生产"不顾"市场"，但今天的大众传播者必须根据"市场"组织"生产"，必须既有"制播本领"又有"管理知识"。否则，生产的产品将不为市场所接受，这些生产者将在激烈的市场竞争中惨遭淘汰。在这种情况下，如果说大学只教学生如何制播讯息即等于教他们将来如何失业，同样，正在媒介岗位上的专业传播者若不掌握媒介管理知识，同样亦有丢掉饭碗的危险。因此，大众传播者要想从容应付未来复杂多变的媒介竞争，必须学习和研究媒介管理学。学习和研究媒介管理学，应该成为大众传播者的最新需求。

① 《列宁全集》第 33 卷，人民出版社 1990 年版，第 394 页。

思考题：

1. 什么是媒介管理？什么是媒介管理学？
2. 媒介管理学的研究对象是什么？
3. 研究媒介管理学要注意哪些要点？
4. 学习和研究媒介管理学有什么意义？

第一章
媒介管理概述

科技不断创新,知识川流不息,信息滚滚而来……这一切,为大众媒介营造了一个进行现代管理所必需的大背景。美国大众传播学者雪莉·贝尔吉在谈到我们所处时代的特征时说:“你最后一次整天都没有接触媒介是什么时候?从早上你起床的那一刻,一直到晚上你上床睡觉的时候,媒介就等着和你做伴儿。”①接触媒介已成为一种文化范畴和生活方式,演变成我们生活中的阳光、雨露和空气。

与此同时,管理成了一项艰苦卓绝却又光芒四射的事业。它不仅改变了世界各国社会与经济组织形式,而且重新划分了世界社会、经济的空间和版图,创造了一种各国平等参与的全球组织和经济模式。虽然管理本身发生了巨大变化,但在管理者中却很少有人意识到它所具有的巨大影响力。在今日的中国媒介领域,很多管理者还没有感觉到自己正在遵循或违背媒介管理的规律和原则,也没有意识到自己正面临着一系列的巨大挑战,更没有意识到能够让媒介管理释放巨大能量的“闸刀”正抓在自己的手中。

在全球化扩张、垄断化兼并、数字化技术等传媒产业发展背景下,媒介大战也从国内市场“打”到了国际市场。严峻的现实,要求媒介产业有一种全面系统的管理理论作指导。媒介管理是媒介为了在市场经济时代更好地生存和发展所实施的一个动态管理过程。

第一节　媒介管理的概念

一、媒介的概念

“媒介”一词,最早见于《旧唐书·张行成传》:“观古今用人,必因媒介。”在这

① [美]雪莉·贝尔吉:《媒介与冲击:大众媒介概论》(第四版),赵敬松主译,东北财经大学出版社2000年版,第20页。

里,“媒介”是指使双方发生关系的人或事物。其中,“媒”字在先秦时期是指媒人,后引申为事物发生的诱因。《诗·卫风·氓》:“匪我愆期,子无良媒。”《文中子·魏相》:“见誉而喜者,佞之媒也。”而“介”字则是指居于两者之间的中介体或工具。在英语中,“Media”(媒介)系“Medium”的复数形式。它大约最先出现于19世纪中期,当时在伦敦街头佩戴标志或散发传单的儿童被人称为“广告媒介”。1909年版的《韦伯斯特辞典》解释“媒介”一词是:“工具,例如广告媒介。”第一次世界大战期间,英国的一些广告机构开始设立“媒介部”,以挑选、比较各种媒介,将广告信息传播给它们的“顾客”。后来,传播公司的专业人员则称自己在从事“媒介业”,而传播学者们则将书籍、报纸、杂志、广播、电视、电影等统称为“传播媒介”。吴东权在《中国传播媒介发源史》一书中认为,将“Media”翻译成“媒介”不太稳妥,不如译成“媒体”。因为“体”字本身含有身体、本体、形质、形状的意思,多少是有实体的感觉,并且作为一种“媒”之“体”,也应该含有一种实体的意义,即它是有形状存在而构成传播功能的实体。因此,“媒体是一个电视台、报社、广播电台、或通讯卫星地面接收台……能够发挥传播功能者。”但是,吴东权最终还是向“约定俗成”屈服了,仍采用了“媒介”一词。

在媒介研究大师麦克卢汉(M. Mcluhan)笔下,“媒介是人体的延伸”,媒介可以是万物,万物皆媒介,所有媒介均可以同人体器官发生某种联系。媒介无时不有,无处不在。凡是能使人与人、人与事物或事物和事物之间产生关系的物质都是广义的媒介。施拉姆曾经赞扬麦克卢汉使得“媒介这个曾经主要是艺术家、细菌学家和大众传播学家才使用的词风靡一时”。① 但是,这种全部依据“都集中在媒介工具对中枢感觉系统”的媒介理论忽略了人与人的社会关系。正如美国学者切特罗姆所指出的:“他的技术自然主义强调媒介是人的生物性延伸,而不是人的社会性延伸。虽然他想通过传播媒介来追踪人类文化的发展,他的历史学却难于置信地缺乏真正的人民。”②德弗雷也从广义的层面建构媒介:“媒介可以是任何一种用来传播人类意识的载体或一组安排有序的载体。”③美国著名的媒体文化研究者尼尔·波兹曼在《娱乐至死》一书中指出“媒介即认知”,并提出,“媒介指导着我们看待和了解事物的方式,从而最终控制文化”。即使在狭义的层面上,对媒介的认识也有分歧。有时它与符号混淆:“媒介是指承载并传递信息的物理形式,包括物质实体和物理能。前者如文字、各种印刷品、记号、有象征意义的物体、信息、传播器材等;后者如声波、光、电波等。”(龚炜,1988)有时它

---

① [美]施拉姆:《传播学概论》,赵水福等译,新华出版社1984年版,第136页。

② [美]切特罗姆:《传播媒介与美国人的思想》,黄静生、黄艾禾译,中国广播电视出版社1991年版,第195页。

③ [美]德弗雷:《大众传播通论》,颜建军等译,华夏出版社1989年版,第25页。

与传播形式相混："媒介是一个简单方便的术语，通常用来指所有面向广大传播对象的信息传播形式，包括电影、电视、广播、报刊、通俗文学和音乐。"（巴特勒，1986）有时它与载体、渠道、讯息纠缠："媒介就是传递大规模信息的载体，是通讯社、报纸、杂志、书籍、广播、电视、电影等的总称，一般又称大众媒介。"[①]"严格地讲，媒介就是渠道——即口语单词、印刷单词等等。但是，这一术语常常用来指渠道和信源两者，有时甚至包括讯息。""当我们说到'大众媒介'的时候，我们往往不仅指大众传播的渠道，而且指这些渠道的内容，甚至还指那些为之工作的人们的行为。"（戴维·桑德曼等）

我们认为，所谓媒介，就是指"介于传播者与受传者之间的用以负载、传递、延伸特定符号和信息的物质实体"[②]，它包括书籍、报纸、杂志、广播、电视、电影、网络等及其生产、传播机构。

其实，人们不仅对"媒介"这个概念的认识和采纳十分缓慢，而且媒介作为一个实体，其变化也是缓慢的。在大约 100 多年的时间里，人们一直将媒介当做一个微型实体来理解，直到电视事业获得惊人发展，人们才意识到仍用"报业"这一概念来描述他们为之工作的报社、杂志社、广播电台、电视台等机构并不准确，而且还有误导之嫌。于是新闻记者终于找到了"媒介"这一可以作为一种普通类别而非分类形式的通用术语。随着电视的到来，然后是有线电视和卫星广播、卫星电视的诞生，报业集团、出版集团、广电集团的相继出现，跨媒介联合的逐步普及与推广，人们理解媒介已不只是一个大型实体，而且还是一类或多媒体联合的实体。对此，美国媒介研究专家利奥·博加特（Leo Bogart）认为，对于媒介传播形式的传统划分，已不再适用于一个由于电脑技术的出现，而使广播电视与印刷媒介界限变得模糊的世界。媒介联合企业的发展表明，现在，创造性的产品已能从一种媒介形式转换到另一种媒介形式，而且会继续转换成玩具、装饰品甚至食品类的非媒介形式。它们的基本原则是：象征性讯息跨越媒介疆界而进行转移时，可以发挥"协同"作用，从而使整体较之个体的总和更大，更能赢利。此刻，"媒介"这个词精确地描述了一种现实，而不是一种政治概念。由于单个媒介只适应各自的技术与历史状况，因此它们的特点、内部经济和功能都各有差异，而且明晰可辨。但是，现在单个媒介更多的是作为系统的组成部分进行运作。这种系统必须被视为不可分割的实体，而且拥有共同所有权、管理机构和才华出众的合伙人，无论我们将报纸、连环漫画中的英雄故事改编成一部电影，抑或根据一部电视剧改编成小说，还是建议观众把一部电视商业片当成报纸广告来收看，都表现了媒介的相互渗透和内涵的不断扩大。

---

① 李彬：《传播学引论》，新华出版社 1993 年版，第 128 页。

② 邵培仁：《传播学导论》，浙江大学出版社 1997 年版，第 227 页。

二、管理的实质

"管理"是个现代词汇,从一般意义上看,"管"如锁孔,通过一定管道即可对人、事、物进行"管辖"、"约束","理"如治玉,是指通过"整治"、"处理"使事物具有"条理"和"秩序",亦即主其事者为"管",治其事者为"理"。因此,"凡处理事物及对人的指导,使其循序进行,以达到预期之目的者,统称之为管理。"(樊志育,1983)

那么,何谓管理?日本学者前川良博等人写道:"以达到组织目的为目标,有计划有组织地付出努力的有系统的行动称之为管理(management)。"[①]通常,管理是经济意义上的主要针对企业的行动。作为企业,在管理中总会有一个目的,并且会经常而有效地为达到其目的而努力。彼德·德鲁克(1989)认为:"每一个企业都应坚定不移地认定一个共同目标和价值观,没有这种承诺,企业就会成为一盘散沙。企业必须拥有简明扼要、清晰明了而又毫无二致的宗旨或目的。"[②]

毋庸讳言,一般来说,管理主要是针对企业而言的,而企业管理目的,就在于通过管理增加收益,获得利润。追求利润是企业永恒的主题、稳固的目标和不变的逻辑。因此,企业在管理中的首要任务就是思考、制订和说明这个目的和价值观,同时要经常集中组织全部力量,最大限度地运用它所拥有的有形、无形的资源来增加收益。也就是说,企业对生产、销售、消费过程中各个环节的运行进行决策、计划、指挥、监督、组织、核算和调节,目的就是为了获得最大利润,而这就是企业管理的实质所在。

虽然企业管理的目的是获得利润,但并不意味着它可以把追求利润的最大化作为唯一目的,而无视社会性、公益性和伦理性,毫无限制地、为所欲为地去追求利益。因为,企业也是构成社会的一个组成部分,是只有为社会服务、对社会有益并得到社会支持才能允许存在和发展的组织机构。因此,作为社会组织的企业,它不仅要严格地按照市场规律和政府的一系列方针、政策、原则、规定办事,还要承担一定的社会责任,并自觉接受社会监督,将承担社会责任看做是企业管理的第二个目的。这就要求企业在管理中将追求利润与承担社会责任两个目的有机结合起来,使两者能够得到兼顾,有时为了为社会服务、为满足顾客利益甚至不惜牺牲一部分企业利益,但绝不能为了企业利益而不顾消费者的权益和社会责任。随着社会主义市场经济的日益完善和社会文明的日益进步,企业管理也日益复杂、艰难和富有挑战性,这不但要求比过去更加有效、严格地进行管理,而且要求管理者有更高和更全面的素质和知识;否则,这两个目的都有可

---

① [日]前川良博等:《经营信息管理》,滕岳宗译,北京科学技术出版社 1998 年版,第 1 页。

② [美]杜拉克:《有效的管理者》,许是祥译,台北企业管理发展中心 1978 年版,第 147 页。

能落空。

三、媒介管理的概念

媒介管理衍生于管理领域，又扎根于传媒业而表现出相对独特的属性。我们认为，所谓媒介管理，是指研究媒介管理者协调、组织、领导和控制媒介员工的工作和充分利用媒介资源来达到既定的媒介发展目标的过程。

对于媒介管理这一概念，可从四个方面进行理解：(1) 协调、组织、领导和控制属于管理行为，不同的管理行为反映不同的管理风格，而不同的管理风格又可以产生不同的管理绩效。(2) 媒介员工属于管理对象，但不是没有血肉的被动工具，而是富有感情的能动主体，因此让他们心情愉快地工作显得十分重要。(3) 目标是媒介组织致力达到的目的，是媒介组织的基本构成元素。没有目标，媒介组织就失去了存在的理由。(4) 媒介组织必须为达到其目标而取得和利用必要的资源，除了人力资源，还有受众资源、信息资源、广告(财力)资源、物质资源等。没有资源，媒介就无法组织生产和销售。

媒介企业通过媒介管理，可以实现以最少的资源投入获得最大的社会效益和经济效益，最大限度发挥出媒介的效能。

第二节　媒介管理的本质

一、社会责任与经济利益的有效结合

我国的媒介管理不仅要将承担社会责任和追求经济利益有机结合、互相协调起来，并将承担社会责任置于首位，而且还要将完成宣传任务纳入自己的目标系统，并予以优先考虑。这是与其他企业管理的一个最重要的区别。因为，任何大众传播媒介都隶属于一定的阶级、政党和集团，其领导者、经营者和传播者也都持有一定的阶级立场、政治倾向和世界观。作为社会主义国家的大众传媒，它应该把党的利益、国家的利益和人民的利益放在首位，应该成为党、政府和人民的工具和喉舌，坚持四项基本原则，维护社会主义制度，正确地、实事求是地宣传党和国家的路线、方针、政策，反映人民群众的呼声和要求，满足人民群众多方面的需要，努力完成党和政府交给的各项宣传任务，积极地为社会主义的物质文明、政治文明和精神文明的建设作出贡献。其实，西方传媒管理的基本态度也总是为资本主义制度辩护，为资产阶级的利益服务，反映和传播资产阶级的世界观、方法论和立场、观点，尽管他们总是矢口否认。

二、人、财、物与讯息的深度整合

媒介管理不同于其他企业管理的地方，是它不只是人、财、物的管理，而更重要的还有讯息资源的管理。过去人们在论述构成媒介企业的基本要素时，总是套用企业的构成要素，即三个M(人、物、财)。他们认为：媒介企业经营的主体(生产者)并成为对象(消费者)的是人(男人、女人)，生产、销售、库存、物资流通等的对象是物(材料)，以及用货币表示的财务、会计、资金等的财(货币)是媒介企业构成的基本要素，因而也是构成媒介企业管理的主要因素。实际上，在媒介管理中，讯息(消息)是仅次于人、物、财的第四要素。试想，大众传播媒介若不传播讯息，受众也没有讯息的需求，那将会是一种什么样的情形，至少媒介已没有存在的必要了。在传播学中，讯息是由一系列有序性符号组成的表达特定信息或意义的符号系统。这个系统包括信息和符号两个部分。媒介管理中的媒介物(书籍、报纸、杂志、唱片、碟片等)之所以可以销售、流通、传递，正是因为传播者和生产者在上面负载了对受众或消费者具有意义的讯息。其实，即使是人、物、财的管理，其中也必然涉及人事信息、物资信息和财务信息等经营信息，并且也要对这些信息加以管理。

三、独特性与统一性的有机组合

媒介组织不仅在管理上有其独特性，而且在组织机构的设置和构架上也有自己的特殊性，各类媒介组织(报社、广播电台、电视台、出版社、杂志社等)还不尽相同。因此，我们如果试图把一切媒介组织的机构及其管理活动统一加以详细叙述，那肯定是非常困难的。以某一报社为例，只要我们运用系统处理方法将其主要部门及其管理活动加以模式化，就会发现它们大多呈现出“壹”字形模式。即为了实现报业组织目标，报社在以社长、总编辑、总经理这“三驾马车”为核心的社委会领导下，合理分工，各司其职；社长抓总，承担整体协调的责任；总编辑负责新闻和信息的采集、整理、写作、编辑、评论、刊发；总经理负责广告的招揽和媒介产品的印刷、发行、销售以及各项经营项目的管理；这些不同项目的管理以及具体的作业管理、事务处理和档案、资料、数据管理等，都在社委会成员和十多个部门工作人员的工作中体现出来，从而形成了一个由上到下、由宏观到微观、多部门有机协调、各种资源(人、物、财、讯)有序流动的管理系统。“壹”字形模式对该报社组织机构和管理框架的主要特征作了十分简洁明了的呈现，反映出了管理的整体形貌和基本过程，具有一定的启发性和实用性。至于其他大众传播媒介(如广播电台、电视台、出版社等)组织机构的构成与管理体制，基本上与此大同小异、相去不远，故也可以据此构想和建立起适当的模式，以作为描述、分析和解决管理中所遇现象及问题的途径和方法。

四、科学与艺术的巧妙融合

媒介管理是一种科学，也是一种艺术。作为一种科学，它是媒介管理者智慧与技巧的锦囊，是媒介从业者追求生存、发展和进步的一种有效的途径和手段，也是一系列系统、全面的知识和技能，它主张通过规划、组织、协调、指挥、控制等基本活动顺利实现媒介组织的目标。作为一种艺术，它是媒介管理者发挥决策智慧、提高应变水平、增强领导能力的一种难以传习的天赋，是提升员工工作动机、鼓舞员工士气、调动员工情绪和工作积极性的一系列技巧和方法，也是充分挖掘有利于实现媒介组织目标的“人性因素”，努力使管理“人性化”。媒介管理涉及的是人的智慧与行为，人的成长与发展，人的价值观与世界观，因而它就是传统意义上的“人的艺术”。总之，媒介管理是由媒介业的管理者有意识地通过合理的规划、健全的组织、有机的协调、正确的指挥和严格的控制等管理机能，运用人、财、物、讯息等媒介资源，以实现媒介组织目标的活动（见图1－1）。随着媒介的发展和时间的推移，媒介管理将越来越成为一门科学和艺术；通过这门科学和艺术，它将会像企业管理一样获得人们的认可和社会的重视。

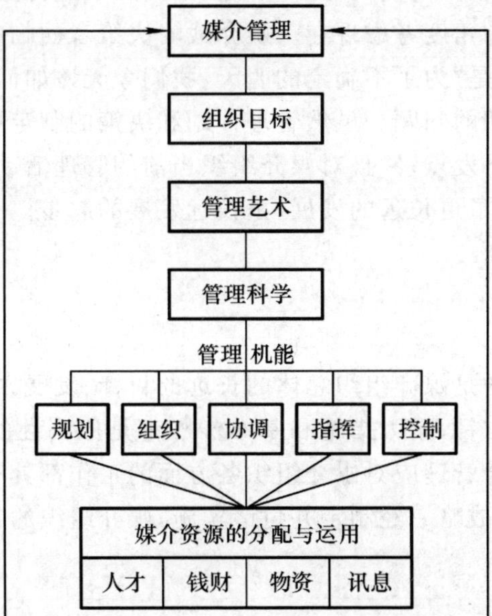

图 1－1　媒介管理活动

第三节 媒介管理的特征

一、全局性

这是媒介管理的首要特征。媒介管理是以媒介全局为对象,根据媒介组织总体发展的需要而制定的。媒介管理指导整个媒介组织,影响媒介组织在新经济时代的生存和发展。虽然媒介管理也包括媒介组织的局部活动,但是,这些局部活动是作为总体活动的有机组成部分在战略管理中出现的。媒介管理并不单纯强调某一职能部门如编辑部、记者部、发行部、财务部、广告部等的重要性,而是通过制定媒介计划和媒介战略来协调各个职能部门的整体性活动。

二、长远性

分析我国媒介组织所遇到的许多问题和困难,恰恰是过去缺乏战略考虑的结果。如果我们今天仍不重视媒介管理,明天就会贻误我们的子孙后代。媒介组织着眼于未来,对较长时期内(五年以上)如何发展进行全盘筹划,必须站在长远的、战略的、前瞻的角度考虑现在。媒介战略决策者面临的问题并不是本媒介明天应该怎么办,而是“为了不确定的明天,我们今天该如何做”。媒介管理是考虑未来一个较长时期的问题。虽然管理计划和决策的制定要以媒介外部环境和内部条件的现状为出发点,并且对媒介组织当前的管理活动有指导和限制作用,但是,这一切都是为了更长远的发展,是长远发展的起步。

三、纲领性

媒介管理规定的是媒介组织总体的长远的目标、发展方向和前进的道路,它所采取的基本行动方针、重大措施和基本步骤都是原则性的、概括性的,具有行动纲领的意义。媒介管理应对媒介组织各方面的工作都具有指导意义。一个新的媒介计划、决策和战略一经制定并付诸实施,媒介组织的每个部门和所有职工都要为之努力。

四、权威性

媒介管理是决策者按照一定的程序,对媒介组织的重大问题作出抉择并付诸实施的完整过程。决策是必须坚决执行的，这与构想有区别。构想对媒介组织的经营活动和个人行为没有约束力。媒介管理是有效经营的必要前提，要充分发挥媒介管理的巨大作用，它必须具有权威性。

五、抗争性

媒介管理的重要目的就是为了在激烈的媒介竞争中取得相对优势。因此，从某种程度上来说，媒介管理就是针对来自环境及竞争对手等各方面的冲击、压力、威胁和困难，为迎接这些挑战而实行的管理。这与那些不重点考虑竞争、挑战，而纯粹是为了改善媒介组织现状、增加经济效益、提高管理水平为目的的行动方案不同。"只有当这些工作与强化媒介竞争力量和迎接市场挑战直接相关、具有战略意义时，才能构成战略管理的内容。"[①]因此，媒介组织必须使自己的管理决策具有竞争特性，以保证自己战胜竞争对手，保证自己的生存和发展。

六、相对稳定性

媒介管理的方式、方法、计划和决策等是在周密分析研究的基础上制定出来的长期目标，如果"朝令夕改"，频频变动，会使媒介经营产生混乱，媒介管理也就起不到应有的指导作用。如果经常变动，即使再好的媒介管理方案也无法奏效。必须指出的是，相对稳定性的内涵不是一成不变。这与我们前面强调的媒介管理是一个动态的管理过程相一致，当外部环境和内部条件有了变化，对管理的某些方面应作适当调整，使媒介管理保持一定的弹性和自由度是一个可行的办法。

媒介管理的上述特征，使得媒介管理决策有以下四个特点：(1) 其决策的对象是复杂的，很难把握它的结构；(2) 其面对的问题常是突发性的，难以预料；(3) 其决策的性质直接涉及媒介组织的前途，因此要有长时间的酝酿准备，风险相对也大；(4) 评价困难，很难标准化。尽管如此，决策者们都已做好了准备。如今，报刊电子版、电子图书、网上书店、网上音乐、网上影院、数字图文电视、网络传播——互联网一端连着受众，一端连着世界。进入 Web2.0 时代，博客、社交网站、视频网站的相继诞生，使人们的表达和沟通得到进一步解放，互联网是这样一种传播媒介，它首次实现了在全球范围的特定的时间内，进行多人对多人的传播，最重要的是，互联网是一种文化上的创造。2009 年 3G 时代拉开序幕，把互联网及其他行业的信息传输及普及带入新的纪元，与此同时也对传媒提出了更高的要求。媒介产业的变革风起云涌，新的传播技术层出不穷。媒介管理

---

① 罗锐韧：《哈佛管理全集》(上)，企业管理出版社 2000 年版，第 88 页。

必须紧跟时代的潮流，否则，将不仅是在竞争中失去优势地位，更为严重的后果将是毁灭性的。

第四节 媒介管理的原则

媒介管理原则，是指对媒介管理者及其所从事的活动所提出来的必须遵循的指导原理和基本要求。它对现在和未来的管理活动的过程和结果，均具有一定的规范、导向、促进和保证作用。

一、媒介管理原则的形成

媒介管理原则，是在具体实践和理论探讨中逐步形成的。这一形成过程，是不断认识和反映媒介管理活动以及一般管理活动规律的过程，也是更加全面完整地体现人民群众的意志和利益的过程。

最先提出管理原则的是意大利的尼古拉·马基雅维利(Niccolo Machiavelli)。他在16世纪所著的《王子》一书中，对统治者怎样管理国家、怎样更好地运用权威，提出了四条原则：(1) 群众认可，权威来自群众；(2) 内聚力，组织要能够长期存在，就要有内聚力，而权威是必须在组织当中行使的；(3) 领导能力，掌权之后要能够维持下去，就必须具备领导能力；(4) 求生存的意志，就是要“居安思危”。

美国早期的科学管理学者哈林顿·埃默森(Harrington Emerson)联系科学管理，提出了提高效率的12条管理原则：(1) 要有明确的管理目标；(2) 注意局部与整体的关系；(3) 要有精明干练的智囊班子；(4) 要有严明的纪律；(5) 要大公无私，公平待人；(6) 及时、准确、可靠的信息和会计制度；(7) 要依计划合理调度人、财、物；(8) 规定出工作定额，安排好工作进度；(9) 建立标准化的负载条件；(10) 要有标准化的操作方法；(11) 要有标准化的工作步骤；(12) 要有行之有效的奖惩制度。由此可以看出，埃默森的管理原则已初具科学性。

接着，法国采矿冶金公司总经理亨利·法约尔(Henry Fayol)在《工业管理与一般管理》(1916)一书中，根据自己的工作经验，归纳出14条管理原则：(1) (合理)分工；(2) (明确)职权与职责；(3) (遵守)纪律；(4) 统一指挥；(5) 统一领导；(6) 个人利益服从整体利益；(7) 报酬(公平)；(8) 权力集中；(9) (建立)等级系列；(10) 秩序；(11) 公正；(12) 保持人员稳定；(13) 首创精神；(14) 团结精神。法约尔强调指出，14条原则在管理中不是死板的和绝对的东西，这些全部是尺度问题，应该灵活对待。

后来，英国管理学家林德尔·厄威克(Lyndall F. Urwick)对泰罗、埃默生、法约尔等人的管理理论进行了系统的阐释和整理，由此他在著作《管理宝典》(1956)中得出了他认为适用于一切组织管理的8项原则：(1) 目标原则，即所有的组织都应当有明确的目标；(2) 相符原则，即权力和组织必须相符；(3) 职责原则，即上下级工作应有明确职责；(4) 组织级层原则，即管理者之间应有明确的职权等级区分；(5) 控制广度原则，即每一个上级主管所管辖的下级人员不应超过5人或6人；(6) 专业化原则，即每个人的工作应限制为一种单一的职能；(7) 协调原则，即重视协调各种管理关系；(8) 明确性原则，即对于每项职务都要有明确的规定。

这些探讨，一方面反映了人们对管理原则的认识逐步向科学、全面、深层逼近的过程；另一方面也反映了人们的认识总是受到特定社会历史条件的影响和制约，有一定的不足或缺陷。

二、媒介管理原则的内容

根据上述原则，结合我国媒介管理的具体特点，媒介管理原则主要有下列内容：

1. 导向性原则

导向性原则，是指媒介管理必须加强党的领导，增强党性，坚持正确方向。这是媒介管理受社会政治、经济和文化制约的客观规律的反映，也是由我国媒介的性质、目的和任务所决定的。

人类的一切活动都是有目的的，因此，媒介管理必须具有导向性。我国大众传播媒介是党和政府的耳目喉舌，不论是传播活动还是管理活动，都必须坚持维护国家形象和人民利益，坚持贯彻社会主义传播方针，坚定正确的政治方向，加强和改善党的领导，增强党性，遵守传播纪律和传播职业道德。坚持导向性原则，是办好我国大众传播媒介的根本和前提，也是衡量一个媒介是否合格的主要尺度。

坚持导向性原则，不是靠唱高调、说大话、编假话，而是靠脚踏实地的行动。但是，管理活动的有效性又是与导向性的明确度成正比的。媒介管理者对导向性原则认识得越清晰，理解得越全面，就越是会产生较好的社会效益和经济效益。

2. 整体性原则

整体性原则要求媒介管理从实现整体目标出发，合理组合各个部门、各个层次、各种因素的力量，以实现最优化的管理。

所谓整体，是指由两个或两个以上有区别的要素组成的集合体和统一体，但是整体并不等于各要素的简单叠加，因为合理的组合，能使整体释放出远远大于部分之和的能量。因此，要搞好媒介管理工作，媒介管理者首先要有一个明确的整体观点，把媒介各个部门、各个层次、各种因素都视为可以相互区别而又相互联系、相互作用的有机整体。其次，要对人、财、物、讯等各种要素进行科学组合，合理配置，否则，整体反而会小于各部分之和，产生内耗和负面效果。第三，要让媒介管理适应社会环境的变化，因为任何媒介都处于一定的社会环境之中，都是社会大系统中的一个部分，它除了具有本身内部诸要素的互相联系外，还会同外部社会文化环境发生联系，进行物质、能量、人事和信息的交换。

贯彻整体性原则，要求媒介全体成员胸中有一个全局观念、整体观念。正确地处理和协调好媒介内部同媒介外部的各种关系，保持某种“生态平衡”，做到通力合作，互相配合，充分发挥整体效应作用，为实现媒介整体目标服务。

3. 互动性原则

互动性原则，要求媒介管理者将管理中的各种要素、各个层次看做是相互联系、相互作用、相互制约和相互依存的有机互动整体，协调和依靠各种力量，把媒介办好、管好。

遵循和贯彻互动性原则，首先要重视各个部门、各个层次间的信息交流与沟通，以增进彼此的认知和理解，避免发生矛盾和冲突。其次，要重视精神产品与物质产品之间关系的协调和处理，它们是一种平起平坐、相互依赖、相互促进的关系，不存在谁主谁次的问题。如果片面地贬此褒彼或重此轻彼，就会直接影响媒介管理的“两种效益”。第三，要重视人、财、物三者之间的合理配置与科学互动，如果以为‘有人就有一切”或“有钱能使鬼推磨”，而不重视三者的平衡与互动，那就大错而特错。第四，要重视责、权、利三者之间的有机结合与良性互动。若管理者有责无权，就无法承担任务和责任；若有权无责，就会滥用权力、独断专行；若只担风险和责任而无相应利益，其积极性就不能持久。第五，要重视发展传媒与社会之间的双向关系、互补关系和互制关系，使传播媒介与社会系统形成相辅相成、共存共进的良性循环状态。

互动性原则的有效贯彻，有利于顺利实现媒介管理的目标，有利于提高媒介管理的社会效益和经济效益。

4. 民主性原则

民主性原则，是指媒介领导要充分发扬民主作风，接受群众监督，调动广大员工的积极性和创造性，共同参与媒介的管理工作，并依靠集体的智慧和力量，把媒介办好、管好。这是社会主义媒介制度的本质要求，是民主集中制的具体体现，也是办好媒介的关键所在。

员工是媒介的主人，他们既是管理的对象，又是管理的主体。他们在接受并服从管理的同时，也有权审议媒介管理中的重大决策，有权监督媒介领导是否正确执行党和国家的方针、政策，有权对管理工作提出批评和建议。因此，媒介领导必须切实尊重并保障媒介员工当家做主的地位和权利，充分调动他们参与媒介管理的积极性和主动性。

遵循民主性原则，首先必须正确认识和承认媒介员工的崇高地位。媒介员工是反映时代、记录历史的文化人，是塑造人类思想政治灵魂的工程师，是一批专司传播并以此谋生的传播者。没有他们，这个世界是不可想象的。其次，必须深入研究和掌握媒介人员的劳动性质和特点。媒介人员的劳动是一种艰苦的脑力劳动，具有很强的创造性和自主性；又是一种复杂的集体活动，需要很多人的共同参与，信息才能进入大众传播渠道与公众见面。第三，必须切实关心和爱护媒介员工，给每个人提供公平的培训、晋升、发展、收益分红、获得报酬的机会，以充分调动他们的工作积极性。第四，要为媒介员工提供发表意见和建议的机会和场所，为他们智慧和才能的发挥提供必要的条件和环境，为他们直接参与媒介管理创造条件。只有这样，才能使媒介立于不败之地。

5. 法制性原则

法制性原则是媒介管理协调有序、正常运行的可靠保障。只有坚持法制性原则，才能使媒介的机构设置、管理行为、人事财务、信息传播等各个方面的管理活动制度化、规范化，从而使整个媒介组织成为一个分工合理、关系确定、协调和谐、消耗少而效能高的整体系统，进而推进媒介管理的科学化。

坚持法制性原则，首先必须建立和健全比较严格的、符合实际的法律和规章制度。通过法律、法规，确定机构设立和撤销、干部选拔和任免的程序，规定各部门之间的关系以及各自的职权，明确信息传播和产品营销的过程，使媒介管理制度化、科学化。其次，必须依法管理，按章办事。

6. 程序性原则

程序性原则，是指对媒介管理依据目标、任务实行程序控制，阶段把关，全程管理，使管理工作科学化、程序化。这一原则是确保媒介管理工作有一个稳定的程序，促进媒介产品质量和社会经济效益不断提高的基本手段和重要措施。

遵循程序性原则，首先要对媒介管理过程实行程序控制和阶段把关。媒介战略制定、选择评价、实施和控制是媒介管理的基本程序，确保管理工作稳步而有序开展。其次，要以战略管理为主导，信息传播为主线，协调好各个职能部门的工作，使编辑部、新闻部、节目部、经理部、广告部、技术部、生产部与后勤、行政、财务以及党、团、工会等各方面工作都围绕中心有序地进行。

坚持程序性原则，可以使媒介管理工作有步骤、有秩序、有层次地进行，也可以使媒介管理工作增加清晰度和透明度。否则，如果工作无序化，就会使管理工作失去协调配合，造成秩序紊乱，导致媒介管理水平下降。

7. 专业性原则

专业性原则，即指媒介管理者需经过媒介管理教育的特殊训练，拥有一定的知识和技能，方有从事这一工作的资格和条件；也指专门从事媒介工作并以此谋生的职业特点；同时，还指这些人拥有同医生、律师、工程师等专业人员同等的社会地位。

大众传播及其管理是一项专业性很强的工作，没有一定的专业知识和专门技能的人是很难胜任的。这就要求，从事新闻传播工作，需接受新闻传播教育或拥有相应知识；从事编辑出版事业，需受编辑出版方面的特殊训练和教育；从事媒介管理，不仅要具有管理方面的知识，还要具有大众传播方面的知识，缺一不可。再以电影电视为例，它集声、光、电于一身，聚采、编、播于一体，汇摄、录、剪于一堂，加上美术家、化妆师、服装师、音乐家、演奏家……这些人员都以十分鲜明的专业特色在传播过程中发挥作用，作出贡献。

因此，坚持专业性原则，就意味着要求媒介领导者关心员工的专业学习和培训，重视员工的专业素质和特色，重视专业人员的选拔和任用，注重专业分工和相互配合，同时也意味着媒介必须拒绝外行领导。否则，媒介产品难有特色，媒介管理难有起色。

8. 发展性原则

发展性原则，是指在媒介管理中，通过合理而有效地利用人力、财力、物力和信息、时间，使媒介综合实力稳步、健康发展。这是媒介管理本质特点的反映，也是战略管理工作的基本任务和必然归宿。

贯彻发展性原则，要求媒介管理讲究传播效果和经济效益。评价媒介领导的领导水平和工作实绩，首先要以社会效益和经济效益作为主要尺度。对此，布隆伯格(Bloomberg)在《信息就是信息》一书中写道："发展是做生意必需的：你要么不断发展，要么完蛋。一个公司无论多么成功，它也无法保持现状不动。""发展使我们成为活动靶子，不发展，我们只能坐以待毙。""为了生存，我们必须发展和改进。一个公司今天吆喝昨天的产品，明天它就要关门。""为了内部的原因，公司也必须发展。没有新的挑战，员工的思想和精神就会萎缩，工作就会从乐趣变成苦役。没有发展，就没有新产生的机会，为得到升迁而努力工作的员工就无处可去。如果我们非要提拔他们不可，也只能把这些最有能力的人推上毫无意义的高级职位，这会抵消我们最优秀的贡献者的作用。所以，我们必须发展，以创造宝贵的新职位，防止我们最好最杰出的人才另谋高就，从而将人们数年的建设成就毁于一旦。"[①]国内有关专家也指出："新技术革命引导我们跨入了

---

① ［美］迈克·布隆伯格：《信息就是信息》，雷鸣、顾矾译，工商出版社 1998 年版，第 167 页。

信息时代,这是社会发展不可抗拒的趋势。"[①]

发展是硬道理。在市场经济的汪洋大海中,媒介犹如逆水行舟,不进则退。没有发展的媒介,不仅缺乏生机与活力,而且也缺乏推动力、向心力和吸引力。

三、正确认识与理解管理原则

第一,媒介管理原则的制订是有客观依据的。它不是随意罗列的,而是依据媒介管理、信息传播的客观规律,媒介运作的目的和任务,市场的需求和受众的愿望,以往的经验教训等总结出来的。

第二,媒介管理原则的制订受到一定阶级思想和世界观的影响。管理原则本身乍看没有阶级性和制度性,具有一定的通用性和普遍性的特点。其实,一定阶级的思想和世界观早已渗透进人们的意识之中,人们很难禁止其在制订、解释和运用媒介管理原则时释放能量、发挥作用。既然这样,那么我们就要在制订、提出和贯彻管理原则时,就要有意识地依照马克思主义的世界观和方法论加以处理,以避免被不正确的思想和观念左右。

第三,媒介管理原则并不是单独起作用,而是一整套原则共同释放能量。因为媒介是一个有机的整体,它的管理是在媒介机体的各个组成部分的运动发展、相互联系中起作用的。因此,我们在贯彻、实施媒介管理的原则时,既要看到单一原则与所要解决的某一矛盾、所要处理的某些事项有相对应、直通的一面,也要看到若干原则渗透、融合后与复杂、多变的社会矛盾和管理问题相对应、沟通的因素。这就要求我们在贯彻和运用媒介管理原则时,对于各项管理原则,一定要同等看待、综合运用,从而最大限度地发挥八大原则的整体效能。

第四,媒介管理的八大原则并不是散乱排列,而是一个严密的体系。其中,导向性原则是媒介管理的根本,整体性原则是媒介管理的全局,互动性原则是媒介管理的机制,民主性原则是媒介管理的基础,法制性原则是媒介管理的保证,秩序性原则是媒介管理的手段,专业性原则是媒介管理的关键,发展性原则是媒介管理的归宿。我们只有认真掌握这些原则的基本精神,全面辩证地看待它们,并且切实地指导和规范媒介管理工作,才能提高我们科学管理的水平和工作的效率。同时,在具体的媒介管理实践中,我们还必须密切关注社会进步、科技发展和市场变化,不断地总结吸取管理中的经验和教训。随着对信息传播和媒介管理规律认识的不断深化和提升,媒介管理原则必将得到不断的修正、充实和发展。

---

① 明安香:《信息高速公路与大众传播》,华夏出版社 1999 年版,第 178 页。

第五节 媒介管理的职能

媒介管理的职能,是指媒介管理者在管理活动中应该承担的职责和必须具有的功能。在讨论、分析时,主要围绕下列关键性问题进行:如何为媒介组织的未来制订更好的计划?如何激励媒介员工的积极性和提高他们的工作热情?如何组织、运作才能提高媒介效能和效率?如何更有效地管理媒介企业的财政?如何使媒介企业保持良好的发展势头?对这些问题认识得愈清楚、愈正确,媒介管理的方向就愈明确,措施就愈得力,社会效益和经济效益就愈显著。

一、媒介管理职能的探索

媒介管理的职能,对将要进行管理活动的方向性、连续性和整体性起着重要的维护作用。

美国媒介管理学者艾伦·B. 阿尔巴朗(Alan. B. Albarran)在《电子媒介经营管理》一书中综合了古典和现代两个学派的观点,提出了电子媒介管理的七大职能,即古典学派的计划、组织、激励、控制四个职能和现代学派的提供便利、交通与沟通、协商三个功能。①

约翰·勒文(John M. Lavine)等在《媒介组织管理:有效的领导媒介》一书中提出了媒介管理的五大职能:(1) 计划职能;(2) 组织职能;(3) 财政管理职能;(4) 人事管理职能;(5) 领导指挥职能。②

职能不同于任务。媒介管理的任务,就是设计和维持一种媒介体系,使在这一媒介体系中工作的人们能够用尽可能少的支出(包括人力、物力、财力等)去获取最大的经济效益和社会效益。职能作为一种应该承担的职责和必须具有的功能,它又和任务一样,既是媒介管理的职能和任务,也是管理者的职能和任务,因为,媒介管理是通过人来进行的,人是进行媒介管理活动的主体。

二、媒介管理职能的确定

依据上述探讨,结合我国媒介管理的实践,我们将媒介管理的职能确定为:计划、组织、指挥、协调、控制、革新。

---

① [美]艾伦·B. 阿尔巴朗:《电子媒介经营管理》,谢新洲译,北京大学出版社 2005 年版,第 18~20 页。

② John M. Lavine and Danie B. Wackman. *Managing Media Organizations: Leadership of the Media*. Longman, 1988, p23.

1. 计划职能

计划职能是媒介管理中最基本的一个职能。它是对目标的预见和设想，是指导未来行动的纲领，也是媒介组织实现微观传播和经济目标、贯彻宏观传播和经济决策的重要手段。计划职能的内容主要有：做什么？为什么做？何时做？何地做？谁去做？怎么做？简称为“5W1H”。此外，还应考虑“要花费多少钱”、“什么资源是必须的”，以及活动时间表等问题；计划职能直接影响媒介管理的好坏与成败。计划职能运用得好，便可以提高媒介管理水平，取得较大的成效；如果计划失误，则会造成媒介管理上的混乱，导致严重的浪费和损失。因此，为使媒介组织中的各种活动能够有条不紊地进行，计划必须严密、周详、统一，执行计划必须踏踏实实，积极稳妥。同时，制订计划要充分考虑媒介组织的结构、优势、特色和未来发展，以便使计划既能如期完成，又给未来发展留下空间。

2. 组织职能

这一职能是发挥媒介管理功能的组织保证，是完成计划目标和任务的重要手段。组织职能的内容主要有：根据媒介组织的目标，设计和建立一套组织机构和职位系统；确定职权关系，从而把媒介组织上下左右联系起来；与其他职能相结合，以保证所设计和建立的组织结构真正有效；根据媒介组织内部和外部各种要素的变化，适时地调整和变革组织结构。研究组织职能，就是研究如何合理、有效地进行分工，运用有限的资源（人、财、物、讯），以实现媒介组织的目标。具体地说，就是把媒介组织中的各种工作或活动进行分类组合，划分出若干部门和管理层次，然后赋予职权，配备人员，明确责任，界定工作内容，分清工作范围，要求定期汇报。媒介管理者履行这一职能，不仅要求对媒介组织内的现有资源及其特性、品质十分熟悉，而且要求对媒介管理中的各种要素的发展趋向及社会政治环境有洞察力。

3. 指挥职能

这一职能是连接其他职能的纽带，是实现媒介目标的关键。所谓指挥，就是媒介领导者借助于指示、命令等方法，有效地指导所属职能部门、下级机构和所属人员，以具体行动来履行自己的职责，完成传播或管理方面的任务。它包括四个方面的内容：同人打交道，处理各种关系，使人尽其才；同事打交道，决定各种事务，使事事顺利；同时间打交道，掌握时间的进度，保持高效率；同环境打交道，掌握外部环境的变化，使媒介如鱼得水。就像乐队和合唱队一样，指挥是媒介组织的主心骨。作为主心骨，其主要任务就是通过畅通组织内外的沟通联络渠道，运用适宜的激励措施和方法，不断改进和完善指挥作风和方法，以创造一个有利于实现媒介组织目标的氛围和环境。

4. 协调职能

在媒介管理中，难免会出现一些矛盾、分歧和问题，需要管理者不断进行协调，以消除矛盾，化解分歧，解决问题，保证各项工作正常、有序地进行。这些工作，就是媒介管理的协调职能。协调，是媒介管理中的“润滑剂”，也是避免矛盾激化的“减压阀”，还是增强媒介组织向心力的“凝结剂”。这一职能的内容主要有：使媒介组织的目标与有关方针、政策保持一致；使媒介员工正确认识形势和任务；稳定媒介员工的思想情绪，统一组织行动；协调媒介内部部门与部门、干部与职工、职工与职工之间以及媒介与政府、企业之间的各种关系，消除矛盾；其中，特别要协调好新闻部与广告部、编辑部与经理部之间的关系。

5. 控制职能

所谓控制职能，就是媒介管理者对组织内部的管理活动及其效果进行衡量和校正，以确保组织的目标以及为此而拟定的计划得以实现。控制职能是负责执行计划的媒介主管人员的主要职责，尤其是直线主管人员的主要职责，因为他们掌握着采取纠正措施的直线职权，承担着实现组织目标和计划的主要责任。与计划职能相比，计划职能是谋求一致、完整而又彼此衔接的计划方案，而控制职能则是务必使一切媒介管理活动都按计划进行，当然计划必须科学、合理。因此，一旦计划付诸实施，控制职能对于衡量计划的执行进度，控制生产成本和产品品质，把握产品流量和流向，调整资源配置，揭示计划执行中的偏差，采取及时的纠正措施，保持工作的连续性和完整性等，都是非常必要的。

6. 革新职能

控制的目的是要“维持现状”，即在变化着的内外环境中，通过控制工作，随时将计划的执行结果与标准进行对照，若发现有超过计划允许范围的偏差时，则及时采取必要的纠正措施，以使媒介系统的活动趋于相对稳定，实现其既定目标。革新的目的是要“打破现状”，即当媒介管理的运作状况不能适应社会要求、管理人员的积极性未能充分发挥和对现状普遍不满时，或者在各个管理层次大量存在“慢性问题”时，就要打破现状，大胆改革创新，奋力开拓新局面，求得螺旋形上升。革新的内容包括：在媒介内部，修改发展计划，改变编辑方针，确定新的目标，制定控制标准，撤换部门领导，调整人员结构；在媒介外部，开拓新的市场，寻求新的受众，猎取新的广告客户，拓展新的媒介合作。总之，要使媒介始终充满生机与活力，保持良性循环，就必须不断改革和创新。

三、正确履行各项管理职能

第一，媒介管理中的各项职能是既有区别又有联系的。媒介管理的六项职能，看似各自独立，其实，它们又都是相互联系、相互重叠、相互渗透、相互作用的统一整体。因此，在媒介管理中，管理者应根据实际情况，全面、综合地运用各项职能。同时，在不同阶段、不同环节和不同时期，还要根据具体情况的变化和当前媒介管理的要求，有重点地灵活地运用某一项或几项职能。

第二，媒介管理中的各项职能是既有层次也有侧重的。在任何一个媒介组织中，其主管人员一般都可分为三个层次，即上层主管、中层主管、基层主管。这些位于不同层次上的主管人员，在履行计划、组织、指挥、协调、控制、革新等管理职能时，必定各有侧重。通常，上层主管人员执行其职能倾向于宏观的、抽象的职能，基层主管人员执行职能侧重于微观的、具体的职能，而中层主管人员的职能则介于两者之间(图 1－2)。媒介管理学者约翰·勒文等人研究发现：媒介管理者在他们的媒介组织中占据着不同层次的位置，即执行着相对应的不同层次的职能。电视台的总经理、报纸的发行人、广告公司的董事长，他们履行的职能就关系到整个媒介组织。中层管理人员通常只对部门负责，他们是编辑部主任、节目部主任、销售部经理、经营部经理等。低层管理人员通常称作监管。他们只对某一部门中的某一具体工作负责，如体育编辑、分类广告经理、助理生产主任等。

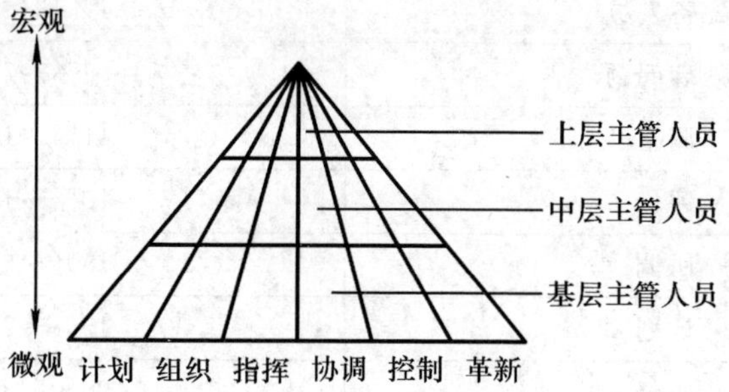

图 1－2 不同层次上的管理职能

第三，不同的媒介主管人员在不同的职能上花费的时间量不同。勒文等人(1988)的研究还发现：对于媒介公司来说，所有的管理人员为了履行自己的职能都必须花费时间。但是，职能不同，所占用的时间比例也不同(表 1－1)，而不同层次、位置上的人在不同职能上所花费的时间也不一样。通常，层次、位置较低的媒介管理人员在"人的工作"上花费较多时间，如人员的充实、调整，对员工的监督、评价；媒介组织的上层管理人员则花费更多的时间用于计划、协调和处理问题。一般来说，一个中层管理人员在执行职能时的时间分配比例可以用表 1－2

说明[①]。

表 1-1 不同职能时间花费比例

管理职能	花费时间
计划	19.5%
调查	12.6%
协调	15%
处理问题	6%
评价	12.7%
配备职员	4.1%
监督	28.4%
代理	1.8%

资料来源:Lavia and Wackman,1988

表 1-2 中层管理者履行职能所花费的时间比例

管理职能	花费时间
公共关系	1.5%~2%
配备人员	4%~4.5%
处理问题	6%~7%
调查	11%~13%
评价	10%~14%
协调	15%~18%
计划	15%~25%
监督	20%~30%

资料来源:Lavin and Wackman,1988

媒介管理学的研究者凯茨(L. Katz)的研究认为:在不同层次上的管理人员在执行职能时所需的技能与他们所花费的时间也是相对应的。通常,高层管理人员需要更强的分析能力和人事管理技能;低层管理人员则需要较强的办事能力和操作技能。同时,如果他们要想在工作中发挥更大作用,则必须具备比高层管理者更强、更多的技能,知道更多的琐碎的任务性和技术性的问题。因为,事实上,较低层

① John M. Lavine and Danie B. Wackman. *Managing Media Organizations: Leadership of the Media*. Longman,1988,p24—29.

次的管理人员更像是“工作中的管理者”，而不是指导员和教师。

四、媒介管理的作用

总的说来，媒介管理使媒介组织能更好地搞好内部经营和适应外部环境，取得可持续发展。回顾人类的传播发展史，从语言、文字、印刷、邮政到电报和电话、广播电视、计算机网络和信息高速公路，传媒的功能在不断地拓展。媒介产业对社会进步起了很大的推动作用。媒介产业是社会沟通的枢纽，是最快捷、最广泛、最活跃的与社会联系的“中介”。“大众传播媒介——广播、电视、电影、报纸、杂志——凭着散布消息的本事，也就成为这个变幻不定时代的象征。”[①]社会是一个庞大的系统，媒介产业是这个系统中一个不可分割的和具有开放性的组成部分。媒介的发展在很大程度上受其外部环境因素如政策、法律、经济、技术、社会和民众、消费者、供应商、代理商等的影响。在当今时代，外部环境既复杂多样，又动荡多变。如何在这种错综复杂的外部环境中取得可持续发展，是媒介管理的重要目的和任务。媒介管理要求媒介高层管理者清楚地了解有哪些因素影响媒介，影响程度有多大。只有具备这种灵活应变的能力，才能不断提高媒介组织的适应性。因此，高效的媒介管理具有至关重要的作用。

1. 有助于媒介组织迎接知识经济时代的挑战

在信息社会里，科技高速发展，信息迅猛增加。如今，报纸、杂志已进入电脑排版的新时代，网络报纸、电视杂志、电子书等已经问世。收音机、放映机和电视机等媒介，品质越来越好，数字化广播影视的发展深刻地影响着人们的生活。然而，媒体也面临着传播技术飞速发展带来的日益激烈的竞争。在我国，电视的发展已威胁着广播和报纸的生存，但随着报纸的扩版和周末版、星期刊等的创办，以及广播中交通台、音乐台、经济台等专业台的创办和听众点播、电话参与、双向互动形式的出现，已经涌向电视的受众又不断回流，而电视也立即施展新的招数，如搞24小时新闻直播，成立新的专业频道，设立娱乐类、情感类和新闻类节目等，竭力争取受众。要想在这场不见硝烟的媒介竞争中胜出，只有实行高效的媒介管理。媒介组织为了生存和发展，必须分析竞争对手的情况，以己之长，克敌制胜。

2. 有助于媒介在市场竞争中取得可观的社会效益和经济效益

马克思早就指出，“生产劳动的分工，使它们各自的产品互相变成商品，互相

---

① [美]D. K. Davis & S. J. Baran:《大众传播与日常生活:理论和效果的透视》，苏蘅译，台湾远流出版公司1993年版，第13页。

成为等价物，使它们互相成为市场。"[①]没有效益的媒介，绝对不是一个好媒介。在现代化和高效率的当今世界，媒介强有力地受到市场的制约和引导，反过来又为适应它而积极努力。媒介管理将会使信息变得更符合信息的本质，传播因此更具有魅力，在经济效益与日俱增的同时，社会效益也在激增。可以说，媒介从来就没有远离过市场，诚如美国未来学家阿尔文·托夫勒所说：市场不仅是一种经济结构，它还是组织人民的一种途径，是人们思考问题的一种方法，一种精神气质。同时它还是民众一系列共有的期望——如付过款货物就必须到手的期望。所以，市场也就是一种经济现实，一种社会结构。市场的影响所及，远远超出了经济领域。[②]

3. 有助于合理配置媒介资源，并提高协同效果

媒介管理不同于企业管理的地方，是它不只是人、财、物的管理，更重要的是还有信息资源的管理。媒介物（书籍、报纸、杂志、唱片、碟片等）之所以可以传递、流通和销售，正是因为传播者和生产者在其上面以符号的形式负载了对受众或消费者具有意义的信息。通过媒介管理，可以把近期目标与战略目标结合起来，把总体战略目标与局部战术统一起来，从而可以调动各级管理人员参与战略管理的积极性，充分利用媒介组织的各项资源，战略协同效果也会大幅提升。

4. 有助于媒介组织真正成为动态的开放的系统，更好地生存和发展

一个媒介组织如果不善于分析自己在当地和国内目标市场甚至国际媒介市场上所处的地位，对外部环境缺乏深刻的了解，而只是根据主观武断"自作聪明"地闭门造车，那是极有可能失败的。"大媒体向外爆炸的同时，也向内引爆；相关行业各个角落的公司涌进相同市场，彼此合纵连横，相互竞争，还要对付以往雷达荧幕上不曾出现的敌人。"[③]媒介管理就是要求媒介组织走出"封闭系统"，成为开放性的活动体，进行战略分析，增强媒介管理活力。

5. 有助于适应国际媒介竞争

在高度集中的计划经济体制下，我国的媒介尤其是报纸、广播电台、电视台长期以来没有真正的经营自主权，媒介领导按上级指示办事，对经营效果、经济效益、人才培养没有直接的责任。在这样的机制下，媒介领导无需战略意识，只要按指令行事即可。但是，随着政治体制和经济体制改革的深入，党和政府对媒介性质进行了重新界定和要求，意味着媒介既要承担宣传任务、社会责任，追求社会效益，又要独立核算，自负盈亏，追求经济效益。此外，从国际媒介产业来看，媒介数字化、全球化的时代已经来临，我国媒介需要在竞争中找准定位，提升

① 《马克思恩格斯全集》第25卷，人民出版社1971年版，第718页。

② 参见[美]阿尔文·托夫勒：《第三次浪潮》，黄明坚译，新华出版社1996年版，第315页。

③ [美]凯文·曼尼：《大媒体潮》，苏采禾、李巧云译，台湾时报出版公司1996年版，第12页。

新闻传播的水平，增强竞争力，使自己在竞争中能够立于不败之地，并努力塑造良好的国家形象，营造良好的国际舆论环境，增强我国的文化软实力。

总之，对于媒介管理原则，需要用辩证、发展的眼光，在管理实践中去认识与理解，并不断提升媒介管理水平。

思考题：

1. 如何理解媒介管理的概念？它具有什么本质？
2. 媒介管理有哪些特征？
3. 媒介管理的原则是什么？
4. 媒介管理有哪些作用？
5. 结合实践谈谈媒介管理的职能，媒介管理职能如何才能得到正确的履行？

第二章
媒介产业与媒介组织

以数字化技术为先导，以全球化经济为背景，以信息高速公路和大众传媒为主体的新一轮传播革命，正在从根本上改变人们的生产方式、生活方式和思维方式，并给世界经济结构带来革命性变化。随着知识、信息将作为生产力发展的基本要素和主要资源发挥更大作用，信息及媒介产业不仅将成为推动经济快速发展的动力，媒介经济还将成为全球化进程中的一种最具活力、最具挑战性的经济。因此，正确地认识媒介产业，将有助于我们在信息化时代更好地进行媒介管理。

第一节 媒介产业的属性

大众传播媒介作为一种产业，它的特性最难描述和定义，因为它犹如希腊神话中的两面神雅努斯——常以两种面目出现，以两种声音讲话，即在传播活动中既反映社会又影响社会，既有公益性质又有商业特点，既依靠传播科技又依赖人的素质。对此，莫斯可（Vincent Mosco）写道："传播是一种相当特殊的、十分强大的商品，因为它除了能生产剩余价值外（由此看来，它与其他任何商品相同），还制造了符号和形象，其意义能够塑造人们的意识。"[①]尽管对于媒介的特性有各种争论，但在经济全球化的背景下，媒介产业（media industries）应是公共产业、信息产业和营利产业的综合体。

一、媒介是公共产业

大众传播媒介（报社、杂志社、出版社、广播电台、电视台、电影厂）与文化、教育、卫生、体育、科研等行业一样，属于公益事业和公共产业。强调媒介是"公众领域"的概念，"在技术先进的大国尤其重要，因为那里的居民不可能与99%的

① [加拿大]文森特·莫斯可：《传播政治经济学》，胡正荣等译，华夏出版社2000年版，第143页。

其他居民相见，媒体就成了为大众服务的代理。"①因此，作为公共产业的媒介，除了要履行告知功能、表达功能、解释功能和指导功能等组织层面上的专业功能之外，还必须发挥政治功能、经济功能、教育功能和文化功能等社会层面上的公共功能。

1. 政治功能

大众传播媒介具有政治属性，因此，它不能不反映政治、表达政治、服务政治和参与政治。从媒介服务于政府而言，媒介可以帮助政府了解民情，解释民意；传播政策，论证决策；宣传法律，传递规范；稳定社会秩序，协调社会行动。从媒介服务于人民而言，媒介可以帮助人民了解政府功能，监督从政人员；表达民情民意，影响政府决策；认识政治环境，提高政治素养。

2. 经济功能

大众媒介是经济变革的"扩大器"，可以为社会进步鼓与呼，为更新观念创造所需的合适的气氛和环境；大众媒介是经济发展的"推动者"，它可以向人们提供市场和产品信息，灌输必需的技术和知识；大众媒介是国家现代化的"催化剂"，可以促进个人创造性的发挥和科学知识的积累；它也是企业的"保护神"，可以帮助企业采集和传播经济信息、刺激和满足社会需求、指导和服务经济生活、协调和控制经济运行。②

3. 教育功能

大众媒介可以创造一种重视教育、具有强烈教育意味的社会环境，使社会大众吸收和享用文化知识；可以在新闻传播中第一时间将最新知识告诉公众；可以在新闻传播和娱乐传播中持续不断地夹带和积聚知识；也可以从某些方面起到等同于学校的部分作用，直接传播知识。

4. 文化功能

大众媒介可以将传统文化中的精华继承下来、传播出去，使之世代相传并走向世界；可以对外来文化进行鉴别和选择，并结合本土文化予以创造和发展；可以帮助人们建立共同的文化传统和价值体系；也可以为受众提供娱乐性、消遣性的信息，使人们的身心得到愉悦和审美享受。

作为公共产业的媒介，它是人民事业的一部分，必须坚持为大众服务，向社会和公众提供全面、客观的信息。这些信息必须具有以下特点：

1. 公益性

媒介员工必须忠诚与负责地为公众利益去工作，为公众着想，为受众讲话。

---

① [美]赫尔曼、麦克切斯尼：《全球媒体：全球资本主义的新传教士》，甄春亮等译，天津人民出版社2001年版，第3页。

② 邵培仁：《经济传播学》，江苏人民出版社1990年版，第28～32页。

任何人都没有权利用它来污染社会、伤害大众或者为个人谋取私利；也不得用它来煽动民族仇恨、鼓动社会动乱和危害国家安全；更不允许用不道德的方式粗暴地贬低个人的名誉和尊严，通过造谣中伤来破坏个人在社会上的威信。

2. 真实性

虚假的信息会导致受众对外在变化作出错误的反应，造成决策失误，引起社会恐慌。因此，传播者要向受众提供全面、客观、公正的信息，不能凭个人的主观臆想和推断作夸大、缩小、片面和虚假的信息传播。

3. 新鲜性

信息的新鲜性，一是指传播的速度要“快”，不能慢，慢了“新闻”就会成“旧闻”，新知就会成旧知；二是指信息的内容要“新”，应是人们不知道的已经或正在发生的事情，或者是具有未知性和新颖性的信息和知识。

4. 有用性

就是说媒介信息应该是有意义、有价值和有一定实用性的。它应有助于受众提升“皮肤”里面的素质、认识“皮肤”外面的世界，把握环境的变化和人生的走向，了解市场行情和商品时尚，知道科技发展和政治动态。

二、媒介是信息产业

大众传播媒介既不生产粮食，也不制造机器，其“产出物都是信息，投入物大部分也是信息，售出物更是信息”。① 媒介业的主要任务，就是向全社会提供服务性信息。没有信息的投入与产出，就没有媒介产业，也就没有人类的文明与进步。

要了解媒介产业的特性和影响，“最好的办法就是思考‘比特’和‘原子’的差异。”②比特和原子都好比人体内的细胞，比特是构成信息的最小单位，原子是构成物质的最小单位，这两者遵循着完全不同的法则。比特(bit)没有重量，没有形体，没有颜色，易于复制，可以以极快的速度传播；原子有重量，有形体，有颜色，移动它需用外力，存放它需要空间。比特可以供社会大众共享，使用的人越多，其价值越高；原子只能由有限的人使用，使用的人越多，其价值越低。工业产业主要制造原子，故工业时代亦是原子时代；信息产业主要生产比特，故信息时代就是比特时代。

但是，比特不能离开原子而存在，也许随着时间的推移，比特对原子的依附关系会减弱。就目前来说，印刷媒介的信息就是通过报纸、期刊、书籍的形式(原

① [美]马克·波拉特:《信息经济论》，袁君时等译，湖南人民出版社 1987 年版，第 1 页。

② [美]尼葛洛庞帝:《数字化生存》，胡泳、范海燕译，海南出版社 1996 年版，第 21 页。

子)传播和阅读的,电子媒介的信息就是通过广播电视设备以及收音机、电视机(原子)传送和接收的,而互联网中的信息又是通过电脑和光纤(原子)交流与沟通的,尽管印刷媒介、电子媒介、电脑媒介在原子的价格上一个比一个贵,比特对原子的依附一个比一个弱,而受众对比特的依附却越来越强。随着信息产业的飞速发展,尼葛洛庞帝(Nizholas Negroponte)认为:"无疆界的世界"将会出现,"就好像樟脑丸会从固态直接挥发一样","数字世界全球化的特质将会逐渐腐蚀过去的边界。"①

信息不论是在过去、现在还是将来,它在社会生活和工农业生产中的作用都极其重要,从事信息传播的人数也越来越多,包括媒介产业在内的第三产业在国民经济中的比重也在逐步上升。从发展趋势看,近半个世纪,工业发达国家和地区的第三产业发展十分迅猛,现已远远超过第一、第二产业,第三产业比重在70%以上,超出一二产业总和的两倍多。而第三产业在发展中国家和地区的比重平均也达到了一半以上。促进第三产业迅速发展的原因很多,最根本的是这些国家和地区科技的进步、工农业生产机械化程度的提高和国民收入的大幅增加,要求第三产业的发展速度与之相适应,以满足第一、第二产业发展和社会生活的需要。

三、媒介是营利产业

美国传播学教授雪莉·贝尔吉(Shirley Biagi)提醒人们:"要了解美国媒介,首先要了解的概念是,驱动美国媒介的中心力量就是赚钱的渴望:美国媒介是产业,是巨大的产业。这些产业的产品就是信息和娱乐。"②营利是全球媒介产业的共同追求。但是,没有哪个国家和地区的媒介会像美国的媒介那样精于通过传播信息和娱乐赚取如此多的钱。美国文化产业的产值已占到GDP的25%,大约是2.8万亿美元,几乎接近中国GDP的全部。美国的文化产业占据着40%的国际市场份额,它控制了全球75%的电视节目的生产和制作,占据了全球50%的电影放映时间。迪斯尼公司一年的产值超过了150亿美元,百老汇一年产值44亿美元,400家最富有的美国公司中,72家是媒介产业集团。

作为营利产业的媒介,其商品化的过程或营销模式通常有三种:一是将讯息转化成商品买卖。这是指通过直接生产媒介产品来完成商品化过程。例如,一个人因其具有新闻采访、写作能力被报社聘用为记者(雇用),然后凭借记者的身份对新闻事件进行采访、写作(生产),报社将其新闻作品连同其他文稿及广告一

---

① [美]尼葛洛庞帝:《数字化生存》,胡泳、范海燕译,海南出版社1996年版,第278～279页。

② [美]雪莉·贝尔吉:《大众媒介概论》(第四版),赵劲松译,东北财经大学出版社2000年版,第23页。

起组合、印刷成若干版面的报纸(商品),报社通过发行、销售部门在市场上出售这些报纸(销售),如果成功则赚得剩余价值(利润),利润则可用来支付报酬或奖励员工或用于扩大再生产(投资)。在这一模式中,利润实现的程度取决于劳动者、媒介、消费者的各自特点和互动水平。如果劳动者的素质高、工效高、产品质量好,媒介的美誉度高、公信度高、市场占有率大,消费者又喜闻乐见,那么就有利可图。相反,则可能血本无归。

二是将受众转化成商品买卖。这是指运用媒介广告来完成产品的商品化过程。在这种情况下,受众是大众媒介的主要商品。例如,电台、电视台针对受众的特点和需求生产或选购节目(建构受众),经过精心编排的节目(包含广告)吸引受众(生产受众),广告商为获得受众而付钱给媒介(出售受众),媒介从广告商那里获利,广告商则从受众(消费者)处获利(赢利),利润则又用来支付报酬或奖励员工或用于扩大再生产(投资)。在这一过程中,利润实现的程度取决于媒介、节目、收视率和广告商四者的各自特点和互动效果。如果媒介有相当规模、实力和品质,广播电视节目内容有吸引力,有较高的收视率或广告商所需要的人口学特征的受众,那么媒介和广告商都能获利。

三是将买卖过程转化成增益过程。这是指将一个媒介产品通过不同的传播形式或不同的渠道销售(传播)给消费者,或者是指将一个媒介产品及讯息内容转化成多重形态的媒介产品在市场上出售,从而谋取最大的经济效益。比如,将一部电影先在某大城市搞首映式,一周后推向全国各大城市剧院放映,数周后在海外一些城市电影院上映,三个月之后进入农村各城镇剧院放映,五个月之后以录像带、VCD、DVD 形式在国内市场销售,八个月之后在国内城市有线电视频道播放,九个月之后录像带、VCD、DVD 在海外市场销售,一年后电影进入国内无线电视频道播放,等等。媒介把每一个销售环节都变成了产品的增益获利的机会。与这种直线型模式不同的是一种放射型模式,即将媒介产品向外无限延伸,直到其能量耗尽。比如,将一部电影的拍摄基地变成旅游景点,将电影制作成录像带、VCD、DVD,或者将电影中的音乐制作成音乐磁带和 CD 销售,把电影故事再改编成小说出版,把电影中的人物(如米老鼠和唐老鸭)生产成各种产品,把影片中用到的道具甚至场所(烟、酒、茶、笔墨、电脑等)作为广告卖给广告商,等等。

第二节　媒介产业的特点

媒介产业的双重性和兼容性,决定了它具有不同于其他产业的特点与功能。分析与认识这些特点与功能,有助于媒介取得较好的社会效益和经济效益。

一、生产的特点

我们知道，大众传播媒介实现生产的机能可以通过两种方法：一是把零碎散乱的数据和模糊不清的事件制作成完整统一、清晰明确的材料——信息，这属于信息生产和精神生产；二是将纸张、胶片、磁带、光盘等印制、摄制或录制成报刊、广播电视节目或电影片，这属于媒介生产和物质生产。

信息生产阶段，是信息的采集、鉴别、整理、制作、加工、编辑的阶段。在这一阶段，信息传播者决定一切，他以经验、知识和智慧决定数据转化为信息的形貌和特点，决定信息传播的流量和流向，受众只能接受到什么算什么。

媒介生产阶段，是将信息以符号（声音、文字、图像、动画等）的形式负载在物质实体（纸张、胶片、磁带等）上的过程。就印刷媒介来说，它主要包括排字、排版、校对（现在这几个程序有的已在作者和编辑部的电脑中完成，不需再进入印刷厂的生产过程）、制版、印刷、装订、打包等。在这一阶段，企业生产者的主要任务就是严格按照信息传播者的要求进行批量生产，他可以改进生产技术，以增收节支，但无权对信息作品作任何实质性改动。

对于新闻媒介来说，上述两个阶段加在一起的生产周期实际上是很短的。徐宝璜写道："书籍之长仅数万言者，常需数月而始告成。今新闻纸之字数，有时多至十万言，仅至多不过二十四小时，即可发行。其神速何以如是耶？曰：此因新闻社组织之完备与其所用机械之便利耳。"①"还应当看到，搜集新闻是在全球范围内进行的，出版又是一项复杂和细致的工作，而且印刷数量往往非常之大，何况还要受到销售点异常分散的限制。因此，可以毫不夸张地说：每天出版一份报纸简直是个奇迹。"②这虽然说的是日报的生产过程，其实广播电视节目，尤其是新闻节目的生产过程和周期也与此大同小异。

二、产品的特点

大众传播媒介生产的是两种完全不同的产品：一种是由传播者在书房、办公室、编辑部生产的信息产品，亦即比特（内容）；一种是由工人在工厂生产车间生产的负载有信息和符号的实体产品，亦即原子（报刊、书籍、录像带、录音带、CD、VCD 等）。前者是把数据（就是发生了的活动、事物和现象的事实）转化为特定信息（人们需要与外界交换的内容），后者是把信息物化为实体媒介。

---

①　徐宝璜：《新闻学》，中国人民大学出版社 1994 年版，第 90 页。

②　[法]贝尔纳·瓦耶纳：《当代新闻学》，郑旷等译，新华出版社 1986 年版，第 41 页。

作为特定信息的产品特别是新闻产品，它应“具有高度不确定性和唯一性”，即此一信息不同于彼一信息，“必须永远每天都有差别，它们很少能够以完全一样的形式反复出售。”①否则，就会成为生产中的抄袭和侵权。而作为实体产品（某一本书或杂志、某天的某一张报纸），它应该标准化。如果这本书与其他书相比，有脱页、倒页、漏印、重印等“特殊”印刷装订现象，那只能说这是不合格产品。正因为实体产品有“一批”，而信息产品只有“一个”，因此，书的手稿、画的原作的售价肯定比大批量印刷出来的书、画的价格高得多。“问题的关键是，原子不会值那么多钱，而比特却几乎是无价之宝。”②

可见，媒介产品是双元混合的，是信息产品与实体产品、精神产品与物质产品、比特与原子的有机结合。

三、销售的特点

对于媒介产业来说，它有两种市场和两种买主，其产品也以两种方式进行销售。首先，媒介业把一定的（一般为25%左右）播出时间和刊载版面以约定的价格卖给广告主，使广告主有了宣传自己产品和服务的机会。接下来，媒介业将生产、编辑的含25%的广告信息和75%的社会信息的媒介产品再卖给广大受众，使受众得以满足信息需求。

从表面上看，不同类别的媒介业依赖不同的市场和买主。新闻媒介业（报社、期刊社、电台、电视台）主要依赖广告市场和广告客户赢得利润，因为它销售给受众的信息产品的价格通常只有成本价的30%～50%，而无线广播和电视几乎等于是“免费”收听收看，但出售给广告客户的服务价格却往往高出成本几倍、十几倍甚至几十倍。所以，如果某家新闻媒介不能占领广告市场和赢得广告客户，那么就意味着亏损并面临生存危机。出版社和电影公司主要依赖商品市场和消费者来赚取利润，它们要以高出生产成本两倍以上的价格出售自己的产品，其中代理发行、销售以及宣传的费用约为定价的35%左右。在这种情况下，没有读者和观众，即意味着没有赚到钱甚至亏损。

实际上，对于所有的媒介业来说，最重要的市场和买主都是商品市场和受众，没有一个广告客户愿意没有受众的媒介上做广告。广告客户需要尽可能多的受众通过购买它所宣传的产品和服务来分摊广告费，并在此基础上再狠赚一笔。

最终，媒介销售给受众的是信息，而销售给广告商的是受众及其对广告信息

① ［英］D. 麦奎尔：《大众传播理论》（上册），潘邦顺译，台北风云论坛出版社1996年版，第251页。
② ［美］尼葛洛庞帝：《数字化生存》，胡泳、范海燕译，海南出版社1996年版，第22页。

的视觉和听觉注意力，以及接下来的消费态度和行为。

四、消费的特点

媒介产品是媒介公司生产的比特与原子合二为一的特殊混合食品。因此，它不同于一般物质食品的消费，具有消费的独占性、损耗性和有限性等特点。媒介产品的消费功效不是物质的口鼻的享受，而是精神的视听的享受；其消费质量不是依赖身体状况，而是依赖文化程度；其消费过程也与物质产品不同，它构成了一个通过人的视觉和听觉系统进行复杂的接收、认知、翻译、转化符号为信息的过程。

媒介产品主宰人类文化，建构人类社会，决定人的意识，因此其主要价值也体现在信息层面，而不是在物质层面。读者购买报刊书籍，受众购买音像制品，从物质层面看它不值那么多钱，但从信息层面来说，认为它物有所值，价格合理。可以说，受众消费的主要动机也是因为信息内容对他具有某种价值和意义，而不是出于对物质功用（如用报纸包裹东西或在上面练字）的考虑。

第三节　媒介产业化的途径

媒介产业是一个国家或地区经济建设和创新发展的重要组成部分，媒介要融入市场，遵循价值规律，使其成为国家或地区经济发展的“推进器”。同时，媒介产业作为文化产业的重要组成部分，对提升国家或地区的文化软实力具有十分重要的地位。因此，媒介要实施产业化经营，使媒介产品走向市场，参与竞争。

一、理念创新

我国大众媒介是在与政治、经济、文化等多种力量的互动中及内在双重属性的博弈中进行的产业化。社会主义制度决定了我国的传媒是政治属性很强的舆论载体，无论如何变革，首要的是有利于党的领导和确保党对舆论的控制。但另一方面，必须强调媒介的产业属性，这两者是辩证统一的关系。“传媒作为具有意识形态的精神产品生产者，从属于上层建筑范畴，而作为向大众提供信息的载体，又从属于信息产业。”[①]面对国内经济体制改革的不断深化和国外传媒集团

---

① 李良荣：《新闻学概论》，复旦大学出版社 2004 年版，第 104 页。

渗透的双重压力，媒介管理者的首要任务就是提高媒介经营者、特别是决策者对媒介产业的性质、特点及其功能的思想认识，进行理念创新。但是理念创新应从我国国情和媒介产业的现状出发，避免一味单纯模仿西方、对传统经典进行庸俗解释或制造所谓的时尚来哗众取宠的不良趋势，[①]应进行深入的真正意义上的理念创新，制定出科学的经营、管理策略，实现传统媒体产品生产和经营方式向现代化、产业化方向发展，增强我国传媒在国际传媒市场上的竞争能力和影响力，从而在经济全球化大格局中获得更大、更好的生存和发展空间。

二、体制创新

媒介要产业化必然需要相应的体制创新，而体制创新就是一种"规则再造"。因为媒介产业化必然带来市场因素的渗透并最终导致资本市场的进入，而资本市场的进入则意味着传媒领域的运行体制必须为资本的规模化运作提供必要的创新空间。我国对媒介实施"事业单位，企业管理"的政策，取消财政补贴，实行自主经营，独立核算，自负盈亏，让媒介增强造血功能。但事实上，"我国传媒领域现行的'游戏规则'从总体上说是按照将传媒业视为纯粹的上层建筑意识形态的理论构造出来的。因此，它对于传媒如何履行舆论宣传工具功能方面的保障是强有力的。但是，对于传媒如何在产业化的道路上做强做大自己，尚未提供一个可资利用的'腾挪空间'和与此相适应的游戏规则"[②]。传媒产业化，体制创新势在必行，规则再造刻不容缓，其中最重要一点就是必须明确媒介产业化过程中的市场和政府的功能边界，找到二者之间的平衡点。"传媒要走向市场，成为市场的主体，只能是企业，而不应是事业单位，更不是政府机关。"[③]因为边界不清将会"导致产业市场存在着市场和政府由于角色错位而造成功能双重失灵的情况，事实上，这样的双重失灵已经严重制约了中国传媒产业的发展"。金碚在《报业经济学》一书中，提出了这种"两全其美"的改革道路，即："对报业的产业进入实施分类管理和分步推进改革的方式：先放松对服务类报纸和专业类报纸的市场准入限制，形成报业中商业性最强的细分市场的开放性竞争，取得经验后，再创造条件逐步放松对综合类报纸的市场准入限制，形成整个开放式竞争市场。"[④]在市场经济条件下，媒介体制的创新，既有利于利用市场配置资源的效率优势，又可以弥补市场失灵的制度缺陷。2009 年新闻出版总署开始推行强力度

---

① 胡智锋：《深刻总结本土经验，不断推进理论创新》，载《新闻与传播研究》2009 年第 1 期。

② 喻国明：《"去碎片化"：传媒经营的新趋势》，载《视听界》2005 年第 4 期。

③ 杨步国：《体制——报业改革不能不越的障碍》，载《中国报业》2005 年第 1 期。

④ 金碚：《报业经济学》，经济管理出版社 2002 年版，第 296～307 页。

的大规模改制，分批公布转制名单，分别要求在各自规定期限内完成转制，否则注销出版许可。这是“国家推进新闻机构改革，引入市场经济运作模式的重要举措”，为出版媒介的产业化发展提供了体制保障，也为我国全方位的媒介体制改革吹响了前奏。[①]

三、资本运作

中国证监会于2001年4月发布的《上市公司行业分类指引》中，传播与文化产业是上市公司13个基本产业门类之一。传播与文化产业又主要分为出版、声像、广播电影、电视、艺术、信息传播业等大类。这对推动中国传播与文化业的产业化，推动传媒、文化企业进入资本市场具有积极而深远的意义。资本运作是一种战略管理手段。媒介的资本，包括和媒介产业有关的广告、发行、印刷、信息、出版等资本，也包括媒介非新闻传播方面的资本。资本运作通过兼并、重组、控股、转让以及租赁等方式进行流通和运作，实现媒介资源优化配置，扩大媒介的控制力、竞争力和抗风险能力。资本运作是媒介产业化进行到一定阶段所采取的必然策略，通过资本运作，一方面可以缓解媒介产业化发展过程中面临资金不足的困难，能够盘活媒介的可经营性资本，激活媒介的无形资本，使媒介整体资本增值；另一方面可以借助资本壮大自身力量，以有效抵抗西方发达国家和地区媒介集团的媒介霸权及信息渗透，维护国家文化安全。海外媒介在资本运作上通常有四种方式：一是媒介的跨行业合并和兼并，从行业外得到自己的资源；二是允许媒介以上市公司的身份出现，从社会上获取资本；三是行业外大资本投入媒介产业运营，如大的企业集团介入媒体的经营活动等；四是媒介自身向外投资，获取投资收益。目前，中国媒介业已进入以规模竞争为特点的整合阶段，资本规模的大小决定着媒介兴衰，因此中国的媒介资本运作必须与国际接轨，上述四种资本运作方式完全可以在实践中运作。如2009年11月月底，央广传媒与中国建设银行建立战略合作关系，借助建行的金融支持，投资传统媒体、新媒体跨地域合作等多个方面，并争取三年内登陆国内资本市场。这便是对资本运作方式的一个积极尝试。

四、集团化经营

媒介集团化是随着现代化生产方式的集团化产生的，早在20世纪70年代，传媒产业中就出现了整合及集团化的趋向。媒介集团化是媒介产业化的必由之

---

① 聂振凯：《出版社改制吹响我国媒介体制改革的前奏》。

路[①]，是世界媒体普遍采用的一种战略，包括默多克新闻集团、美国在线—时代华纳公司、维亚康姆公司、迪斯尼公司、德国贝塔斯曼集团等在内的众多媒体企业通过兼并、联合等多种手段，实现经营领域的扩张，达到拓宽市场份额的目的，成为传媒产业中的"媒介巨人"。美国经济学家斯蒂格勒认为，一个企业通过兼并其竞争对手的途径成为巨型企业是现代经济史上一个突出现象，没有一个美国大公司不是通过某种程度、某种方式的兼并而成长起来的，几乎没有一家大公司是靠内部扩张成长起来的。我国自 20 世纪 90 年代以来，在加入 WTO 后，媒体市场将逐渐开放，在国际实力雄厚的媒体集团逐步进驻的情况下，任何单个媒体都无法靠单打独斗闯荡市场，需要彼此间相互协作，来共同参与更大规模的产业发展。各地报业集团、广电集团、出版集团、发行集团等媒介集团的相继组建，充分肯定了我国媒介产业化经营的道路，使得媒介集团化发展之路愈加明确。但媒介集团化在我国还是一个新生事物，组建媒介集团必须在坚持党性原则和"以正确的舆论引导人"的前提下进行，还要考虑集团化的条件、模式、成员选择，避免出现貌似庞大实则缺乏内在灵活度和市场竞争力的局面。2005 年我国广播电视集团的解体，标志着我国媒介事业集团模式的结束，但集团化仍然是媒介产业化的必然趋势。媒介集团化的关键是打破原有的组织链条，在市场这只"看不见的手"的协助下，以资源互补、功能叠加的方式实现资源的重新配置，"未来组建的媒介集团是产业化集团，不是事业性集团，因为事业机构无需要组建集团；未来组建的媒介集团所采用的手段不是行政手段，而是通过市场机制的力量来实现媒介产业之间的联合"。[②]

五、全球化竞争

"从 80 年代初期开始，随着真正的全球商业媒体市场的出现，国家媒体业发生了戏剧性的重新组合。控制全球媒体新系统的是 30 至 40 家大型跨国公司，而雄踞全球市场顶峰的是不到 10 家媒体公司，且其中大多数集团公司都把基地设在美国。"[③]在过去的 20 多年里，中国实行对外开放政策，积极参与全球化进程，主动融入国际分工体系。世界银行认为中国是经济全球化进程中少数几个最大的赢家之一。即便是在 2007 年以来的金融危机背景下，中国在海外的直接投资流入量虽然没能独善其身，但前景尚可。《世界投资报告》指出：2008 年中

① 吴文虎：《新闻事业经营管理》，高等教育出版社 1999 年版，第 223 页。

② 周鸿铎：《科学把握中国媒介的基本走势》，载《今传媒》2006 年 3 期。

③ [美]赫尔曼、麦克切斯尼：《全球媒体：全球资本主义的新传教士》，甄春亮等译，天津人民出版社 2001 年版，第 1 页。

国外资流入量增长30%,成为全球第三大吸收外资国,与印度一起,促成了"对亚洲乃至整个世界外国直接投资流动格局的重塑","两国已占南亚、东亚、东南亚区域外资流入量的一半,占全球外资流入量的十分之一"。2008年,全球对外直接投资总额下降13.5%,而中国的对外投资则增长了111%,达到了559亿美元。①

随着信息经济的勃兴,媒介经济全球化浪潮扑面而来。我们必须关注和研究媒介产业的全球化问题,进而提出应对策略。

从性质上看,经济全球化是一场以发达国家和地区为主导,以跨国公司的生产和经营为主要动力的世界范围的产业结构调整,并直接服务于发达国家和地区的全球战略和跨国公司的全球利益。经济全球化踪迹在我国早已处处可见,很多产业已经在全球化中逐步找到自己的方向和立足之地,而传媒产业化却举步谨慎,这与它的独特性质有关。经济全球化对我国的影响不仅在经济层面,更表现在政治、文化各层面。从开放的窗口引进的不仅是麦当劳,还有圣诞节、美剧。西方的意识形态与文化在潜移默化地影响着人们的行为与意识,我国的民族文化和一些优良传统面临着严峻的挑战。而传媒作为一个意识形态的特殊产业,它的全面开放必定会更加直接迅速地影响人们的思维、观念。而我国传媒业从世界范围来说尚处于弱势地位。因此,对于发展中国家和地区来说,至少在短时间内,媒介全球化更多地表现为一种现实与挑战,而不是潮流与机遇。面对这一现实与挑战,正确的做法不是回避、拒绝和反对,而是积极地寻找对策,主动地参与、融入甚至大力推动媒介全球化的进程。

我们认为,在较长一段时间内,我国迎接媒介全球化挑战的对策或举措主要有以下五点:

第一,参与媒介全球化进程,争取媒介全球化权益。我国应该继续坚持改革开放的方针,积极参与媒介产业的全球化进程,从而在开放中增强实力,在参与中争取权益。在媒介全球化的背景下,任何一个国家或地区的媒介产业的生存与发展都不可能完全依靠自己的单打独斗保持领先的或原有的地位,更不可能在与世隔绝的情况下赶超一流。参与并融入媒介全球化的进程,是发展我国媒介产业的唯一途径。目前,世界各大媒介集团实行的都是全球化生产、传播和营销,经济实力与日俱增,媒介规模越做越大,我国若不迎头赶上,就会在一场没有硝烟的战争中被动挨打。

权利与义务平衡是世贸组织的最大特点。我国参与并融入媒介全球化的进程,不是被招安,更不是举手投降,而是以发展中国家和地区的身份参与媒介公平竞争和参与游戏规则的讨论与制订,利用WTO的规则和国际惯例保护自己

---

① 联合国贸易和发展组织:《2009年世界投资报告:中国上升为第三大吸收外资国》。

的媒介市场和媒介产业，维护媒介市场的秩序和国家的整体利益，减少西方国家和地区对我国有意的单边歧视性限制，促进媒介产业的健康发展，分享媒介全球化的收益。

近年来，我国采取了有一定限制的媒体对外开放政策，逐步开启了媒介产业的全球化进程。新闻集团掌门人默多克呼吁中国开放媒体市场，可见国际业界对我国媒介市场进一步开放的期望。我国应审时度势，顺应国际发展趋势，有计划地促进媒介市场的进一步开放。各媒介组织也应抓住机遇，及时利用国家出台的各项政策，迅速在全球化进程中成长壮大。在全球化的过程中，注意“引进来”与“走出去”相结合，尤其要以坚定有力的姿态“走出去”，积极向世界传播中国文化，发出我们强有力的声音。

第二，制定和实施人才战略，培养和造就媒介人才。挖金先挖人。人才是媒介的本钱。我国媒介与发达国家和地区媒介的差距，归根到底是人才质量上的差距。没有大批高质量的优秀人才，我国媒介就无法在新一轮国际竞争中赢得主动。当前，必须根据媒介全球化的需要，立即着手制定和实施人才战略，培养和造就国家急需的紧缺型媒介人才：(1) 抓紧培养熟悉世贸规则、适应国际竞争需要和能够参与解决国际争端的高级媒介管理人才；(2) 抓紧培养熟悉多国文化、掌握多种语言、尊重各国差异的兼容并包的传播人才；(3) 抓紧培养既懂新闻传播又懂媒介管理、既懂法律法规又懂金融财会的复合型媒介人才；(4) 抓紧培养既懂计算机网络又懂新闻业务的网络传播人才；(5) 抓紧培养和造就一大批政治素质高、业务能力强的名记者、名编辑、名策划、名主持人等专门人才。

第三，形成并加强我国媒介的核心竞争力。媒介一旦具有自身独特的别人无法模仿或替代的资源、能力或知识，就好比拥有了竞争的基石，这样才能在浩浩荡荡的全球化浪潮中站稳脚跟，寻得一席之地。某种优势之所以能成为核心竞争力，须具备三个特性：一是独特性。独特性即不同于竞争对手且可以保持这种不同，实现差异化竞争。二是顾客价值性。它需要具备某种顾客可以感知并认同的价值。三是延展性。它可以帮助媒介实现范围经济，也决定了多元化战略和跨国跨地区经营战略的广度和深度。我们应重视培养媒介核心竞争力，建立自身的核心能力，并通过各种方式取长补短，不断强化。核心竞争力也不是一成不变的，所以绝不能有一劳永逸的思想，要注意积极维护。同时不断学习，用发展的和长远的眼光进行经营，促进核心竞争力的提升。①

第四，循序渐进，步步为营。任何加入 WTO 的国家或地区，都不可能在一夜之间把本国本地区媒介转化成全球化的跨国媒介。确立和争取媒介在全球中

① 支庭荣：《媒介管理》(第三版)，暨南大学出版社 2009 年版，第 257～262 页。

的地位和权益，既是一个需要审慎对待的战略问题，也是一个长期的磨合过程。因此，我国媒介必须采取循序渐进、步步为营的发展战略：(1) 根据世贸组织的规则和我国的对外承诺，抓紧制定和完善有关法律制度，并充分利用世贸组织协议维护本国的媒介利益。(2) 按照“经济特区”的模式搞“媒介特区”，允许境外媒介进入特区市场，这既可为后续大规模、全方位竞争积累经验，也是为境外媒介大举进入建立“缓冲带”。这一模式已在我国取得初步成功。曾经以广东、上海、北京等地为突破口，我国已逐渐开启了媒介对外开放的大门。例如，目前境外驻沪新闻机构总数已达 73 家。其中包括美联社、路透社等世界闻名的新闻通讯社十几家，具有国际影响力的刊物 30 多家，国际知名广播电视机构 13 家。(3) 在媒介迅速做大做强的基础上，按照媒介对政治、经济、社会影响力的大小，依次、逐步、有限制地开放电影、音像、出版、刊物、报纸、广播、电视等媒介市场。(4) 积极、稳步地进军国际媒介市场，在国际媒介市场中占有一席之地，使我国媒介经济成为世界媒介经济的一个有机组成部分。

第五，调整产业结构，实施多角经营。鸡蛋不能放在一个篮子里。实力雄厚的全球性媒介都是实施多元化战略的综合媒介。媒介属于意识形态，我国媒介在短时间内不应将引进资金、搞合资等作为重点，我国媒介的经济实力虽然不强，但数量并不少，国家并不缺少资金和外汇。据统计，国家外汇储备已突破 2 万亿美元。那么重点是什么呢？它应是：(1) 采取收购、兼并、合作和政府协调等多种形式，进行大规模的低成本扩张和产业结构调整，允许跨地区、跨行业、跨媒介组建各种形式的媒介集团(如报纸、杂志、图书合一的印刷媒介集团，广播、电视、电影合一的电子媒介集团，或六者合一的大型媒介集团)，加快国内媒介“全国化”的步伐。(2) 积极引进国际先进的管理经验和传播手段，实施多角经营，大幅度提高广告以外的多种经营的经济效益。(3) 高度重视资本运营，鼓励国内媒介上市筹措资金。因为媒介资本运营能迅速扩大市场占有份额，获取更加可观的利润，实现资本的增值。(4) 采取世界传媒巨头如美国在线—时代华纳集团的整合模式，抓紧发展和完善国家高速宽带传输网络，加快用户接入网建设，扩大利用互联网，逐步实现各种媒体之间的重组与融合，共同组成网络媒体、平面媒体和电子媒体之间相互融合的集声像、图文为一体的综合性媒介集团或多媒体三维平台，从而形成立体的全方位的竞争优势。(5) 通过海外的代理商或经纪人兼管媒介产品的海外销售或采购，也可以与海外华人媒体或其他海外媒介尝试搞合资经营，还可以购进股份或兼并一些经营不佳的海外媒介，然后逐步建立起有自己特色的跨国媒介集团，或者与海外著名跨国跨地区媒介建立起真正的全球战略合作伙伴关系，在不损害国家根本利益的前提下分享媒介全球化所带来的收益。

总之，只要我国媒介勇敢面对媒介全球化的挑战，审时度势，精心策划，活用策略，就可以在西方媒介大举进入我国之前获得一个飞速发展的大好时机。

第四节　媒介组织的基本问题

一、组织的内涵

现代人要了解媒介的经营管理，首先必须了解媒介的组织结构和组织过程。组织，也常称作组织结构。社会学家厄佐尼(A. Etzioni)在《现代组织》(1964)一书中写道："我们的社会是一个组织的社会。我们出生在组织中，受教育于组织中，而且我们中的大多数人耗去大量的生命为组织工作。即使是在许多闲暇的时间里，我们也在组织中娱乐，在组织中祈祷。我们中的大多数人将死在组织中，并在葬礼到来的时候还须得到最大的组织——政府——所赐予的官方许可。"组织就是人，人是组织的灵魂。人离不开组织，组织也不能没有人。

哈佛大学战略管理学派认为，组织的概念有两个含义。一是一般意义的组织。这是人们进行合作活动的必要条件。一般泛指各种各样的社会组织或事业单位，如企业、机关、学校、医院、工会、媒介等等。二是管理学意义的组织。这是按照一定的目的和程序而组成的一种权责角色结构，其中有三个重要的概念：(1) 职权。指经由一定正式程序赋予某项职位的一种权力。在该职位者，可以承担指挥、监督、控制以及惩罚、裁决等工作。这种权力是一种职位权力，而不是某特定个人的权力。(2) 职责。它反映上下级之间的一种关系。下级有向上级报告自己工作绩效的义务和责任；上级有对下级的工作进行必要指导的责任。(3) 组织系统图。它是反映组织内各机构、岗位上下左右相互关系的一种图表。

被管理学界称为"组织理论之父"的德国社会学家马克斯·韦伯(Max Weber)所提出的"层峰结构"(一种金字塔形的结构)因其工作秩序井然和要求明了，受到世人推崇。现代组织也是由此发展而来。但是必须指出的是，世界上没有一种适应一切组织的结构，在媒介产业也如此。

二、媒介组织的特点与设计

所谓媒介组织，是指专门从事大众传播活动以满足社会需要的社会单位或群体。

媒介组织的特点主要有：(1) 媒介组织是经过认真筹划、充分准备建立起来的，而不是自然形成的；(2) 媒介组织的成立得到了权威部门的认定和社会大众的认同；(3) 媒介组织有明确的目标，即满足社会大众的信息需求；(4) 其组织成员专门从事大众传播活动，并以此谋生；(5) 传播信息有固定的媒介（报纸、广播、电视、图书等）；(6) 有明确分工和权限，形成媒介组织内部特有的角色关系（如报社内有社长、总编辑、总经理、编辑部主任等）；(7) 讲究效率，强调时效，办周刊每周一期，办日报每日一期；(8) 制订各种规章制度，以约束媒介组织成员的行为，为实现目标提供保证。

无论是现有媒介组织的变革，还是一个崭新媒介组织的建立，都要进行科学合理的设计，从而达到“1+1>2”的增值效果。

那么，什么是媒介组织设计呢？我们认为，媒介组织设计就是对大众传播组织的机构、人员、任务、权力和硬件等进行科学组合以顺利实现目标的过程。这种设计应注意以下几点：(1) 媒介组织的设计方案应得到上级管理部门的认可或同意，不可自作主张，目无纪律法规；(2) 媒介组织设计应能体现人员优化的结构原则，能最有效地发挥组织功能，有利于取得最大绩效；(3) 分工合理，职责分明，人员精干，便于协调指挥；(4) 媒介组织设计既要将组织内部的各种要素加以合理安排，又要与组织外部的各种要素（政治、经济、文化等）相适应。否则，媒介组织设计就容易遭到失败。

早在 1966 年，沃伦·本涅斯（W. Bennis）就曾对组织设计的前景加以预测：(1) 集权等级制将越来越没有活力，因为它使上下级关系紧张，不能适应外部环境；(2) 组织中技术的迅速变化使环境显得动摇不定甚至导致动乱；(3) 随着人们教育水平的提高，组织成员要求享有更多的参与权和自主权；(4) 组织的任务更加复杂，更加依赖信息技术，因而更加需要事先妥善规划，更加需要发挥专家们的集体作用；(5) 组织结构将更具有临时性、灵活性和有机性。

实践证明，每一种组织都有它存在的合理性和一定的缺点，这要求我们不要拘泥于形式以免困顿，并将组织结构作为实施媒介战略的手段，加以合理运用。这一点经常被媒介领导者、管理者所忽略，他们往往追求形式上的完善和理论上的无懈可击，却不够重视它的实际应用效果。

三、组织的管理跨度与组织结构形式

一个组织究竟分成几个等级才合适？这是组织的管理跨度问题。法国管理学家格兰丘纳斯从上下级的关系角度定量地分析了这个问题。他把上下级关系分为三种类型：

第一类，直接的单一关系，即一个上级与一个下级的关系。

第二类，直接的多数关系，即上级与下级的各种可能组合所发生的关系。

第三类，交叉关系，即下级之间发生的联系。

根据这一划分，格兰丘纳斯提出了一个定量计算这种上下级关系的公式：

$$c=n\left[2^{n-1}+(n-1)\right]$$

在这一公式中，c 为上下级可能存在的关系总数，n 为直接向一位管理者汇报的下级人数。表 2－1 给出了当下级人数从 1 增加到 12 时，可能发生的相应上下级关系数。

表 2－1　上下级之间的可能关系数

下级人数	关系数
1	1
2	6
3	18
4	44
5	100
6	222
7	490
8	1 080
9	2 376
10	5 210
11	11 374
12	24 708

可以看出，上下级之间的可能关系数随着下级人数的增加急剧上升，有人认为，虽然理论上也许存在着这么多关系，但这些关系怎么会同时发生？考虑到上下级的关系虽不一定同时发生，但一定频繁发生而且有时还挺麻烦这一情形，一些管理学者认为，一个管理者直接管理的下级人数以 4～8 个为宜。再多的话，管理者的能力与精力就会跟不上；再少的话，管理者能力未能得以充分发挥。

媒介是专门从事大众传播活动以满足社会需要的社会单位或群体，具有自己的特点，所以在确立媒介形式时也有其特点。

在论述媒介结构时，我们都会碰到一个难题，即在现代媒介内部，编辑部与经营部的职能是十分迥异的，尤其是在一些大型媒介集团内部，其媒介结构就更复杂了。我们拟从两个角度去分析。

第一个角度：以组织结构层级区分。

一般的，具备五层以上管理层的组织结构，我们称其为垂直型结构。管理层在三层以下的组织结构，我们称其为水平型结构。

垂直型组织结构有利于建立媒介领导者、管理者的权威，确保媒介统一步调，发挥整体效能，但层级多，往往会使信息流动速度变慢和信息流动过程中造成人为的或非人为的变形，从而影响媒介决策，使媒介战略的实施受阻。

水平型组织结构，一般分成上层、中层和基层三层。对于上层来讲，其主要任务是从媒介整体利益出发，对整个组织实行统一指挥和综合管理，并制定媒介目标以及实现目标的媒介战略与方针。中层的主要任务是负责分目标的制定、拟定和选择计划的实施方案、步骤和程序，按不同部门分配资源，协调下级活动，以及评价战略实施过程中出现的情况和制定纠正偏离战略目标的措施等。基层主要是协调基层员工的各项工作，完成各项任务。采用这种组织结构形式，各层干部职工见面机会多，容易形成坦诚相见的亲和气氛，而且，战略实施也较顺利。缺点是领导不易建立权威，关键人员一旦跳槽将会带来很大的损失等。

美国斯隆管理学院也提出一种三层结构——“安东尼结构”（Anthony Structure），它分成战略规划层、战术计划层、运行管理层，三个层次情况如表2－2所示：

表 2－2　安东尼结构层次表

层次 项目	战略规划	战术计划	运行管理
主要关心的问题	是否实施战略，什么时候实施	怎样实施	怎样执行战略
时间幅度	3～5 年	半年～2 年	几周～几月
视野	宽广	中等	狭窄
信息来源	外部为主内部为辅	内部为主外部为辅	内部
信息特征	高度综合	中等汇总	详尽
不肯定的冒险程度	高	中	低

可以看出，“安东尼结构”中的战略规划层考虑的是组织的全局性、方向性以及战略问题，战术计划层主要考虑的怎样组织和安排，而运行管理层则关心如何执行战略的问题。

由于需要，大型的媒介多半采用垂直型结构。在这样的媒介内，员工们有一个清楚的事业进步的阶梯，他们经过努力能够步步向上迈进。这一阶梯的存在，对于员工无疑是一个激励，只要他们工作出色，就会有机会获得晋升和发展。而水平型结构脉络清楚，职权分配符合组织发展的需要，也被国际很多媒介公司采用。

第二个角度：分别从编辑部、经营部去观察。

目前，我国报社内部的组织结构大致有以下三种：(1) 实行社务委员会领导下的社长负责制。社长是法人代表。社务委员会是报社的最高领导和决策机构,由党委书记、社长、总编、副书记、副社长、副总编组成。通常社长与党委书记由一人担任。以总编辑为首和部分编辑业务部门负责人组成编委会,负责报纸的编辑业务;以社长为首和经理部主要部门负责人组成经营委员会,负责经营业务。(2)实行社长领导下的总编辑、总经理分工合作制。社长是报社的法人代表,领导总编辑和总经理。总编辑领导编辑部,负责编辑业务。总经理领导经理部,负责经营业务。(3)实行董事会领导下总经理负责制。这种方式基本上已被现在的报业集团、广电集团、出版集团和发行集团采用。由于这是符合现代企业制度要求的股份制形式,经济行为符合规范,对媒介的长远稳定发展具有深刻意义。董事长是法人代表,总经理由董事会聘任,向董事会负责。总经理负责整个媒介集团的生产经营。组成媒介集团的子报、子刊、广播电台和其他经济实体分别确定总编、台长、经理等负责人,这些主要负责人通常也是董事会组成人员。

为了进一步认识媒介组织结构形式及其功能,我们不妨再来看一看安素夫理论。安素夫把环境、战略及组织结构划分为五种类型即稳定型、反应型、先导型、探索型及创造型,这对于新时期日益产业化、企业化、集团化的媒介具有深刻的借鉴意义。见表 2-3。

表 2-3 安素夫的环境、战略及组织结构表

		稳定型	反应型	先导型	探索型	创造型
环境因素	1. 环境的稳定性	很稳定	稳定	不太稳定	不稳定	很不稳定
	2. 适应外界环境的能力	以现有的能力可以适应	稍微调整现有能力可以适应	扩大现有能力才能适应	重新配备能力才能适应	必须开发新的能力才能适应
	3. 外界环境变化的速度	很慢	慢	中等	稍快	快
	4. 对外界环境变化的反应速度	很慢	慢	中等	快	很快
战略模式	5. 产品与市场战略	在原有产品市场上踏步不前	向最邻近的产品和市场发展	向相关的产品和市场扩张	向海外市场发展,同时开发新产品	开拓新市场,创制新的高技术产品
	6. 市场占有率	仅能在现有市场上维持	努力保持已有市场占有率	争取扩大市场占有率	努力扩大市场占有率	开拓新市场

续表

		稳定型	反应型	先导型	探索型	创造型
组织结构	7. 组织结构形式	直线制	直线职能制	事业部制	事业部制跨国经营	集团企业或柔性组织,矩阵组织
	8. 管理方式	手工式的管理	目标管理	长期计划管理	战略计划管理	风险经营管理
	9. 领导工作的重点	作业研究	财务比率分析	产品的经营	资产经营	风险投资及高技术产品开发
	10. 领导者的形象	保护者	领导者	开拓者	企业家	具有冒险精神的天才的创造者
	11. 管理的重点	生产活动为中心	经营决策为中心	战略决策为中心	战略决策为中心	风险型决策为中心
	12. 研究与开发部门的工作	改进工艺	改进产品	开发相关新产品	开发新产品	开发高技术产品
	13. 市场营销部门的工作	仅限于产品流通	推销产品	产品的市场营销	产品的经营及资产经营	产品的经营及资产的经营
	14. 财务部门的工作	会计	财务监督	财务计划	资金筹措	风险管理

(表中第7列所提到的组织形式对于媒介并非都合适,有兴趣的读者可以找到相应的战略管理书籍作一了解,这里不详细展开论述)

由表可知,安素夫所提的五种类型的环境必须与五种类型的战略一一对应,同时必须与五种类型的组织结构一一对应,只有这样,效益才会提高,若不一致,则会造成失败。

为了使组织结构与媒介管理相适应,必须对组织结构作出相应的调整,调整的内容有:(1) 分析现有媒介或媒介兼并或资产重组后的组织结构存在的优缺点,设计适应媒介管理的组织结构;(2) 通过对媒介管理层次的划分,赋予相应的职责与权力,有助于媒介管理的实施;(3) 为关键媒介战略岗位配备合适的人才。

四、现代媒介组织变革趋势

21世纪是一个飞速发展、变动快捷的知识经济时代，同时，也是一个信息爆炸、知识骤增的时代。媒介结构为适应媒介产业的新趋势，将会出现小型的、扁平的、精干的、专业的发展趋势，只有具备了这些特征，媒介组织结构才具有革新性和创造力。

1. 小型化

媒体在保留自己核心实力的同时，把大量的非核心业务通过社会化协作来实现。如分成几个相对独立的部门或单位，或者允许一些小的部门或单位“对外扩张”(如中央电视台新闻评论部的改革就是一种被认可的飞速扩张)，或者在改革期内允许某些单位存在一定程度的“有组织的混乱”，或者是对某些部门进行消肿、精减(如采用电脑排版之后对印刷厂人员进行优化组合)。媒介在充分利用内部资源的前提下，通过小型化的组织创新和开发外部资源，形成多层次、多角度的合作，从而比较容易适应媒介市场的环境变化，具有更强的革新精神，有助于推动内部竞争，继而提高工作效率，降低成本、减少损耗。

2. 扁平化

现代媒介管理理论认为，当中间层次的媒介管理人员以算术级数(1,2,3,……)增长时，组织内沟通、协调的难度与复杂度却以几何级数(2,4,8,……)增长，相互扯皮、争权夺利的现象会变得严重起来。所以，为了媒介结构更好地适应媒介发展要求和顺利实施媒介战略，媒介的最高管理层通过适当的授权和建立科学规范的规章制度，使媒介组织越来越趋向于扁平化，即减少层次，压缩不必要的、意义不大的中间层次，让组织结构更加合理，并充分发挥关键人才的作用。媒介组织的扁平化能突出“战略的重点并且增强实施战略的水平”。① 一般认为，媒介越扁平，管理者的工作便越来越以领导、指挥为中心，监督的成分日减，授权的成分日增，评估以成果为导向。

3. 精干化

在西方发达国家和地区，凡效益良好的媒介，其组织结构大都简单明晰，人员构成比较精干、合理。结构臃肿容易导致官僚化、僵硬化，使媒介内不必要的结构增多，政客横行，关系网密集，媒介高层领导被幕僚重重包围，很难以自己的眼睛看清真实情况。为消除这些弊端，媒介结构日益呈现精干化趋势，“寄生虫”般的无聊政客被驱逐出局。精干化常以“3S”形式表现出来，即 Small(小)、Strong(强)和 Speed(快)。精干化的媒介结构往往也能使媒介管理得以顺畅地

① [美]詹姆斯·B. 奎因:《智能企业》，纽约自由出版社 1992 年版，第 89 页。

实施。

4. 团队化

随着媒介融合趋势的加强，媒介的组织结构将由传统的纵向层次结构逐步向横向结构发展，对媒介从业人员的知识背景要求更加宽泛并更加专业。没有经过新闻传播教育和培训的人员，将不可能很好地从事新闻采、编、评、摄等工作；而只拥有经济、会计、审计、法律、企管等知识背景却不懂新闻传播规律的人，工作效果也同样不好。因此，要围绕工作流程或过程打造跨部门、跨专业的合作团队，从而适应媒介融合趋势并更好地推进媒介产业化进程。

思考题：

1. 在经济全球化的背景下，如何更好地理解媒介产业的属性？
2. 媒介产业具有哪些特点？
3. 媒介产业化的途径主要有哪些？
4. 什么叫媒介组织？它有哪些特点？它的变革趋势如何？

第三章
媒介战略管理

中国正在告别"媒介无战略"的年代。媒介战略管理的新潮已经来临。媒介战略管理是媒介管理中最高层次的管理，关系到报社、杂志社、出版社、电台、电视台、电影公司、新媒体公司等媒介组织的兴衰成败，在整个媒介管理体系中起着高屋建瓴的引导作用。本章将以媒介战略环境分析、战略评价与选择、战略实施和战略控制四个阶段的动态管理过程为主线，系统阐述媒介战略管理的基本原理。

第一节　媒介战略管理的内涵

一、媒介战略管理的内涵

在我国，战略一词古已有之，在《左传》、《史记》和《孙子兵法》中均有全面的总结和精彩的论述。"战"指战斗和战争，"略"指筹略、策略、计划。在西方，战略一词英文 Strategy，源于希腊文"Stratagia"，含义是"将军"，[①]意思是指挥军队的艺术和科学。《辞海》中对"战略"一词的定义是："战略，泛指对全局性、高层次性的重大问题的筹划与指导"。[②]《简明不列颠百科全书》认为："战略是在战争中利用军事手段达到战争目的的科学和艺术。"可见，战略一词原是军事学用语，后来，才开始应用于政治、经济、技术等领域。

"任何组织都需要战略管理"[③]，媒介组织自然也不例外。媒介战略管理是媒介组织根据外部环境和内部条件确定使命与战略目标，为求得长久的生存和稳定的发展，对实现目标的途径和手段进行总体谋划并付诸实施的动态管理过

---

① 参见刘冀生：《企业经营战略》，清华大学出版社 1995 年版，第 1 页。

② 《辞海》(缩印本)，上海辞书出版社 1999 年版，第 1632 页。

③ [英]格里·约翰逊、凯万·斯科尔斯：《公司战略教程》，金占明、贾秀梅译，华夏出版社 1998 年版，第 3 页。

程。媒介战略管理是媒介组织经营管理思想的集中体现，是一系列战略决策的结果，不但涉及媒介战略的制定，还经历选择、实施与控制，是一种动态的全过程的管理。媒介战略管理是一种全新的管理思想和管理方式。媒介战略指导整个媒介组织的全部活动，重点是战略制定和战略实施，前提是对媒介组织的外部环境和内部条件进行准确、及时、全面的分析和预测。如《广州日报》作为副省级市委机关报，在媒介市场改革过程中抓住时机，在全国率先组建报业集团，创下连续 8 年平面媒体广告经营业绩第一的成绩，这些都与他们不断进行创新直接相关。“做别人不敢做的新闻”是《广州日报》新闻理念的一个缩影。该报在 20 世纪 80 年代就敢于在全国主流媒体中率先进行扩版，成为我国厚报时代的先驱，随后放弃党报发行的优惠政策，率先执行自办发行战略。在资本运作上，在多个领域进行多角化经营。正是在这一基础上，该报广告年收入超 20 亿，在近 200 万份的发行量中，自费订报达 86%以上，成为我国党报经营中的一朵奇葩。

二、媒介战略管理的特征

1. 全局性

这是媒介战略管理的首要特征。媒介战略是以媒介组织的全局为对象，根据总体发展的需要而制定的。媒介战略管理指导整个媒介组织，影响到媒介组织的生存和发展。虽然媒介战略管理也包括媒介组织的局部活动，但这些局部活动是作为总体活动的有机组成部分在战略管理中出现的。媒介战略管理并不强调某一职能部门如编辑部、记者部、发行部、财务部、广告部等的重要性，而是通过制定战略来协调各个职能部门的活动。

2. 长远性

媒介战略管理要求媒介组织着眼于未来，对较长时期内(五年以上)如何发展进行全盘筹划，必须站在长远的、战略的、前瞻的角度考虑现在。决策者面临的问题并不是我们明天应该怎么办，而是“为了不确定的明天，我们今天该如何做”。

3. 纲领性

媒介战略规定的是媒介组织的长远的目标、发展的方向和前进的道路，它所采取的基本行动方针、重大措施和基本步骤都是原则性的、概括性的，具有行动纲领的意义。媒介战略对媒介组织各方面的工作都具有指导意义。一个新的媒介战略一经制定并付诸实施，媒介组织的每个部门和所有员工都要为之努力。

4. 权威性

媒介战略管理是决策者按照一定的程序，对媒介组织的重大问题作出抉择并付诸实施的完整过程。战略决策是必须坚决执行的，这与战略构想有区别。后者对媒介组织的经营活动和个人行为没有约束力。媒介战略是有效经营的必要前提，要充分发挥媒介战略管理的巨大作用，它必须具备权威性。

5. 抗争性

制定媒介战略的重要目的就是为了在激烈的媒介竞争中取得相对优势，因此，从某种程度上来说，媒介战略管理是针对来自环境及竞争对手等各方面的冲击、压力、威胁和困难，为迎接这些挑战而实行的管理。这与那些不重点考虑竞争、挑战，而纯粹是为了改善媒介组织现状、增加经济效益、提高管理水平为目的的行动方案不同。因此，媒介组织必须使自己的战略具有竞争性，以保证战胜竞争对手，保证自己的生存和发展。

6. 相对稳定性

媒介战略是在周密分析研究的基础上制定出来的长期目标，如果“朝令夕改”，频频变动，会使媒介经营产生混乱，媒介战略也就失去了指导作用。如果媒介战略经常变动，再好的媒介战略也无法奏效。不过，相对稳定性的内涵不是一成不变。当外部环境和内部条件有了变化时，对战略的某些方面应作适当调整。

三、媒介战略管理的过程

媒介战略管理的过程由媒介战略环境分析、媒介战略评价与选择、媒介战略实施和媒介战略控制四个阶段所组成。完整的媒介战略管理还应在战略分析之前确定媒介使命和媒介目标。

1. 媒介战略环境分析

在这一阶段，媒介组织要对媒介环境进行分析、评价，并预测其未来发展的趋势，以及这些趋势可能会对媒介组织造成的影响及影响方向。

一般说来，媒介战略环境分析包括外部战略环境分析和内部条件分析两个部分。外部战略环境给媒介组织带来机遇和挑战，媒介只能在外部战略环境的变化中求得生存和发展。内部条件分析主要是指分析媒介组织本身所具备的条件，包括媒介生产经营的各个方面，如生产、传播技术、市场营销、财务、人力资源等。对这些方面的因素进行系统的分析与评价，可以了解媒介组织的优势与劣势，以便在选择、评价和实施媒介战略时能扬长避短。通过上述两方面的分析，可以做到“知彼”、“知己”，有助于媒介组织开展战略管理。

2. 媒介战略评价与选择

这一阶段的实质就是战略决策过程，即对媒介战略进行制定、评价和选择。在环境分析的基础上，拟定媒介战略方案，随后对战略方案进行评价并作出选择。这一阶段的主要工作是：(1) 根据媒介战略分析的结果以及媒介组织的使命与战略目标，拟定可供选择的多个媒介战略方案；(2) 对上述各项媒介战略方案进行评价；(3) 最终选出一套可供执行的媒介战略；(4) 为媒介战略的实施制定政策和计划。

在这一阶段必须明确的几个问题是：(1) 媒介主营业务，并在主营业务中找出适合媒介组织能力的有吸引力的经营领域；(2) 与竞争对手相比较而言所具有的优势；(3) 拟定几个最基本的媒介战略方案。单一的战略方案不足以应付环境变化和强劲的媒介竞争对手，而且，战略在从理想变为现实的过程中很可能出现重大脱节；(4) 有明确的媒介战略评价方法。评价方法可以是定性的，也可以是定量的，但必须明确和科学，这可以有效防止战略选择与实施时产生变形。

3. 媒介战略实施

媒介战略选定后，必须进行有效的实施。这一阶段要做好以下工作：(1) 建立实现媒介战略的组织结构。这个组织结构应能保证战略任务、责任和决策权限的合理分配。(2) 明确媒介领导，确保实现媒介战略所必要的活动能有效地进行。(3) 建立各项管理系统。其中最主要的是要有人力资源系统、信息系统和控制系统。(4) 处理各种矛盾和冲突，对于媒介战略实施过程中可能遇到的各种障碍，必须设法加以克服。

4. 媒介战略控制

媒介组织对正在实施的媒介战略必须进行调控，将战略执行情况与预定目标相比较，发现偏差并予以及时纠正。这一阶段的主要目的是在问题变得严重之前就提醒媒介领导去察觉并加以解决，保证媒介战略的顺利实施，最终达到预定的战略目标。媒介战略控制阶段的主要工作是监控媒介战略在实现组织目标过程中的有效性。

综上所述，媒介战略管理的基本过程如图 3-1 所示。

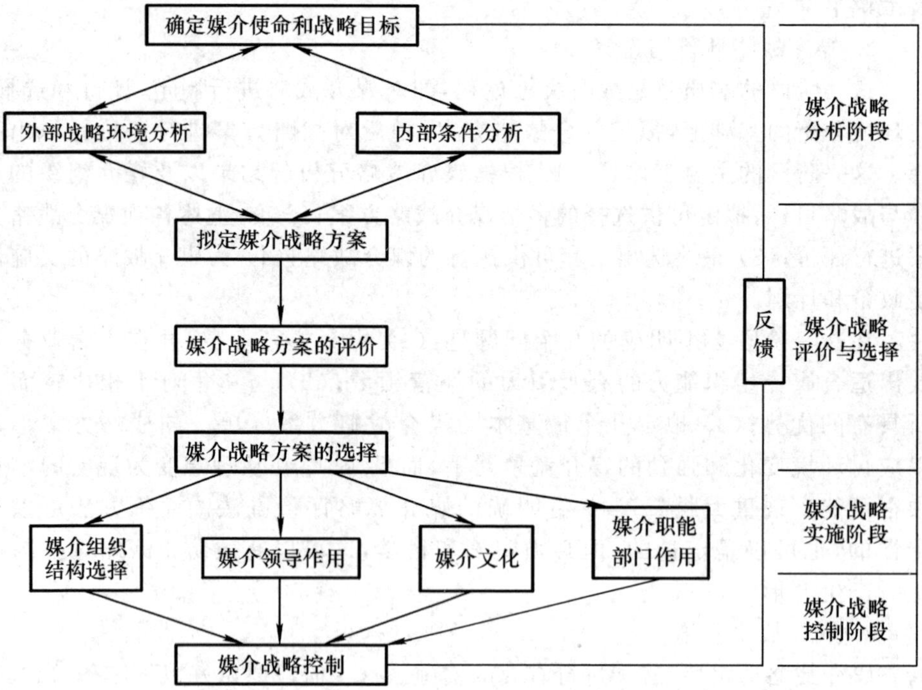

图 3-1 媒介战略管理的过程

第二节 媒介战略环境分析

商朝末年,大名鼎鼎的军事家姜子牙在其《六韬》中曾有天时、地利、人和是克敌制胜的法宝之说。他说:“日月,星辰,斗杓,一左一右,一向一背,此为天陈。丘陵水泉,亦有前后左右之利,此为地陈。用车用马,用文用武,此为人陈”。即为将者,应根据日月星辰的移动,利用地形的变化,分析敌方兵力情况,从而选择恰当的作战方案。进行媒介战略环境分析,就是要使媒介明确所生存环境中存在的天陈、地陈和人陈,即可供媒介发展的机会,或是对媒介生存和发展形成的约束和威胁,以及媒介内部具备的竞争优势或是劣势。媒介战略环境包括外部环境和内部条件。在外部环境分析方面我们着重于两个方面:媒介宏观环境分析和媒介产业环境分析。在内部条件分析方面我们关注:媒介资源分析、媒介产品分析、媒介市场分析、媒介经济效益分析等问题。

一、媒介外部环境分析

1. 媒介宏观环境分析

媒介宏观环境主要包括政治环境、经济环境、社会环境和技术环境，因此常称为 PEST 分析法。媒介宏观环境分析的主要因素见图 3－2：

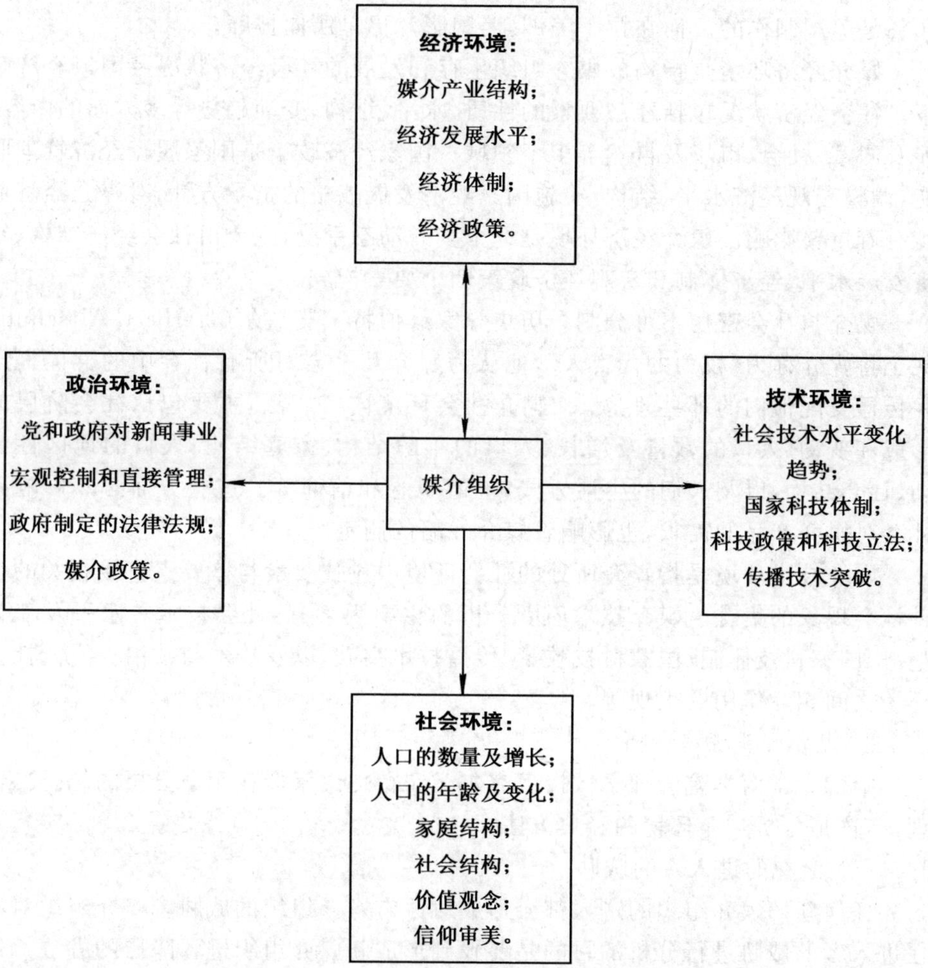

图 3－2 媒介 PEST 分析

媒介政治环境是指制约和影响媒介组织的各种政治要素及其运行所形成的环境系统。政治环境因素对媒介组织产生影响常常是通过以下几方面进行的:(1) 政治事件产生的影响;(2) 政府对传媒业的宏观管理;(3) 颁布相关法律法规;(4) 制定一定时期的传媒政策。如美国主导全球电影的制作和传播就与两次世界大战有关。在第一次世界大战和第二次世界大战期间,包括意大利、德国、日本、法国、英国在内的世界其他电影生产国家,都陷入工业瓦解的困境,导致从全球性电影市场中退出。而美国好莱坞的电影业在这期间,却趁机介入并占有了全球的电影市场。时至今日,欧洲地区的电影院中所放映的影片,大约有70%是美国制作的。而在拉丁美洲,美国影片更是所向披靡。

媒介经济环境是指构成媒介组织生存和发展的社会经济状况及国家经济政策。社会经济状况包括经济要素的性质、水平、结构、变动趋势等多方面的内容,涉及国家、社会、市场及自然等多个领域。国家经济政策是国家履行经济管理职能,调整宏观经济水平、结构,实施国家经济发展战略的指导方针,对媒介经济环境有着重要影响。媒介经济环境是一个多元动态系统,主要由社会经济结构、经济发展水平、经济体制和宏观经济政策四个要素构成。

媒介与社会密切不可分割。历史学家赫伯特·艾兹尔(Herbert. Altschull)甚至将媒介称为"权力的代言人",他认为媒介几乎会对所有社会中的群体提出并传播支配他们的那些理念。① 媒介社会环境内容广泛,主要包括社会阶层的形成和变动、人口的数量及增长、人口的年龄结构、家庭结构、人口的地区性流动、社会结构,以及人们的生活方式、价值观念和信仰等。这些方面必然影响到社会对媒介产品的需求,也影响着媒介战略的制定。

媒介技术环境是指媒介所处的社会环境中科技要素与该要素直接相关的各种社会现象的集合。媒介技术环境分析的主要因素有:社会技术总水平及变化趋势、国家科技体制、国家科技政策、传播技术突破,以及技术与政治、经济、社会环境之间相互作用的表现等。

2. 媒介产业环境分析

哈佛大学商学院管理学教授迈克尔·波特提出了产业竞争分析的"五要素"理论,这是分析产业环境的经典方法。

(1) 潜在的进入者的威胁

任何新的媒介组织的进入都会形成对原有媒介组织的威胁。媒介组织对潜在进入者的威胁进行分析的目的是要找到形成新媒介组织进入障碍的方法。进入障碍是一个非常重要的概念,它是一个产业或一个组织进入另一个产业或另

① 转引自[美]约瑟夫·斯特劳巴哈、罗伯特·拉罗斯:《传播媒介与资讯社会》,涂瑞华译,台湾亚太图书出版社1996年版,第34页。

一个组织所遭遇的阻力。进入障碍也是一个产业或一个组织不可多得的竞争优势。一般来讲，能够对试图进入的媒介组织形成阻力的方法有以下几种：政府政策、扩大经济规模、经营特色，以及媒介产品差异化。

(2) 替代品的威胁

替代品是指在功能上能部分或全部代替某一媒介产品的产品，如电视在新闻功能上可以替代广播、报纸；单行本小说能够替代报纸、杂志的连载小说；电影能对电视播放的电影进行替代，反之亦然；即使是同一类的报纸、广播或电视，也存在着相互替代的情形。一般说来，来自替代品的压力有三个因素：替代品的盈利能力、生产替代品的媒介组织所采取的经营战略以及受众的忠诚度。当存在替代品时，替代品便对原有媒介产品形成了威胁。替代品所带来的威胁有几种形式：可能是一种媒介产品对另一种产品的实际替代——如网络直播替代电视直播；新的生活工作方式可能会带来对媒介产品选择的不同；也可能是一种媒介产品对另一种产品潜在的替代——如各种同类电视节目、同种题材的影片。为了减小替代品对媒介组织带来的威胁，媒介组织也会设法扩大自己产品差异化的程度。

(3) 来自受众的压力

"在分析市场时，第一项工作就是分析顾客和产品的关系。"[①]不论媒介组织制作出怎样精良的媒介产品，如果受众拒绝接受，那也没有意义。"消费者意识已扩张到大众媒体的领域"，而且"消费者对资讯需求的期望上扬。"[②]受众对媒介的压力表现为要求媒介产品质量更高、信息更丰富、价格更低廉，更重视参与感等，他们利用媒介之间的竞争来施加压力。来自受众的压力主要取决于以下六个方面：受众掌握的信息、媒介产品质量对受众的影响程度、受众的集中程度、受众购买媒介产品的花费在其开支或成本中所占的比重，以及媒介产品对受众的重要性。如观众观看电视已不再是过去那种被动的接受，而是对众多的频道有着更大的选择权。

(4) 供给方的压力

供给方对媒介组织的压力表现在要求提高供应品价格、增加片酬、提高稿酬、提高拷贝价格、减少工作时间等许多方面。这些要求对媒介组织的成本形成了很大的压力，因此，媒介组织与供应方之间一直在进行着控制与反控制的争斗。但是现在越来越多的媒介开始向日本、美国同行学习，加强两者之间的联

---

① [美]J. 保罗·彼德、杰里·C. 奥而森：《消费者行为与营销战略》，韩德昌主译，东北财经大学出版社 2000 年版，第 424 页。

② 杨志弘：《解剖媒体——媒体观察者的笔记》，台湾时报文化出版企业有限公司 1990 年版，第 224 页。

系，建立长期稳定的供应关系。来自供应的压力取决于以下几个因素：所供媒介产品的可替代程度、欲购产品的媒介对于供应方的重要性、所供媒介产品对媒介的重要性、供应方的集中程度、媒介产业的集中程度，以及所供媒介产品的特色。

（5）媒介竞争

媒介竞争的内容突出表现为两点：媒介对“信息和娱乐内容的提供”和“对广告商的争夺”。[①] 从广义的角度看，还有一类越来越重要的竞争，即媒介产业与其他产业的竞争。随着现代化建设的飞速发展，市场竞争日益激烈，人们越来越关注竞争效果。每个媒介组织都要为增强各自的经营能力而展开竞争，竞争的激烈程度取决于以下因素：媒介竞争者的数量及力量的对比、市场增长率、产品生命周期、媒介产品差异化、媒介生产能力，以及退出壁垒。

二、媒介内部条件分析

1. 媒介资源分析

资源是指一个组织的输入，一切媒介组织所需的输入都是资源。一个媒介组织是否拥有或者能够获得有效执行战略所需的资源和能力，是影响媒介战略的一个最核心的因素。因为媒介资源及其能力作为重要的战略影响因素，可以为媒介组织提供竞争优势，以便媒介组织充分利用某些机会，在市场中获得如鱼得水的活力和动力，它们还有可能成为战略成功的关键。媒介资源分析的重点是讯息资源分析、人力资源分析、财力资源分析、技术资源分析、物质资源分析和管理资源分析。

2. 媒介产品分析

传播政治经济学认为，商品化是一个十分重要的入手点。传播的商品形式主要有内容商品和受众商品。前者关注“讯息如何被转化为可在市场买卖的产品”，后者关注“受众是大众媒介的主要商品”。根据斯密塞的观点，大众媒介的构成过程，就是媒介公司生产受众，然后将他们移交给广告商的过程。[②] 可见，媒介产品是一种特殊的商品，它只有符合受众的需要，才能赢得市场。受众对媒介产品的需求变化很快，媒介产品应当不断适应这种变化。随着高科技引入媒介产业，新的媒介产品层出不穷，改变了媒介产品的市场构成。

媒介的一切活动都是围绕着媒介产品展开的。媒介产品既是媒介的目的，又是它的手段。作为目的而言，媒介产品能否占领市场，赢得消费者，主要是由

---

① Robert G. Picard. *Media Economics*. Sage, 1989, pp40－70.

② 转引自[加拿大]文森特·莫斯可：《传播政治经济学》，胡正荣等译，华夏出版社 2000 年版，第 141～145 页。

媒介产品的质量和功能所决定的，因此，高质量的媒介产品始终是媒介生产部门的最终目的。作为手段而言，媒介产品是媒介用以赢利或传播一定的信息和观念的媒介和工具。媒介产品分析的主要内容包括：市场细分和产品定位分析、产品生命周期分析、产品组合分析等。

3. 媒介市场分析

媒介产品与媒介市场之间有着割不断的联系，因此，在对媒介产品进行分析之后，必须将其与市场结合起来进行分析。“行销传播人员在制作传播讯息时，最重要的是要能以‘消费者语言’的消费诉求，才能达到与消费者‘共享’的效果。换言之，行销传播人员必须从产品特性找出一些符合消费者利益者，才能形成购买诱因(Buying Incentives)。”①

媒介市场分析主要有竞争分析、促销能力分析和经济效益分析三个方面。媒介市场分析涉及消费者、广告客户、竞争者、政府法规，以及市场经济的一般特性和规律。这一过程复杂而多变，因为媒介组织、政府或受众的每一个行为都会影响到市场上其他要素的波动，进而可能产生连锁反应。因此，媒介管理者一定要关注并了解媒介市场的变化，要能预测其发展趋势和生存危机，并及时采取相应的行动。

第三节　媒介战略选择

可供选择的媒介战略有许多，但是多角化战略、品牌战略、集团战略、购并战略和上市战略对媒介组织来说尤为重要。

一、媒介多角化战略

媒介多角化战略是指媒介组织适应战略环境的要求，通过战略性资产重组以及人、财、物、讯等资源的再整合，内部资源向外部其他行业或部门的渗透和扩张，同时生产和提供两种以上基本经济用途不同的产品或服务，以媒介产业为主，涉足多个行业或部门，以期实现规模优势、降低组织风险、营造持续竞争优势等目的的战略行为。

由于外部和内部两方面的诱因，大多数媒介组织在不同程度上开展了多角化经营。多角化经营所涉及的范围和领域比较宽广。以《北京青年报》为例，21 世纪初作为全国文化体制改革试点单位，该报抓住机遇采取了一系列

---

① 罗文坤：《行销传播学》，台湾三民书局 1986 年版，第 420 页。

的改革措施，其中控股北京儿艺、北青传媒香港上市等运作影响深远。但是在日趋激烈的市场竞争面前，特别是在新媒体迅速崛起的市场冲击下，北京青年报社深入推进多媒体的传媒集团战略，在稳固报业的同时，进入电视、网站、手机这三大媒体领域和新兴的IP电视领域，通过跨媒体、跨地区、跨行业经营，形成一个完整的内容链，为核心竞争力的持续发展奠定了坚实的基础。其他一些多角化经营项目包括衍生产品、媒介、图文电视公司、节目的译制、部分有线电视增值服务、购物、影视、有线附属器材、体育俱乐部、金融证券广播、文化服务、声讯服务等。

对于媒介组织来说，主要通过三种途径实现多角化经营：

1. 内部发展

所谓内部发展，是指从媒介组织内部发展新的媒介产品，进入新的产业，从而实现多角化经营。采用这一种方法，通常要考虑以下一些因素：(1) 媒介组织是否有足够的财力形成最基本的有效生产规模。(2) 媒介组织是否有能力克服进入新产业的障碍。(3) 媒介组织是否有能力抵御竞争对手的排斥或反击行动。比如，现有媒体会联手采取降价行动。(4) 新的媒介产品种类或新进入的产业能否获取一定的利润和成功几率。(5) 媒介组织所选择的多角化经营战略是否为国家或地方有关部门所允许。内部发展的典型缺点是发展过程缓慢，优点是可以使组织作出能够适应不断变化的环境条件的增长决策，并使组织内部的学习活动成为可能。①

2. 购并

所谓媒介购并，是指一个媒介组织以特定的方式，取得其他媒介组织或经济实体的全部资产或控制权，以扩大经营规模和经营范围的一种经济活动。购并是媒介进入新业务领域，实现多角化经营的最方便、最直接、所需时间最短的途径。有时为了获得有效的资源，并利用这些资源冲破各种壁垒进入新的媒介领域和市场，媒介组织常常会选择收购兼并这一有力武器。导致购并产生的根本原因是“资本增值机制的驱动”，②通过吸收另一个媒体，追求规模经济效益，从而导致资本的积聚和集中，从更大范围满足资本增值的要求。重新组合的媒体之间能否形成协同效应，将决定购并后的媒体命运和发展前景。购并与内部发展相比较，最明显的优势表现在时间短、效果明显，有助于媒介组织进入新业务领域，但也有一个严重的缺点，即购并是一种相当昂贵的市场进入方式。

3. 联合

---

① [美]大卫·J. 科利斯、辛西娅·A. 蒙哥马利：《公司战略：企业的资源与范围》，王永贵、杨永恒译，东北财经大学出版社、McGraw-Hill出版公司2000年版，第109页。

② Robert G. Picard. *Media Economics*. Sage，1989，p95.

联合是两个或两个以上有着对等经营实力的媒体之间(或者一方为企业、科研单位、大专院校等),出于对整个市场的预期和总体经营目标、经营风险的考虑,为达到共同拥有市场、共同使用资源和增强竞争优势等目的,通过各种协议而结成的优势互补、风险共担的松散型组织。联合的四个形成动机分别是:规模经济、全球竞争、产业集中和信息交流。如各个电视台之间出现了一种联合趋势——联合节目制作。这些节目一般由不同的公司制作,然后通过联合来销售。

战略联合是一种伙伴关系,是提升核心竞争力的重要途径。实际上,价值链的不断分解必然导致价值链的重新整合。一方面,价值链的不断分解,使市场上出现了越来越多的独立的并具有一定竞争优势的环节,必然要寻求与新的价值链的组合,成为新的价值链上的一环;另一方面,原来的价值链也需要在特定环节上具有核心竞争力的合作伙伴加盟,从而形成新的价值链。这样,若干媒介组织在一个新的价值链中,各自发挥自己最大优势的环节,同其他各种有利的竞争资源相结合,弥补自身的不足和局限性,共同完成价值链的全过程,大幅度地降低成本,实现更多的利润,提高各自的核心竞争力。联合的缺点是控制与领导问题。[①] 最深藏不露的风险可能是来自于联合各方的不对等的关系。[②] 在极端的情况下,总是存在着这样的可能性:一个组织加入联合,其目的是为了利用合作伙伴,从合作者那里获得核心能力,或通过自己的投资和发展过程的影响来削弱合作者的竞争力。还有可能是它会积极主动地投资,并利用合作关系侵蚀合作者的竞争性优势。

二、媒介品牌战略

《今日美国》资深记者凯文·曼尼在其著作《大媒体潮》中预测,21世纪的媒介品牌将成为激烈的战场,无论是同类媒介品牌之间的竞争,还是新兴媒介品牌对传统媒介品牌资源的争夺,都将会使媒介市场更加不平静。以品牌来建立媒介产品在市场上的地位,树立媒介形象,是十分有效的媒介竞争手段。美国微软公司(Microsoft)与全国广播公司(NBC)合建网站 msnbc. com 时,特意将《华盛顿邮报》拉了进来。[③]《华盛顿邮报》最有价值的资产就是它的报纸品牌和声誉。三者的合作,无疑给它们蒙上了一层新的光环,使网站在后来不到四年的时间里,成为一个令人羡慕的品牌。

---

① [美]大卫·J. 科利斯、辛西娅·A. 蒙哥马利:《公司战略:企业的资源与范围》,王永贵、杨永恒译,东北财经大学出版社、McGraw-Hill 出版公司 2000 年版,第 110 页。

② [美]巴特利特、[英]戈歇尔:《跨国管理:教程、案例和阅读材料》(第 2 版),赵曙光译,东北财经大学出版社 2000 年版,第 275 页。

③ 李希光:《变形的新闻屋》,四川人民出版社 2000 年版,第 41 页。

由于品牌具有巨大价值，媒介组织通常都将品牌战略看做一个重要的战略。实现媒介品牌战略的方法主要有以下几种：

1. 正确进行品牌定位

所谓品牌定位是指为某个特定品牌在受众心目中确定一个适当的位置。美国品牌研究专家艾克和乔瑟米赛勒认为："品牌定位能突出品牌识别的焦点。它确定了传播目标，即什么样的信息最能体现差异化，最吸引目标市场。"①品牌定位是为了让受众能够对本媒介品牌产生有益的认知，进而产生品牌偏好和消费行为。我们可以背出许多世界第一、全国第一；最好的、最差的；最大的、最小的，以及许多的第一印象，这些都让我们记忆犹新。第一份创办的报纸，第一次引进的图书版本，广告收入排名第一的媒体，等等。但是第二、第三……却很少有人记得。现在的媒介产品种类繁多，信息传播者与受众之间的高速公路已发生交通阻塞，因此，信息传播者有必要寻找一条捷径，使其传播的信息能成功地通向受众的心灵。凤凰卫视差别化竞争战略在于他们明确的文化定位，这得益于他们一贯以来对媒介文化理念体系的严格遵循。在执行文化定位的过程中，凤凰卫视形成了一个良性的价值链：媒介文化理念凭借品牌节目贯彻，对节目进行精心打造并孕育新的节目。文化定位不仅是一种具有远见的运营战略，同时也是一种很重要的长期投资，凤凰卫视也因此成为华语媒体的一面旗帜。

2. 强力塑造媒介形象

实施品牌战略的重要目的是要利用已有品牌的声誉和影响，迅速将产品推向市场。因此，提升现有品牌的档次、培育品牌带动力，是实施品牌战略的关键。媒介组织要培养和形成良好信誉和公众形象。媒介信誉与其他产业企业有所区别。对一般企业来说，支付信誉排在首位，这是企业筹资、融资及业务正常扩大的基础。另外，产品质量信誉、售后服务信誉、交货信誉，对品牌的影响较大。媒介要培育良好信誉和公众形象，必须关注社会、服务大众。一方面，应做好新闻传播工作，另一方面，要匡扶社会正义，引领社会进步。《读者》在尽力做好文摘工作的同时，对人的生命、生活的质量给予了极大的关注。《读者》始终坚守自己纯净的精神阵地，凭借自己执著的品牌追求，创造了亚洲第一中文期刊的神话，在世界综合性期刊排名中，紧随美国《读者文摘》、《国家地理》和《时代周刊》之后排名第四。杂志社还在全国开展"读者植树林"活动，倡导人们关心大自然和我们自身的生存环境，这使《读者》在读者心目中树立了一个正义、积极、善良的品牌形象。

3. 科学选择品牌延伸领域

---

① ［美］大卫·A. 艾克、爱里克·乔瑟米赛勒：《品牌领导》，曾晶译，新华出版社 2001 年版，第 31 页。

品牌延伸的目的有三：一是为受众提供更完整更全面的服务，以加强品牌与他们的联系，提升品牌魅力；二是建立品牌权威，阻止竞争者入侵；三是提高投资收益。[①] 实践证明，品牌延伸能否取得成功，取决于以下条件：第一，是否具有品牌知名度。一个不知名的品牌，自己都朝不保夕，怎么能营造出一串成功的媒介产品。但是很多媒介组织对自己的品牌处在哪一个层面缺乏正确的认识。第二，是否具备品牌延伸能力。这主要是指技术创新能力、人才保障、管理基础和营销能力。第三，也是很关键的一点，媒介组织是否有比较充足的资本来承受品牌延伸时带来的资金压力。科学地实施品牌延伸战略，必须具备这三个条件，如果某一项不具备，其他几项要具备很强的互补性。否则盲目实施品牌延伸，反而会“株连”其他产品，也就完全失去了品牌延伸的意义。我国许多媒介组织实施品牌延伸没有取得成功，归根结底就在于没有科学的品牌价值评估，盲目进入不熟悉的领域。

4. 有效利用品牌再生

受众对品牌的认同是需要媒介产品的不断创新来保障的。《焦点访谈》、《新闻调查》、《实话实说》等栏目在取得了十多年的成功后，受众对它们的品牌新鲜感正在减退。同样的问题也出现在品牌知名度较高的央视节目《春节联欢晚会》、《同一首歌》和《百家讲坛》等身上。很多节目因为重复的节目形式和结构、主持人的模式化等问题，原先确立的品牌魅力不断消退，若不采取措施便会持续衰退。媒介组织的核心竞争力有一个赖以生存的基础：媒介产品是否足够吸引受众和广告主的注意力。当媒介产品提供的价值结构使得目标人群以更少的付出而获得更多的报偿的情况下，媒介产品的接受率才会提高。[②] 内容的同质化成为一种通病，因此，不断对媒介产品进行研发创新，是提升媒介品牌力的有效途径。

三、媒介集团战略

媒介集团化是媒介产业的必由之路，是媒介产业改革和发展的重要举措。媒介集团战略的内涵是：以一个或若干个大中型媒介组织为核心，与有关联的媒体或其他经营组织，遵循平等自愿互利原则，进行多层次、多形式联合而形成媒介集团。媒介集团化是随着现代化生产方式的集团化产生的，是社会经济基础发展到一定历史阶段必然出现的新闻传播业的经营管理方式。西方媒介集团化已有一百多年的历史，就是我们常说的“报团”、“新闻托拉斯”、“新闻集团公司”。在我

---

① 陈云岗：《品牌批判》，广州出版社 1999 年版，第 269 页。

② 朱春阳：《传媒产品创新的价值特征分析》，载《新闻战线》2004 年 NO. 10。

国，报业集团、出版集团、发行集团和广播影视集团的不断涌现，说明这已成为世界媒介发展的一大趋势。集团化也是盘活经营模式的重要举措。新闻出版总署表示，报业集团在完成经营性资产转型改制之后就能逐步推向市场并可以实现上市。

1996年1月，中共中央宣传部、国家新闻出版总署正式批准广州日报报业集团成立，这是中国第一家报业集团。之后，南方日报报业集团、羊城晚报报业集团、光明日报报业集团、经济日报报业集团、文汇新民报业集团等五家报业集团在1998年一年之内涌现出来。时至今日，全国报业集团就已经超过50家。在广电行业，1999年6月，全国第一家广播电视集团——无锡广电集团成立；2000年12月，首家省级广播电视集团——湖南广播影视集团也宣告成立；2001年12月，经党中央、国务院批准，我国最大的新闻媒介集团——中国广播影视集团成立。集团由中央电视台、中央人民广播电台、中国国际广播电台、中国电影公司等6家国内重量级电子媒介组成，总资产达到216亿元。如今，几乎每个省（市、区）和一些经济发达的地市都成立了广电集团。

1. 媒介集团的类型

按组建的目的和功能进行分类，可以将媒介集团分成五种类型：

(1) 一体化型。将媒介产品产供销三个环节的有关单位联合起来，成立媒介集团。比如将新闻纸生产厂家、印刷厂、出版发行公司与报社自己组织联合成立报业集团。将电影制作公司、碟片生产厂家、影片发行公司等联合起来成立影业集团。

(2) 资源综合利用型。为了综合利用集团成员在资金、人力资源、政治优势、传播设备、办公场所等资源，组建媒介集团。

(3) 协作型。以报业集团为例，可以将主要报纸、相对次要的报纸、期刊等联合起来，形成以主要报纸为核心、具有适度规模经济的集团。

(4) 外向型。为了将媒介产品打到海外，成功实施媒介国际战略，国内媒介组织与外向型公司成立集团。

(5) 市场型。媒介集团所拥有的媒介都有各自特定的媒介目标市场，通过集团的方式，可以将媒介市场联合起来，获得综合效应。这种媒介集团以媒介合并为主。

2. 媒介集团成员的选择

该进来的没进来，不该进来的却进来了，这无疑是组建媒介集团遭遇的尴尬。明智的媒介领导一般都会把有实力的成员吸收进来，以有效消除潜在的竞争对手。但如果是一个糟糕的成员进了媒介集团，不仅会涣散集团的凝聚力，还会牵累集团发展。

作为集团成员，至少应具备以下两个基本条件：(1) 应当优势互补，有利于媒介集团发展；(2) 主管部门同意其加入媒介集团。有的成员不属于传播媒介，这时更要协调好。

媒介成员组合有两种情况，一种是强强联合，另一种是强弱联合。强强联合实现的可能性是存在的，但比较小，主要是因为双方实力雄厚，对组建集团的效益期望值较高，所以国内也只有文汇新民联合报业集团等少数的几个；而强弱联合实现的可能性较大，因为劣势媒介组织迫切希望通过与优势媒介组织的联合，摆脱困境寻找出路。强强联合如果其内部关系处理得较好，则可以在较高起点上实现较快的发展，应该说这是十分理想的联合方案，但如果处理不好，则会出现两虎相争的局面。两种组合的优劣不是绝对的，究竟选择哪种组合，须视具体情况而定。媒介集团特别是西方媒介集团的实践告诉我们，只要媒介集团成员单位选得合适，哪种组合都可以取得成功；选得不合适，哪种组合都会出问题。

四、媒介购并战略

购并是资本经营的主要方式，购并的核心是几个组织的联合，资本是它们所使用的工具和“武器”。购并战略与多角化战略、集团战略之间有着千丝万缕的关系。因为多角化拓展和媒介集团的组建，通常都要实施购并，而通过购并组建集团后，往往引发更为频繁的购并活动。将媒介产业的购并放在更宏大的环境中考察会发现，行业乃至跨行业的购并早已是世界的趋势。在狂乱的风暴和危机背后是即将到来的“硝烟和版图”的重新划定。各媒介巨头们都在利用自己的资本优势，以期使自己身处更有利的战略地位。

由于媒介购并采取的手段和形式越来越多样化，区分一下媒介购并的类型，对进一步理解媒介购并这一现象有较大的帮助。常见的媒介购并类型都可以归入以下三种：

1. 横向购并

横向购并也称作横向一体化，这是指优势媒介吞并劣势媒介组成横向托拉斯，扩大生产规模以达到最佳经济规模。横向购并的目的一般是清除竞争、扩大媒介市场份额或增加媒介在一定范围内的垄断实力。一般而言，这种购并风险较小，因为购并双方都属于媒介产业，容易融汇在一起，进而形成生产或销售的规模经济。横向购并是目前国内媒介购并实践中频频采用的形式。

2. 纵向购并

纵向购并也称作纵向一体化。一个媒介组织尤其是大型媒介组织需要多个生产工序、工艺相配合，才能组成合理有序的生产秩序。当媒介组织的资金流向媒介所需的原材料、各个生产环节，以及发行、销售、金融等环节，通过购并行为，组成一个统一的有机整体，这种购并被称为纵向购并。购并的双方一般是原材料的供应者（如纸厂、光碟生产厂、印刷厂等）、产品推广者（如发行公司、代理商、中产商等)和媒介组织的购并,所以,对彼此的状况比较熟悉,购并之后容易融汇在一起。纵向购并从购并的方向来分,又有后向购并和前向购并两种,具体目的表现为获得原材料供应来源和扩大消费者市场。

纵向购并的优点是可以扩大媒介经营规模,节约生产成本费用等;可以加强媒介产品生产过程各环节的配合,利于协作化生产;可以加速媒介产品生产流程,缩短生产周期,节省运输、仓储、资源和能源等。

3. 混合购并

混合购并也称作混合一体化。一个媒介组织将其资金转向与媒介产品毫无关联的部门,购并一些其他部门的企业,由媒介统一指挥,统一核算,统一经营,进行资本运转,称为混合购并。比如,报业集团、电台、电视台购并房地产公司、电脑公司、保险公司、工业企业、服务公司等。

媒介组织实施混合购并战略的主要目的是减少长期处于媒介产业所带来的风险。可以看出,与混合购并战略密切相关的是多角化经营战略。区别是前者是将生产不同产品的企业吸收进来,后者却不一定,而是媒介组织投资生产其余有利可图的产品。

五、媒介上市战略

中国证监会于 2001 年 4 月发布的新版《上市公司行业分类指引》中,将传播与文化产业定为上市公司 13 个基本产业门类之一。其中,传播与文化产业又主要分为出版、声像、广播电影电视、艺术、信息传播业四个大类。这一分类对推动我国传播与文化业的产业化,推动传媒、文化企业进入资本市场具有深远和积极的意义。

目前我国传媒类上市公司主要有四种类型。第一类是平面媒体上市公司,如首家将编辑业务和经营性业务整体打包上市的传媒公司辽宁出版传媒,它对全国文化产业借助证券市场做强做大具有极强的示范效应。粤传媒是国内第一家拿到国家新闻出版总署批文、在境内主板上市的传媒公司。广州日报报业集团是粤传媒的控股股东。此外,还有博瑞传播、赛迪传媒、北青传媒、新华传媒、新华文轩等多家传媒企业在沪、深、港三地上市。第二类是垄断通道型上市公司,如歌华有线。歌华有线是北京市文化传媒资源整合平台和全国有线网络行业的战略投资者。东方明珠则是上海旅游业与传媒业的双龙头公司。第三类是资产注入型上市公司,如中央电视台下属唯一的上市公司中视传媒。公司与中央数字电视传媒有限公司签署合作协议,享有央视高清频道所有收入的 70%。中央电视台还置入了 CCTV－10 的独家广告代理权和央视高清频道两大关键资产。上海市平面媒体整合平台和中国图书出版发行业战略投资者新华传媒也是这一类的典型上市公司。第四类是网络媒体类上市公司。目前我国网络媒体上市以商业网络公司为主,大多在海外上市。被认为是中国最大市值互联网公司阿里巴巴旗下的 B2B 业务子公司于 2007 年在香港联交所挂牌上市。而百度被誉为海外上市的"最牛中国股",其在美国纳斯达克的股价甚至一度突破 400 美元大关。

在实践中,媒介上市战略主要有两种,即直接上市和买壳上市。

1. 媒介直接上市

媒介要想实现直接上市,必须作为发起人设立股份有限公司。《公司法》规定设立股份有限公司应当具备下列条件:(1) 发起人符合法定人数;(2) 发起人认缴和社会公开募集的股本达到法定资本最低限额;(3) 股份发行、筹办事项符合法律规定;(4) 发起人制订公司章程,并经创立大会通过;(5) 有公司名称,建立符合股份有限公司要求的组织机构;(6) 有固定的生产经营场所和必要的生产经营条件。

2. 媒介买壳上市

媒介买壳上市是一种曲线上市方式,是媒介组织通过对已经上市的公司进行控股而实现的间接上市。买壳上市能拓宽融资渠道。此前,媒介组织的融资几乎单一地依靠银行贷款,使得财务成本过高,影响了经济效益,如果负债过多,还会牵制媒介发展。媒介通过买壳上市,并使上市公司具有配股资格,就可以根据发展需要,溢价向社会配售新股,低成本进行融资。股市融资不同于贷款或举债,属于权益性投资,不必定期还本付息,这十分有利于媒介组织作为该上市公司的控股公司进行资本运作,有利于改善资本负债结构,使媒介组织走上稳健高速发展之路。

第四节　媒介战略实施

媒介战略方案的最终选定,标志着媒介战略已经正式形成,可以付诸实施了。因此,媒介战略管理的重心就要转移到如何将选定的媒介战略付诸行动的问题,这就进入了媒介战略管理的第三个阶段——媒介战略实施阶段。这是关系媒介战略能否成功的重要一环。

一、媒介战略实施的阶段

1. 发动阶段

媒介组织若要实施一项新的媒介战略,取得大多数员工的支持和拥护是必不可少的条件。因为任何一项新的战略,总会涉及一些人的利益。因此,媒介领导者要了解员工中存在的思想倾向和意愿,研究如何实施战略。要及时对员工进行宣传、培训、教育,讲明实施媒介新战略的重要意义,消除他们的疑虑,并给予媒介新战略支持。从某种程度上来说,媒介战略实施是一个发动员工的过程。媒介产业正发生着巨大的变化,竞争加剧使媒介不得不走创新改革的道路。媒介领导要同员工讲清媒介产业变化给媒介带来的机遇和挑战,陈述原有战略(如果此战略不再实施的话)的各种弊端,以及新战略的优点和可能存在的风险等,使大多数员工能够真正从内心接受富有挑战性的媒介新战略,并为之勤奋工作。但是,媒介领导必须要明确的是,争取理解并不意味着退让。任何退让都会使制定的媒介战略实施起来变形,最终难逃败局。在发动员工的过程中,要尽力取得战略关键执行人员的理解和支持,若有个别管理者对新战略不理解、不支持甚至想方设法阻碍和破坏战略实施时,媒介领导要考虑组织机构和人员调整,以便为战略实施扫清障碍。

2. 计划阶段

如何将一项新的媒介战略实施与媒介日常经营工作融为一体,由谁来实施战略,谁在什么时候做什么事情,以及如何做好这些工作等都表述清楚,是确保媒介战略顺利实施的至关重要的环节。可以说,没有计划的行动就不可能完成任何重大战略。

媒介战略只是规定了媒介在一定时期内的方向和任务,一般不会提出十分具体的时间和数量。媒介战略实施计划是将选定的媒介战略具体化,根据战略方案和战略重点,分清任务的主次和轻重缓急,确定媒介资金筹集计划、媒介技术保证计划、媒介人力资源计划等,明确有关工作量和完成它的期限。必须注意的是,对于长期媒介目标及方针可以概略一些,但对于近期阶段通常是一年之内的媒介目标及方针应该尽量详尽一些。而且,编制战略实施计划者必须对新战略有深刻的理解,一定要对此有认真的研究,而不能仅靠原有职能部门的汇报材料进行加减拼凑,这种拼盘式计划,实施效果显然不会理想。

3. 实施阶段

媒介战略的实施需要媒介组织有完备的领导机制和具有良好的政治素质、管理素质、业务素质、心理素质的领导者。同时,还需要媒介组织具有符合实际情况的组织机构和适应时代需要及媒介产业发展的媒介文化。按照经济理论,一项战略的顺利实施,除了与上述几个因素有强烈的关系外,还与资源结构和分配、信息沟通、控制及激励制度有关。通过这些因素使媒介战略真正进入媒介日常的经营管理活动之中,使其制度化、规范化、稳定化。

4. 控制与评估阶段

媒介战略环境无时无刻不在变化,这种变化有时会导致战略实施困难甚至无法完成。因为当初制定媒介战略时,环境可能没有产生现在这样剧烈的变化。比如,国家有关部门出台有关媒介上市的政策将会对战略产生决定性的影响。除了环境的不可预测带来战略实施偏差外,战略本身过于笼统或者存在重大缺陷也是一个主要的原因。当然,还有许多因素会影响媒介领导采取了武断的错误措施,媒介资金回笼状况欠佳,关键人才流失。对于这种偏差情况,媒介若不及时发现并采取合适的措施加以控制、纠正,要想实现媒介战略确定的目标几乎是不可能的。因此,必须加强对媒介战略实施的控制和评价,即定期检查媒介各项战略活动的进展情况,评价实施媒介战略后的绩效,将其与预定的战略目标和绩效标准相比较,找出战略差距,分析产生差距的原因,纠正偏差,使媒介战略更好地适应当前战略环境,并早日实现媒介战略的目标。

二、媒介战略实施的基本原则

1. 坚持正确舆论导向原则

媒介战略的实施是媒介组织甚至整个媒介产业的改革。而媒介的改革应该始终以坚持正确舆论导向为前提。媒介经营同企业经营有相似之处,但在属性上是有区别的。媒介是事业属性和商品属性的统一体。我们始终不能忽略媒介产品属于意识形态领域这一重要特征。改革开放以来,我国的媒介产业取得了可喜的进步,这与媒介产业时刻确立正确的政治意识、社会意识、责任意识是分不开的。所以,在媒介战略实施时,必须坚持正确舆论导向原则,对社会高度负责。

2. 统一领导、统一指挥原则

领导和指挥都是管理的重要职能。在战略实施的过程中,保持统一领导和统一指挥是很重要的。一项新的媒介战略,理解最透彻、最深刻的应当是媒介高层领导人员,因为他们基本上都是媒介战略的制定者,他们所掌握的信息要比一般管理者和一般员工多。坚持统一领导、统一指挥原则,才能合理配置媒介资源、调整组织机构和协调各方面的工作,为实施媒介战略提供保证。另外,对于战略实施过程中发生的问题,要尽量在小范围、低层次解决,因为越是放到大范围、高层次,则涉及的面越大,关系越复杂,媒介付出的代价也会越高,这要求媒介每一个部门都能接受上一级管理部门的统一领导与指挥。

3. 创新原则

媒介组织不可能按所定战略一丝不差地行事,若如此,反倒成了一个简单的、机械的执行过程。其实,任何战略都需要每一个参与者的大胆创新,因为新战略本身就是对旧战略的一种否定与修正,如果没有创新精神,再合理的战略也都会显得不时宜。许多战略管理专家指出,战略实施过程也可以是对战略的创造过程。我们不妨这样理解,媒介战略的某些内容有可能改变,只要不妨碍总体媒介战略的实现,就是合理的。

4. 应变原则

如果媒介内外部环境出现了重大变化,以至于原定战略无法继续实施,这时必须要对此战略进行重大调整,必要时可以停止实施,减少损失。这就是战略实施的应变原则。应变的难点在于要不要变,变多少和怎么变。如果战略环境发生的变化实际并不重大,却盲目修改了原定战略,这很容易给人造成不稳定的感觉,带来消极后果。但是,如果战略环境确实发生了深刻变化而媒介却没有意识到或不及时作出反应,坚持原定战略一意孤行,最终可能给媒介带来巨大的损失。所以,战略决策者、制定者、执行者应时刻以应变的观念观察战略环境的变化,一旦超出一定的范围,就要对战略进行必要调整。

第五节 媒介战略控制

所谓媒介战略控制,就是为了使媒介组织的活动与媒介战略的要求保持一致,以合适的标准评价战略实施进展情况并随后采取相应的纠偏行动。对媒介战略进行有效的控制,这是保证媒介战略取得成功的一个重要条件。通过战略控制,整个媒介战略管理才成为一个完整的动态过程。媒介战略外部环境和内部条件在不断变化着,而媒介组织选择的战略在一段时期内却相对稳定。两者之间存在一定的偏差,并由此带来矛盾。这种矛盾有时还非常深,很难协调。因此,一个完整和完善的媒介战略管理过程必须有媒介战略控制这一环节。控制越完善,媒介战略越容易成功。

一、媒介战略控制的必要性

控制在媒介战略管理中必不可少,是媒介战略能够顺利实施的有利保证。管理学大师斯蒂芬·罗宾斯在《管理学》一书中说:控制之所以重要是因为它监督目标是否按计划进行以及上级的权利是否被滥用。[①] 媒介实施战略控制的必要性主要表现在以下几个方面:

1. 媒介战略环境的复杂性与不确定性

媒介战略外部环境和内部条件是处于不断地动态变化之中的,媒介的战略

① [美]斯蒂芬·P. 罗宾斯:《管理学》(第 4 版),黄卫伟等译,中国人民大学出版社、Prentice Hall 出版公司联合出版 1997 年版,第 477 页。

活动必须依据环境的变化进行调整。理论上，环境可能存在静态的一面，实际上，这只是一种幻想。为了使战略适应环境的复杂性和不确定性，媒介组织必须通过控制来及时了解环境变化的原因以及变化的程度，从而对原有的媒介战略采取有效的调整和修正活动。

2. 媒介战略管理的复杂性

媒介战略管理的复杂性主要是因为它的决定往往会影响一个媒介组织的整个未来和前途。这要求媒介战略管理应步步为营。媒介要通过实施战略方案实现媒介目标，必然要经历一系列极其艰巨的活动或工作。为了使媒介战略按照预定的程序和计划进行，媒介组织就应该做大量的控制工作。

3. 管理失误的不可避免

任何战略都不会是完美的，即使是完美的战略，实施也不会是十全十美的。媒介组织在制定、选择、评价和实施战略的过程中，都不可避免地会犯一些错误，出现一些失误。认识并纠正媒介战略管理中的偏差是管理水平提高的重要标志，也是媒介组织发展的必要前提。通过战略活动的反馈，媒介管理者可以及时发现失误，通过对产生偏差原因的分析，可以使媒介管理者明确管理存在的问题，从而改进工作，推动改组不断前进。

二、媒介战略控制的类型

经常使用的媒介战略控制类型有四种，即回避控制、活动控制、绩效控制和人力资源控制。①

1. 回避控制

在许多情况下，媒介管理者可以采取一些适当的手段，回避不合适的情况发生，从而达到回避控制的目的。从某种角度来看，回避控制是最佳的控制方式之一。具体可操作的手段有：(1) 集中管理，就是将各个管理层的权力集中在少数高层媒介领导者手中，从而避免分层控制造成的矛盾。不过，过于集中往往会使员工的积极性受到极大的损害，也不利于媒介文化的建立和新战略的实施。(2) 风险共担，就是指媒介组织可以将媒介经营的风险与某些组织共担，比如与保险公司签订协议。这样，媒介组织不用过分担心某些投资或担保工作会影响到媒介的经济效益。(3) 计算机控制，就是利用计算机等自动化手段，按照媒介组织预定目标恰当地工作，保持工作的稳定性，使控制得到改善。现代的媒介组织，总部在一个中心城市，在很多的地方甚至海外都设有分部（如记者站、发行点），甚至分公司。计算机和互联网不但带来联络的方便，而且通过计算机中心

① MBA 必修核心课程编译组：《经营经略》，中国国际广播出版社 1999 年版，第 199 页。

和终端的互动，减少了人为控制。(4) 转移和放弃，就是对某些难于控制的经营活动，媒介管理者可以采取转移和放弃部分甚至整个的该项经营活动，从而将潜在的风险转移出去，当然与之相应的利益也就转移了出去。

2. 活动控制

具体活动的控制是保证媒介员工能够按照预期活动进行的一种控制手段，具体做法常见的有三种：(1) 行为规范和限制，就是利用行政管理上的限制或者制定媒介员工行为规范来限制员工的行为，员工必须按照各自的职责和岗位要求进行工作。(2) 经济责任制，就是给出媒介组织允许的行为界限，让职工按照一定的规章制度工作，经常地检查职工在实际工作中的行为并根据所定的标准给予奖惩。(3) 事前审查，就是指对媒介组织各个方面的工作人员完成工作前的审查，可以有效地纠正潜在的有害行为，达到有效的控制效果。

3. 绩效控制

这种方式在媒介产业使用得比较广泛。所谓绩效控制，就是以媒介组织工作的成效为中心，通过绩效责任制来达到有效的控制。绩效控制系统一般要求确定预期的绩效范围；根据绩效范围衡量经济效益和社会效益，以及受众对媒介产品的满意程度；根据媒介竞争对手的效益判断自己所得效益的整体水平；根据效益对实现绩效的人员给予奖励，对没有完成绩效的人给予惩罚。绩效责任制和工作责任制在某种程度上有一定的相似性，即都是面向媒介组织的未来和职工的行为是否符合媒介的预期。要注意的是，这种控制方式只有在员工充分认识到它的好处时才能发挥更大的作用。

4. 人力资源控制

人力资源控制也是媒介战略控制的一个重要方法，主要是对员工行为的控制和防止人才的流失。对员工行为的控制主要表现在奖惩和职位升降两种。奖励和惩罚被认为是激励和约束员工的重要控制手段。其实要把这种控制手段应用得当，应该注意三点：以考核为准；及时与适度；奖励为主，惩罚为辅。除了奖惩之外，晋升与降职也是重要控制手段。晋升除了客观上所具有的奖励作用之外，还能激发员工的上进心，能调动晋升者的工作积极性。晋升要做到公开、公平、公正。降职被看做是一种惩罚，通过这一手段可以增强媒介员工的忧患意识与竞争意识。

三、媒介战略控制的动态过程

实行媒介战略控制是为了使媒介的活动与媒介战略的要求保持一致。这里面存在两种情况：一是如果媒介战略实施情况与评价标准相符，即两者之间的偏差为战略所容许，那么不必采取纠偏行动；二是如果两者之间的偏差超出了容许的界限,则应该找出产生偏差的原因,并实行纠偏,使媒介战略实施情况符合评价标准。

媒介战略控制的动态过程表现为四个环节,即确立媒介战略评价标准、衡量媒介业绩、诊断和反馈纠偏。

1. 确立媒介战略评价标准

确立标准,实际上是回答"此时我们应该在做什么"或者"此时我们应已取得什么结果"的问题,这是十分关键和困难的。说它关键是因为标准确立得正确合适与否,将会影响到下面的工作;说它困难是因为评价媒介战略的标准往往就是由制定和实施媒介战略的领导者、管理者制定,有时他们为了显示自己制定和实施该战略的正确性,以及显示自己的政绩或者其他复杂的原因,会建立一些低层次的、不正确的评价标准,甚至会以标准去套媒介战略实施进展情况。无疑,这些都将成为媒介战略管理的"地雷"。

评价标准最好量化,但实际上是难以做到的。所以,在实际操作中总会存在两类标准:定性评价标准与定量评价标准。定性评价标准,应以战略选择阶段所运用的标准为宜,任何新的标准都会出现人为的偏差,这显然不是评价的目的。定量评价标准在不同的媒介组织都不一样,比较重要的有:收视/收听率、发行量、投资收益率、市场占有率、销售增长率、净利润额或增长率、人才引进与流失比率等,媒介上市公司的定量评价标准还有股票价格、每股平均收益、股息支付等。

2. 衡量媒介业绩

这一阶段是要回答这样一个问题:"媒介战略实施过程中是否存在问题和存在什么问题?"衡量媒介业绩,要求媒介组织将实际媒介经营各阶段的业绩与相应的评价标准相比较,找出实际业绩与标准之间的偏差及这一偏差的宽容度。这一阶段存在两个主要的问题:一个是要决定在何时、何地和如何进行经常性衡量;一个是偏差宽容度问题。

对媒介业绩要进行经常性衡量是各派学者都没有异议的,难点在于这个"经常性"应以多长时间间隔为宜。如果衡量工作过于频繁,不但所需费用开支大,而且会在员工中产生负面影响。这使得衡量工作逐渐流于毫无价值的形式,结果投入越多,产出越少,落入所谓的"控制陷阱"。但是,如果衡量工作过少,又难以及时发现问题、解决问题。

偏差宽容度,也可称为偏差界限,即媒介业绩与评价目标之间的允许偏差范围。应该给这个偏差范围的正负区间作一个明确的界定。若偏差宽容度模糊,有可能导致媒介管理者花了很多时间和精力却研究了不重要的问题,而把应当重视的问题丢在一旁;还有可能使媒介管理者不该采取纠偏措施却采取了纠偏措施,而该采取纠偏措施时却没有采取,这便出现了误操作。

在衡量媒介业绩时，不仅要将业绩与评价标准相比较，而且也应将自己的业绩与竞争对手的业绩相比较。这种比较容易使自己认清优势与劣势，避免自欺欺人、自我陶醉的局面。

3. 诊断

在确立评价标准、衡量媒介业绩之后，应进行诊断。在这一阶段，实际是回答“是什么原因导致了偏差”这一问题。诊断的关键是找出发生偏差的原因，特别是一些重大的、关键的原因要深入分析研究，并据此提出纠偏建议方案。

媒介业绩与评价标准发生偏差的原因很多，下面是一些可能的原因：(1) 媒介外部战略环境出现了较大变化；(2) 实施媒介战略所需资源与媒介现有资源之间存在矛盾并难以协调；(3) 该媒介战略本身不完善或具有重大缺陷；(4) 该媒介战略目标不明朗，无法形成全员一致的亲和力、凝聚力；(5) 媒介管理者的决策出现重大失误，或授权欠周到，用人不当；(6) 媒介因资产重组、组建集团等原因，造成媒介内部人员构成成分复杂(尤其是领导层)，缺乏协作共事、谋求媒介长远发展的良好氛围；(7) 信息污染、信息失灵或信息泛滥导致的实施变形等等。

在找出原因后，诊断人员应提出一些纠偏建议方案。同时，在纠偏建议方案中，要对纠偏可能出现的困难和新问题加以预测并提出解决的方法。特别需要指出的是，若媒介业绩高于评价标准时应同样找出原因，是否因为标准定得偏低、外界政策变化、媒介竞争对手退出，还是自身的努力拼搏的结果，只有这样才能更好地掌握它，使这种状况得以保持和发展。

4. 反馈纠偏

在评审之后，媒介组织就应采取相应的决策。因此这一阶段要回答好“我们该怎样纠正”这一问题。如果偏差范围落在偏差宽容度内，这一环节不必对媒介战略实施采取任何行动。而如果在评审中确认媒介战略实施已出现很大偏差并找到了原因，此刻就应该针对纠偏建议方案采取具体行动。

在反馈纠偏阶段常常会出现这样两种错误：一种是在不需要采取任何行动时贸然采取行动，一种是在需要采取某种纠偏行动时却未能采取行动或采取了错误的行动。这都是应当极力避免的。这正应了管理学上的一个原则：Just in time. 在正确的时间采取正确的行动是至关重要的。

思考题：

1. 什么叫媒介战略管理？它有哪些特征？
2. 媒介战略管理是一个怎样的动态过程？
3. 如何运用 PEST 方法分析媒介宏观环境？
4. 如何运用“五要素”理论分析媒介产业竞争环境？

5. 什么叫媒介多角化战略？它有哪些实现途径？

6. 以经典的国内外媒介案例谈谈媒介品牌战略的运用。

7. 常见的媒介购并类型有哪些？

8. 以现有的媒介上市公司为例，谈谈媒介上市的运作方式。

9. 媒介战略实施的阶段和基本原则是什么？

10. 为什么要采取媒介战略控制？可以采取哪些战略控制方式？

第四章
媒 介 领 导

战略管理专家汤姆森和斯迪克兰德说："战略实施的首要步骤之一是组建一支有着适当的人员成分和技能组合的强大的管理队伍。"[1]约翰·勒文等也写道："最优秀的媒介管理不是让电视台和广播台播出节目，也不是让报纸能够出版，如果我们选择一个词来规定媒介管理的话，这就是'领导'。"[2]对于媒介企业的兴衰成败来说，领导是否有效至关重要。在竞争日益激烈的时代，媒介领导者不但应该是采写编播的行家，还应是媒介管理的高手，同时还要重视专家的作用，尽可能拥有自己的"智囊团"、"思想库"。因此，媒介领导与领导者就成了媒介经营管理研究中的一个必须面对和讨论的问题。

第一节　媒介领导与领导者

一、媒介领导的含义

所谓领导，就是领导者率领、引导和影响团体成员从事与任务相关的各种活动的过程。这个领导过程是由领导者、被领导者和环境三个因素所组成的复合函数。管理学著作常用如下公式表示：

领导＝f(领导者、被领导者、环境)。

对于这个定义，我们可以分析出四个层面的含义。

1. 领导须同时具备领导者和被领导者，缺一不可。只有领导者而没有领导对象，领导活动是毫无意义的。正是由于有一群忠实的员工或追随者，才使领导者的领导过程成为可能。

---

① ［美］汤姆森、斯迪克兰德：《战略管理：概念与案例》，段盛华、王智慧译，北京大学出版社、香港出版有限公司2000年版，第288页。

② John M. Lavine and Daniel B. Wackman. *Managing Media Organizations: Effective Leadership of the Media*. Longman, 1988, p. 21.

2. 领导者是相互作用、相互影响中的支配力量。权力不是平均地分配，领导者的特殊身份和地位使其拥有更多的合法的奖赏权、强制权、感召权、专家权等权力。领导者可以运用的权力越大，他实施有效领导的潜力就越大。

3. 领导是使用不同权力以多种方式引导和影响被领导者的能力。优秀的领导者往往是真正的道德老师、行为楷模，对员工具有一种吸引力和感召力。他的影响力，可以使员工为了国家或公司的利益而不惜牺牲自我利益甚至生命。

4. 领导者的责任是确定组织目标并率领、引导和影响团体成员通过相关活动实现之。没有目标，各种管理活动就没有方向；只有目标而没有踏实的行动，它也只能是空中楼阁。

媒介领导不同于一般领导。一般领导是一种社会组织行为，而媒介领导是一种媒介组织行为；一般领导是一种特殊的社会实践活动，而媒介领导是一种更加特殊的组织、指挥和协调信息传播与营销的活动；一般领导者可以只关注公司的经济效益，而媒介领导者不仅要关注媒介的经济效益，而且要关注其社会效益；一般领导者所引导和影响的是特定组织内的成员，而媒介领导者所引导和影响的不仅包括组织内的专业成员，而且还包括社会大众。

二、媒介领导的领导力

马丁·路德·金曾经注意到，人们直到发现了救世主之后才开始投身于基督教，直到发现了林肯、杰斐逊和罗斯福之后才开始投身于民主，直到发现了马克思和列宁之后才开始投身于共产主义（马丁·路德·金引用贝内特的话）。也就是说，要想成功地实现某个领域的特定目标，需要有一个在这一领域表现杰出的领导，对这一目标的达成产生激励和鼓舞的作用。因此，对一个媒介领导来说，其所具备的领导力的质量是最关键的要求。建立领导的权威感是强化其领导力的首要步骤，但媒介领导的领导力不仅仅只包括权威的建立和影响的施加。一些成功的领导常常表现出某些特别的行为特征，包括责任感、个人魅力、沟通能力、鼓动他人的能力、赢得信任的能力、尝试的愿望、建立人际关系的能力等多项内容。下面来看看这些特别的行为特征对领导力的形成有什么意义。

1. 责任感

媒介领导应该表现出高度的责任感，让自己的员工时刻感觉到在组织中工作有一种安定感和舒适感。责任感既包括对成功的前景承担责任，也包括对失败的前景承担责任。对媒介组织未来的发展目标，媒介领导应该有充分的准备，对于成功和失败的可能性都要有充分的估计。有些领导只对成功负责，一旦遇到失败的境地，就把责任归咎于员工的失职。这使媒介领导难以在员工心目中建立起权威，不利于媒介领导个人形象的树立，也使媒介员工的积极性受到损害。一个成功的媒介领导，必须是对媒介发展的前进方向负有全面责任的领军人物。责任感是影响一个媒介领导建立他个人权威的重要因素。

2. 个人魅力

几乎没有人怀疑领导才能是组织生命中最为古老和最为强大的力量。所有的媒介管理者在加入公司时都要将其个性融入企业文化之中。领导人的个人魅力是影响领导才能的一大关键。领导人也有不同类型：从个人才能来看，有些属于英雄式的领导人，天生具有领袖气质，个人才能突出，是组织的楷模和员工所景仰的偶像；有些则属于非英雄式的领导者，极具亲和力，是来自于员工中的代表，强调与整个组织的团结合作，个人发展融于组织发展的全过程中。从个人气质来看，有些领导人充满激情，敢于冒险，反应敏锐，不墨守成规，随时把握机会，容易激发员工的热情；有些领导人则理性务实，认真严谨，不打无把握之仗，一步一个脚印，采取适当、行之有效的实际步骤实现目标。不同类型的媒介领导，对于媒介组织战略发展的要求都有所不同。一个媒介组织，如果有一个极具个人魅力的领导人，会对媒介组织的发展起到不可低估的重要作用。

3. 沟通能力

媒介组织所具有的大众传播的性质，使我们一次又一次地提到了沟通的问题。事实上，任何一个组织要达成内部成员的相互理解和默契，以利于组织目标的完成，都必然要落实到沟通能力的问题上。对于一个媒介组织的领导人而言，这就显得格外重要。因为媒介是知识分子、智力资本集中的地方，媒介员工从事的是脑力劳动，有强烈的自主意识和自我观念，不是可以随便加以诱导和施加影响的。沟通的技巧、艺术和分寸的把握都是相当微妙的，良好的沟通是赢得信任的先决条件。为了提高媒介领导在媒介组织中的个人影响和工作效率，沟通技能是一种能够、也必须通过学习去掌握的能力。沟通能力中涉及领导人的说服力、亲和力、社交信心，是对领导人在沟通交流方面素质的全面考验。

4. 激情

激情是一个很难去衡量的个人特征，这与领导人的年龄、性格都有着密切的联系。但是激情却是一个媒介领导人保持其持续影响力的一个重要环节。这里的激情不是指冲动莽撞，也不是年轻激进，而是指媒介领导人是否愿意并且坚定地对媒介组织的领导工作进行各种可能的尝试的愿望。尝试的愿望事实上是一种领导人的领导状态的反映，是否愿意经受变革，是否愿意使自己对媒介的领导始终保持动态的良性循环，是否愿意以低姿态来面对已有的成绩。激情是形成领导力的催化剂和推动器。

总之，领导力体现的是一个媒介领导人的综合领导指数，它可以表现为一种影响他人的能力，一种使内部员工产生忠诚感的能力，一种使媒介组织焕发生机和活力的能力。你是否具有领导力？你是否在领导媒介组织的过程中感觉到自我实现？你是否使自己的领导力成为媒介的一种吸引人才的资源？这些都是可以让媒介领导者进行自我评估的问题。

三、媒介的领导者与管理者

领导与管理之间存在差异，不能等同，也不能相互取代。表 4-1 是由 PCO 咨询公司的专家们提供的文字图示①，它可以清楚地区分两者的差别：

表 4-1

管　理	领　导
非情绪化	热情的幻想家
告诉	询问
汇报	倾听
很少期盼	更多鼓励
难以信任	易于信任
平静	狂热
知道答案	广开言语
告诉怎么样	分享为什么
指导	指明道路
有下属	有追随者
留心细节	留心全局
系统为中心	人为中心
怎么样和为什么	是什么和为什么
保持	开创
控制	激励
分立	寻求合作
目标/计划	身份/价值
把工作做正确	做正确的工作

① [英]内维尔·贝恩、比尔·梅佩：《人的优势》，徐海鸥译，经济管理出版社 2001 年版，第 210 页。

续表

管　理	领　导
好的士兵	拥有人
目光盯在底线	目光盯在地平线
安全为目的	乐于改变
固定	弹性
接受现状	挑战现状

媒介领导不同于媒介管理。媒介领导的职能是建构方向、进行决策，而媒介管理的职能是达成目标、执行决策；媒介领导具有宏观性、战略性和方向性，而媒介管理具有微观性、战术性和业务性；媒介领导高于媒介管理、支配媒介管理，而媒介管理从属于媒介领导、听从于媒介领导；媒介领导"宜粗不宜细"，而媒介管理"宜细不宜粗"。

在实际工作中，媒介领导者的职责应是"掌舵"和"正确地做事"，媒介管理者的职责应是"划桨"和"准确地做事"。在激烈的市场竞争中，如果一个媒介组织将最优秀的人才都用于划桨，那么它就会迷失方向，尽管它的前进速度加快了，但它可能驶向了一个错误的方向。对此，彼德·德鲁克指出："任何要想把治理和'实干'大规模地联系在一起的做法，只会严重削弱决策的能力。任何想要决策机构去亲自'实干'的做法也意味着'干'蠢事。决策机构并不具备那样的能力，从根本上说，那也不是它的事。"媒介领导者的职责就是多掌舵（政策制定）少划桨（具体服务）。因此，真正有效的组织总是把高层管理和具体操作分开，让领导者集中精力进行决策和指导，而实际操作则由企业员工来做。这样，"各有其使命和目标，各有其行动的范围和自主的权限。"①否则，媒介领导者便会被具体操作任务分散精力，基本的指导性决策便无法作出。

不变的是，管理者必须成为领导者。尽管所有的领导者都是优秀的管理者，但并不是所有的管理者都是好的领导者。② 大众传播媒介所面临的困惑往往正是：一些媒介领导者往往不关注"方向"，却关注"流程"；不注重于"正确地做事"，却乐于"准确地做事"，结果忙于事务而抓不住大事，在具体事务上忙碌不堪，在重大的方向、原则和关键问题上的决策却稀里糊涂；而一些媒介管理者却不关注"流程"，不注重于"准确地做事"，而乐于以领导方式去管理，结果工作浮而不实，

① ［美］奥斯本、盖布勒：《改革政府：企业精神如何改革着公营部门》，周敦仁等译，上海译文出版社1996年版，第7页。

② ［美］阿德斯·布罗德里克·索恩等：《媒介管理：案例研究法》，王梅等译，中国人民大学出版社2007年版，第30页。

粗而不细,许多具体的管理工作不到位。这些认识和行动上的错位,一定要在媒介管理中加以避免和防范。

第二节 媒介领导的本质与特点

一、媒介领导的本质

在论述这一问题时,我们可以从领导者与人民群众、媒介领导者与社会受众的关系上加以分析。

1. 服务与信息服务

领导者与人民群众是一种什么关系呢？就是马克思在总结巴黎公社的经验时所指出的公仆与主人的关系。为什么说领导者是人民群众的公仆呢？因为领导者是人民群众中的普通一员,他并无特殊的地位;领导者的权力又是人民群众赋予的,人民不但有权选举自己的领导者,而且有权监督他们,有权罢免不称职的领导者。称职领导者就是要全心全意地为人民服务。可见,领导的本质就是服务。

不同的领导从事的是不同的服务,而同类领导又可以提供各种形式的服务。那么,媒介领导的本质是什么呢？我们认为是信息服务。但这种服务有多种形式:有的是政治性、经济性、教育性、娱乐性的信息服务;有的是指令性、指导性、行政性、事务性、咨询性的信息服务;有的以平面媒体(报纸、杂志、书籍)提供信息服务,有的以立体媒体(广播、电视、电影)提供信息服务,还有的以互动媒体(网络、电脑)提供信息服务,等等。

2. 服务≠有求必应

对于媒介领导者来说,受众就是顾客,顾客就是上帝,而上帝是万万不可怠慢的,就要有求必应,想方设法让他满意。这是西方媒介管理学反复告诫人们的服务准则。戴维·奥斯本和特德·盖布勒(D. Osborne & T. Goebler)写道:"企业是为赢利而存在。如果一个企业使其顾客满意,销售额就增加;如果别的企业使其顾客更满意,那么这个企业的销售额就减少。所以在竞争的环境中,企业必须对顾客予以极大关注。"①

我们也认为媒介要关注受众、尊重受众和服务受众,但这并不意味着对受众百依百顺,有求必应,也不意味着媒介领导者是饭店服务大厅里的领班。媒介领

---

① [美]奥斯本、盖布勒:《改革政府:企业精神如何改革着公营部门》,周敦仁等译,上海译文出版社1996年版,第78页。

导是信息服务与传播权力、传播责任的统一体。传播权力意味着媒介领导者可以决定传播什么、传播多少和怎样传播;传播责任意味着媒介领导者要对传播的过程和后果负责。他们不能在出事之后一推了之,说:"这还不都是为了满足受众需要,让他们高兴。"受众的成分比较复杂,兴趣众多,口味各异,对其正当的合理的信息需求自然应当力求满足,但对其不健康的、消极的、落后的和低级庸俗的信息需求(如反动、色情、暴力等)则不能满足。否则,就意味着滥用权力,严重失职,那么由此造成的信息污染、社会伤害、政治动荡,则应当追究有关媒介领导者的责任。

二、媒介领导的特点

媒介领导不同于行政领导、企业领导、学校领导,它具有自己的独特表征。

1. 全局性

媒介领导过程是一个全局性的整体互动的过程。一般企业从事的是实体产品的生产与销售,其领导活动较为单纯和集中。而媒介企业不仅从事实体产品(具体的报纸、杂志、书籍)的生产与销售,还从事信息产品(抽象的消息、情报、知识、理论)的生产与销售,其领导活动则较为复杂和分散。这就要求媒介领导者既有两方面的经验和知识,又能将两种不同的产品生产与销售活动有机结合在一起,使其成为一个整体。在处理问题时,要从媒介系统的整体和全局出发,正确处理整体与部分、全局与局部、传播与经营的关系。在使用资源时,也要从全局出发,合理分配媒介系统的人力、物力、财力和信息、时间等资源,使其统筹兼顾,取得整体效益。如果在媒介领导活动中发生矛盾,正确的做法也是让部门利益服从整体利益,局部利益服从全局利益,媒介利益服从国家利益。

2. 社会性

大众传播媒介既与社会有着千丝万缕的联系,也是影响社会的强大武器。因此,媒介要对人民负责,对受众负责,而不能害人害己,误国误民。在我国,任何正常的一天,大约有 9 亿听众、8 亿观众、7 亿读者与大众媒介发生关系并接受其影响。这从一个侧面说明媒介领导具有很强的社会性。媒介领导者的任何一个或正确或错误的决策,都会对社会产生积极或消极的影响。在有不同阶级、不同制度存在的世界上,媒介领导的社会性还意味着领导者总是代表一定阶级、阶层和社会集团的利益,执行一定阶级、阶层和社会集团的意志,为一定阶级、阶层和社会集团服务。要适应媒介领导的社会性特点,领导者就要具有国家观念、社会意识,注意社会需求、社会影响和社会效果。

3. 协同性

现代媒介领导的对象千头万绪,复杂散乱。从纵向看,它涉及媒介信息的采集、整理、传播和媒介产品的生产、分配和销售;从横向看,它涉及媒介内部人力、物力、资金、信息等资源的分配与管理,涉及媒介外部政治、经济、科教、文卫、城市、农村等部门或领域的关系协调。在这种情况下,媒介领导不仅要对信息产品和实体产品的生产和销售进行协调、整合,而且还要对复杂的人际关系、工作关系、社会关系等进行梳理和调节。同时,还要与党的工作重心和国家利益相协同,即“要帮忙,不要添乱”。协同的目的,就是避免矛盾,减少碰撞,化解冲突,达到和谐统一,从而更好地发挥媒介的整体功能。

4. 前瞻性

媒介市场竞争激烈,变化莫测,媒介领导者需要在许多事物的急剧发展变化之中对某一事态发展作出预测和决断。森德·里奇伯格管理研究中心的调查报告(1994)指出:未来的商业环境将比现在更加难以预测和有更加激烈的竞争,因而需要企业以高创意和高质量的产品和服务去占领和赢得市场,需要同顾客及其他机构有更大的合作,需要领导者有很强的冒险性和前瞻性。凡事预则立,不预则废。没有前瞻性,领导者就无法确立公司的发展方向和目标;没有前瞻性,就无法适应形势发展和市场变化;没有前瞻性,也就谈不上科学决策和正确领导。在这种情况下,媒介领导者更要目光敏锐,高瞻远瞩,审时度势,善于应变,及时作出正确的决策,使媒介发展经常处于主动地位,不断迎接新的挑战。

5. 风险性

有人说:记者是仅次于警察和矿工的第三大最危险职业。同样,领导大众媒介也具有极大的风险性。媒介领导的风险性,首先表现为大众传播可能会对整个社会造成消极的、负面的、甚至破坏性的影响,反过来也会对自身的生存与发展造成威胁。其次表现为对某个团体或个人造成诽谤或伤害,引起民事诉讼。近些年,经常有媒介领导者坐在被告席上,为这类事伤精劳神。再就是媒介运作充满风险。它要求一丝不苟,着着落实。因为,在媒介运作中,哪怕仅仅是一道工序没有按时完成,其结果也不像其他工业那样只是质量差一点的问题,而是没有任何成果。不论在信息的采集、整理、编播上,还是在产品的生产、运输、销售上,只要有一个环节发生阻碍和断裂,都可能葬送其他环节的辛勤劳动成果,给媒介带来无可挽回的经济损失和负面影响。难怪许多媒介领导人说,干媒介这一行,终日如履薄冰。

6. 先进性

现代大众媒介基本上是由最先进的设备和科技武装起来的。否则,它就很难适应社会发展和受众的要求。近几年,许多省级以上新闻媒体建的报社大楼、广电大楼,基本上都是“智能大楼”或“数码大楼”,新闻采编和信息播报大多实现了网络化和自动化。这对于媒介领导来说,媒介的先进性,也要求领导者具有先进的思想观念、科学知识、技术手段和领导艺术,具有创造意识、创新精神和锐意进取、开拓前进的勇气。如果因循守旧，不思改革，害怕学习，总是原地打转，停滞不前，那无异于退出竞争，自掘坟墓。中央电视台、《广州日报》、《扬子晚报》等众多媒介之所以在经营管理中迅猛发展，取得引人注目的成绩，这与媒介领导的先进性有很大关系。

第三节 媒介领导的权威与原则

一、媒介领导的权威

1. 权威是实施领导的基础

俗话说：不怕上告，就怕上报。这说明，报纸等大众传播媒介具有比上一级行政领导人更大的权威。那么，作为能够实现媒介领导过程的媒介领导者，也必然具有一定的权威。所谓权威，是指对他人施加影响的权力和威望，既包括外部赋予的位置和职权，也包括内部蕴含的个人声望和威信。权威是实施领导的基础。一位媒介领导者仅靠职权是不够的，还得有一定的威望。这样，才能进行成功而有效的领导。

在媒介领导过程中，职权所产生的是强制性影响力，而威望所产生的是自然性影响力。

2. 强制性影响力的形成因素

强制性影响力由三个因素造成：(1) 传统观念。中国的传统观念就是“官本位”，领导人比普通人高一等。所以，一般人对领导人会有不同程度的敬畏感和顺从感。这种影响力产生在领导者言行之前，与领导者本身因素并无联系。无论谁当领导者，都具有这种影响力，不管领导者个人条件如何。(2) 团体规范。任何团体的成员为实现本团体的组织目标和维护本团体成员的共同利益，对本团体的领导人都会自觉尊重和服从。(3) 法定职权。由于领导人的职权由选举产生或由上级任命，具有法定的性质，而且对下属人员的前途和命运具有支配和约束的权力，下属人员对顶头上司一般都会尊重其权威。如果某一个领导者的位置权力一旦丧失，这种强制性影响力也就随之消失。

3. 自然性影响力的形成因素

自然性影响力的形成因素主要有四个：(1) 品德。媒介领导者品德愈高尚，愈容易赢得员工发自内心的尊敬与服从。根据研究，最使员工信服而产生好感的品德为：平等待人，办事公正，宽宏大量，坦率诚实。(2) 才学。才能与学识是构成媒介领导者个人威望的重要组成部分。如果领导者在某方面学有所长或有所成就，就会在员工中树立威望。(3) 资历。资历是领导者个人历史的见证。

如果一个媒介领导者有辉煌的过去、非凡的业绩和自我奋斗的艰难历程，就会使媒介员工产生一种尊重感或敬佩感。(4) 感情。感情是人际关系的润滑剂。如果媒介领导者与员工保持一种和谐融洽的亲近关系，就容易在员工中建立威望，形成自然性影响力。

4. 合理而科学地使用权力

权力是指领导者发挥影响的能力，亦即改变他人态度和行为的能力。媒介领导者的奖赏权、惩戒权属于强制性影响力，专家权、感召权属于自然性影响力，而指挥权则介于两者之间。对于权力，人们是既羡慕又怨恨。一方面他们羡慕权力，渴求权力，因为拥有权力即意味着拥有凌驾于别人之上的权力，在必要时甚至可以利用或牺牲别人；另一方面他们又憎恶权力，痛恨权力，因为误用和滥用权力极易造成悲剧，使当权者难逃其咎。因此，合情、合理、合法、合度地使用权力是非常重要的。

一般来说，正确地使用权力应注意以下几点：(1) 对使用权力的成本、风险和正负功能，一定要有正确的充分的认识。权力是柄双刃剑。它能伤人亦能伤己，能成事亦能败事。(2) 一定要依据具体情况或事态，有针对性地有选择地使用权力(或奖赏，或惩戒，或感召)。在特定情况下，在可使用的诸多权力中，通常只使用其中的一种权力效果最好，要设法将其找出来。(3) 使自己行使权力的行动与众人的期望相吻合，反映了众人的愿望和要求。(4) 要理性地成熟地行使权力，避免情绪冲动或粗暴待人。(5) 慎用惩戒权和专家权，尤其不要在自己不熟悉的领域使用专家权，要以感召、鼓励、引导为主。

二、媒介领导的原则

领导原则是领导行为应遵循的准则，它是领导特点和领导规律的反映。所谓媒介的领导原则，就是指在报社、杂志社、广播电台、电视台、出版社、电影厂、网站等大众媒介内的领导活动所应遵循的一些特殊准则。它包括社会效益和经济效益相结合原则、管理理论与管理实践相结合原则、个人智慧与集体智慧相结合原则、统一领导与分层领导相结合原则。

1. 社会效益与经济效益相结合原则

我们曾在媒介管理中有过只要社会效益不要经济效益的年代，以为要了经济效益必然丧失社会效益。如今媒介领导者已有足够的智慧将两者尽收囊中，使两者有机结合，互相协调，共进共荣。讲社会效益，就要讲党性、讲政治，坚持“三个代表”；就要明辨是非，权衡利害，实事求是，锐意创新；就要既尊重和适应受众需要，又能发挥媒介传播的积极作用和正面功能。讲经济效益，就要按市场规律办事，按市场需求组织生产和销售；在确保主业经济效益的基础上，积极拓展副业经营的领域;还要努力增收节支,科学管理,充分挖掘内部潜力。当社会效益与经济效益发生矛盾和冲突时,后者服从前者,前者支配后者,前者第一,后者第二。

2. 管理理论与管理实践相结合原则

媒介管理理论是实践的向导、决策的准星,而媒介管理实践又是理论的源泉、研究的基础。它们相辅相成,不可分离;它们相互影响,相互制约,相互促进,共同发展。实践证明,没有科学的媒介管理理论的滋润和指导,大众传播媒介就不可能取得好的社会效益和经济效益;但掌握了媒介管理理论而不能同本媒介的具体实际相结合,也难有最佳的社会效益和经济效益。这就要求媒介领导者要注意理论联系实际,敢于创新,敢于走自己的路。

3. 个人智慧与集体智慧相结合原则

奥伯莱和科恩(R. Aubrey and P. Cohen)认为:"管理者需要更多的智慧",因为"智慧是开发组织内部人力潜力的组织战略",它"为判定知识和创造价值提出了一项新标准,为认识有经验的劳动者的潜力提供了一些新方法。"[①]作为开发媒介组织内部人力潜力的智慧,即使是最高明的领导者,其个人智慧也有其局限性,而必须将其与集体智慧有机结合,互相碰撞,才能产生"1+1>2"的社会效应。这就要求媒介领导者不能搞家长制、"一言堂",要善于发挥集体智慧,运用集体经验,依靠全体员工的力量去开拓市场,占领市场,创造辉煌。实行媒介首长负责制和法人代表制,也不排斥集体领导和集体智慧。个人的聪明才智总是有限的,集体的智慧和力量则是无穷的。吸纳更多的智慧,可以为媒介事业的发展插上腾飞的翅膀。

4. 统一领导与分层领导相结合原则

对于媒介管理,必须既统一领导又分层领导。领导不统一,政出多门,分散主义,整个媒介组织就没有竞争力和凝聚力,就形不成力量,无法进行有效的管理。要统一领导,就必须统一目标,统一思想,统一政策,统一指挥,统一行动。这样才能统一运筹人力、物力、财力和信息,协调各种关系,形成强大合力。但是,统一领导并不意味着只有一个领导或一级领导。领导系统是有层次的,不同层次有不同的功能和任务。因此,统一领导必须与分层领导相结合。遵循分层领导原则,意味着上一层次只管它的下一层次,不越级指挥;下一层次在媒介管理中遇到困难或问题,一般也只向上一层次领导请示,只在特殊情况下才越级反映。坚持统一领导和分层领导相结合的原则,既有利于政令统一,又有利于发挥组织作用;既有利于高层领导者摆脱事务纠缠,集中主要精力抓好媒介组织中的大事,又有利于调动下级层次领导者的积极性、主动性和创造性,使他们能独立负责地工作,在实践中得到培养锻炼。

---

① [美]鲍勃·奥伯莱、保罗·科恩:《管理的智慧》,李天铎译,三联书店 1996 年版,第 1 页。

第四节　媒介领导者的职责与素质

一、媒介领导者的角色

管理学家明茨伯格(Henry Mintzberg)通过对五名首席执行官的研究,以及对他人相关成果的分析,得出结论:领导者的工作并非人们通常所说的计划、组织、协调和控制等含混职能或目标,而主要是由社会和公司赋予的与人际、信息、决策有关的十种工作角色(见图 4-1),即领头人、指挥者、联络者、监察者、交流者、发言人、企业家、控制者、分配者、谈判者。[①] 现在,我们从媒介领导者的角度对十种角色作出描述和分析。

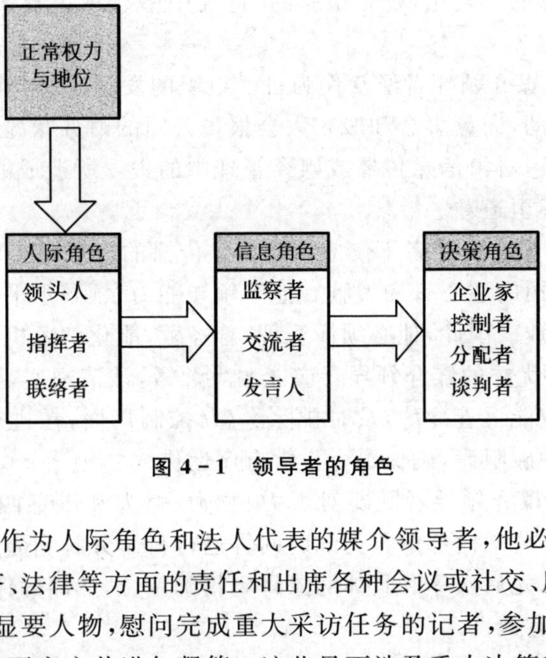

图 4-1　领导者的角色

1. 领头人。作为人际角色和法人代表的媒介领导者,他必须承担媒介管理中涉及政治、经济、法律等方面的责任和出席各种会议或社交、庆典活动的义务,比如会见来访的显要人物,慰问完成重大采访任务的记者,参加报业大楼动工的剪彩仪式,邀请重要客户共进午餐等。这些虽不涉及重大决策问题,但对媒介公司的顺畅运作至关重要,丝毫不能马虎。

2. 指挥者。这是媒介领导者的另一个人际角色,即确定媒介管理战略,提出媒介重大决策,营造公司氛围,鼓舞员工士气,指挥经营管理。媒介领导者的

① [加拿大]明茨伯格等:《领导》,思铭译,中国人民大学出版社 2000 年版,第 12～13 页。

影响力主要由指挥者的角色体现，诸多研究均承认这一角色在媒介管理中的重要地位和特殊作用。

3. 联络者。斯图尔特（Rosemary Stewart）的研究发现，在领导者的时间安排中，他同公司外人士接触的时间（47%）多于与其下属交流的时间（41%），而与下级联络的时间（41%）往往又多于与上级联络的时间（12%）。明茨伯格的研究亦证明了这一点，其比例分别为44%、48%和7%。① 可见，领导者的联络主要是左右的关系联络和对下的指挥联络，其中更多地表现为人际沟通和工作协调。

4. 监察者。媒介具有雷达和警戒的功能，媒介领导者也在不停地监视环境，探听信息，以便对周围的和外在的变化及时作出反应，提出对策。一般来说，这种监察者角色所获得的各种信息，大多是口头的、零星的，有的甚至就是小道消息、猜测和谣言。媒介领导者若据此作出决定，行使权力，就必须慎重。

5. 交流者。作为信息角色，媒介领导者是高层信息的传达者，基层信息的上报者，横向信息的中转站，媒介组织的“神经中枢”，承担着大量的信息交流的任务。

6. 发言人。媒介领导者经常作为自己组织的发言人，向外界宣布媒介的重大决策或重要活动，向董事会和股东大会报告公司的财务状况，向社会宣传媒介的新成就、新形象，对由信息传播或媒介管理中的失误所造成的不良影响向公众进行解释、说明甚至道歉。

7. 企业家。媒介领导者不仅应该是信息传播的行家，还应是经营管理的高手。他是媒介公司的主心骨和大脑。他的领导能力、领导水平和创新意识，决定了媒介企业的成败。因此，他必须懂管理，善经营，能化解危机，抓住机遇。

8. 控制者。优秀的媒介领导者应能洞幽烛微，认清现实，预测未来；在面对危机和险情时，应能沉着冷静，及时排除隐患，控制局面；在进行变革创新时，也要能顶住压力，冲破阻碍，确保媒介正常有序运作。

9. 分配者。媒介领导者既要对人力、物力、财力和讯息四大资源进行合理分配，又要对媒介公司内部的权力和时间等进行科学分解和分割，使各种资源数量得到最佳配置，先后次序和具体对象得到精确定位，从而确保媒介战略的连续性和媒介运行的有效性。

10. 谈判者。这是指媒介领导者在两个或更多的竞争方之间寻求一种妥协时所承担的决策角色。当媒介运作需要银行贷款时，当争夺某种资源与同行发生冲突时，当媒介与广告代理商产生纠葛时，媒介领导者就要使用人际交往技巧、谈判手段和契约等协调冲突，达到双方满意的结果。

---

① 此处数据引自[加拿大]明茨伯格等：《领导》，思铭译，中国人民大学出版社2000年版，第14页。

我们必须指出，媒介领导者的十种角色虽是分开描述和分析的，但实际上它们是一个既各自独立又相辅相成的有机整体和特殊系统。每个角色的功能也不是平均地释放和分配，而是根据分工而有所侧重，比如主管生产的领导就承担了较多的决策角色，主管人事的领导则承担了较多的信息角色，主管营销的领导则承担了较多的人际角色(见图 4－2)。

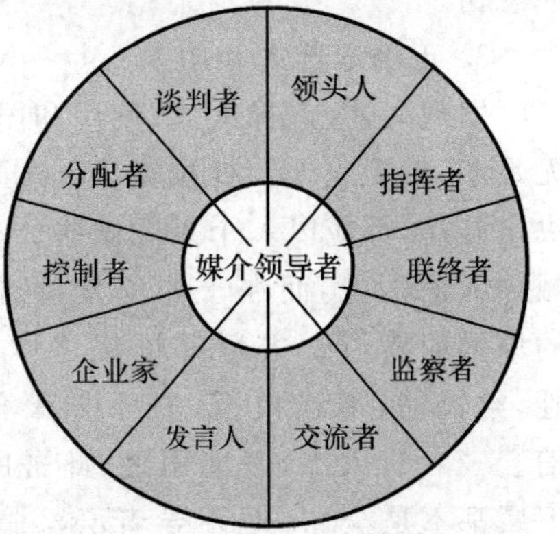

图 4－2　媒介领导者的十种角色系统

二、媒介领导者的职责

IBM公司大中华区前董事长周伟焜认为：一个成功的领导者最重要的是要做好两件事："一是把恰当的人放在恰当的位置；二是把方向搞清楚，放手让手下去做。"[①]这两点精辟地概括了作为一个企业领导者的职责。在媒介组织中，有效的媒介领导者的主要职责是：制订战略目标，建立组织机构和规章制度，正确地选人和用人，合理决策，掌握实情，不断学习，建立愿景。

1. 制订战略目标

制订战略目标是媒介领导的第一大职责。目标制定得是否正确，从根本上决定了一个媒介的管理效果。

管理效果＝战略目标(方向)×工作效率

从公式看，如果目标方向不对，那就成了负数，工作效率越高，其管理效果就越低。比如，随着媒体竞争的日益加剧，纸质媒体面临越来越严重的威胁，很多的报纸媒体将战略中心开始转向重塑企业理想、建立合并经营模式、努力争取读者等工作重心上。让广播、电视节目上卫星，以扩大覆盖面、吸引更多的广告客户，许多省市的广播电视台采用了这一战略目标，使媒介产业获得了迅猛发展，而没有制订这一战略目标的省市广播电视台，在国家宏观控制措施出台后就很难再实施这一战略目标。所以，一个媒介领导者水平的高低、魄力的大小，都表现在战略目标的制订上。

2. 建立组织结构和规章制度

这是实施媒介战略目标的重要条件和手段。只有建立起合理而有效的组织结构，制订各项规章制度，才能保证战略目标的实现。在媒介管理的各项规章制度中，最重要的是各种责任制和奖惩制度。前者要使记者、编辑、主持人、导演、

① 周伟焜：《领导者最重要的两件事》，载《21 世纪商业评论》2009 年 8 月刊。

导播、制片人、主任、经理、总经理、总编辑、社长等岗位和个人都有明确的责任；后者则依据一系列标准对媒介成员进行评价，对表现好的或差的予以必要奖励或惩罚。

3. 正确地选人和用人

发现人才、选择人才、使用和团结人才，是领导者成熟的主要标志之一。金无足赤，人无完人。杜拉克(Peter F. Drucker)认为："有效的管理者择人任事和决定升迁，都应以一个人能做些什么为基础。所以，他的用人决策，不在于如何减少人的短处，而在于如何发挥人的长处。"[①]汉高祖刘邦在总结他夺得天下的原因时曾说："夫运筹帷帐之中，决胜千里之外，吾不如子房；镇国家，抚百姓，给饷馈，不绝粮道，吾不如萧何；连百万之众，战必胜，攻必取，吾不如韩信。三者皆人杰，吾能用之，此吾所以取天下者也。"[②]这说明，不论是领导还是下属都不是全才，但领导者必经遵循用人所长的领导原则，才能实现自己的目标。

要用人所长，还应授予人一定的权力和明确的职责，做到有职有权，而不应嫉贤妒能。要用好人才，还应关心人、爱护人，建立和谐的人际关系。

以上三项是媒介领导者的根本职责，下面的四项为领导者的经常职责。

4. 合理决策

决策是媒介领导的一项经常性工作。不能决策就不能领导，犹豫不决也不是好领导。有效的媒介领导者不做太多的决策，他们做的都是有效的和重大的决策。"他们希望知道一项决策究竟涵盖了什么，应符合些什么基本的现实。他们需要的是决策的冲击，而不是决策的技巧；他们需要的是好的决策，而不是巧的决策。""他们知道在整个决策过程中，最费时的不是决策的本身，而是决策的推行。因为，一项决策如果不能演化成为'工作'，则不成其为决策，至多只是一种良好的意愿。"[③]

5. 掌握实情

要掌握实情，就要注意调查研究，密切联系群众，这是领导的基本职责和基本方法之一，也是领导者的一项经常性工作。媒介领导者要真正掌握实情，做到心中有数，提高决策的正确性，光听取来自下属和左右的报告是不够的，必须对本单位的全面情况作亲自调查，还要组织人员或委托调查机构对媒介市场、受众市场和广告市场作定期或不定期的调查分析。调查研究既可以发现问题、找到差距，也可以了解市场动态，把握消费趋势，从而作出正确决策。

---

① [美]杜拉克：《有效的管理者》，许是祥译，台北企业管理发展中心 1978 年版，第 85 页。

② 司马迁：《史记 · 高祖本记》，中华书局 1959 年版，第 381 页。

③ [美]杜拉克：《有效的管理者》，许是祥译，台北企业管理发展中心 1978 年版，第 136 页。

6. 不断学习

当今世界,学习已成为管理理论中首先要解决的问题。"学习已成为每个人的事业,每个人既要奉献出自己的学习成果,又要接受别人的学习成果。时间就是你拥有知识的一半这种观念已经过时,如今学习的'半个生命期'已经成为衡量职业发展的基准点。"[①]终身学习概念的提出者保罗·朗格朗(Paul Lengrand)认为,现代社会是个信息多变的社会,生活方式与人际关系的变化、道德的危机、意识形态的发展等等破坏了人们原有生活方式的平衡,所以,人们需要通过不断的学习,来提高对社会的认识。[②] 这对于媒介领导者来说,为了媒介和自身的生存与发展,更要不断学习、不断提高,以解决信息爆炸和知识老化的问题,使自己与科技进步、社会发展保持同步。不断学习,是对自己惰性的一种挑战,也是对自己未来的一种投资,因为它可以提高自己的工作市场价值。未来的媒介领导者不一定是由德高望重、资深稳重、吃苦耐劳的人来担任,而是由不断学习的人来领导。只有不断学习的领导者,才能把握时代的脉搏,适应市场的需要,引领变革的潮流。

7. 建立愿景

所谓愿景,指的是个人或群体所渴望的未来的状态。愿景表达了人们对事情发生的可能性和所渴望的将来的乐观主义和期望。愿景部分的是个人的某种感觉,即个人认为一个组织或制度看上去应该怎么样以及(或者)它应该如何运转,部分的是应该如何把这个经营组织带向未来[③]。例如,万维网(WWW)的发明者蒂姆·伯纳斯-李(Tim Berners- Lee)有一个愿景,就是把电子网络作为扩大家庭、工厂、集体、学校、城镇、公司、国家、星球之间合作的手段,使它们自身及它们之间的事情能够顺利进行。这也许是永远也不会达到的完美状态,但却提供了努力的方向。

媒介组织愿景的建立是一个过程。在这个过程中,媒介领导可以向媒介员工清楚地表明他们希望媒介组织将来的发展方向。这是一个充满感情、智慧、行动、判断的创造性的过程,取决于对媒介组织文化、历史、环境的理解,极大地受到媒介领导个人的价值观的影响。媒介领导应该尽力使媒介员工对媒介组织如何取得成功达成共识,避免建立一个无人接受的愿景。为愿景工作,重要的不是达到愿景本身,而是向愿景不断靠近的过程。愿景与媒介组织的梦想联系在一起,正是这些梦想可以发挥媒介人员的想象力,并且鼓励人们重新思考哪些是可

---

① [美]鲍勃·奥伯莱、保恩·科恩:《管理的智慧》,李天铎译,三联书店 1996 年版,第 3~5 页。

② [法]保罗·朗格朗:《终身教育引论》,周南照译,中国对外翻译出版公司 1985 年版,第 89 页。

③ [英]安德鲁·P. 卡巴德斯等:《成功在望 建立愿景》,魏陆译,东北财经大学出版社 1999 年版,第 3 页。

能的。媒介领导人最需要的，也是对媒介组织的全面进步最有效的，就是在建立愿景过程中所实现的思想的碰撞、创造力的发挥、冲突与矛盾的协调等。媒介领导有责任为自己的员工提供建立共同愿景的条件与机会，使整个媒介组织都在为某种理想境地的达到而倍感鼓舞振奋和默契理解。① 如果失去了愿景，领导力就失去了方向，员工和领导者都会认为员工是为给领导者服务，而不是为员工自己的未来和企业的未来服务，组织就会变得官僚，领导和员工同时失去了奋斗的目标和方向。例如，1993 年路易斯·格斯特开始掌舵 IBM 的时候，IBM 正处于严重亏损风雨飘摇的状态，他当时说的一句话就是“IBM 需要的最后一件事就是愿景”②。可见愿景对于企业的重要性。

三、媒介领导者的素质

媒介领导者应具备哪些素质呢？不同的人对此有不同的看法。有的人从优秀媒介领导者必须具备的条件加以论述，有的人从成功媒介领导者一般具有的能力加以分析，还有的人从卓越媒介领导者所显示出来的特征加以描述。

1. 十大条件论

(1) 媒介领导者的智商要比正常人稍高一些。美国的一项研究(1988)结果表明，各级领导者的平均智商指数在 120 到 135 之间。媒介领导者的智商如果太高，那么其属下员工就会觉得难以适应，缺少自信；相反，如果媒介领导者的智商太低，很容易被超过，部下又缺乏压力。

(2) 媒介领导者要能赢得别人的合作，善于与人共事。不要单枪匹马地干，集体合作越来越重要。每个领导者都需要“厚植助力”，要有忠实的朋友和智囊谋士的支持，形成一个关系网，否则不能取得事业的成功。

(3) 媒介领导者要有迅速应变以及一旦出现机会便立即抓住不放的本领。机会几乎就是一切，它来之不易，转瞬即逝，发现并抓住它就可以为媒介企业的发展注入强大活力。

(4) 要有总揽全局、高瞻远瞩的能力。不要盯着眼前的蝇头小利，结果捡了芝麻丢了西瓜。

(5) 要能容忍优秀人才的缺点和坏脾气。媒介领导者应该知道，你是用人来做事而不是用人来拍马屁。

(6) 媒介领导者要任人唯贤，不用得过且过的人，不用毫无作为的人。解雇

---

① 参考袁靖华：《媒介愿景论：社会转型时期的媒介组织管理》，中国传媒大学出版社 2009 年版。

② [美]肯·布兰佳等：《更高层面的领导——肯·布兰佳论领导力和创造高绩效组织》，张静译，东方出版社 2008 年版，第 8 页。

员工是件不愉快的事，但有时却不可避免。

(7) 媒介领导者必须具备较强的传播才能，能清楚、简明和合乎逻辑地讲清事情，能倾听、理解和分析他人的讲话内容。

(8) 媒介领导者必须具备经营意识，即使你不懂会计业务也要懂得生意上的数字，因为人们不能指望一个对数字鲁钝、不感兴趣的媒介领导人会为公司创造大财富。

(9) 要有勇于承认错误和失败的精神。冒险势必会有失败，失败乃成功之母。出差错时，坦然承担，不要找借口，也不可将错误转嫁给上司、下属或同僚。

(10) 媒介领导者不要事必躬亲，要善于使用比自己能力强的部属。有了优秀人才而不放手使用，你就无法从他们身上得到利益和好处。判断一位主管是否称职，不在于他如何忙碌，而在于他如何培养和使用优秀人才。①

2. 十大素质论

所谓素质，是指媒介领导者在领导活动中经常起作用的本质因素，它包括自然素质和社会素质。约翰·勒文在《媒介组织管理：有效的媒介领导》一书认为媒介领导者的素质主要有 10 种。

(1) 具有预见他所领导的部门或公司向何处发展的敏锐眼光。

(2) 具有运用各种手段说服他人为实现本组织目标而努力工作的特殊本领。即他应是一个有效的传播者，能用自己的语言或文字来描述自己的远见，并使其他人容易理解。

(3) 具有听取别人意见和尊重他人观点的谦虚态度，并设法使大家知道，职员所思所做的一切，对于媒介的生存与发展都是重要的、有价值的。

(4) 当需要评价自己和职员时，要有一种现实的、客观的态度，并且极具敏锐的洞察力。只有承认自己和指出别人的真正长处和短处，才能发挥优点，克服缺点。

(5) 具有吸引和选用优秀人才的能力，以及调动其积极性的本领。选用能人经济实惠，因为他贡献较多而索取较少。如果让他在一个富有效率的集体中起表率带头作用，那么他的贡献就更大了。美国记者沃尔特·李普曼(Walter Lippmann)曾经说："领导人物面临的最后一次考验是，他是否能留给后人可继承和发扬的信念和意志。"②

(6) 具有识别和处理媒介公司内轻重缓急问题的特别技巧。如果事情相当重要和紧急，那么就应该立即处理。如果经过衡量是不重要的或无用的事务，那么就应该予以搁置或彻底放弃。根据统计，在我们经年累月所堆积的信息或杂

---

① 邵培仁、刘强：《媒介经营管理学》，浙江大学出版社 1998 年版，第 113～114 页。

② 转引自[斯洛伐克]塔特安娜·瑞普科瓦：《新时代：打造专业化报纸》，钟新主译，中国人民大学出版社 2004 年版，第 37 页。

务中，有 80％是完全不重要的，甚至根本没有任何用处。

(7) 具有调动所需资源(人才、资金、信息、服务、时间、技术)完成工作的本领。

(8) 具有支持新观念、新创见的勇气和倾向，并监督使之成为现实。

(9) 具有敢于梦想、勇于创新、不断进取的精神。梦想也许不会成为现实，创新也可能有点脱离实际，但这却是朝向远大目标进发的动力。

(10) 在媒介员工任务完成得较为出色时，要及时予以肯定和承认。吝啬赞扬的领导不是好领导。[①]

第五节　媒介领导者的选聘与组合

了解了媒介领导者的角色、职责和素质，我们就可以识别和判断出优秀的媒介领导者。但是，如果没有正确的选聘方法和科学的组合原则，不仅得不到优秀的媒介领导者，有了也难以充分发挥领导班子的整体效应。

一、媒介领导者的招聘与选拔

1. 招聘与选拔媒介领导者的意义

加快培养选拔新世纪的媒介领导人才，这是我国媒介管理的战略重点之一。近年来，大众传播媒介组织认真贯彻干部队伍“四化”方针，落实中央《党政领导干部选拔任用工作暂行条例》，坚持党管干部的原则和德才兼备的原则，按照“群众推荐、组织考察、党委集体讨论决定”的程序，选拔了一大批德才兼备、事业心强、精通业务、善于管理、能打开局面的年轻干部进入大众媒介系统的各级领导岗位，为信息事业的发展繁荣，推进以优质高效为主要特征的“阶段性转移”，注入了生机与活力。

但是，由于信息传播产业的规模、数量增长过快，年轻干部的培养和使用还未能跟上形势发展的需要。特别是新创办的媒介机构和地市以下的媒介组织，其领导成员传播知识和管理知识缺乏、学历层次不高者占有很大比例，“外行领导内行”的现象还屡见不鲜。在我国的 25 000 多家报刊社中，有很大一部分是县级的和在改革开放之中创办起来的，其领导者的理论和专业素质普遍需要提高，有的甚至需要集中时间加以培训。然而，一些资格较老的媒介单位，领导观念陈旧，班子内耗严重，决策屡次失误，也没有形成年龄、专业、特长等结构的梯

① John M. Lavine and Daniel B. Wackman. *Managing Media Organizations: Effective Leadership of the Media*. Longman, 1988, p. 160.

次配备；另还有一些成立不久的媒介单位，不懂行的媒介领导者一上任，就匆忙从其他单位调入或从社会上招聘不了解、不熟悉信息传播专业和媒介特点的人员，未经培训就直接上岗顶位。本来，信息传播业就是知识密集型的行业，理应是人才汇集之地，但实际情况却很难令人满意。

人们常说，未来社会是知识递增、信息爆炸的社会，未来战争也是信息之战、知识之战和智慧之战。没有一支高素质的装备精良的信息传播大军和一批德才兼备、结构合理的媒介领导队伍，我们能有把握赢得未来那场特殊的战争吗？正是在这种情况下，我们必须以对国家传播事业高度负责的精神，破除那种论资排辈、平衡照顾的选干方法，及时、大胆地将优秀年轻干部选拔到媒介领导岗位上来，使他们发挥出最佳的人才效益。

2. 选择媒介领导者的方法

选择媒介领导者除了要遵循一定的原则、按照一定的标准和程序之外，还要运用科学的选择方法。选择方法不外是从外边招聘和从内部选拔两种。

（1）招聘方法

招聘方法是将媒介公司中空缺的高层职位公布出来，由从社会上公开招聘的人来填补。一般是在大众媒介上刊播招聘启事，规定出应聘人员的政治条件、业务水平、领导能力三个方面的总要求，有的还规定出学历、专业、年龄、现任职务、工作经历、工作实绩、户口所在地等限制性条件，要求应聘者将本人简历及有关资料在规定时间内邮寄或送交到招聘单位以供审查。在对应聘者提供的资料进行核实后，接着对符合应聘条件者进行笔试。然后，依据笔试成绩的高低，按照一定比例再选一部分人参加由上级领导、媒介领导和专家组成的答辩评审会。最后通过答辩和评审的人才能被录用、补缺，但录用后仍可规定一段“试用期”（三个月以上）或“助理期”，以造就和选拔出真正过硬的媒介领导者。

2001 年 8 月 18 日，杭州市举办了第二届世纪精英高级人才招聘会，200 多家单位进场招聘 1 800 名高级专业和管理人才。为了使人才招聘更科学、更准确、更合理，会议组织者对应聘者预先进行领导者资格测评、能力结构测评、基本素质测评和 16PF 人格测评，合格后方允许进入招聘会现场，此举大大降低了招聘和用人风险，受到了招聘单位的广泛欢迎，也值得媒介单位在公开招聘时借鉴。[①]

公开招聘的方法，有利于在较大范围内罗致和选择人才，使一些既懂信息传播又善媒介管理、才高而位下的人才有了转机和用武之地；也有利于专业人才的合理流动，使各种各样的人才学有所用、用有所长，从而充分发挥现有人才的潜力。

（2）选拔方法

选拔方法是指媒介公司的高职空缺由从内部选拔、晋升上来的人来填补。

① 《高级人才要经测评才能参加招聘会》，载《浙江日报》2001 年 8 月 19 日第 1 版。

将媒介公司内部下级管理人员选拔为领导者的具体办法有：审核被选择人的历史功过；查看他接受高等教育和各类培训的功课成绩；检查以往的包括被选择人在内的年度考核记录；广泛听取群众意见，由群众背靠背评议推荐；让被选择人谈如何搞好某项媒介管理工作；模拟一些媒介管理活动中的紧急情况，让被选择人来处理；模拟媒介领导人的工作环境和所遇到的问题，看被选择人如何反应和解决；由专门机构或专业人员对候选人进行心理上或实际工作能力上的考核和测定，最后作出评价。运用这些方法，就是为了建立起与现代媒介管理工作相适应的看实绩、论德才、讲民主的公平启用机制和竞争择优机制，使真正的既精通业务又善于管理的媒介领导人才能够脱颖而出。

选拔人才也是为了使用人才。对媒介领导者尤其是年轻干部的使用，一定要端正用人观念，遵循用人原则，全面地辩证地看待。既用其所长又不护其所短，既大胆使用又严格要求，既让其充分释放能量又让其定期充电蓄能，这样的干部才能够永不落后于时代的潮流，为大众传播事业创造出更加辉煌的未来。

二、媒介领导班子的科学组合

在媒介管理中，领导班子的科学合理的组合十分重要。科学合理的组合，才能产生出“2＋2＞4”的积极效应；反过来，它也能产生出“2＋2＜4”甚至“＜2”的消极作用。一个具有科学合理结构的媒介领导班子，不仅能使每个领导成员人尽其才，胜任各自的工作，而且能通过有效的结构组合，发挥出巨大的集体力量。

媒介领导班子的科学组合，主要表现在六个方面：

1. 年龄的有机组合

就是将不同年龄层次的媒介领导者合理地组合在一个班子里，从而起到协调互补的作用。这个领导班子应由老、中、青三个年龄段的干部组成，形成以中青年干部为主的金字塔形年龄结构。老干部“老马识途”，经验丰富，老练持重，善于掌握方向，应付复杂的局面；中年干部年富力强，兼有青、老干部的长处，能起到承前启后的骨干作用；青年干部思想敏锐，朝气蓬勃，接受新事物快，富有创造力，奋发有为。媒介领导者年龄的有机组合，可以取长补短，充分发挥不同年龄段干部的优势，有利于新老干部的合作交替，有利于提高领导班子的整体效能，有利于保持政策的连续性和稳定性。实行金字塔形年龄结构，一要坚持干部队伍的年轻化，二要调整不合理的年龄结构。但是，老中青的年龄要求，在不同级别的媒介组织和领导阶层中是不完全一样的，这需要灵活掌握，不可一刀切。

2. 知识的有机组合

鉴于大众媒介业是知识密集型行业，因此它们的领导人应该属于高知识水平的范围。因为，随着教育的普及和社会的进步，未来的劳动者将不是靠体力而是靠智力生存。作为领导传播者的媒介领导人若不具有更高的知识水平,就不可能有效地对媒介进行管理。但是,大多数媒介领导者都只有专门知识而无广博知识,是"偏才"而非"全才"。这就要求对"偏才"进行有机组合,使整个媒介领导班子各种人才齐备,知识结构合理。因此,在媒介领导班子内部,在坚持有大专以上文化程度的基础上,应该既要有掌握自然科学知识和技术的人才,也有懂得社会科学知识的人才;既有高度敏感的政治家和修养较高的理论家,又有文化底蕴深厚的文艺家和实际知识丰富的传播家。

提高媒介领导者的文化知识水平,不仅要看文凭、学历,更重要的要看实际知识水平。学历只代表一个人的过去,并不能完全反映和代表他的现在。科学研究表明,在现代社会中,一个人的知识大约 10%是靠正规学校教育给予的,而大约 90%的知识要靠他在以后的继续学习中获得。因此,媒介公司选才用人应既看学历又不唯学历,重在实际知识水平和实际领导能力。

3. 专业的有机组合

不同的媒介公司对领导者的专业结构有着不同的要求。专业的有机组合,一是指在一个媒介领导班子里要根据管理特点和职能,安排进具有不同专业知识的领导人,使他们在自己的专业范围内或相关领域内有较多的发言权,承担更多的责任;二是指一位领导者不能仅满足于当某一领域里的"专家",还应该积极向外拓展,对其他专业知识也要有所了解,努力使自己成为复合型人才。因为,现代媒介管理离不开各个专业人员的密切合作,相互配合,任何过分侧重于某些专业人才的使用或轻视某些专业知识的学习和了解,都会对个人与媒介发展构成不良影响。因此,在一个媒介组织内,应既有掌握本媒介(或报纸、杂志,或广播、电视,或电影、出版)信息传播专门知识和技术的领导,也有懂经营、善管理、精财会、通法律的领导;既要有八面玲珑的公关人才,也要有潜心业务的技术专家。同时,这些人都应该懂得一些传播学、管理学、法律学等专业的一般知识。在一个媒介组织内,只要领导班子的专业结构合理,领导成员一专多能,就可以充分发挥复合型领导的整体效能,迎接各种挑战。

4. 智能的有机组合

所谓智能,是指人运用知识的能力,也指各种不同的工作能力和领导能力。知识是智能的基础,但知识不等于智能,知识的运用才是智能。智能主要包括:学习能力、研究能力、思维能力、交际能力、组织能力、创造能力和传播能力等。人的智能多种多样,既有水平的高低,又有类型的不同。它可以分为:组织型智能,创造型智能,操作型智能。在组建媒介领导班子时,领导成员不但要有较高的智能水平,还要有不同类型的智能组合,即既要有高瞻远瞩、办事果断的"指挥家",又要有沉着冷静、足智多谋的"谋略家";既要有善于管理、精于组织的"组织家",又要有脚踏实地、一丝不苟的"实干家"。清一色的智能类型,既是智能的堆积和浪费，也是造成媒介领导成员关系紧张、互不买账的主要原因。

5. 气质的有机组合

所谓气质，是指一个人情感发生的速度、强度，外部表现的显隐，以及行动灵活性等心理特征的总和。多血质，其特征是活泼型；胆汁质，其特征是急躁型；黏液质，其特征是胶滞型；抑郁质，其特征是稳重型。这四种气质特征的人，既各有所长，又各有所短。但是，在组建和设计媒介或部门领导班子时，只要对其进行有机组合、科学搭配，就可以长短互补，刚柔相济，互动互助，就可以协调一致，团结合作，共创奇迹。但是，必须指出，单纯属于一种气质的人（如张飞、李逵）有，但不多，较多的是以一种为主的混合型，而且并非都能让人一眼看出。

6. 性别的有机组合

德国管理哲学家查尔斯·汉迪（C. Hady）认为，在企业高级管理层缺少女性是个缺陷，许多公司已为此付出了沉重的代价。妇女能跟这个灵活多变的世界相处得很好，信息社会中的许多工作也越来越适合女性的特点和潜质，而男性还需要更多地适应这个世界。加利福尼亚大学管理学院的一项调查报告（1995）指出：女经理在许多方面比男经理有优势，具体表现为：人们乐于接受她们在中性因素之外添加的“女性作风”；她们在联络沟通方面特别是在谈判方面表现良好；她们富有直观魅力和办事的灵活性；她们有耐心，能忍耐；她们给予下属的待遇也要优厚些。美国的一项管理研究表明，董事会在组建媒介公司的高层领导班子时，完全可以将女子的优点（谅解、敏感、信任）和男子的特性（进取性、分析能力、抽象能力）有机组合在一起，使女人和男人同在一个管理实体中发挥其聪明才智，各展所长。总之，在媒介领导班子中将男性和女性进行有机组合，这既是科学、合理地选用人才的必然选择，也是倡导男女平等的具体表现。

三、媒介领导班子的有效模式

媒介领导班子的领导工作对媒介组织发展是否有效，取决于整个媒介上层领导的运作模式、领导理念和方式方法。只有正确的观念和方法，才能使领导班子的工作落到实处，并发挥应有的效用。否则就会导致领导资源的浪费和领导能力的“信任危机”。保证有效成功的统一的领导模式是没有的，但适应竞争环境变化的有效的领导思路是可以探讨的。

1. 以变革创新为宗旨

变革创新不单单是媒介组织领导的宗旨，也是任何抱有持续生存希望的组织领导的根本宗旨。在全球化经济中，竞争能力将越来越多地依赖于创新能力。在媒介的运作经营中，提倡变革，鼓励创新，在媒介组织内部形成创新进步的良好组织氛围，可以大大提高媒介组织竞争力。而媒介领导的领导工作也必须以此为目标，并视其为媒介得以发展和飞跃的契机。在创新变革中，培养媒介人才，壮大媒介组织，迎接市场挑战。

2. 以团队精神为支柱

媒介领导不是独立的个人，而是一个团体，有职务、领导管理范围上的分工与协作。团队精神不仅对于基层员工是一种要求，对媒介的上层领导来讲，更是其工作发挥效用的支柱。领导与领导之间，也应保持团结互助、协同作战的健康的人际关系。一个团结的、有凝聚力的领导班子，能更好地完成媒介战略发展的任务，是媒介组织的强大动力和信心源泉。

3. 以持续学习为动力

持续学习，是个人不断进步的保证。对媒介员工而言，需要持续性的学习培训来发展自己的专业能力及总体素质。媒介领导也需要不断地学习，更新管理理念，探索新的领导思路，使媒介的发展更能适应市场的要求。建立学习型组织，就要学会团体学习。团体学习体现的团体智慧大于个人智慧的总和，而媒介领导主动投入到不间断的学习中，对媒介人员士气的激励，以及媒介内部共识的形成都大有好处。要跟上社会发展的脚步，保持领导质量的水准，持续学习是明智之举。

4. 以力争卓越为追求

许多知名大企业的领导者认为，企业发展的目标应该是争做第一。只有在自己所从事的领域内占据第一的位置，才有可能不断壮大自己的组织，否则随时有被竞争对手吞掉的危险。媒介组织是否也一定要争做第一暂且不论，但有一点是肯定的，即必须保证媒介组织在市场中有可以持续生存下去的核心竞争力。作为媒介领导，应该对自己的媒介组织抱有较高的期望，这样才会产生领导工作的动力。力争卓越，应该成为媒介领导的不懈追求。

四、媒介领导的评估和监督

媒介员工的评估是由媒介的人力资源管理部门做出的，对媒介领导的评估则没有固定的部门及标准，这是不合理的。检验媒介领导的工作是卓有成效，还是不进而退，需要有一个完善的评估系统来加以评定。除了评估系统以外，对媒介领导的监督也是非常必要的。没有监督，容易滋生官僚主义和腐败，这是媒介组织发展之大敌。

1. 媒介领导评估系统

对媒介领导的评估，虽然也是对个人工作业绩的一种审查和考核，但与一般的媒介员工的评估相比，还是应该有所区别的。因为在一个媒介组织中，对媒介领导和对媒介员工的角色期待是不同的，两者有不同的职责范围和能力要求。

领导者所应具备的特质应包括:良好的教育、永无休止的好奇心、无限的热情、独到的眼光、力争卓越、品德高尚、有所准备、受到信任、乐于迎接挑战、远景思维等。

这种评估应该是立体的、全面的评估,既要将领导者置于媒介员工的评价体系之内,也要将其置于横向比较的体系(如与其他媒介组织的领导者之间的比较)之中,力争使评估结果具有参考价值。要确立有效的针对媒介领导的评估系统,需要对领导者所应具备的素质有全面而深入的了解,并具有实际的可操作性。比如长期从事媒介管理研究的具有权威的专家教授,或是资深的人力资源管理部门的高层人物等,是建立媒介领导评估系统的理想人选。

2. 媒介领导监督系统

与任何其他组织的监督系统一样,媒介领导监督系统,要体现出民主、公正、公开的原则。加强媒介领导工作的透明度,使媒介组织内部的评议反馈机制充分发挥作用。像某些大企业所设立的职工代表大会一样,媒介组织也应有自己的监督委员会,对媒介领导工作进行监督。监督系统可以通过多种形式建立起来,如成立监督小组、定期开恳谈会、进行民意测验、实行评级评分制度等。监督系统的建立,事实上也是一种沟通行为,使得媒介领导的工作被媒介员工更好地理解,也使得其效果功用得以反映出来。专制集权式的领导模式已经不再适合如今的媒介组织发展,强调协作与团队精神、民主作风,才是适应当前整个社会风气的领导风格。

思考题:

1. 媒介领导和媒介管理的联系与区别有什么?
2. 媒介领导力如何形成?媒介领导的本质与特点是什么?
3. 哪些因素构成了媒介领导的权威?
4. 媒介领导者具有哪些角色?它的职责是什么?
5. 如何选择媒介领导者?媒介领导班子如何实现科学组合?

第五章

媒介计划与决策

计划是决策的基础，决策是计划的执行。媒介管理过程中最关键的就是，设计和制订能够指导经营管理活动的具有远见和创造性的媒介计划，并对这个计划或方案进行分析评价、做出决策。媒介计划既涉及媒介的愿景与目标，也涉及实现愿景和目标的途径和方法。媒介决策则包括媒介计划的分析、评估、决断和计划实施的时机、人员、资源的分配以及突发事件的处理等环节。因此，媒介计划与媒介决策两者有着十分密切的互动关系。

第一节　媒介计划的内涵

一、媒介计划及其作用

媒介计划是现代媒介业各项管理工作的重要基础，也是媒介领导者管理媒介及其部门的基本手段。一个有效的计划是实现媒介组织目标的一个轮廓，可以为媒介员工提供清晰的信息和行动的方向，从而有助于目标的实现。

媒介计划是一种事先的安排，是媒介领导者通过计划理念要求全体员工朝着共同目标一齐努力的一个指南，遵循这个指南有着十分重要的作用。

1. 计划能有机协调媒介全体职员的思想和行动

通过对计划的制订、宣传和实施，媒介员工明确了媒介在经营管理上的目标和使命，知道了各项经营管理举措出台的原因和实施的时间，从而有助于形成共同的思想认识，有助于合理地组合媒介内部的各种资源（人力、物力、财力、信息、媒介声誉等），有助于统一行动、实现媒介经营管理的各项目标。

2. 计划能有效避免媒介管理者在危机中作出太多决策

媒介是在一个动态的环境中生存和发展的，它不可能不对环境变化作出反应，但是，这种反应不应是盲目的、慌乱的和情绪性的，更不能由于某种危机的出现而导致对先前计划的否定。因为，一个合理周密的计划，它必然考虑到并包括了一些危机可能出现的问题，以及这些危机出现时的应对措施或解决办法。

3. 计划能促使媒介决策者从全局出发考虑问题

媒介决策者在制订计划时，不仅要谋求经济效益，还要确保社会效益；不仅要谋取本公司利益，还要考虑国家利益；不仅要制订顺境下的行动方案，还要准备危机中的应对措施；不仅要有长期的战略目标，还要有短期的管理计划。这样的计划才能适应媒介市场的各种变化。

4. 计划能决定媒介公司的兴衰成败

媒介作为社会的一个子系统，它的活动与运行必然受到大系统中政治、经济、文化、意识形态等因素的制约与影响。制约、影响媒介经营管理的因素既纷繁复杂，又瞬息万变，而且难以摆脱，挥之不去。因此，媒介作为子系统，应提高和强化自己对社会大系统的适应性，与其保持动态平衡和生态平衡，从而使媒介业获得稳定、健康的发展。

二、制订媒介计划的原则与关键

制订媒介经营管理计划，是一项十分复杂而艰巨的工作，也是一项没有优秀经营管理人才或专家参与就很难做好的工作。制订媒介经营管理计划，必须遵循下列原则：

1. 切实可行的原则

制订计划必须符合实际，积极可靠，具有可行性。就是说，要根据客观存在的实际情况，而不能根据个人的主观愿望、理想、热情和意志来制订计划；要根据现有力量和资源确定目标，既不保守也不冒进，不干力所不及的事。

2. 保持弹性的原则

真正好的计划，都具有适应未来环境变化的机动性、灵活性和伸缩性。这是因为：(1) 媒介市场瞬息万变；(2) 受众口味反复无常；(3) 广告客户见风使舵；(4) 竞争对手屡出新招；(5) 突发问题或事件常常出现；(6) 当计划开始实施时，在某些区域可能会出乎意料地失败，而在另一些区域则比预期的更好。在这种情况下，反应敏捷的媒介领导者会迅速地对先前的计划作出调整，而不会等到下一轮计划开始制订时再作出安排。

3. 统筹安排的原则

在制订计划时，一定要全面考虑整个计划中所涉及的各种各样的因素及其相互关系，然后按照它们的必然联系，进行统一筹划，合理安排，切忌顾此失彼、大小不分、主副不分。具体要求为：(1) 下级服从上级；(2) 局部服从全局；(3) 副业服从主业；(4) 一般工作服从中心工作；(5) 经济效益服从社会效益。

三、媒介计划的制订过程和组成要素

1. 媒介计划的制订过程

媒介经营管理计划的制订过程包括四个步骤:(1) 确定任务目标;(2) 收集背景信息;(3) 提出战略计划;(4) 制订行动计划(见图 5-1)。

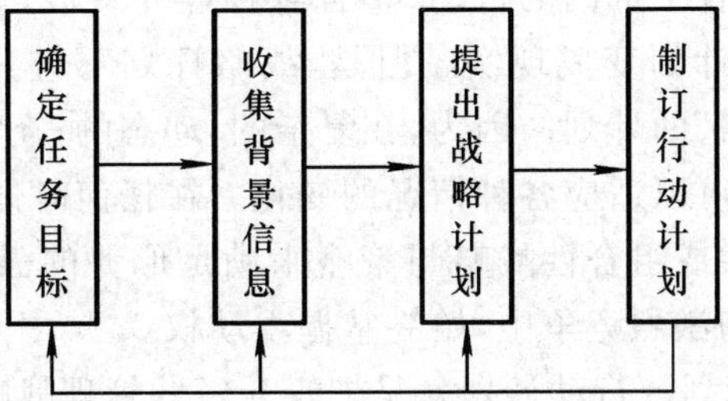

图 5-1　计划的制订过程

不过,我们必须指出,这四个步骤的排列,实际上是以生产为导向的媒介经营管理的计划制订过程,即“上面要我们生产什么或我们能生产什么,就卖什么。”所以,制订计划的第一步总是先从明确任务、确定目标入手,接下来才是了解市场行情、收集竞争信息,然后进入第三、第四步。而在以营销为导向的媒介企业,制订计划的第一步是收集背景信息,第二步才是根据市场动态和受众需求提出媒介经营的目标和任务,其余步骤不变。在社会主义市场经济条件下,大众传媒在制订计划时必须首先考虑党和政府分配的宣传任务,而后再根据背景信息提出经营目标,在这两者的位置摆正后,再进入第二、第三、第四步,这样更稳妥些。但是,为了论述的方便,我们仍依据图示的步骤论述。

(1) 确定任务目标。在制订计划时,首先明确任务,确定目标,了解上级意图,知道受众需求,这是很有必要的。正如中央电视台从开播以来,每次改版的目的目标都非常明确,一是强化新闻频道特质,提升质量;二是强化直播,转变电视语态与表达;三是调整节目编排,开发新时段内容。而如果没有这些,媒介组织就会变得迟钝。只有把媒介经营管理的目标和任务以计划的形式描述和固定下来,并在媒介内部达成共识,才能使它成为大家共同努力的方向,以及日后进行评估的标尺。

(2) 收集背景信息。背景信息是指所有制约和影响媒介企业实现目标、完成任务的各种信息。计划制订者既需要收集政治、经济、文化各方面的信息,也需要收集市场动态、受众反应、媒介竞争和技术革新、观念变化方面的信息。同时,媒介领导者还必须对自己公司的长处和短处作出客观准确的评估,对目标市场的受众进行彻底的分析，对当前的和潜在的竞争者的长处和短处要有充分的了解。可以说，对背景信息收集得越详尽、分析得越透彻，计划制订得就越科学。

(3) 提出战略计划。战略计划在当代复杂多变的信息社会中，对于实现目标和完成任务是至关重要的。根据战略计划与发展要求，2009 年 7 月至 8 月，中央电视台进行了第六次改版，希望在改版的过程中进一步整合央视新闻中心资源，最终能从架构上达成央视“大编辑部运作”。由此可见，战略计划能够集中员工的注意力，协调各个部门的行动，整合各种媒介资源，认准目标，集中力量，将愿望变为可能，将计划变成现实。但是，战略计划不应只是“一个战略”的计划，而应是“一套战略”的计划。因为，在复杂的、动态的、充满高科技的媒介市场上，没有哪一个战略可以适应各种情况的变化。在任何时候，计划制订者都应以两三种以上的系列性或组合性战略与策略来满足形势的需要。这样，媒介公司才能在易变的动态的激烈竞争中，始终掌握主动权。

(4) 制订行动计划。行动计划就是把媒介经营管理战略变为具体的经营管理和操作管理的行动。它包括编制预算、筹措资金、人员调配、任务分工、机构调整和生产、发行、销售日程安排，以及设备、库存管理等等。此外，行动计划还要充分利用计划之外的媒介管理者的其他功能。例如：特殊的人际关系、专门的知识技能、可靠的信息通道、集体荣誉感、事业心等。行动计划还假定环境将以不可预测的方式时时发生，所以，它总是围绕目标、任务和战略计划作随机应变的微调，从而使行动计划富有弹性和回旋余地，而不会作茧自缚。

2. 媒介计划的组成要素

通过对计划制订过程的分析，我们可以在此基础上把媒介组织分成三个管理层次，在其与特定计划对应时显示出计划的组成要素(表 5 - 1)。领导决策层属于宏观管理，重在制订战略计划。因此，他们应该站得更高，看得更远，有全局观念和竞争观念，对于媒介外部的与决策有关的信息应该知道得更多、更广、更及时。经营管理层属于中观管理，着重制订行动计划中的部门行动计划。他们对于本部门的情况了如指掌，对于日常运作也十分在行，其计划也更符合实际，更有创新精神。操作管理层属于微观管理，负责具体事务，因此，其计划比较细致、琐碎，对现时性的内部的信息依赖性很大(表 5 - 2)。

从传播过程看，媒介计划的实施过程既是计划组成要素的拓展过程，也是组织落实、检查评估中信息互动的过程(图 5 - 2)。通过信息互动，媒介领导者制订了战略计划；接着又细分为经营管理计划和操作管理计划(即行动计划)，而后组织落实为具体行动；最后，媒介组织人员对最终结果进行评估，找出成功或失败的原因，采取进一步措施；评价意见作为反馈信息回送到媒介领导者那里。成为制订下一步战略计划的参考信息。这种过程的循环往复和信息的频繁互动，可以使各项计划更加具有针对性和适用性。

表 5-1 计划的组成要素

计划类型	战略计划	行动计划	
管理层次	领导决策层	经营管理层	操作管理层
管理范围	宏观管理	中观管理	微观管理
组成要素	确定媒介目标 明确媒介任务 制订发展计划 制订人事计划 制订财务方针 制订编辑方针 制订发行方针 制订经营方针 决定大宗支出	确定部门目标 明确部门任务 编制部门预算 制订人事计划 制订财务计划 制订编辑计划 制订发行计划 制订经营计划 制订开支计划	确定工作目标 明确劳动任务 确定劳动时间 安排生产日程 协调操作程序 测定工作效率 改善劳动态度 进行职业培训 发给劳动酬金

表 5-2 不同计划和管理层对信息依赖的差别

信息的特性	领导决策层	经营管理层	操作管理层
	战略计划	行动计划	
来源	外部的	大部分是内部的	
范围	非常广	明确而狭窄	
详略	粗略的	细致具体的	
前瞻性	将来的	大量是历史的	
时效性	过去的	大量是现在的	
正确性	较低	较高	
使用的频率	较稀少	较频繁	

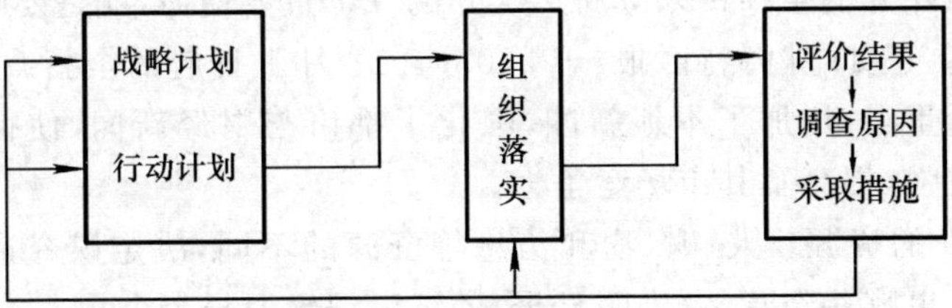

图 5-2 媒介计划的实施过程

第二节　媒介计划工作

现在,我们将集中分析媒介经营管理中战略计划的制订或战略计划在一般媒介中的应用情况,而不是专门分析一个媒介公司的某个特别计划。因为,这种分析,适用于所有的大众媒介、所有层次的媒介公司和所有范围的媒介管理。通过对媒介计划过程的分析,媒介管理者可以从设置任务和目标、研究背景信息、提出经营策略、落实行动方案等四个方面进行媒介战略计划的制订。

一、确定媒介的任务与目标

1. 确定媒介任务与目标的参考因素

要确定媒介的任务与目标,着重回答两个问题:本媒介是干什么的? 本媒介应该是怎么样的? 一家媒介公司的目标和任务,将从不同的方面决定着员工的精神和公司的发展方向。因此,为了使决策更加科学,媒介领导者应向社会各界和广大受众、发行销售人员乃至普通员工广泛征求意见,应对他所了解和发现的构成媒介公司内外环境的各种信息进行深入分析,找出本公司目前的和理想的特征。同时,还要认真考虑以下五种因素的影响:

(1) 媒介的历史。每个媒介都有自己的历史,其经营管理政策、成就以及媒介的社会影响都已在受众的心理上形成某种定势。例如,《人民日报》的历史和地位,决定了它即使赔钱也不可能采用媚俗的编辑方针。因此,重新确定媒介的任务和目标,不应否定或抛弃自己的历史。

(2) 媒介的"老板"。党报作为党委机关报,它理应服从上级决定,发挥"耳目喉舌"的作用。即使在西方,媒介公司总经理也要看着董事长的眼色行事。因此,媒介领导者在决策时,必须考虑上级主管单位或领导人的意见,完成其分配的任务。

(3) 市场的变化。市场就是战场。市场瞬息万变,它会给媒介的发展提供机会,也会给媒介的生存带来威胁。媒介的一个重要使命,就是要顺应时代潮流和市场变化。正如《珠海特区报》于 2007 年 11 月 1 日起的全新改版,以新闻为核心,视觉为重点,增加了本地新闻,强化了都市与财经新闻,使得有效信息更多,可读性更强,提高了其市场竞争力。

(4) 媒介的资源。人、财、物和信息等资源的不同,决定媒介适合从事哪些经营,不能从事哪些经营。《光明日报》的记者编辑办报个个是人才,但让他们去搞电视则未必在行。一些党委机关报投入大量人力和资金开采金矿和煤矿,既违反常规，也不合媒介资源的特点。

(5) 媒介的优势。每个媒介在它最适合从事的业务中，肯定还有它最擅长和优于同业的地方，将这种优势找出来纳入目标系统并予以充分发挥，就可以在竞争中形成特色，胜人一筹。全世界的电视台成千上万，但只有 CNN 在“电视新闻”上看出商机，找到优势，成为媒体巨富。

2. 媒介任务和目标说明书

说明书是一个媒介组织对自己所要实现的目标和任务的陈述。说明书通常是半思辨性的和概要性的。在写作时，它要求目标集中，任务明确，内容具体，特点明晰，时段分明。具体地讲，应从以下几个方面入手：

(1) 界定媒介的活动领域。就是界定媒介将在哪些方面开展活动，发挥作用，参与竞争。

主业范围。比如在“我们是一家报业公司”和“我们是一家广告公司”的两种陈述中，前后两者的业务范围、经营策略和操作管理都是很不相同的。后者只能把自己看做是经营广告的公司，其任务之一是注意改进广告调查、创意、制作、传播的方法，而前者不仅包括广告经营，还包括报纸的采编、印刷、发行、销售等。

覆盖范围。浙江电视台在 1995 年 1 月前，其信号只覆盖了全省约 90%的范围，但在安装了卫星电视接收设备后，信号覆盖全国及周边 40 多个国家和地区近 20 亿人口。虽然仍是省级电视台，但由于信号覆盖面扩大了，其目标和任务、经营策略和手段必须随之加以调整，否则，可能会影响媒介形象和经营业绩。

辅业范围。这是指媒介公司在主业(如报业、广播业、电视业、网络业、出版业)之外拓展的多种经营范围。我们认为，媒介业不应插足第一、第二产业，因为，在第一、第二产业中，它们不能发挥自己的特长和优势；信息产业、文化创意产业天地广阔，完全有它们的用武之地。

(2) 阐述媒介的目标。目标来自于媒介公司的任务，来自于公司对自己认识的基本说明。在任务确定以后，目标为完成任务提供了基本方向。目标可以分为长期目标和短期目标两种。

长期目标。是指说明书所要提出或揭示的媒介公司在今后若干年(一般少者三至五年，多者六至十年)的发展规划和具体指标，具有全局性和长远性。由于长期目标反映的时间较长，有许多易变的、不可预见的因素，因此，其说明侧重质量形式而不是数量形式，语言有一定的模糊性和灵活性。

短期目标。一般是指当年所要实现的目标。在说明书中，通常以数量化的、可测量的形式陈述，内容相当具体、详尽。短期目标是对长期目标的细化和落实，它在媒介公司建立自己的优势过程中发挥着关键的作用。媒介管理者必须把它看做是动态的计划过程中的一个基本成分加以充分利用。但是，对于制订媒介战略计划来说，有意义的是长期目标。

虽然我们将目标分为长期目标和短期目标并给予了分析,可是事实上,在一个媒介公司的目标设置上存在着若干层次(表 5-3)。各种目标由粗到细、由远到近、由高到低依次排列,而且目标制订的基本责任人的职务也由高到低、由大到小依次排列。在这个目标系统的不同层次上,既反映了公司和部门的目标特点和努力方向,也反映了特定责任人的要求和愿望。这两者结合得越好,目标越具有现实性和可靠性。

表 5-3　多重层次的媒介目标

目标层次	基本责任人
公司任务	上级主管单位/董事会
公司目标	总经理(总编辑)
部门目标	部门经理(主任)
特定部门的目标	项目经理(主任助理)

此外,还有三点需要特别指出:一是战略计划中的媒介目标应该在数量上很少并且应优先考虑。如果一个媒介公司拥有太多的目标,必然会削弱它的精力。在这种情况下,太多的目标就成了混乱的根源,而不会成为把每个员工集中到同一方向上去的动力。二是媒介员工在很少的目标当中必须明确知道哪一个目标是最重要的,是必须要实现的。三是目标设定要根据实际情况,它应是经过所有成员的努力能够实现的,远远超出实际的过高的期望值,最终只能导致失败;而轻易实现的太低的目标,也缺乏激励作用。

二、研究媒介的环境信息

任何媒介必然要以某种形式存在于一定的环境之中,而环境中的种种情况和条件也必然会对其产生某种制约和影响。因而,要制订媒介发展的战略计划,就不能不研究环境信息。下面,我们通过一个假设的例子来分析两种不同的环境信息。

1. 来自外部渠道的环境信息

某电视台的经济效益近两年一直停滞不前。新上任的台长提出了近期目标:在三年内将市场份额由 13%提高到 25%,利润率由原来的 8%提高到 19%。他认为,是电视台的现状制约了受众市场和广告市场份额的提升。因此,为了作出正确决策,必须首先了解观众、广告主、竞争对手、组织行为、市场变化等环境信息。否则,就无法进行战略计划的制订,实现上述目标。

(1) 观众情况。了解这方面的信息,主要让受访者回答下列问题:谁是现实的观众?他们具有哪些特点(年龄、性别、收入、教育程度)?他们收看电视节目的频率怎样？他们收看竞争对手节目的频率怎样？他们什么时间收看？他们收看时想得到什么？

(2) 广告主情况。回答下列问题，有助于了解广告主情况：他们做广告的是哪一类产品？他们在寻找哪些观众(潜在的顾客)？他们选择电视台做广告的目标是什么？这些公司在做广告时有何种预算？他们还要在哪里开支广告费？

(3) 竞争对手情况。回答和分析下列问题可以得到竞争对手的情况：谁是本电视台的主要竞争者？是谁仍在从本台夺走观众？它们媒介的市场份额是多少？哪些竞争者提高了它们的市场份额？哪些竞争者减少了它们的市场份额？市场份额变动的原因是什么？我们竞争对手的广告客户的特征是什么？竞争对手的竞争对象是来自本台的广告客户，还是不同的广告客户？

(4) 组织行为信息。这需要回答下列问题：市场上的不同电视台的设备和技术优势是什么？本台员工与竞争对手员工相比，主要有哪些优势和劣势？不同电视台或不同媒介为购买新技术、新设备或推行新的促销策略的财政能力如何？

(5) 市场变化信息。回答下列问题，可以得知：在这一市场中，广告增长是很快还是很慢？它的趋势是什么？广告客户是否已经改变他们在媒介预算中的方法？在广告开支中，新的媒介(如卫星电视、数字电视、互联网)吸引了多少？它们的影响将是什么？与国家经济相联系的观众兴趣结构有何变化？它将对我们所希望的市场份额和利润额的提高产生怎样的作用？

要回答这些问题，电视台的领导者需要虚心听取外聘的媒介经营管理专家的意见，也需要组织人力或委托有关机构进行十分广泛的市场调查和信息搜集。

2. 来自于内部渠道的环境信息

上述环境信息主要从外部渠道获得，这些信息也许会导致电视台整个采编与经营目标的改变与调整。但是，问题的关键是，经济效益不佳的真正根源在哪里？难道电视台领导可以去责怪观众、广告客户和竞争对手吗？所以，还必须同时在内部找原因，把经营管理中的问题找出来，然后加以解决。对于一个中等城市的电视台来说，它没有多少有形产品的发行和销售，因此广告公司(部门)的经营管理状况就直接关系到了电视台的经济效益的升降，而新台长要想实现他的近期目标，就必须首先督促广告公司切实改进工作。

为了让广告公司有针对性地改进工作，除了要掌握外部信息，还要了解内部信息。一般来说，回答下列问题，有助于电视台领导获得解决问题的信息：在广告公司，哪些特别的任务完成得很好、较好或较差、很差？广告销售和销售支持人员之间关系协调得如何？有没有因搞“广告新闻”或“新闻广告”或“吃里爬外”而肥了个人？在广告销售工作中，改进工作方法、增加或减少工作量是否有用？改变电视台或广告公司的管理结构有用吗？有必要改进或促进人际关系吗？有必要雇用或招聘新人吗？一些广告人员是否用非所长？可否安排他们在新的岗位上发挥特长？搞广告的专业人员数量是否较少？有什么办法来提高广告人员的工作效率、激发他们的成就动机？有些广告人员需要专业培训吗？他们有强烈的职业道德意识吗？

当然，电视台记者、编辑、制片人、播音员、节目主持人、摄像等等人员的表现，电视节目的质量，领导者的管理水平，这些也都会影响到电视台的经济效益。

此外，来自内部渠道的信息还有一种，即员工们的建议与批评。这些人最熟悉媒介组织特别是他们所在部门的日常运作，熟悉发生的问题和需要改进的地方。因此，他们的建议与批评，对于一位刚上任的甚至可能是一位外行的领导者来说，应是求之不得的。

如果没人主动将有关建议或信息送上门来，领导者应该先沉下去实地观察，调查研究，在交谈中启发员工回答下列问题：有没有把现在做的工作完成得更好的方法？可开发的新产品（节目）或延伸产品有哪些？开拓新市场、吸引广告客户的方法有哪些？有没有更好的或新的推销产品和广告的形式或方法？有没有更有效的管理人事的组织建构、更好的方法或新的探索？有没有增加经济收入、提高经济效益的更好途径和新的探索？

只有媒介领导者详尽而广泛地搜集各种各样的信息，并作出科学分析和正确判断，才可能制订出切实可行的战略计划，从而形成新的优势，获得稳定的至少是短期的增长。因为，建立在新的优势基础上的经济增长，起码在一段时间内，使竞争对手无法仿效。

三、提出媒介的经营管理策略

策略是完成媒介目标与任务的基本打算，是把媒介的优势发挥到最大程度的行动计划，是对经营方式和活用优势的重点陈述。它虽然是一个非常内在的东西，但却是对付竞争对手的关键。

1. 经营管理策略的模型

媒介经营管理有各种各样的策略模型，而不同的策略模型又蕴含着不同的策略思想。一般来说，在媒介的经营管理与战略计划的制订中，有六种策略模型可供选择：

(1) 压缩成本策略。其核心是争取最大的受众市场份额，以达到单位产品成本最低，从而以较低售价赢得竞争优势。《扬子晚报》采用这一策略，不仅迅速占领全省市场、夺回原来属于《新民晚报》的苏（州）、（无）锡、常（州）市场，而且一举打入上海市场，使发行量达到了 125 万份。采用这一策略，媒介公司必须在运输（或建分印点）、发行、零售和广告招揽等方面占有优势。

(2)"增容"扩版策略。这一策略的重点，是在原电台、电视台频道和报纸的基础上增加播出时间、增出新的版面(如星期版、月末版、社会版、文化版、生活版，或由8版改为20版、40版等)，而售价变化不大。中央电视台在白天播出的《东方时空》，报纸近几年的扩版热，都是这一策略的产物。采用此策略意味着加大投入、增加成本，因此，若采编队伍不强，广告招揽不力，受众市场不大，其亏损的风险也大。相反，盈利也多。

(3)科学聚焦策略。这种策略致力于为较少的特定受众服务，而不是瞄准所有受众、服务于整个社会，如北京青年报社的经营管理就聚焦在"有一定文化知识的城市青年"身上，结果，《北京青年报》不仅吸引了北京青年读者，而且在外省也有一定的市场，经济效益大幅上升。中国人民大学出版社聚焦考研书籍，清华大学出版社聚焦计算机图书，效益也很显著。采用这一策略，乍看市场小、效益低，但是只要以最好的产品服务自己认定的对象，就能以较低成本、忠实受众，取得有利的竞争地位。一些行业报、专业报一心想向大报、大台看齐，实际上是弃聚焦策略而采散光策略，这十有八九将以失败告终。

(4)差异化策略。就是依据媒介历史、受众市场、人才状况，努力发展出不同于同类媒介的传播风格和业务特色。比如《钱江晚报》和《凤凰周刊》，其开本、外形、版面编排、标题设计、广告制作、内容组织等都有自己的特色。这种明显的差异，不仅使受众易于识别、选择，而且削弱了对价格的敏感性，易于形成受众的心理定势，巩固市场阵地，赢得较高收益，为竞争对手进入市场设置障碍。

(5)"挖角"策略。就是从竞争对手那里吸引和聘用著名记者、导演、节目主持人和管理专家。媒介领导者用来吸引、延揽优秀人才的方法主要有：给以高薪、高职、高位、更好的住房、更舒适的工作环境，或使其更容易出名或发挥专长，家庭能得到很好照顾。这一招非常厉害，可使竞争对手立即在某个方面陷入困境，而使自己在这方面迅速处于优势地位。

(6)垄断化策略。就是同类媒介(如报业系统、广播系统、电视系统、出版系统)之间或媒介集团(拥有多家同类媒介或不同媒介的大公司)内部为避免因恶性竞争造成自相残杀和让渔翁得利，就产品价格和广告价格确定一个较高标准，从而保证大家都有利可图。有时由政府或有关管理部门出面协调或直接下达最低价格的指令，要求这类媒介机构统一执行。例如博瑞传播曾利用《成都商报》在四川强大的影响力，为客户提供整合营销推广，有效地引导客户压缩在其他媒体的广告投放，还借助已有的平面广告资源，大力开拓户外广告市场，从而形成区域资源垄断和网络覆盖优势，因而在成都地区获取了户外广告定价权优势。

在媒介战略计划的制订中，不应只局限于上述策略模型的选择或只选择一个策略模型，而应该根据环境信息和媒介特点提出切实可行、行之有效的策略，或者综合运用多种策略，但要以一种策略为主。

2. 经营管理策略的层次

媒介经营管理策略有不同的形态和规模。大型策略应用于整个媒介公司甚至整个系统。小型策略或许仅仅涵盖一些部门或一些人。在一些管理著作中，著者常将不同层次的策略与战略、战术相对比。前者涉及广泛的行动，而后者只涉及特殊的具体的行动。

(1) 大型策略。这是战略计划制订中的主干，关系到媒介公司今后的生存发展和各种资源的合理运用。例如，甘乃特媒介公司主席艾伦曾在20世纪80年代对公司的发展提出了一个既稳妥又雄心勃勃的大型策略：首先集中力量发展和扩大全国性报纸——《今日美国》的业务和销售，接着在此基础上建立一个混合媒介公司，以扩大经营范围，增加公司收入（可称之为"以点带面策略"或"油点扩散策略"）。后来，在甘乃特媒介公司全体员工的共同努力下，《今日美国》成了在美国较有影响的报纸之一，成功地吸引了全国性广告客户，同时，兼并了全国性的星期报纸——《家庭周报》，开发了彩色报纸印刷网络，开发了甘乃特户外广告业务，发展了甘乃特广播电视资源，使公司的经济效益迅猛上升。

(2) 小型策略。小型策略服务、服从于大型策略。大型策略反映公司的发展目标与战略步骤，小型策略则为大型策略的实施规划了具体方案。仍以《今日美国》为例，甘乃特媒介公司为了扩大发行量，占有较大的市场份额，在发行中采用了送报入户的小策略，而且其价格比街上购买的价格还便宜。钱江晚报社在报纸发行中，除了以低价位的策略与对手展开竞争外，还采用了向订户送鲜花、赠挂历的小策略，从而为夺得市场优势提供了有效保证。在广播电视公司的经营中常使用的一个小策略是——循环使用其产品的策略，即将自己制作的特色产品（如《名家访谈》、《科技博览》、《家庭幽默》、《兵器天地》等）在本台播出后再卖给其他广播电视公司。

四、评价与落实行动方案

制订战略计划，意味着围绕公司目标和任务，结合环境信息，对不同的策略作出评价和选择。媒介领导者对符合本公司或部门目标和任务特点的策略，一般通过两个步骤加以利用和实施。

1. 评价与选择行动方案

对于媒介的经营管理策略或方案，主要依据下列指标进行评价：(1) 它们适合本公司的任务和目标吗？(2) 它们能最有效地发挥本公司的人才和经营优势吗？(3) 选择它将有哪些风险？(4) 影响战略计划的关键性制约因素是什么？(5) 在这些制约因素中，策略如何改变才能很好地发挥作用？(6) 这一计划或策略，对于这一特别的媒介公司或部门来说，是过于庞大还是太小了？(7) 媒介公司有充分的资源来实施这些(个)策略吗?(8)这一计划能适应媒介市场和媒介产业中的主要变化吗?(9)选择和运用这一计划或策略的时机恰当吗?(10)竞争对手将会对这一策略作出什么反应?

在上述指标中,(1)(2)(9)(10)四个指标和问题是最重要的、具有决定性的。因为选择一个策略或方案的关键,就在于赢得竞争的优势。多数媒介领导者仅仅注重自己的产品价格、利润指标、日常支出或是他们了解的业务。他们没有投入足够的精力用于考虑他们的市场竞争和市场定位。精明的领导人总是制订一系列策略来适应不断变化的环境的需要。但是,大多数领导者忽视了创造机会、开拓市场的关键性因素,即受众、广告客户和竞争对手行为方式的种种变化。尽管"选择时机就是一切",常被人认为是陈词滥调,但是选择恰当时机的策略仍是非常重要的。即使是一个最好的计划或策略,如果选择的时机过早或过迟,也会导致失败,当然更不要说是力所不及的计划了。

2. 制订与实施行动计划

行动计划就是把策略和方案转换成具体的行动形式,就是把战略计划的各个过程扩展为细分的管理功能:组织工作与技术,财政管理,雇用职员,与员工一起工作以及对他们进行领导,主要涉及要做什么、何时去做、何人去做、花费多少代价去做、要达到什么标准等问题。制订和实施行动计划,一般是通过提问和回答下列问题来进行:

(1)组织过程。必须采取什么特别的行动来实施战略计划?需要完成什么任务?通过什么步骤来完成?需要多大程度的协调与配合?每项任务的完成需要多少时间?这些任务是如何联系在一起的?与工作是如何联系在一起的?这些工作将如何进行协调?有关的责任将落实于何处何人?

(2)财政预算。涉及媒介公司的人力资源、信息资源、服务、时间、技术、设备、生产场所等,将要付出多少资金?实施这一计划或策略,将如何从内部筹集资金、从外界筹措资金和其他渠道得到财政资助?

(3)工作人员。对于这一工作需要什么样的技能和才干?有哪些人可以被分配来做这些工作?他们需要什么职业培训或其他的工作准备?

(4)媒介领导。罗伯特·艾林(1996)认为,选拔媒介领导的标准主要有五条:他(她)有没有强烈的"团队意识"?有没有和睦的人际关系?有没有承担风险和失败的勇气?有没有强烈的时效观念?能不能适应巨大压力下的工作和生活?

在制订与实施行动计划过程中,除了要考虑上述四类因素外,还要考虑其他的一些因素:在媒介公司实施新战略时,什么是关键性的步骤?在这一策略和计划中,谁将被作为推销对象?何种信息产品和何种类型的资金收入需要由职员来实施?需要什么样的启动支持(比如物资、资金和人员的时间)?

总之，制订一项媒介经营管理的战略计划，必然涉及两个不同的问题：其一，勾勒出战略计划的轮廓，对资源和需要参与执行的人员作出评估；其二，制订出从理念阶段到实施过程的具体行动计划。这两者都是重要的，因为计划本身的目的不是销售自己，媒介公司所有成员的任务就是如何销售产品和招揽广告。因此，制订计划和实施计划，实际上就是给全体员工一个十分明确的行动（目标和策略）理念——始终关注产品与广告。

第三节　媒介决策的概念与特征

决策是媒介领导者的基本职责，也是媒介经营管理中的核心问题。很难想象在媒介组织运作过程中，有哪一点不与决策相联系。因此，管理过程就是决策的制订和实施过程。只要媒介领导者想有效地管理媒介运作，那么他们就必须认真对待决策问题。

一、媒介决策的概念

"决策"一词的含义有几种理解：一是指用于决策分析的各种方法，即所谓"决策论"；二是指决策者处理重大事件所下的决心和指令；三是指决策的全过程，即决策制订。赫伯特·西蒙可能是把决策看做过程的第一人，并将其分为三个主要阶段：(1) 发现了进行决策的理由；(2) 发现了行动的可能进程；(3) 在这一行动进程中作出选择。后来，胡伯（Hube）将决策过程加以延伸，把问题解决或决策实施也作为一个主要阶段，形成了新的"三段论"：(1) 决策制订；(2) 作出选择；(3) 问题解决。泰勒不满意以往的决策过程的研究，认为所有研究都集中于涉及个人或团体的普通目标的合理过程方面，而实际上的任何决策都无法摆脱社会和政治作用的复杂渗透和环境因素的影响。因此，他认为，决策并不像通常所假设的那样简单，它不仅要复杂得多，而且常常发生个人与团体、团体与社会之间的目标冲突。

我们认为，所谓媒介决策，是指媒体领导层（管理层）或媒体领导者（管理者）在不确定的或冒险的条件下，就运用有限资源对达到目标的途径和方法作出抉择的过程。

二、媒介决策的特征

对于媒介决策这一定义，可以从五个特征加以讨论和理解：

1. 决策的主体——个人或团体

决策可以由媒介管理层一个人独自作出或两个人协商作出，也可以由一个团体或单位的人集体作出。当一位媒介领导者独自作出决策时，他往往没来得及考虑决策过程就可能作出了抉择。他比一个团体（领导班子）进行决策所用的时间少很多，也比一个团体进行决策所用的程序简单得多。但是，简单省时的决策与有效的科学的决策是不同的，前者具有随意性、情绪性和高风险性。因此，团体的决策通常比个人的决策更好。但这并不意味着媒介组织内的所有决策都由集体讨论作出。正确的做法是，根据事情的性质、特点在制度上作出规定，有的可以由个人作出，有的必须由集体作出。

2. 决策的目的——达到某种目标

所有的决策都是为了实现一定的目标。没有一定的目标，就无需决策，也无法决策。目标意味着决策具有目的性。但是，媒介经营管理中的决策目标，其特性是十分复杂的。所以，我们在讨论媒介组织战略计划和决策制订时，通常只分析它的一般目标，而不分析它的特别目标。

3. 决策的情境——不确定性和冒险性

“不确定的或冒险的条件”意味着决策环境的动态性、可变性和复杂性。在决策过程中，有时什么都能发生，有时什么事也没有；有时事倍功半，有时事半功倍。所以，没有一个决策的结果可以预先百分百地确定，最多只是评估一个决策可能引起某种结果。不确定的、冒险性的因素有很多，这是决策者们无法回避的。

4. 决策的对象——有限的资源

资源就是媒介组织内可以动用的人力、物力、财力、信息和时间。没有资源，则无法决策；但资源太多，又无需决策。决策的最终目的，就是想通过有限的资源去赢得更多的资源。其中最重要的就是媒介领导者必须合理分配和运用有限资源，使其发挥最大效益，赚回更多利润。

5. 决策的过程——三个阶段

决策的过程就是对“达到目标的途径和方法作出抉择的过程。”这一过程可以分为三个阶段：(1) 决策的设计与制订。它包括受众市场和广告市场调查、竞争对手和自身资源分析、一般目标和特别目标确定、运作方法和途径的设计和制订，等等。(2) 决策的评估与选择。就是对两个以上的方案和计划进行客观分析、理性评估，在经过充分讨论、周密思考、反复比较和权衡利弊之后，作出最佳选择。(3) 决策的实施与监控。决策总是要付诸实施的，如果不准备实施，决策就是多余的。但是，如果只是实施而不加强监督、控制，也可能虎头蛇尾、半途而废。所以，仅对好的方案加以抉择是不够的，还必须一一落到实处，努力促使预定目标的实现。

三、媒介决策的原则

1. 管理决策的四个原则

(1) 情况清楚。受众的特点与需求、广告客户的现状与动态、竞争对手的情况与举动、政治经济形势和国家方针政策的变化等,这些情况都应尽可能搜集了解。没有足够数量的准确可靠的情报资料和各种信息,靠"想当然"和"拍脑袋",是不能作出正确决策的。只有坚持情况清楚的原则,才能把决策建立在以事实为依据的基础上。

(2) 量力而行。任何决策都是要付诸实践的,并希望达到某种目标。这就要求决策者根据本媒介的特点、力量、资源情况设计方案,制订规划,使决策的目标既不能轻易实现又不能无法实现,而应是经过努力可以实现的。因此,媒介的管理决策一定要切实可行、量力而行。

(3) 优中选优。媒介领导者的决策不是简单地对一个方案或者对一好一差的两个方案作出选择,而是对两个以上的优秀方案进行比较分析,以权衡利害,分清得失,优中选优,取利去弊,优化组合,形成最佳决策。

(4) 集体决策。这是决策成功的保证。集体智慧高于个人智慧,集体决策优于个人决策。集体决策既顺应了当代媒介经营管理复杂性和多变性的特点,也体现了我党领导下的民主集中制的基本原则。因此,必须坚持集体决策,并使其制度化。

2. 媒介管理决策八忌

媒介管理决策不完全等同于行政管理决策和企业管理决策,它介于两者之间,有自己的特殊规律。具体地讲,媒介管理决策有八忌:

一忌主观武断。媒介管理决策者单凭直观经验,不深入调查研究,在信息不明和情报不准的情况下,闭门造车,拟订方案,作出决策,结果时过境迁,造成决策失误。

二忌不懂装懂。许多媒介领导者是由党政机关和工商企业调进大众媒介的。不懂媒介运作的特性、功能和机制,又不虚心学习,于是将原来的决策思路照搬到媒介管理中来,结果遭到媒介运作规律的惩罚。

三忌顾此失彼。媒介管理决策必须统筹兼顾,让四面欢迎、八方满意。一要兼顾采写编播与经营管理,二要兼顾受众市场与广告市场,三要兼顾上级领导与普通群众,四要兼顾社会效益与经济效益。经常有决策者在他所懂的那方面"使劲"、"下注",造成决策上的顾此失彼或严重失衡。

四忌推卸责任。即使决策失误,也应集体负责;如果造成经济损失,就算"交学费"。这对于提高媒介管理的决策水平和领导的决策能力是很不利的。必须建立和完善决策责任制，用制度来规范媒介决策者的行为。

五忌头痛医头。媒介决策者不是"消防队员"，哪儿有火往哪冲。固然，决策始于问题的提出，终于问题的解决。但它并不意味着头痛医头，脚痛医脚。终日忙于解决具体问题，只能治标不能治本。因此，决策应致力于从根本上长期解决问题，应具有预见性和战略性。

六忌盲目仿效。学习其他媒介成功的经验是必要的，但在决策中切不可盲目仿效，更不能一哄而上。有的报社、广播电台、电视台，盲目追随扩版热、增时热、增刊热、建台热，结果由于资源有限，人才缺乏，造成质量下降，受众减少，效益反而不如以前。所以，一哄而上的后果往往是一哄而散。

七忌大吹大擂。这不是反对媒介自己宣传自己。我们的意思是，任何优秀的决策都伴随着风险，没有绝对成功的把握，大吹大擂不但会提高员工的期望值，松懈其斗志和警惕性，又会让竞争对象闻风而动，抢先出手，从而使一流决策成了二流三流甚至末流决策。

八忌虎头蛇尾。媒介领导者在制定决策时，从上到下，广泛发动，群策群力，集思广益，搞得轰轰烈烈，而决策正式实施时反而措施不力，监督不严，浮而不实，缺乏耐心。在这种情况下，无论怎样优秀的决策，也难见成效。决策的全部过程，必须持之以恒，善始善终，切不可中途退却，虎头蛇尾。

第四节　媒介决策的类型与程序

一、决策的类型

1. 经验决策与科学决策

所谓经验决策，是指以过去的决策经验和决策者个人的直觉及经验为依据的决策。科学决策是指按照一定的科学程序和方法，运用科学的决策技术，由集体领导所作出的决策。两种决策的区别为：经验决策的主体是个人，凭借的是个人经验和智慧，科学决策的主体是集体，凭借的是集体知识和智慧；经验决策没有特定的程序和方法，也没有相应的决策技术，科学决策有严格的程序和方法，有相应的决策技术；经验决策是与小生产方式相适应的，历史长，科学决策是与社会化大生产相适应的，历史短。

当代媒介领导者要研究和掌握科学决策，以加强和改善领导工作的科学性，提高和增强媒介经营管理的成效。但是，经验对领导者来说，始终是宝贵的。它是任何决策都不可缺少的重要条件。因此，经验决策在现代媒介经营管理中仍然发挥着积极的作用，部门领导决策更是如此。部门领导者面对需要决策的问题，琐碎而具体，复杂而多变，无法进行定量描述和分析，有时只能以经验为依据作出抉择。而当媒介领导者面对具有全局性的、重要性的、或涉及媒介生存与发展的决策时，则必须采用科学决策。

总之，在媒介经营管理中，经验决策和科学决策都是不可缺少的，它们互动互助，相辅相成。经验决策能有效地应付紧急事态和具体事务，科学决策能有效地处理重大问题和发展规划。但两者应有更多的渗透和融合，从而使科学决策具有快捷性，经验决策具有科学性。

2. 计划性决策与非计划性决策

这是西蒙(1960)提出来的两种决策类型。计划性决策是建立这样一种规律，即在达到了某种状态时就采取一定的行动；而非计划性的决策是没有规律可循的。计划性决策预先建立了具有一定目标和信息渠道的严密结构；而非计划性决策没有明确的目标和信息，结构也很松散。决定媒介员工的月收入是计划性决策中的一个范例。媒介领导者不必在每个月月底为支付多少工资的事而犯愁，因为工资的发放形式和数量通常是在年度计划中就已安排好了。因此，对决策进行有计划的安排是明智的。

一项决策采用什么决策类型，一要看决策的性质(是否重大？是否紧急？)和涉及范围(全局还是局部？眼前还是未来？)，二要看决策的风险性和不确定性。通常，风险性和不确定性越低，计划性决策发挥作用的可能性越大；相反，非计划性决策发挥作用的可能性越大。

由于计划性决策和非计划性决策的显著区别，可能导致媒介领导者们形成错误的结论，即所有计划性决策都是相似的和科学的，非计划性决策都是经验性的。事实远非如此。由于各家媒介的特点、功能、资源和不确定性、风险性的因素各不相同，其计划性决策也是各有特色，差异很大；而计划性决策和非计划性决策都可能既是经验性决策又是科学性决策，或者以其中一种决策为主。因此，各种决策都是互相联系的，就看媒介领导者如何合理运用。

虽然我们讨论了经验决策与科学决策、计划性决策与非计划性决策，但是我们真正要研究并掌握的是科学决策和计划性决策。因此，当我们论述决策问题时，它实际上是指科学决策和计划性决策。

二、媒介管理决策的程序

1. 决策过程的相似性

不论给决策过程怎样的名称，其模式大都是相似的。比如，彼得·德鲁克(1983)就将决策过程分为六个步骤：(1) 对问题进行分类；(2) 界定问题；(3) 确定必须做出的决策；(4) 寻找正确的决策；(5) 建立实现决策的行动；(6) 利用反馈检验决策的效果。胡伯则列举了解决问题的五大步骤:(1) 挖掘问题的特性;(2) 形成可供选择的解决方案;(3) 对解决方案进行选择;(4) 完成了对方案的选择;(5) 控制解决问题的过程。

格克芬和莫海德提出了一个优于其他所有决策过程方式的模式。第一,他们提出了对传统理性的决策过程模式的实际看法;第二,他们在其决策模式中使计划性决策具体化了;第三,在他们的决策模式中确认了信息在每一步骤中的作用;第四,这一模式反映了决策过程旋转循环的特点,故被称之为"决策轮"(图 5-3);第五,收集和分析信息被置于模式的中心位置,意味着它是决策过程的中心,决策过程中的所有步骤都必须涉及信息的收集、分析和对信息的精确评估。在媒介管理决策中,领导者仅仅重视单纯的信息收集并不能获取有效的决策,同时重视信息的分析更为关键;领导者仅仅重视"决策轮"中的某一步骤或某几个步骤也不能顺利实现目标,必须同时重视所有步骤才能使决策有效。

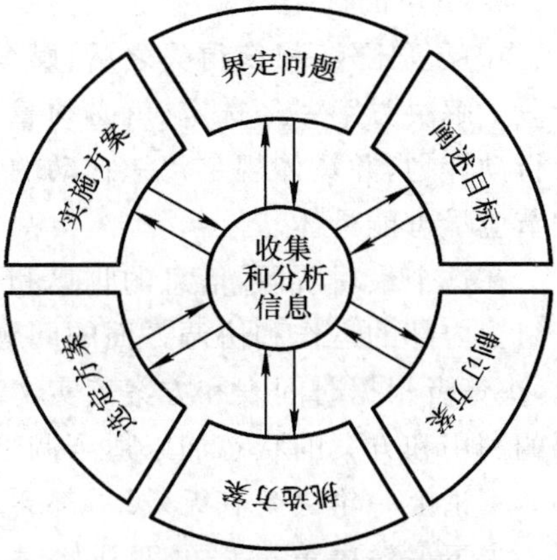

图 5-3　决策轮

2. 决策的起因与界定

这个问题的讨论与分析,实际上涉及"决策轮"中的两个步骤,即为什么要进行决策?决策想要达到什么目的?

那么怎样确定要解决的问题呢?首先要收集媒介组织内部和外部的各种信息,包括受众市场和广告市场的信息,竞争对手和社会环境的信息,主业经营和辅业经营的信息。其次,要对各种各样的信息进行鉴别、整理和分析,从而找出症结,确定所要解决的问题的性质。比如一家电视台的新闻节目通过问卷调查得知观众正急剧减少,电视台领导者决定着手解决这一问题。但是,他们不可能挨家逐户去劝说观众收看他们的新闻节目,而必须找出导致观众减少的一系列原因,而后逐一分析,想办法将观众重新吸引过来(目标),因为没有观众的电视节目,就不会有人愿意在这一节目中做广告。

3. 决策的设计和挑选

在问题确定和目标明确之后,决策者即可以进入第三、第四步骤,即如何解决所遇到的问题和实现预期的目标?在解决问题的方案中哪一个更好些?

让我们回到电视台新闻部,就会发现新闻部主任与他的同行想出了许多解决方法。比较后,他们保留了其中的四种解决方法。斟酌再三,他们又拒绝了其中一种方法——改变新闻的特性，因为最新的考察发现观众喜欢混合性的新闻。剩下的三种解决办法全都涉及时间的分配。他们准备在气象和体育两个节目上增加时间，因为这两个栏目的材料本身充足富余，不需要增加记者。从近来的观察来看，电视台新闻节目提高收视率的潜力是存在的。

4. 决策的选定与实施

在反复比较、权衡得失之后，媒介决策者进入了决策的选定阶段和最后实施阶段。解决方案一经选定，就必须着手实施。实施解决方案，通常需要一个详尽的行动计划，并具体规定每一行动的负责人、参与人、经费预算和时间表，计划的细节应尽可能具体。

在这个最后阶段，信息的收集和分析也是十分重要的。它们大都是涉及媒介组织内部的运作和协调方面的问题。这些信息通过不同渠道反映到决策者那里，决策者根据时间表和方案落实情况对责任人和参与者予以监督，并及时对资源的利用和方案的状态加以适当调整，以适应不断变化的情况。

不论上一轮决策有无效果，都会成为下一轮决策的起因或确定新问题的依据。当下一轮决策过程再度开始时，它们还会以同样的步骤和周期进行循环往复。

三、媒介管理决策的制约因素

1. 决策与时间限制

不同类型的媒介领导者，重视不同类型的决策与时间安排的关系。他们知道，当时间紧迫时，人们需要的是一个及时决策，因为此时一个及时的较为满意的解决方案可能比一个拖拉的十分完善的方案更为重要。所以，在当代信息社会里，一个在某一领域掌握了大量信息并能迅速进行分析、作出正确决策的人，可能会如鱼得水，很受企业欢迎。

现代媒介面临激烈竞争，市场千变万化，因此媒介管理决策既需要按照程序从容不迫地由集体讨论作出，也需要领导者具有在一个合理的时间内就完成决策的能力。

一位媒介领导者在决策中镇定自如地驾驭时间，了解和掌握时间制约的作用，也反映了他的领导素质。有的人临危不乱，遇事不惊，可以轻而易举地化干戈为玉帛，化乱石为滚珠；有的人在紧急关头，方寸大乱，手足无措，结果小事变大事，大事变坏事。可见，时间可以考验出领导者的决策素质。

2. 决策与信息来源

信息作为位于六大步骤中心位置的关键要素，在媒介管理决策中发挥着十分重要的作用。决策不能没有足够的信息，否则便成了无米之炊。

信息既来自于自己的努力，也来自于别人的努力。这两种努力有不同的形式，但是这些形式能够影响到信息的质量。这两种努力的主要形式就是经验和研究。经验意味着参与到事件中或过程中去，而研究则是对于观察事件或过程的可接受的系统方法的应用。

从效果上看，研究应当比经验更客观、公正和系统。但是，实际上研究的质量取决于研究者的技能，正如经验的质量取决于经历事件的人的智慧一样。经验可以由决策者进行鉴别和系统、客观地分析，再上升到理论高度加以认识，原封不动地使用初始经验有很大的危险性，极易导致不好的结果。

媒介管理者有四大信息来源：(1) 自己的经验；(2) 他人的经验；(3) 自己的研究；(4) 他人的研究。这里的“自己”和“他人”，应既包括个人也包括团体。在决策中，媒介领导者不要过分依赖自己的经验和研究，以减少“当局者迷”、“自我感觉良好”等因素对决策的影响。但是运用他人的经验和研究（比如通过阅读论文或会议研讨，或者委托咨询公司调查和咨询）也要重视其质量。这就要求媒介决策者始终保持清醒的头脑，能够准确地评价信息以及提供信息的人。

3. 决策与分析方法

一个只有很少分析技能或很少知识经验的媒介领导者，只能依靠别人去判断信息的可靠性。这可能会成为一个问题。懂得分析的领导者会在一个更好的位置上选择适用于决策的信息。决策离不开对信息的分析，而分析又有若干种复杂程度不同的具体方法。这里着重介绍成本—利润分析法及分析系统是如何发挥作用的。

所谓成本—利润分析法，就是指通过对成本和利润波动结果的评估来了解成本和利润的方法。麦卡锡（McCarthy）列举了分析的五个步骤：(1) 确定所要获得的利润；(2) 确定可能达到这一目标的方法；(3) 确定可供选择的方法；(4) 制订一种模式或关系，能够说明可供选择的方法对于成本和利润的影响；(5) 提出有关成本和利润的尺度，对可供选择的更好的方案进行选择。这些步骤与“决策轮”的步骤基本对应，因而可以结合起来加以运用。

胡伯（Hube）认为，传统的对成本和利润的分析，着眼于金融的成本和利润的价值指标，并对其结果进行比较分析以找出差异性。这对于许多类型的成本和利润分析而言可能十分困难，因而在决策时需要灵活处理和根据情况进行分析，特别是当成本和利润涉及人的行为时更要如此。

总之，媒介管理决策所涉及的层面非常广泛，影响和制约它的因素也十分复杂。除了我们已经讨论和分析的层面和因素之外，国家传播政策、政治经济环境、传播科技水平等，也都可以从特定窗口进入我们观照和分析的视野。

思考题：

1. 什么叫媒介计划？它有什么作用？
2. 制订媒介计划的原则与关键是什么？
3. 媒介计划的制订有哪些步骤？如何理解媒介计划制定的过程？
4. 什么叫媒介决策？它有哪些特征？
5. 媒介决策的原则是什么？有哪些忌讳？
6. 媒介决策有哪些分类？如何理解“决策轮”？

第六章
媒介生产与媒介产品

任何组织都会产出一定的东西,媒介组织所从事的是信息传播活动,生产的是媒介产品,即信息产品和广告产品的生产和传播。媒介产品是一种特殊的商品,它只有符合受众的需要,才能赢得市场。受众对媒介产品需求的变化很快,媒介产品应当不断适应这种变化。随着高科技引入媒介产业,新的媒介产品层出不穷,改变了媒介产品的市场构成。对此,媒介要及时对市场发展趋势作出准确的预测,不断调整产品策略和市场策略。由于市场的差异,不同的市场对媒介产品需求有很大的不同。媒介要从细分市场特征入手,开发适销对路的媒介产品。还要善于扬长避短,利用自身的优势开发具有个性和竞争力的产品。同时,价格策略是媒介管理中重要的营销手段。制订正确的价格策略能够更有效地刺激产品的市场需求,扩大市场占有率,提高竞争力,确保媒介获得较高的利润。

第一节　媒介生产分析

一、媒介生产的内涵

生产是指劳动者与生产资料相结合创造财富的过程。生产包括物质产品的生产和非物质产品的生产。在信息时代,非物质产品生产一般是指信息产品生产或知识产品生产。媒介所从事的是信息传播活动,也就是信息产品和广告产品的生产和传播,因此,媒介生产是指媒介产品的生产,它基本上属于信息产品的生产范畴。

媒介生产需要经过两个阶段:一是把零碎散乱的数据和模糊不清的事件制作成完整统一、清晰明确的材料——信息,这属于信息生产和精神生产;二是通过纸张、胶片、磁带、光盘等将信息印制、摄制或录制成报刊、广播电视节目或电影,这属于媒介生产和物质生产。

信息生产阶段，是信息的采集、鉴别、整理、制作、加工、编辑的阶段。在这一阶段，信息传播者决定一切，他以经验、知识和智慧决定数据转化为信息的形貌和特点，决定信息传播的流量和流向，受众只能接受到什么算什么。

媒介生产阶段，是将信息以符号（声音、文字、图像、动画等）的形式负载在物质实体（纸张、胶片、磁带、光盘等）上的过程。就印刷媒介来说，它主要包括录入、排版、校对、制版、印刷、装订、打包等。在这一阶段，企业生产者的主要任务就是严格按照信息传播者的要求进行批量生产，他可以改进生产技术，以增收节支，但无权对信息作品作任何实质性改动。

二、媒介生产的特征

戴维·巴勒特（David Barrat）认为：大众传播媒介采写制作的信息产品"像其他的产品一样，是工业加工过程的产物"，而"电影节目或流行杂志的生产像电冰箱或洗衣机的生产"，并且"所有的生产都需要劳动分工、复杂的社会化组织和大量的高级技术资本投资"。① 其实，媒介生产与农业、工业等生产有很大的不同，具有自身显著的特征：

1. 生产周期短

对于媒介生产来讲，它的生产周期实际上是很短的。徐宝璜说："书籍之长仅数万言者，常需数月而始告成。今新闻纸之字数，有时多至十万言，仅至多不过二十四小时，即可发行。其神速何以如是耶？曰：'此因新闻社组织之完备与其所用机械之便利耳。'"②贝尔纳·瓦耶纳也说："还应当看到，搜集新闻是全球范围内进行的，出版又是一项复杂和细致的工作，而且印刷数量往往非常之大，何况还要受到销售点异常分散的限制。因此，可以毫不夸张地说：媒体每日出版一份报纸简直是个奇迹。"③尽管各个媒介都有各自的生产过程和生产特点，但整体上来讲，其生产过程和周期基本上大同小异。而且随着新媒体技术的发展，媒介的生产周期呈现日益缩短之势。如网站更新及时迅速，搜索功能强大，电子杂志无需印刷，网络小说连载更新读者可随时跟踪。

2. 知识密集型

媒介产品内容基本上都是信息产品，为受众提供信息性服务或知识性服务，稍有不慎，最后生产出的产品既误导受众，又影响媒介声誉。因此，在媒介生产过程中，对从业者的知识要求较高，从收集信息到产出成品，每一个环节都很关

① [英]戴维·巴勒特：《媒介社会学》，赵伯英、孟英译，社会科学文献出版社 1989 年版，第 98 页。

② 徐宝璜：《新闻学》，中国人民大学出版社 1994 年版，第 90 页。

③ [法]贝尔纳·瓦耶纳：《当代新闻学》，郑旷等译，新华出版社 1986 年版，第 41 页。

键，否则会出现含金量高的信息材料，经过低素质媒介生产者之手生产出了含金量低的媒介产品或“半成品”，甚至是“废品”。

3. 思想指导性

媒介产品与社会意识形态有着密不可分的联系，这种联系决定了媒介产品必须同一定的政治、经济、文化、宗教和审美观念相适应。因此，媒介生产必须遵循政府或其他社会组织的政治、法律、宗教等思想规范，这是由现代国家性质决定的，媒介生产者必须在生产过程中予以高度重视。

4. 程序灵活性

媒介生产虽然有一定的生产流程，跟物质产品生产过程差不多，但是，媒介生产在信息生产阶段存在着突发性、偶然性和主观性等特点，在现实生产中，并不是一成不变的。比如日报的生产，无论是大报还是小报，版式总是保持相同的面貌，许多部分和特稿形式也几乎类似，但报纸实际的内容、广告内容，以及报纸的设计等，却始终都在变化，特别是遇到突发性事件时，根据实际需要，不仅很多生产程序要简化，甚至还要“号外”、“特刊”等。

三、媒介生产的管理

任何一种生产行为都必须有相应的管理体系和行为规范，否则，生产行为将陷入混乱和无序，导致各种资源的严重浪费。媒介生产管理是在规定时间和空间里，充分利用人、财、物、信息等媒介资源，生产出有较高质量和一定数量的媒介产品的过程。随着传播技术的发展，对媒介生产的周期、方式都提出了很高的要求。特别是媒介产品时效性强、寿命短的特点，要求媒介管理者有效整合企业内部各类资源，提高媒介生产的管理水平，提升经营效率。

1. 生产决策管理

诺贝尔经济学奖获得者赫伯特·西蒙曾说：“随着信息的发展，有价值的不是信息，而是注意力。硬通货不再是美元，而是关注。”①目前，媒介产品同质化现象严重，很多媒介决策往往流于主观和随意，盲目跟风，导致产品定位趋同，内容千篇一律，目标市场重叠，同质竞争使得媒介靠打价格战、折扣战、礼品战来争夺有限的市场和受众眼球，经营成本、竞争代价持续加大。媒介要靠对信息内容的有效开发和生产来吸引受众的注意力。高效的媒介生产管理来自于可靠的市场依据和正确的媒介产品定位。因此，媒介管理者在作出生产决策之前，除了依据收视率、收听率、发行量等终端硬性指标外，必须对受众的心理需求、消费习惯及审美心理等软性指标有足够的掌握。

① 转引自唐华山：《好好学点经济学》，人民邮电出版社 2009 年版，第 56 页。

2. 信息资源管理

媒介生产管理的目标之一就是对媒介资源的利用进行严格的核算与控制，降低成本，提高效益。媒介产业是信息产业，媒介生产最重要的资源就是信息，媒介管理的基本能力就是经营信息的能力。在众多媒介生产中，信息常常被当成一次性用品，缺少深层次挖掘。如果没有高质量的信息资源，媒介产品的质量就会受到影响，相对的生产和经营成本的风险也提高。随着媒介融合趋势加强，媒介生产者必须对有价值的信息资源进行"二次生产"，甚至多次生产，以实现信息资源传播价值的最大化。比如，报纸媒介通过报网互动进行网络化生产经营，充分开发和利用网上的信息资源，把网络资源纳入报纸媒介生产中来，扩大报纸的发行市场，也可以通过手机报的形式进行发送，增强传统报纸媒介的生存能力和市场竞争力。

3. 媒介生产者管理。

人是生产力中最重要的因素，是生产的直接参与者。媒介生产能否有效进行，媒介产品质量的优劣，取决于媒介生产者素质的高低。依据马克思主义的生产理论分析，凡是从事商品生产的劳动，不仅要创造使用价值，而且必须创造价值和剩余价值，否则就不能称为生产。目前，在我国媒介产业中，在总量饱和的背景下，各类复合型人才十分短缺，已成为媒介产业化发展的一块"短板"。因此，媒介管理者必须以人为本，经营好人才资源，提高媒介生产者的素质，将其作为一种"增值资源"加以整合使用和开发，使之与现代媒介产业发展相匹配。

4. 生产目标管理

媒介生产是以实现媒介产品的传播和销售为目标的经营活动。在媒介生产过程中，所有生产活动都是围绕这一目标进行的。但是，并不是所有媒介生产目标都是科学地、符合规律地、自觉地做出的。我国传媒产业经营效率不理想的一个重要方面就是目标实现的过程和手段往往是主观的、非科学、非理性的。出现此类情况，主要原因是对媒介性质和功能的认识有局限，没有根据媒介产业的特性和市场经济的要求，科学地制定生产目标及经营策略，对瞬息变化的媒介市场缺乏有效的把握，并及时作出动态的调整。

第二节　媒介产品的经济学解读

一、媒介产品的产品属性分析

产品，是指能满足消费者需求的物品和非物质形态的劳务。在经济领域，所有的市场活动都以产品为中心来组织研发、生产和销售，通过满足消费者的需要来产生利润。媒介的一切活动都是围绕着媒介产品展开的。媒介产品是一种特殊的产品，是媒介根据市场的需求，生产制作出满足消费者需求的产品和服务。媒介产品既是媒介的目的，又是它的手段。施拉姆(W. Schramm)承认："传播现在被看成一种双方的交易。认为传播好比围绕着信息交换而建构的关系的观点使人豁然开朗。交换过程更像一种生物过程而不是物理过程。如此它使得更好地区分在场的双方，因为与其说是交换参加者，倒不如说是交换关系。"①媒介产品作为产品，可分为有形部分和无形部分。有形产品是指报刊、广播电视节目、图书、音像制品、网络游戏等，无形产品是思想、观念、主张等。有形的媒介产品通过视觉、听觉甚至触觉等进行感知，无形的媒介产品则通过潜移默化地影响消费者思维来实现价值。

从经济学的角度看，媒介产品首先是一种商品，它同一般商品一样具有使用价值和交换价值，具有一般商品的基本属性。其次，媒介产品要实现自身价值，必须投放到市场中去，在市场这只"无形的手"的指挥下进行流通。同时，作为一种特殊的精神产品，它还需要与一定的政治、经济、文化、宗教和审美观念相适应。

以上我们所谈论的媒介产品的含义包括其作为载体和内容两方面的含义，而有学者认为，媒介有三要素，除了"载体"和"资讯"外，还有"规则"，"即内容与内容、内容与载体、产品的功能流程、传播者与受众(用户)之间的关联方式"②。这样扩充了媒介产品的内涵，也有一定的借鉴之处，本章对此不展开论述。

二、媒介产品的价值分析

媒介产品的价值包括基本功能的价值和传播功能的价值，以及媒介产品的附加值。其经济学上的价值表现为受众在享用报纸、杂志、电视节目等媒介产品时需要支出一定费用。

1. 媒介产品的基本使用价值

任何商品都具有使用价值。媒介产品能够满足受众信息、文化、教育及娱乐的需求，这种满足人们某种需求的属性，就是商品的使用价值。媒介产品是以交换为目的而生产的，必须具备使用价值，否则无法产生经济价值。一般商品如食品、服饰、日常百货等，都是为了满足人们保证正常生活的需要。人类在满足最基本的物质需求之后，会产生更高层次的需求，媒介产品的使用价值正好满足了人们这种需要，如报纸、电视节目、书刊、电影等媒介产品均可以满足人们的文化、精神及信息需求。

---

① [美]施拉姆：《传播的唯一展望：回顾的视点》，载《传播学刊》第33卷第3期，1983年第15页。

② 喻国明：《产品为王：传媒产业竞争的新主旋律》，载《当代传播》2008年第2期，卷首语。

2. 媒介产品的特殊使用价值

媒介产品作为一种特殊的产品，除了具有一般商品的使用价值外，还有其特殊的使用价值。媒介产品首先是一种信息产品，其是否真正有价值，取决于信息价值，信息价值是媒介产品得以存在的首要价值。同时，媒介向广告主“出售”的是受众的注意力，媒介产品要获得受众认可并产生购买意愿，必须拥有注意力价值。如电视台实际上是通过一个好的节目来吸引观众的关注，观众付出的不是金钱，而是排他性的关注。① 再比如，2009 年 7 月 1 日起，《人民日报》正式扩至 20 个版。其中包括新增一个要闻版，一个社会建设新闻版（简称“社会版”），一个国际新闻版。社会版成为每天报纸的最大看点，版内文章着重关注民生问题，开辟“民生”、“民智”、“民声”等版块，符合时下受众对民生问题的广泛关注。随着审美要求的提高，人们对媒介产品的装帧设计、内容策划、信息含量都提出了更高要求，媒介产品的美学价值也被提高了。

3. 媒介产品的附加值

附加值是相对于媒介产品的主体价值来说的，“是指媒介产品在原有价值的基础上，通过生产经营过程中的有效劳动创造的新价值”②。它包括物质附加值和精神附加值两个方面，是媒介价值在物质、精神两方面的扩展延伸。媒介有时提高产品的附加值对提高产品的整体价值有着超乎想象的作用，可以使产品与品牌实现新的飞跃。媒介可以通过充分把握受众心理、打造品牌形象、加强市场推广和渠道建设等方式实现产品的附加值。

三、媒介产品的定位与开发策略分析

经济学中的产品定位是企业对选择怎样的产品特征及产品组合以满足特定市场需求的决策。媒介产品分析的目的在于明确某一媒介产品在市场中的优势和劣势、影响它进入市场的因素，以及它的发展前景，从而确定所要采取的相应策略，使其更好地适应市场的竞争，赢得市场的主动权。媒介产品分析的主要内容包括：产品定位分析、产品生命周期分析、产品开发分析、产品组合分析等。

1. 媒介产品定位分析

各个媒介对于情况各异的媒介产品细分市场，都应当有占领某一细分市场的目标和手段。生产开发相应的媒介产品去实现占领某一细分市场目标的过程，就是媒介产品的定位。所谓定位，是就一定区域、一定层次的受众市场而言

① 喻国明：《关于传播影响力的诠释——对媒介产业本质的一种探讨》，载《国际新闻界》2003 年第 2 期。

② 陶喜红：《媒介产品附加值的特性及意义》，载《新闻界》2008 年第 2 期，第 37～39 页。

的，是专门为某一个方面的受众提供服务的，媒介产品在整个受众市场中只有某一特定的适用区间，它只能为这一区间市场的受众所需要和接受。比如老年报，一般只有老年人阅读；少年儿童报，只有少年儿童阅读，这就是媒介产品的定位。从媒介市场的构成来看，消费者的需要不同，层次不同，他们对媒介产品的兴趣和要求也就自然不同。消费者的性别、年龄、职业、文化程度、爱好、收入、区域和民族等方方面面的不同，都构成了他们对媒介产品选择的动因。

一种媒介产品要想满足各个层次、各个方面消费者的需要几乎是不可能的。所以，媒介要生产开发专门适合某一层次或某一方面消费者特别需要的媒介产品，这一过程就是媒介产品的定位过程。美国一些营销专家认为，产品定位是对现有产品的一种创造性活动，定位并不是指产品本身，而是指产品在潜在消费者心目中的印象，亦即产品在消费者心目中的地位。实际上，定位就是指消费者认同哪个产品是适合自己使用的产品。因此，媒介产品定位不仅是在功能上符合某一方面或某一层次消费者的需要，而且也是观念上的一种认同和接受。

首先，媒介通过在生产过程中对媒介产品特定功能的开发，在营销过程中强化媒介产品的定位诉求，培育和发展这一媒介产品稳定的受众市场，确立自己在媒介市场中的位置。我国的分众传媒公司的发展崛起就是对媒介产品定位的生动阐释。分众传媒围绕“都市主流消费人群的生活轨迹”进行了精细而独特的市场定位，抓住楼宇电视的市场空白点，率先在国内引入楼宇电视，而且定位明确，瞄准中高端商务人群，以写字楼为核心，沿着其他中高端人群的生活轨迹，将液晶电视植入到商场、宾馆、机场及娱乐休闲场所中。这与世通华纳公司的车载移动电视的推出几乎处于同一时期，都是在对定位进行深刻的理解和运用后，找到自己具有某种特征的稳定的受众群，二者有异曲同工之妙。分众传媒之后又相继推出卖场终端视频媒体、公寓电梯平面媒体（框架媒介）等多个针对特定受众、并可以相互有机整合的媒体网络。这些具有细分效果的媒介推出之前，有大量人群每天穿梭在各个高楼大厦之间，面对平常的街道，目光无处停留；有大量的乘客每天坐一定时间的公交，面对拥挤的人群，目光无处停留；有大量的人群，每天乘坐在电梯中，面对陌生人或电梯光秃秃的墙壁，目光无处停留。“目光无处停留”其实意味着很多注意力的无谓浪费。而分众传媒的卖场终端视频媒体、公寓电梯媒体正是利用受众视听上的空闲，开辟了一个属于他们自己的世界，受众目光有了归处，注意力接近百分之百。

其次，媒介产品的定位表现为媒介产品的特定的使用功能和服务功能。媒介产品和其他产品一样，都有一定的实际使用价值。对于消费者而言，是否具有适合自己需要的实际使用价值，将直接影响他们对这一媒介产品的使用和消费。受众由于受兴趣、文化、个性等因素的影响，加之对媒介产品的使用习惯的不同，他们对媒介产品使用价值的要求必然会有差异。这种差异就是我们对媒介产品定位的重要依据，它决定着媒介产品将选择哪一部分受众市场来作为自己的对象，开发哪一个层面的市场空间。

交通广播就是抓住广播功能在交通领域这一特定优势而蓬勃发展起来的。以杭州交通经济之声（交通 91.8）为例，其前身为杭州经济之声，但随着社会经济持续发展，网络、手机等新媒体的信息功能使经济广播失去了很多市场。从社会实际来看，杭州的城市化快速推进，汽车消费日益兴盛，私家车数量迅速增加，外地车辆和人员也不断涌入，出租车带动了移动人群的大幅增加，这是一个巨大的潜在市场。而且杭州道路等基础设施的建设速度远不及车辆增长速度，人车矛盾突出，急需交通引导。于是杭州经济之声迅速作出反应，变身为杭州交通经济之声，以“交通 91.8”为形象，定位于杭州人自己的交通广播，顺应了市场的需求。广播终端在车辆上安装方便，而对于开车的人来说，在不影响司机对路况的高度注意力的情况下，广播成为最合适的媒介传播方式。“交通 91.8”用各种颇具亲和力的节目，为司机播报路况等即时信息，提供关于车辆保养等知识，还有一些本地的生活讯息、娱乐放松的节目，都充分迎合了受众的需求。正确的定位使得“交通 91.8”获得了稳定的受众，好评如潮，荣膺杭州地区车上人群最高收听率、最具影响力和司机最喜爱电台称号。

再次，要以市场为导向对媒介产品进行定位分析。企业要围着产品转，产品要围着市场转，市场要围着用户转。这一经营管理的经验之谈，对于媒介也是完全适用的。

媒介产品的市场定位不能仅仅从主观愿望出发，凭主观想象的决策是经营管理中的大忌，是最终导致失败的重要原因。媒介产品的定位一切都要着眼于市场的实际，市场需要什么，只要不违反政策法律，媒介就应该生产开发什么。一个没有市场的媒介产品不但不能给媒介创造任何效益，反而只能带来额外的负担。例如，受经济危机的影响，财经类杂志销量一度猛增，但近来财经类杂志的发展态势又呈下滑趋势。我国共有财经类杂志 760 多种，其中大多数定位于白领及高端商务人士。而这些人群与网络接触密切，随着财经类网站的发展以及专业化程度的提高，这些受众完全可以从网络上获得即时、丰富的财经信息。而财经类杂志多为月刊，其信息量和时效性与网络相比呈现出弱势。精美的财经类杂志或许是一种高端生活的象征，所以其市场需求并不会消失，但如果拿在手里的杂志上刊载的大都是几天前在网上看过的信息，那它的意义又何在？所以财经类杂志应根据自身的实力和市场的需求调整定位甚至改变产品类别，加强市场细分，根据市场需求点来规划改进媒介产品。

对媒介产品的定位分析要充分考虑到各种市场因素。这些因素主要包括：受众市场的需求状况、受众市场的规模、消费能力的大小、市场的稳定性、对媒介产品价格的反应、媒介产品进入市场的时机，以及受众市场的发展潜力等。这些因素是在对媒介产品进行定位决策时所必须认真研究分析的。在美国，图书售价一般都比较高，尤其是经典名著价格通常都在三四十美元左右，使许多读者望书兴叹。针对这一情况，出版商专门出版了售价在三五美元左右的简装本。这一措施扩大了名著小说在低收入受众市场中的销售量，使媒介产品市场的潜力得到了充分的挖掘。我国市场上二手书的异军突起有着相似的定位分析理念。孔夫子旧书网 2008 年成交额突破 2 亿元，成为世界最大的中文旧书网。它的特点是：珍本云集、书全价廉和不可替代性，使孔夫子旧书网同时赢得了普通购书人和学术研究人员两大客户群的青睐，形成了远高于其他图书销售网站的用户忠诚度。可以看出，孔夫子旧书网充分考虑到市场定位的各个因素，通过准确、精细的市场细分，把握住自己稳定的顾客群体，取得了不菲的经营效益。

2. 媒介产品生命周期分析

媒介产品的生命周期是指某种媒介产品从开始进入市场，到被市场所淘汰的这一时间过程。换言之，媒介产品的生命周期是一种媒介产品能够被消费者所接受并存在的时间。决定媒介产品生命周期的因素是多方面的，主要有受众市场需求的因素、媒介产品的技术创新因素、市场竞争因素，以及媒介产品的质量和功能因素等。归根到底，媒介产品的生命周期最终表现为市场对媒介产品需求的变化，以及由此所反映的媒介的经营状况和利润水平。对媒介产品生命周期进行分析的目的，在于把握在不同生命周期的各个阶段的特点和规律，并把它用于市场营销和管理活动过程中。

不同类型的媒介产品，以及同一类型的不同媒介产品，其生命周期差异很大，主要原因既有媒介产品自身的特点和局限性的因素，也有媒介管理水平和技术创新的因素。在这当中，媒介管理水平的影响最为重要。同一个媒介产品由不同的人和不同的媒介来经营管理，往往会产生截然不同的结果。当然，某些类型的媒介产品，它的生命周期本身就很短，如电影和电视产品，但也有如何延长其生命周期的问题。而另一些媒介产品如图书、报刊，它的生命周期一般都比较长。媒介产品的生命周期和其他产品一样，一般都要经过四个阶段，即引入期、成长期、成熟期和衰退期。这一生命周期通常表现为一条 S 型的曲线状态（见图 6－1）。

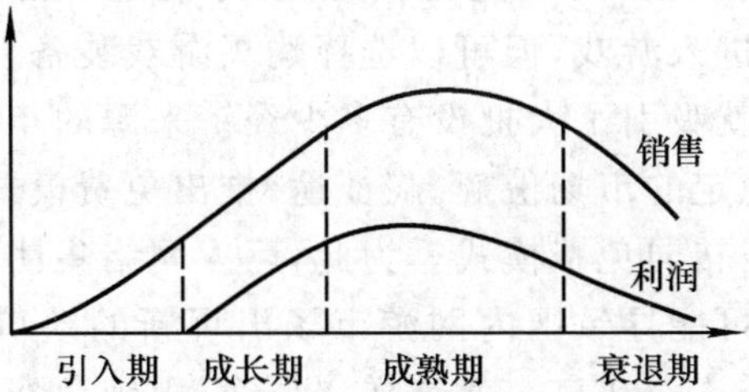

图 6－1　媒介产品生命周期的 S 型曲线

划分产品生命周期的不同阶段主要是根据产品的销售量和利润情况确定的。在产品引入期，由于初期开发市场的难度较大，各种营销费用和其他支出较高，销售量增长缓慢，利润一般都较少，甚至还会出现亏本。产品的成长期是产品的销量迅速上升的阶段，市场得到了进一步的拓展，利润也随之大量增长。在产品的成熟期，消费市场已经比较稳定，潜在的消费者得到了充分的挖掘，利润增长趋缓，由于市场竞争，新产品进入市场，营销费用不断增加，进一步影响了利润水平。产品的衰退期表现为销售量和利润的迅速下降，媒介产品的市场占有率急剧减少，媒介产品面临着退出市场的挑战。

由于媒介产品种类繁多，各种产品的生命周期特点各异，情况复杂，影视音像产品的生命周期通常都较短，影视产品甚至没有明显的引入期、成长期、成熟期和衰退期。而报刊、广告等媒介产品的生命周期的四个阶段则往往比较明显。所以不能用一种模式来描述各种媒介产品生命周期的不同特点。我们在这里所描述的是最典型的一种模式。

3. 媒介产品开发分析

媒介产品的生产开发要适应市场需要。市场是决定媒介产品生产开发的根本，是决定媒介生存命运的一只“看不见的手”。市场的构成是复杂的，同时又是多变的。市场充满了陷阱，也充满了机遇和挑战。市场的任何一个微妙的细小变化，都可能导致整个受众市场对媒介产品需求的结构性变化。市场变化的过程既是媒介产品更新换代的过程，也是不断出现新的市场机遇的过程。媒介组织正是要从不断变化的市场入手，抓住市场机遇，不断生产开发出适销对路的媒介产品，以满足市场的需要。

媒介产品的开发策略种类较多，主要有以下几种：

(1) 市场空白开发策略

媒介产品的市场空白点往往是经济效益最佳的增长点，因为市场空白没有竞争对手，也最容易吸引消费者。由于媒介产品门类众多，涉及面广，市场的空白点还是很多的，关键在于能否发现市场空白、填补市场空白。大型网络游戏《征途》在国内首创免费模式的网游，对国内网游市场产生一定冲击力。网络游戏的收费模式是指玩家必须先花钱，然后才能进入游戏；而在免费模式中，玩家不用花钱就能进入游戏，但可以选择购买游戏装备，提高自己在游戏中的水平或等级。这样就吸引了大批没有多少经济来源的年轻人加入到“征途”的队伍中去，获得了稳定的市场份额。《征途》推出免费模式后，不少游戏开发商纷纷放弃收费模式，转向免费模式。为此，巨人网络集团首席执行官史玉柱认为，同行纷纷转向，可能导致国内网游市场出现新的缺口，于是在《征途》后又推出收费模式，弥补这一缺口。就这样，《征途》由纯免费模式演变为免费与收费“双轨并行”模式，抓住了市场导向，及时填补了市场空白，获得了巨大的成功。

(2) 产品组合开发策略

这是指对同一种产品,用不同的媒介产品的形式进行组合开发。海外一些影片在发行的同时,往往要推出相应的系列媒介产品,如录像带、唱片、录音带、VCD、书籍、卡通连环画等。这种组合开发不仅能提高媒介产品的综合影响力,而且还可以有效地降低综合成本,提高整个投资的经济效益。有的影片的组合开发还延伸到媒介产品以外的其他领域,如纪念品、食品、服装、玩具、文具等,利用影片中的主人公的名字命名产品,作为产品的品牌,往往在市场上能风靡一时。2008 年风靡全国甚至影响世界的动画片及电影系列《喜羊羊与灰太狼》也已有琳琅满目的衍生产品挤占市场,未来还将效仿迪斯尼建立主题公园,进一步扩展利用该品牌的影响力,实现品牌价值的提升和经济效益的进一步增长。

(3) 产品系列开发策略

把若干种在内容或形式上有联系的媒介产品,形成一个系列整体生产开发,其优越性在于能够形成联动销售,提高媒介产品的整体影响力,延长媒介产品销售时间,降低综合成本费用。出版社通常是推出系列丛书,2009 年 6 月,人民日报出版社和北京时代华语图书股份有限公司共同策划推出了一套 45 本的《大国策》系列丛书。其主题就是集中国学界的知识精英就中国崛起问题展开讨论,为中国策,为国是谋。丛书集结了国内 100 多位顶级智囊专家,以前瞻性的视角和全球视野,从战略的高度全面思考中国未来 40 年的发展战略,以及中国崛起进程中所面临的巨大挑战。这一系列丛书迎合了国庆 60 周年、经济危机背景下中国国际地位的提高这些大形势,并利用了媒介产品的产品系列开发策略。

(4) 单一产品开发策略

一些媒介由于实力较弱、人员不足等原因,在短期内还难以形成全面的大规模开发媒介产品的能力,因此只能就已经比较熟悉的、生产和营销能够把握得住的某项单一的媒介产品进行专项开发。大多数中小媒介都采取的是单一产品开发策略。这一开发策略,可以使媒介有效地规避市场风险,走稳中求进的发展之路。选择单一产品开发策略,并不意味着放弃市场竞争和媒介的发展,而是调动有限的资源去全力开发某种单一的媒介产品,在单一的品种上形成强劲的竞争实力,提高市场占有率,这恰恰是大型媒介所难以做到的。所以,有效地提高产品的竞争力和市场占有率是实施单一媒介产品开发的最根本目的。只要决策正确,措施到位,单一品种开发策略同样可以做好大文章、赢得大市场、获得高效益。其中,对媒介产品的选择至关重要。如果在这一环节上出现失误,则所有努力都是徒劳的。所以,要做好决策前的媒介产品的市场调查,以及后期的分析研究工作。

土豆网是中国最早和最大的视频分享平台，用户可以通过其平台轻松发布、浏览和分享视频作品。土豆网是上海全土豆网络有限公司的生存命脉，是该公司倾力打造的产品。该公司十分注重产品品牌的发展，土豆网这一名称简洁顺口，早已深入人心。整个公司集中所有资源做好专业化的视频网站，一荣皆荣。现在土豆网每天的视频播放量超过 1 亿次，每天独立用户数超过 1 500 万。该网络公司并不功利而盲目地开发新产品，而是利用自身技术上的优势，将土豆网做专做大，同样创造了骄人的业绩。

(5) 产品全面开发策略

对于大型媒介来说，为了形成不同种类、不同层次的媒介产品对市场的全面覆盖能力，形成媒介产品群集化的优势，仅仅开发单一的媒介产品，对媒介的市场竞争和发展是不利的，所以必须要全面开发各种类型的媒介产品。媒介产品的集群化开发还可以充分利用已建立的营销网络，利用已有的设备资源和人力资源，全面降低综合成本，进一步提高竞争优势。多年来，中央电视台除了具有十多个电视频道和电视剧制作公司、电影制片厂，还开办央视国际网站、《中国电视报》和面向全国公开发行的刊物《电视研究》、《现代电视技术》等，拥有国内最大的广播影视音像资料馆。随着近来视频行业的整合热潮，"国家队"也在加紧进驻视频行业。日前，央视网悄然推出两个视频网站——定位于在线直播的"爱布谷"和定位于分享平台的"爱西柚"，2010 年年底前正式上线运营。

媒介实施产品全面开发策略，也要按步骤、有计划进行，避免一哄而上，盲目行事，造成不必要的损失。同时还要针对媒介产品市场的实际状况，确定媒介产品的种类，把握好进入市场的时机。这是保证实施这一开发策略成功的重要前提。

4. 媒介产品组合分析

媒介产品的种类是多种多样的。每一种媒介产品都有它的特定的消费群体。随着媒介产业的迅速发展和技术的不断进步，各种新的媒介产品不断涌现，受众市场的发展也越来越趋向于个性化和细分化。每一种媒介产品已经形成了比较稳固的特定的消费群体，从而构成了若干个各具特点的、具有市场细分特征的受众市场。受众市场的差别化、个性化、细分化的发展趋势，客观地决定了媒介组织必须适应这种变化，采取新的产品营销策略，开辟新的市场空间。同时，由于竞争的加剧，媒介产品的市场变化也越来越快，一种媒介产品稳定而持久地占领市场变得越来越困难。媒介产品和媒介大起大落的状况已屡见不鲜。如《人民日报》的发行量已从 1979 年的 600 多万份跌至目前的 200 多万份。

为了满足媒介市场的不同需求，扩大销售，均衡市场风险，巩固竞争优势，媒介需要以不同类型的媒介产品全面覆盖市场，以提高经营业绩和综合效益。如何对媒介产品的品种进行搭配组合，形成媒介产品的集群优势和特色，这就要根据市场需要，对竞争对手的状况和自身的优势进行媒介产品的组合分析。

媒介产品进行组合的基本原则是：有利于提高产品的市场占有率和产品竞争力；能够充分调动和利用媒介的各种资源和潜力，全面降低产品成本；能够提高媒介的抗风险能力和利润水平；有利于形成自身的产品特色，发展潜在的受众市场。

首先，媒介产品的组合分析要对市场上现有的媒介产品的品种、销量、利润、产品定位、受众分布和市场反应等进行分析评估，把握每个品种的市场潜力和发展趋势，寻找市场产品空白点，实行不同媒介产品品种的最佳组合。《仙剑奇侠传》作为著名的大型网络游戏吸引了不少玩家，而其故事情节以中国古代的仙妖神鬼传说为背景题材，一个带着浓郁中国民间传说之浪漫气息的仙侠故事，几段情致自然的小诗，数曲清灵悠扬的音乐，不仅可以为玩家提供感情上的依赖与认同，也完全能够为非玩家的广大群众贡献一道丰富美味的视听盛宴。2009 年以来《仙剑奇侠传三》推出的同名电视剧引起了继“仙剑一”之后的又一个视听热潮。电视剧从更加感性的角度阐释了“仙剑”的精神理念，借游戏之势推广电视剧，亦借电视剧的广泛传播巩固扩大游戏玩家群体，既扩大了市场占有率，增加了经济效益，又深化了品牌在受众心目中的良好形象。

其次，媒介产品的组合分析要结合产品的生命周期特点，对处于不同阶段的媒介产品分别采取不同的对策，适时开发、扶持新产品，改进、完善处于成长阶段的产品，有选择地淘汰衰退期的老产品，放弃没有市场潜力的、重复的产品，达到对媒介产品的动态最优化控制，确保媒介产品的最佳组合。20 世纪 80 年代初期，新华日报社根据当代农村改革的形势，曾创办了以农村市场为对象的《致富报》。创办初期这一报纸的销量还比较大。但是随着媒介市场的迅速变化，读者对报纸阅读的兴趣也发生了转移，新华日报社及时停办了《致富报》，创办了《扬子晚报》，以后又创办了《服务导报》，形成了日报、晚报和服务报的有机组合的报群，扩大了新华日报社的整体影响，提高了经济实力。现在《扬子晚报》已成为全国发行量最大的晚报之一，也成为新华日报社中创利最多的拳头产品。这一做法的成功经验在于适时地淘汰了处于衰退期的产品，积极开发了具有市场潜力的新产品，实现了媒介产品的优化组合。

再次，媒介产品的组合分析要结合媒介和媒介产品市场的竞争情况，扬长避短，在产品的组合中形成自己的特色和优势。每一个媒介由于它的产品定位而形成了相应的受众市场和销售渠道。在媒介产品的组合中，要充分利用已有的优势，并力求通过产品的组合形成新的优势。同时，尽量避开市场竞争的热点产品，慎重对待自身所不熟悉的产品，做到条件成熟一个开发一个，以减少市场风险。

第三节　媒介产品的类型

媒介经济学家罗伯特·G. 皮卡德认为，媒介运作面向的是双元产品市场，第一个市场是媒介产品市场，称为“财货”，它“或许是娱乐，或许是资讯，但都是经过包装，然后以印刷之报纸、杂志、书籍；或是以广播之收音机或电视、窄波之线缆、电影或录像带等形式呈现给消费者”。第二个市场则是“使用阅听人市场”，以满足广告厂商所需。[①] 媒介产品种类丰富，如，报纸、杂志、电视、广播、图书、电影、音像制品、电脑网络和软件等，每一种媒介产品都有其市场，都有其独特的开发价值。

一、媒介产品的特殊性

媒介产品与其他商品不同，是集精神消费和信息消费于一体的特殊商品。对于媒介产品的功能，著名传播学家拉斯韦尔提出了三大作用，即监视环境、协调关系、传递遗产。其后赖特又提出了第四个功能——提供娱乐。这一解说是我们把握媒介产品特征的基本出发点。由于媒介产品与社会意识形态有着密不可分的联系，这种联系决定了媒介产品必须同特定的政治、经济、文化、宗教和审美观念相适应。一方面，政府和其他社会组织总是要以政治、法律和宗教观念等手段，给予媒介产品的生产以一定的规范，媒介产品必须符合这些规范。许多国家和地区设有专门的大众媒介管理机构，并制定了完整的媒介产品审查制度。

一个社会的文化观念和传统早已积淀于人们的意识之中，如果媒介产品不能反映出这种公众的文化意识，那么媒介产品是不会被受众所接受的。媒介产品无法进入市场运作，也就无从谈起媒介产品的经济效益和社会效益了。美国梦工厂出品的《功夫熊猫》对中国文化进行了比较深入的了解研究，影片中融入了在中国具有代表性的动物、古典音乐、中国风景画、中国式的生活背景、中国传统节日气氛，以及中国特有的筷子、针灸等，获得了中国观众的文化认同，在中国内地一经上映，十分火爆，票房十天过亿。而且它不仅表现中国文化，还将西方式的幽默嵌入其中，幽默轻松的语言和丰富夸张的动作深得人心，加上中国文化这一在世界上越来越受关注的要素，影片在北美乃至全球都获得了不错的票房成绩。《功夫熊猫》在将电影作为一种艺术去创造的同时对受众和市场的文化意识及特点给予了高度的关注，全面掌握了媒介产品的特殊性，取得了经济与艺术

① [美]罗伯特·G. 皮卡德：《媒介经济学》，冯建三译，远流出版公司 1994 年版，第 31～32 页。

上的双重胜利。

二、媒介产品的类型

媒介产品是一种特殊的产品，是信息产品与实体产品、精神产品与物质产品、比特与原子的有机结合。媒介产品的表现形式很多，根据马克思主义的商品经济理论，即使在完全商品化的社会内，由于生产者的生产目的不同，其产品总是可以区分为两类，即商品化产品和非商品化产品。媒介产品也不例外，在媒介生产过程中，总体上也可分为两大类：

1. 商品性媒介产品

在西方国家和地区，由于媒介从诞生之日起就作为经济实体进行市场运作，所以媒介产品的商品属性从一开始就得到足够的重视。它更多地强调产品的价值和使用价值，往往是媒介经营者通过市场来解决媒介产品生产及经营管理的经费。而在我国，长期以来主要强调媒介的宣传作用，是"党的喉舌"，在媒介的价值取向上侧重强调舆论的引导性、信息的权威性和显著性，政治属性或意识形态属性比较明显。改革开放以来，随着中国特色社会主义市场经济体制的建立和发展，媒介产业也开始面对市场，参与日趋激烈的市场竞争。如，中央电视台的传播价值观就经历了从封闭到开放、从单一到多元、从弱化到强化的巨大变化，从恪守单一的政治传播价值观开始，渐次引入了经济传播价值观和文化传播价值观，基本建构起了一个多元的传播价值系统。[①] 商品性媒介产品要实现从产品到商品的转化，一般通过三个途径来实现：一是通过市场交换，出卖产品内容来实现价值；二是通过二次销售，以较低的价格或免费的方式提供有价值的内容，吸引受众的注意力，然后把注意力转卖给广告客户，以广告收入的形式来实现价值；三是通过媒介产品衍生，实现信息增值来实现。商品性媒介产品对媒介企业来讲，事关生存发展大计。目前，很多电视节目形式的媒介产品，比如动漫影视产品，基本上都放在媒介企业内部，很少让社会部门使用。很多媒介企业内部的"资源"、"素材"都存在磁带库里，没有实现跨媒介的共享。因此，实现商品性媒介产品生产的科学化、管理的社会化，提高媒介产品的内部利用率等，都是媒介管理者在媒介转制后如何经营，如何走向市场必须面对的一个重要课题。

2. 非商品性媒介产品

主要是指新闻产品和公益产品。新闻产品具有很强的宣传属性，在国家存在的条件下，任何国家的新闻都是为了满足本国占统治地位的阶级的自我需要，

---

① 参见孟建：《试论我国电视传播价值观的变革——以中央电视台为例的传播价值观考察》，载《江苏社会科学》2000 年第 2 期。

具有很强的阶级性，不是为出售而生产。作为传播者的代言工具，新闻产品在生产过程中，传播者的价值观和意识形态自然而然地渗透到产品里面，新闻产品也就自觉地承担起宣传传播者意图和价值倾向的任务。任何国家的新闻产品都属于非商品性媒介产品。除了新闻产品，在市场经济条件下，国家一些职能部门和社会慈善机构或其他社会团体也会通过无偿投资的方式委托媒介企业生产公益性的媒介产品，这种类型的媒介产品也是非商品性媒介产品。比如，中央电视台每晚黄金时段播出的公益广告就属于此类。

无论是商品性媒介产品，还是非商品性媒介产品，都凝聚着人类辛勤劳动的汗水和智慧，因此必须充分考虑媒介产品的人力成本和生产成本，这对媒介产业和媒介事业的发展具有十分重要的意义。对于我国传媒业来讲，必须牢固树立媒介产品的成本意识，最大限度地降低媒介产品的成本，最大限度地提高媒介产品的利用率。

第四节 媒介产品价格策略

一、制订媒介产品价格策略的依据

媒介产品的价格策略是媒介管理中的一项重要内容，也是媒介进行市场竞争的主要手段之一。它不仅影响媒介产品的潜在市场的开发，而且影响媒介产品现有市场占有率的巩固和提高。因此，无论从宏观的战略管理的角度来看，还是从微观的市场运作过程来看，媒介产品的价格策略对于媒介的生存和发展，都具有至关重要的意义。

媒介产品的价格策略是媒介在市场营销过程中，通过对市场行情和产品状况等要素的分析，对媒介产品进行定价的系统思路和方法。其基本目的是为了媒介在激烈的市场竞争中，巩固已有市场，扩大市场份额，抗击竞争对手，赢得市场优势。

从媒介管理的实践来看，在价格策略的实施过程中，既有一些成功的范例，也有不少失败的教训，值得人们认真地总结和反思。当今，我国音像市场盗版现象泛滥成灾。许多盗版产品的发行量甚至超过了正版产品的发行量。虽然屡屡打击，但仍然难以根治。盗版产品之所以畅销不衰，其中的一个主要原因就是价格低廉。按照现在正版 VCD 碟片的售价，消费者是难以接受的，所以很难形成真正的市场。现在我国的出版管理机构已经认识到了这一问题，在打击盗版的同时，对正版碟片采取新的价格策略，大幅降低碟片售价，以期促成正版碟片规模市场的形成。这一价格策略实施后不久，已经收到了显著的成效。

媒介产品的价格策略与其他产业相比，有共性之处，也有不同之处。从媒介产品的特殊性出发，制订媒介产品的价格策略，是媒介管理的基本前提。媒介产品的价格策略的制订，应着重考虑媒介产品的以下特点：(1) 媒介产品的成本因素一般比较稳定；(2) 媒介产品的生命周期较长；(3) 媒介产品的受众市场比较固定；(4) 传统的媒介产品与新兴的媒介产品在市场销售过程中，其销售方法与策略有着很大的差异，其市场空间也各不相同。这些特征，既要求媒介产品的定价相对稳定，又要求能够审时度势，善于应变。因此，在制订媒介产品的价格策略时，要从媒介产品的特征出发，结合媒介的目标，综合市场环境因素进行全面分析。分析的内容主要有以下几个方面：

1. 媒介产品要素

媒介产品是媒介用以征服市场的武器。开发何种媒介产品，实际上反映了媒介的经营指导思想和市场策略，体现了一定的组织目标意图。任何一种媒介产品对市场的不同消费层面都有相对应的适应性。这种适应性首先就包含着价格的因素。一种媒介产品在进行市场定位时，必然具有价格定位的意义。从媒介产品特征出发，分析价格策略的运用是制定价格的基础。

对于价格策略分析起作用的主要因素有两个方面，一是媒介产品的特征，二是媒介产品的成本。这两种因素都决定着媒介产品价格的最终构成。媒介产品的特征主要是指该产品的市场适应性。即该产品处于产品生命周期的哪一个阶段及适应市场哪一个消费层面的需要。在分析上述因素的基础上，有针对性地采取不同的定价方式。对于处于市场导入期的某些新产品，首先可以采用市场趋势定价法。即先估计一个能获取收益的最高价格，待销量缓慢下降后，再降低价格以吸引下一层次的消费者购买。近年来出现的一些新的媒介产品如影碟、CD、电脑互联网以及电子读物，基本都采用了这种定价方式。其次，媒介产品的市场定位决定了它的价格定位。任何一种媒介产品都很难适应市场的各个层面的需要。当某种媒介产品在考虑为市场的某一层面的消费者生产时，也就考虑到了这一层面的消费者对其价格的选择。所以，在制订媒介产品策略时，必须有与之相适应的价格策略。此外，媒介产品特征还包括该产品的可替代性特征，即是否有替代性产品影响其市场销售。如果当该产品在市场上具有独占性的市场优势而没有其他同类产品与之抗衡时，那么它在销售中就没有竞争的压力，能够保证在定价上维持垄断性。如我国各地的广播电视节目报，其定价一般都较高。四版或八版的篇幅，通常定价五角钱左右，而十六版至二十版的晚报售价与其基本相当或稍低。

媒介产品的成本因素是定价的另一重要依据。它对价格策略的制订同样有着重要的影响。媒介产品的成本因素由固定成本与变动成本两个部分组成。固定成本是指固定资产折旧、人员工资和各种固定提成等。可变成本主要包括原材料、运输、营销费用等。在媒介产品生产过程中,单位固定成本随着产量的增加而减少;单位可变成本在初期较高,随着产量增加而递减,到达一定限度后,由于报酬递减率的作用又转而上升。媒介产品的定价,在对固定成本和变动成本进行充分估算的基础上,首先要使总成本得到补偿。因此,定价应高于成本,否则销售将会出现亏损。这一结果显然是与媒介的经营宗旨相违背的。在测算总成本时,要留有余地,要把一些不可预见的成本因素考虑进去,这样在销售过程中才能够把握主动权。

媒介产品的价格一经确定,一般都要稳定保持一段时期,以免产生不良的反应。如果频繁地作价格调整,受众很容易对这一媒介产品产生逆反心理,并影响其消费行为。所以,对成本的测算既要准确全面,又要有一定的预见性。当今,媒介产品生产技术的创新速度异常迅猛,许多新的技术设备的出现大大缩短了固定成本的折旧周期,增加了固定成本的费用。而技术的创新往往具有不可预见性,使原来的固定成本折旧预计产生了一定的差异。这就要求对固定成本测算时不能满打满算。变动成本中同样也有许多不可预见的因素,如原材料的突然涨价,过度竞争导致营销费用的上升等,这两方面都不能忽视。2008 年初至 8 月的 8 个月间,新闻纸 4 次提价,涨幅累计达三成。遥相呼应的是,受新闻纸提价刺激,印刷介质的报刊纷纷提价——《南方周末》从 2 元涨至 3 元,《21 世纪经济报道》从 1 元涨至 2 元,《现代快报》从 0.5 元涨至 0.7 元,《新闻晨报》从 0.7 元涨至 1 元。新闻纸的上涨与上游原材料价格上涨不无关系,同时也受到 2008 年北京奥运会因素的刺激。奥运期间,各大媒体增刊增期,集中采购。各大报社为了确保奥运报道及时刊发,提前备货直接刺激了对新闻纸的需求。幸运的是,报价的上涨加上广告费用的弥补,各报纸媒介基本得以应对这场危机,但还是要未雨绸缪,防止 1995 年新闻纸价格飞涨中报刊业溃败局面的重演。

2. 市场要素

媒介产品的价格策略能否实现,关键在于市场对价格的接受程度,而不是媒介一厢情愿的主观意图。通过对市场要素的分析,媒介力求在自己的利润目标与市场销售的可能性之间找到一个平衡点。如果忽视了市场要素而盲目制订价格策略,既可能影响媒介产品进入市场的竞争力,也可能影响媒介最大化地实现利润目标。影响媒介产品价格策略制订的要素比较多,而且也比较复杂。在不同的情况下,这些要素对媒介产品价格影响的程度和方式有所不同。我们要根据具体情况,作具体的分析研究。这里我们只讨论几个比较重要的市场要素。

(1) 市场需求

任何一种产品只要有市场,就反映了一定的消费需求。媒介产品也不例外。只有存在市场需求,媒介产品才有生存和发展的空间。媒介产品的市场主要是由市场的供求关系所决定的。而供求关系如何则直接关系媒介产品的价格。也可以说市场需求状况决定了媒介产品的价格。市场需求状况取决于两个方面：一是供方。当媒介产品的数量能够满足市场需求时，就能够保证市场和价格的平衡；当媒介产品的数量少于或超过市场需求时，就会导致市场和价格的失衡；二是需方。需方的规模大小，发展速度缓急，构成特征的差异，也影响市场和价格。这两个方面共同作用，最终影响媒介产品的价格形成。因此，制订价格策略时，必须要考虑市场需求状况及其特征。影响媒介产品需求的原因是多种多样的，有社会的、生产经营的原因，也有消费能力和水平的原因等。

我国从 20 世纪 90 年代初，消费品转向了买方市场，市场竞争加剧，企业加大了广告投入的力度，都试图抢占媒介宣传的制高点以赢得主动。这为媒介的广告销售提供了良好的条件。中央电视台黄金广告时间段由最初的定价销售改变为招标竞价，因为按定价销售的方式出现了供不应求的局面。1995 年孔府宴酒夺得中央电视台黄金时间段的"标王"时，标的只有两千多万元。1996 年，名不经传的"秦池"以六千多万元的价格一举夺得"标王"，价格涨了约 3 倍。1997 年"秦池"为了保住"标王"，更是以 3.2 亿元的天价力挫群雄。2006 年中央电视台黄金段位广告，招标总额达 58.69 亿元，再创历史新高。2010 年央视黄金资源广告招标总额更是达到 109.6645 亿元，创 16 年新高，比去年增加 17.1 亿元，增长 18.47%。这种飞涨的广告价格，反映了媒体的市场需求状况。近年来，我国媒体价格普遍大幅上扬。

媒介价格的大幅上扬，大大超出了同期的物价上涨水平，这一现象说明了广告市场对媒介需求大，从而为广告销售价格的提高提供了有利的条件。虽然市场的供求关系在一定程度上反映了广告对媒介的需求状况，但是对于媒介而言，不应一味地追涨，毫无节制地提价。在制订价格策略时，媒介还要考虑与广告主的长期合作、互惠互利的关系，建立起一种稳定的、相互依存的利益共同体。这要求在价格策略中应包含公共关系和长远发展的因素。媒介如果无节制地提价，从近期来看，可能会增加一些利润。但从长远来看，会阻碍更多的广告用户进入广告市场。同时，由于广告主广告投入增长的幅度过大，必然会增加经营风险，影响利润实现，进而影响广告主对媒介持续稳定的广告投入。这无异于杀鸡取卵，显然是不可取的。因此，这就需要媒介与广告主真诚合作，加强沟通，彼此信赖，同舟共济。

(2) 市场竞争

媒介在争夺市场的过程中，常常以价格竞争作为主要手段。市场竞争程度如何，决定着采取何种价格策略来应付竞争的挑战。所以价格策略的制订必须以市场竞争分析为基础。

媒介产业作为一种新兴的朝阳产业，发展迅速，各种媒介产品急剧增加。这一形势，迫使各个媒介调整自己的价格策略以赢得市场的主动。首先是媒介产品种类多,数量大,许多媒介纷纷以降价来抢占市场。在这种激烈的市场竞争中,一些媒介采取了低价位策略,先从价格上击垮对手,然后扩大市场份额。可见,对媒介产品的市场竞争分析,是判定正确的价格策略的保证。

从价格策略的角度分析市场竞争状况,首先,要分析市场的整体价格水平,以及竞争对手产品价格的构成状况。同一市场的同一类型的媒介产品,其价格水平应当是基本统一或大体相近的。虽然大多数媒介并没有采取一致的定价行动,但是为了市场竞争的需要,各个媒介都要参照市场同类的媒介产品的价格水平进行定价。媒介在实际的运作中,根据近期市场营销策略的需要,也可以单独地采取价格调整措施,以打击竞争对手,扩大市场份额。另外,由于媒介产品区域或行业性的垄断因素,媒介的价格策略的制订,也可以采取独立的定价行为,不受市场价格水平的绝对制约。但是在绝大多数情况下,任何一个媒介产品都会受到来自竞争对手的很大威胁,在制订价格策略时,不得不充分考虑竞争对手的影响。对于竞争对手,要着重分析其产品的价格构成特征情况,它的价格优势在何处,它是如何形成价格优势的,它对本组织的产品构成威胁的要害在哪里,其影响程度如何。只有在搞清这些情况的基础上,媒介才能有针对性地调整自己的价格策略,适应市场竞争的需要。其次,要了解当前的竞争态势对媒介产品价格影响的程度。在一般情况下,竞争激烈时,会导致价格的下降;而竞争缓和时,则能促使价格的稳定甚至上扬。再次,要注意竞争对手的新产品开发对现有产品价格的冲击及其发展趋势。新产品开发,尤其是具有科技创新意义的新产品进入市场后,因其成本下降或功能的更新,在竞争上能够形成价格优势,对此必须有充分的估计。

(3) 市场销售

市场销售决定着媒介产品的单位成本和利润实现,因而是价格策略的重要依据之一。首先,销售量的大小影响着利润水平的高低,进而影响媒介产品的价格基础。只有当销售量达到一定规模时,成本才能不断下降,调整价格才有可能。其次,价格策略的分析还要考虑销售过程中的产品定位策略。应该说,价格策略也是为销售中的产品定位策略服务的。每一种媒介产品都有它的特定的消费对象或消费层面。专业性很强的媒介产品由于其销售面很狭窄,销售量不可能很大,只有维持较高的价位才能确保它的利润。对于大众化的媒介产品,由于其市场适销面较宽,销售量较大,可以采取低位定价策略。应当注意的是,对某些媒介产品在实行低位定价策略时,要分析这一价格策略对于提高销售量有无实质性的影响。如果没有实质性的影响,实行低位定价策略无异于放弃唾手可得的利润。

2007 年 11 月 1 日,《南方都市报》在深圳地区零售价格由每份 1 元调整为 2 元,成为最贵都市报,一时引起各方关注。2007 年底,中国报业再起波澜,在几乎所有报刊社都在想着法子降价、打折以吸引更多读者与订户的时候,身处中国报业改革发展最前沿的《南方都市报》却逆流而上，大幅提高报纸售价一度引起争议。《南方都市报》解释此举意在将报纸售价拉回成本，改变一味靠广告盈利却赔本销售的报业现状，因为在售价远低于成本的情况下，扩版和销量的增加都意味着成本的不断增加，这形成了报业发展扩大与盈利之间不可调和的矛盾。于是在顾客忠诚度较高的深圳，《南方都市报》开始了提价的改革。事实证明，这次提价是成功的。由于其报纸具有一定的不可替代性，且价格在人们可以接受的范围内，报纸的销量没有明显变化，却为报纸的改版扩版及扩大发行量提供了便利条件，有利于其长远发展。

除此之外，媒介产品的价格策略还必须服从于媒介的整体营销策略。媒介为了开拓市场，提高产品的竞争力，都要制订适应市场需要的营销策略。营销策略中所包含的种种销售手段与定价有着密切的关系。如折扣定价、优惠价格、降价、赠送礼品、提供额外服务等，都含有价格策略的因素。究竟采取何种价格策略，要具体分析竞争对手的情况、市场情况和自身产品的特征，然后确定相应的价格策略。如今市场上的很多精品漫画书，还有很多名著、文学作品的珍藏版，都采取了相比同类书籍较高的定价策略，由于它适应了市场的需要，且可以表达消费者心里对书中内容的珍视或者某图书在消费者心目中的独特地位，尽管价格较高，但销售仍然很好。因此，从媒介的营销策略的需要出发，制订与之相适应的价格策略，是保证价格策略协调统一、取得成功的基础。

3. 媒介组织目标

组织目标是媒介实现其组织意图的计划和目的。这一目标集中体现在市场目标和利润目标两个方面。媒介的任何活动都是围绕着这两个目标展开或为之服务的。但是组织目标是通过营销策略、产品策略和市场策略等具体的策略来运作并实现的。作为组织目标实现途径之一的价格策略，对组织目标的实现有着重要的影响。

由于媒介与媒介之间的性质、市场、产品、现实条件都各不相同，它们的组织目标自然也不相同。即使是同一个媒介组织在不同的发展阶段或不同的时期，其组织目标也会有所调整，有所变化。对于媒介来说，它适宜开发哪一种产品、哪一个市场，采取何种市场策略、价格策略，都关系组织目标最终能否实现。媒介的组织目标说到底要落实到市场和产品因素上，而这两种因素则又最后落实到价格策略上。就市场而言，媒介确定组织目标首先要对目标市场进行定位。媒介产品市场的需求因消费层次、消费习惯不同而不同，对价格的接受能力也就必然有很大的差异。确定一个目标市场，总是与这个市场的价格接受水平，以及相应的价格策略密切相关的。对于大众化媒介产品的目标市场，通常采取低位定价策略，媒介主要通过扩大销量来提高利润水平；对于专业性或高档次的媒介产品的目标市场，通常采取高位定价策略，媒介主要通过获得较高的单位利润率来提高利润水平。因为在这一消费层面，扩大销售量往往是比较困难的。因此，可以说在确定了目标市场的同时，也应该确定相应的价格策略。

近年来，随着网络等多媒体技术的发展，报业读者的读报热情逐渐减少。有调查显示，从2005年到2008年，北京读者平均每天阅读报纸时间减少了2.2分钟，上海读者减少了3.6分钟，广州读者减少了3.5分钟。相比之下，另一种形式的手机"报业"正在蓬勃发展。手机报所发送的新闻，不是短信意义上的文字新闻，而是一个多媒体数据包。这个多媒体数据包包含了图片、文字、声音、动画等，可涵盖4开8版报纸的全部内容。彩信手机报的包月价在10元到25元不等，一年定价在240元左右。相比于传统媒体全年几十元的定价，手机报在价格上没有任何优势。但由于它字、声、像具备的多媒体形式以及携带方便、及时灵活、反馈及时的新媒体特点符合市场需求，满足了受众的视听享受需要，虽然没有低价定位，但一样赢得市场。而且手机报广告效果是传统媒介的两倍，媒介可以借此获得更多利润空间。

如何开发媒介产品是媒介组织目标的又一重要步骤。为媒介产品判定正确的价格策略，则是确保实现组织目标的前提条件。媒介产品种类繁多，各不相同。不同种类的媒介产品对不同市场的消费者有不同的适应性。这种适应性的重要特征之一就是价格的差异。所以媒介在确定自己的组织目标时，总是把实现这一目标的产品策略与价格策略有机地统一起来。

2008年，随着印刷成本的上涨和市场竞争的加剧，期刊的变数进一步加大，基于印刷成本压力和期刊在广告与发行方面的上升空间，许多期刊作出了价格与版面的调整。时政类、时尚类、健康美容类、数码产品类等期刊，不论是广告指数还是发行指数，都呈现上涨态势，而《健康之家》是唯一一份从10元下调到8元的月刊，这与该刊页码缩减、开本变大使成本降低不无关系，但更主要是服务于大的市场环境。随着人们物质生活水平的提高，大众越来越关注身体健康与品质生活，《健康之家》价格的下调是与它定位的调整密切相关的，该杂志希望通过价格策略，实现目标受众由高端过渡到中低端读者并在发行量上有所突破。

二、媒介产品的定价手段与定价过程

媒介产品的价格是受众使用媒介产品及其服务所应支付的费用，它反映了受众对于媒介产品的欲求和需要所愿意并能够承受的开支。媒介产品的价格既是媒介实现利润的主要手段，又是受众最为敏感、最容易影响媒介产品使用的一个重要因素。因此，媒介在开发市场、实施竞争策略的过程中，都积极有效地运用价格策略，以提高自己媒介产品的竞争力和市场份额，并逐渐形成了一系列行之有效的制订价格策略的基本手段。

1. 定价的基本手段

（1）折扣定价

这是媒介产品在一定的时期内，在原来的价格基础上，按一定的比例给予相应的折扣优惠的方法。这一方法主要用于短期的促销。折扣定价对于吸引潜在的媒介产品的受众具有一定的吸引力，也是保持住老客户的一种较为有效的方法。但是折扣定价必须严格限定在一个规定的时间内。报刊等媒介产品采用这一价格策略，一般安排在新的年度征订之前。因为这段时期，各个媒介为争夺客户所采取的促销手段比较多。折扣定价是行之有效的、并能够被大多数人所接受的一种方法。但是媒介不能自始至终都采取折扣定价的方法，一方面它起不到促销的作用，另一方面会使受众产生反感，反而会带来负面影响。这是在采用这一定价方法时要特别予以注意的。

（2）降价

这是媒介在激烈的竞争中较常使用的一种手段。在媒介产品市场竞争比较激烈的情况下，一些媒介发现自己的媒介产品的市场占有率下降，或试图有力地打击竞争对手并获得更高的市场占有率时，往往采用降价的手段。这就是所谓的竞争性降价。另外，由于新技术的采用，媒介产品的成本大幅度降低，为了进一步开发潜在的市场，迅速扩大产品销量，抢占市场销售的主动权，媒介也采用降价策略。2009 年 7 月，由卓越网挑起“图书畅销榜前 100 名五折促销”的行动旋即得到当当网针锋相对的回应——百种畅销书 4.9 折。一时间，中国两家最大的网上书店价格战再起。冒着一周可能亏 100 万元的风险，两网站是想通过价格来扩大规模，抢占市场。然而卓越和当当惨烈的价格竞争并不能为自己赢得用户的忠诚度。顾客只是权衡两方价格，倒向便宜的一方而已。降价策略对于受众来说，可以带来很多的实惠和利益，但对于媒介来说，风险太大，损失太多，只能偶尔为之，不能作为一种长期的经营策略。降价说到底是经济实力的较量，必须有牢靠的经济基础做后盾，方可考虑采取这一策略。降价虽然可能给竞争对手以重创，但也可能给自己造成很大的经济损失，造成两败俱伤。所以，采用降价策略必须有充分的思想准备，要考虑各种可能出现的结果，对每种结果都采取应急措施和手段，防止事态向恶性方向发展和蔓延。

（3）价格维持

价格维持一般是在同类媒介产品提价后，或媒介产品的成本提高后仍然保持原来价格的一种价格策略。媒介产品的价格应当尽可能地保持稳定，这是媒介建立良好的公众形象的一个重要内容，也是保证媒介产品的市场竞争力的一个重要条件。尤其是在媒介产品的成本上涨以后，在一定的时间内，尽量保持价格稳定，可以维护媒介的市场信誉和巩固媒介产品的市场占有率。价格维持从近期来看，经济效益上可能蒙受一些损失，但从长远的战略角度来看，则是丢卒保车的明智之举。

(4) 提价

媒介产品的提价主要是因产品的成本上涨因素造成的,但也有媒介产品的价格策略运用不当,或试图获得更高利润而导致的提价。由于生产原料、人员工资、营销费用,以及服务开支等综合成本的不断上涨,媒介产品价格的上涨从某种意义上来看是不可避免的。成本上涨以后,必然要通过提价来消化掉成本上涨的因素,这样才能确保媒介的利润不会下降。比如1995年在世界范围内出现的新闻纸价格暴涨,使得许多报社不得不通过提高报纸售价和广告售价来应付危机。但是,对于提价应持谨慎严肃的态度,许多媒介都试图把提价作为提升媒介经济效益的主要途径,这种认识是极其短视的。对于经营来说,价格是一把双刃剑,既可以促进产品的销售,也可以破坏甚至毁灭产品的销售。对于提价这一价格策略如果把握不好,会给媒介经营带来很多负面的影响。

2. 价格制定的过程

媒介管理中的价格策略,一般着眼于宏观的原则性内容,它为媒介产品的价格制定提供了明确的方向和指导思想,而价格策略的意图能否得到实现,则取决于价格制定过程。应该说,价格制定过程是价格策略的具体化,目的在于使价格策略成为具有可操作性的具体价格及其方法。

(1) 尝试定价

媒介产品的价格制订过程通常首先采用尝试定价法。尝试定价法既可以作为媒介产品在试销售期的试探性的定价手段,也可以作为老的媒介产品在提价时采用的一种方法。尝试定价虽然是一个临时性的“缓兵之计”,为下一步的正式定价作准备,但对于媒介产品的定价过程来说,却是极为重要的、不可或缺的一个环节。它是试探媒介产品的受众市场的信息反馈的过程。

如何在媒介的定价意图与受众市场的可接受性之间找到一个平衡点,需要用尝试定价的方法对受众市场进行试探反应。根据试探反应的结果,再相应的决定最终的价格。中国VCD光盘的市场营销之所以会失败,给盗版VCD光盘造成可乘之机,其中一个根本的原因就是没有对市场进行尝试定价的试探性反应。正版VCD光盘过高的价格使消费者望“价”兴叹,把他们拒之于市场之外。消费者只能从盗版VCD光盘市场中去寻找出路。

尝试定价必须考虑这样几个因素:一是媒介的利润目标。利润目标是媒介实施媒介管理活动的重要目的之一,也是媒介生存和发展的保证。二是竞争对手的价格。实施尝试定价之前,应充分了解竞争对手的价格策略和产品定价,尤其是定价意图,并有针对性地在价格策略和其他策略上采取相应的反击手段,使媒介产品的定价更具有针对性和竞争性。三是媒介产品的价格目标。价格目标反映了媒介对市场价格的驾驭能力和意图。对此,媒介管理者要对受众的价格接受能力和接受水平进行认真而充分的评估,在此基础上确定尝试定价。

(2) 定价评估

媒介产品价格制订过程中的第二个重要步骤是提出定价的评估分析,要阐明定价的理由和依据是什么,以及相关的背景信息。评估分析的主要内容有:

① 同类媒介产品的市场价格水平,以及在这一价格水平上的销售量。价格水平分为高、中、低档三个层次。不同层次的价格水平直接关系到媒介的利润水平。媒介应该着重开发利润率高、市场较为短缺的产品,以实现充分的利润回报。

② 对媒介的营销能力,尤其是促销能力的评估。营销能力关系到能否把媒介产品转变为现实的商品。媒介仅仅有好的媒介产品而缺乏营销能力,同样不可能实现预期的利润目标。所以许多媒介都把营销网络的建设作为经营管理的核心环节,加以不断充实和完善。

③ 对成本开支的评估分析。成本开支评估是媒介产品进行成本核算的基本方法,媒介产品只有在进行成本评估的基础上才可以进行定价。

④ 对媒介产品的效益状况进行可行性分析。这一分析主要是对计划方案提出的价格水平与尝试定价进行综合分析比较。当这两种价格水平相接近或相吻合时,就可以作为最后的定价方案加以确定。然而在多数情况下,两者之间还是有差距的,这时就要对整个媒介产品的目标方案和行动方案进行相应的评估。经过评估,如果制订的价格方案能够适应目标市场、营销策略和行动方案的要求,并能够赢得利润,这一定价方案就可以保留。如果通过分析,这一定价方案虽然符合市场需要,却最终使媒介无利可图,那么最佳的选择就是放弃对这一媒介产品的投资,以减少无谓的经济损失。

(3) 确定定价销售方法

媒介产品定价过程的第三个重要步骤是确定定价销售方法。在媒介产品的营销过程中,应形成一套较为完善的定价销售方法。这些方法是媒介在长期的经营实践和理论探索中逐步总结出来的,具有很强的可行性和可操作性。影响定价销售方法的因素有生产经销方面的因素,有产品的因素,也有受众市场的因素,亦即买方的因素。这三方面因素最终总是以供求关系的平衡状况作用于定价销售过程。由于上述三种因素的作用力不同,影响方式不同,从而形成了不同的定价销售方法。这些方法主要有:

① 零售价。直接面向用户的媒介产品在少量销售时,媒介通常都要制订一个零售价作为销售的价格。许多媒介都设有专门的零售部门承担零售业务,如出版社的读者服务部、报刊的零购部或邮寄服务部等。在销售广告这类大宗的媒介产品时,媒介应该提供统一的价目表,使用户能确切地了解具体的价格情况,以便于购买。

② 折扣价。折扣价是在原来定价的基础上按照一定的比例打折扣的定价方法。折扣价一般以经销商为对象，对于稳定的、消费量较大的用户也可以给予折扣价。这一定价方法的目的是扩大销量，稳定用户网络，培育和巩固有力的经销商队伍。折扣价由于使用户可以获得直接的利益，往往受到普遍的欢迎，因而在促销中被当作一种常用的手段。折扣价可以实行不同的折扣比例，比例的高低要根据销售量大小来确定，通常情况下以累进折扣的方式较为普遍。

③ 承包价。媒介对媒介产品的销售与经销商经过协商达成共识的一种定价方式，即由销售商独立地完全承包媒介产品的销售，向媒介提出一个承包价，媒介不再向其他经销商提供经销权。承包定价的方式对于媒介来说，可以有效地减少和规避销售风险，减少销售费用。销售力量薄弱的媒介也多采用这一定价方式。同时媒介可以更加集中精力来提高媒介产品质量。

④ 招标价。对于供不应求的媒介产品，可以采用招标定价的方式。招标定价可以有效地激活买方市场的潜力，最大限度地提高媒介产品销售的经济效益。由于招标定价是以公开竞标的方式举行，也可以避免销售过程中的许多人为因素和幕后操作的弊端。

⑤ 渗透价。对于新上市的媒介产品，当受众市场对它还不是很熟悉时，以较低的价格投放到市场，使产品在市场充分渗透，从而提高市场的占有率。随着市场份额的逐步提高，再相应地调整价格以实现盈利目的。这种定价方法对于报刊类的媒介产品最为有效。当读者形成了使用某种媒介产品的习惯以后，即使提价也难以使其放弃这一媒介产品。

⑥ 差别价。对于同一种媒介产品，根据市场的实际需要，以两种或两种以上的价格出售。受众市场对媒介产品需求的差别也是有很大不同的。这种需求差异自然要从价格上反映出来，媒介可以根据这种需求差异实行差别定价的方法。比如，对于出版的经典名著，有的读者购买是为了珍藏，对包装印刷的质量要求就要高一些，对价格的承受能力也要强一些。而对于以阅读为目的的读者来说，他们对这方面没有太高的要求，更看重的是价格，所以出版商可以分精装和简装的不同形式，实行差别定价。

三、媒介产品价格策略运用原则

媒介产品的价格策略必须服从于媒介产业的市场特点和规律，遵循媒介产品价格策略的基本原则。媒介产品价格策略的运用原则有以下几个方面内容：

1. 相对稳定的原则

媒介产品的形式一般比较稳定，受众对媒介产品的价格印象比较深刻。这种价格印象对受众使用媒介产品有着很大的影响。媒介产品价格的频繁变动，不利于巩固已有的受众市场和开发新的市场。因此,媒介产品的价格应保持相对的稳定,不宜随意地提高价格。

由于一些媒介产品的各种成本在不断地上升,提价也是很难避免的。但是媒介产品的价格变动不能过于频繁。每次提价的时间间隔不宜太短,提价的幅度也不宜太大。频繁地提价、大幅度地提价不仅会严重伤害受众的消费心理,而且会影响受众对这一媒介产品的信任感和信心,进而使受众可能产生排斥心理,对媒介产品的市场营销造成消极影响。我国近年来一些期刊几乎是一年一提价。提价的原因固然有成本上涨的因素,但是如果提价过于频繁,而且幅度太高,已超出了成本上涨的水平,只是试图通过提价来提高经济效益,这种做法不但不能使这些期刊在经济上出现转机,反而由于订量的减少而陷入了更深重的经营危机。可见,提价并非是改善媒介经济效益的唯一出路。就我国目前的经济发展水平和媒介消费水平而言,国民收入还不高,个人消费中用于媒介消费的开支还不可能太多,受众对媒介产品的价格变动的反应是极其敏感的。因此,媒介产品的提价要慎之又慎。

2. 确保利润的原则

媒介作为生产和经营性实体,经营状况的好坏直接关系它的生存和发展。通过生产和经营媒介产品创造经济效益,这本身就是媒介的重要组织目标之一。在我国,媒介除了担负着宣传党和各级政府的方针、政策,丰富人民的精神文化生活的任务之外,还面临着完善经营管理,提高社会效益和经济效益的双重压力。尤其是媒介产业引进了市场机制之后,我国的媒介面临的市场压力和竞争压力越来越大。

过去,我国媒介的经济来源完全依赖于国家财政拨款,市场意识淡薄,经营管理能力差。所以,对媒介产品的价格策略和整体经营管理关心甚少,以至于媒介产品的价格能维持十几年甚至几十年不变。三分钱一份的《人民日报》就曾维持过相当长的一段时间。媒介产品的价格已经不能反映出它的成本和价值。这种不考虑成本的定价方式,给媒介的经营造成了极大的困难,媒介也难以获得资金进行自我扩张,自我发展,许多媒介都出现了亏损。

媒介产品定价确保利润,是媒介生产和经营的基本目的,也是生存、发展和积累资金的需要。只有形成了资金积累的实力,媒介的发展和壮大才有基础。所以,无论从现实的还是长远的角度来看,通过经营媒介产品获得利润积累,是媒介发展的根本出路。当然,利润率的高低也要根据市场营销和竞争状况来确定,不可盲目行事。

3. 公平竞争的原则

市场经济就是竞争经济,是优胜劣汰的过程。当今的媒介产业竞争日趋激烈。媒介产品的内容几乎涉及社会生活的各个领域,从政治、经济、文化、宗教,到教育、娱乐、保健等，可以说是无所不在。媒介产品不仅品种多，而且数量庞大。面对有限的市场，各个媒介产品都要在激烈的竞争中夺得一条生路。

无论哪一种媒介产品，要想在市场份额上提高一两个百分点都是极其困难的。而媒介产品的竞争手段可谓是五花八门，多种多样。有靠发红头文件下达征订指标的，有用公款包销的，有通过赠送奖品、给予折扣促销的，也有通过提高质量来赢得受众的。然而价格竞争却始终是竞争的焦点，也是最直接有效的竞争手段。因此，媒介产品的定价要着眼于竞争的需要，要有利于巩固和扩大市场占有率。在保证媒介产品有利润的前提下，可以根据竞争对手的价格策略和整个市场状况，把利润率定在一个合适的水平上，使定价更容易被市场所接受，更具有竞争性。

4. 综合平衡的原则

媒介产品的定价是一项复杂的系统工程，它涉及方方面面的问题。媒介产品的定价既不是越低越好，也不是越高越好，价位要适度。如何把握这个“度”，既关系媒介的经济效益，又关系受众的价格承受能力。因此，在定价过程中，综合平衡质量、服务、效果和市场竞争等因素是其基本原则之一。有的媒介产品虽然价格较低，但仍然没有市场。相反，有的媒介产品尽管价格较高，却能受到受众或市场的青睐。如中央电视台的广告价格是最高的，但仍供不应求，只能通过竞标的方式确定最终售价。这其中最关键的因素就是媒介产品的质量、服务、效果和竞争力。

市场对媒介产品的选择，要遵循物有所值的规律。媒介产品定价所体现的物有所值，只有从其质量、服务和效果等方面反映出来。对于媒介来说，要把不断提高质量、服务、效果和竞争力放在管理工作的首位。唯有如此，媒介产品的定价才能真正落到实处。在报业管理中，报纸广告售价的主要依据是发行量，所以报业的经营管理者要想尽一切办法来增加发行量。发行量上去了，广告的售价也就随之上去了，经济效益也就自然提高了。《深圳晚报》曾在许多公共场所，如机场、码头、大型商场设有免费赠报点，其目的就是为了增加报纸的发行量。对于广告主来说，发行量是广告效果的重要保证。因此，媒介产品的价格与质量和效果应该是相对应的。

5. 开发市场的原则

媒介总是要将开发媒介产品的潜在市场作为一项重要的任务，因为，市场是媒介得以生存和发展的基础。但是，媒介产品市场的形成，往往是一个渐进的过程。尤其是对于新的媒介产品的接纳和使用，受众最初都持很谨慎的态度。作为受众消费媒介产品的最敏感问题，价格因素往往成为突破受众心理障碍的关键防线，从价格上打开突破口，就可以吸引受众尝试使用该媒介产品。当受众已经形成对此种媒介产品的使用习惯后，即可考虑调整价格。所以，对于尚未形成规模市场的媒介产品，可以先采取低位定价的方式，以扩充受众市场的数量，充分挖掘市场的潜力，不必把暂时的经济效益看得过重。媒介产品的规模市场一旦形成，经济效益就会水到渠成，自然而来。所以，媒介产品的定价必须有长远的眼光，并着眼于未来市场的发展。

思考题：

1. 如何理解媒介生产的内涵？它有哪些特征？
2. 媒介生产管理的定义是什么？主要包括哪些内容？
3. 媒介产品分析的主要内容有哪些？
4. 结合媒介案例谈谈媒介产品的定位。
5. 什么是媒介产品生命周期？每个阶段有哪些特点？
6. 媒介产品开发有哪些策略？
7. 商品性媒介产品如何实现从产品到商品的转化？
8. 媒介产品定价时要考虑哪些因素？有哪些基本的定价手段？

第七章
媒介市场与媒介营销

法国销售学专家阿尔芒·达杨写道:“在手工作坊里干活的手工匠,都是根据顾客提出的要求,制作‘定做的’产品。亨利·福特汽车公司却完全相反。它在许多年里向几十万人只推销一种颜色、一种型号的汽车——福特T型黑色轿车。手工作坊和福特汽车公司的产品不同,购买他们产品的人数当然也不会一样多:一家只有成百上千顾客,一家却是成百万名顾客。”在本章中,我们要研究的媒介市场和信息消费者与上述两种情况都不同,它介于两者之间,而且具体情况也十分复杂,可谓是媒介经营管理研究中的一个难题。

第一节 媒介市场

媒介市场研究是正确认识和了解媒介产品销售给使用它的消费者的过程。这一过程从媒介公司开始,涉及消费者、广告客户、竞争者、政府法规,以及市场经济的一般特性和规律。这一过程复杂而多变,因为媒介公司、政府或顾客团体的每一个行为都会影响市场上其他要素的波动,进而可能产生连锁反应。因此,媒介领导者一定要关注并了解媒介市场的变化,要能预测其发展趋势和生存危机,并及时采取相应的行动。不关注媒介市场变化、也不进行市场分析的领导者,则可能导致媒介经营利润的损失或媒介公司的倒闭。

一、媒介市场的特点与类型

通俗地讲,媒介市场就是媒介产品买卖的地方。从媒介产品卖方的角度看,媒介市场就是尚未满足需求的现实的和潜在的购买者的集合,而卖方的责任就是在符合规律的情况下如何最好地满足购买者的需求。巴西学者埃迪逊·桑托斯(Edison Santos)在谈到这一问题时说:“‘消费者是上帝!’这句人们翻来覆去‘唠叨’的老话,说明了应当给消费者以真正的重视。不给予消费者以应有的重视,任何企业都不可能在市场上生存下去。”在中国传播界流行的“受众是上帝”的观念,也表明人们开始重视媒介市场。

1. 媒介市场的特点

媒介市场是与众不同的。首先,媒介公司能以同一产品进入不同的媒介市场;其次,媒介公司能够让同一产品(报纸、广播、电视、杂志等)满足不同购买者的需求;再次,媒介市场可以让买卖双方都从交易中受益;第四,媒介市场可以让买卖双方都感到满意。一个服装公司生产的儿童服装,它的消费者只能是儿童。但是,大众传播媒介却可以把产品卖给各种各样的受众,让许许多多的人的不同需求得到满足,并从中受益。这就是说,媒介市场有其自身的特点:混合性、复杂性、风险性和伸缩性。

2. 媒介市场的类型

媒介经营学者通常将媒介市场的分类划分为五个步骤:(1) 确定媒介市场的类型;(2) 理解媒介组织的目标;(3) 确定对某一产品需求的特征;(4) 确定媒介市场的结构;(5) 对经济环境进行考察。那么,怎样对媒介市场进行分类并进而揭示媒介市场的特性呢?

根据麦曼莱斯(McManus)的研究,报业市场一般可以分为:读者市场、广告主市场、新闻来源市场、投资者市场。作为交易“场所”的市场,不同的市场反映了不同的交易特点:读者付出金钱和时间而获得信息和娱乐;广告主付出金钱或物资而得到宣传的机会;新闻来源提供信息而获得受众的注意;投资者拿出资金和政策而换得利润与影响;媒介公司在市场经济条件下考虑自身的投资回报,关注市场的一举一动,不随便得罪读者、广告主和新闻来源,进而以最低的制作成本获得最大的传播效果。但是在我国,这不应导致媒介放弃社会责任和文化理想,漠视新闻规范和传播原则。社会效益重于经济效益,党性原则大于商业原则,恪守客观、公正、全面、平衡的准则,这应是媒介公司的基本考虑。

依据“谁在媒介市场上购买”的标准,我们可以将媒介市场分为:个人消费市场和组织消费市场。

个人消费市场由那些为满足自身及其家庭成员的精神需要而购买媒介产品的人们组成。这一市场的特点是:庞大、分散、流动、多样。个人消费者既是大众传播媒介产品的最终消费者,又是大众传播机构组织生产的终极目标所在。

组织消费市场由所有非个人消费者的团体组织组成,包括生产企业、服务企业、商业企业、政府机构、民间团体及各种非盈利组织。这些组织或企业购买媒介产品的目的多种多样:或继承文化遗产,或了解环境变化,或寻求知识,或了解政策。例如,学校就是书籍的最大消费市场,机关就是报刊的最大团体购买主顾。

依据媒介公司的产品特点,我们还可以将媒介市场分为:广告市场、信息市场、智力市场。

广告市场由从媒介组织购买空间(版面)和时间(时段)以便向受众提供其产品和服务的广告主组成。广告主是报纸、广播、电视等大众传媒的最主要的出资者。对此,戴维·波特(D. Porter)写道:大众媒介作为商业所具有的偿付能力,在很大程度上依赖广告,而广告业又深深地依赖大众媒介作为自己的传播工具。如果没有广告业,美国的大众媒介是不可设想的,因为它们是一起发展起来的,互相依赖。

信息市场由寻求具有新闻性、娱乐性信息的读者、听众、观众构成。作为信息市场的主体,受众是通过付出金钱购买媒介产品(如书籍、报刊及音像制品)或花费时间收听收看广播电视节目,来满足媒介赢利的目的或引起广告主的关注。

智力市场由追求知识与理想、着力提高自身素养的人们组成。这个市场较少受到广告主的重视,因此面向这一市场的媒介公司(如出版社)不易得到广告主的经济支持,而必须依靠媒介产品的直接交易来维持自身的生存与发展。

3. 辩证地看待媒介市场

虽然媒介市场可以分为不同的类型,实际上它们是相辅相成、紧密联系在一起的。有时,同一媒介产品可以适用于不同的媒介市场;有时,同一媒介市场又可以容纳不同的媒介产品。比如,发行公司可以将载有相同信息的《钱江晚报》向不同的读者出售,而媒介公司也可以把同样的广告空间向不同的广告主出售。其中,作为媒介市场的阅读该晚报的杭州市民,也许又是浙江卫视台、浙江文艺广播电台的忠实受众。通常,它们不是一种非此即彼的关系,而是一种可此可彼、亦此亦彼的关系。

对于作为投资者的媒介组织来说,个人消费市场与组织消费市场,广告市场、信息市场与智力市场,也不是截然分开的。组织是个人的有机结合,个人是组织的具体存在。不论是个人还是组织,都可能既是广告市场、信息市场,又是智力市场。传播媒介和媒介经营研究将主要注意力集中于顾客,关注其需要和要求,然后再迎合顾客的兴趣来制作新闻、广告和娱乐节目,这样做虽然已被证明能赢得可观的经济效益,但是放弃传播主体的社会责任,对人类的精神家园造成的破坏也是巨大的。因此,我们主张重视媒介市场,并不意味着要用媒介市场来取代社会责任。事实上,重视社会责任的媒介公司,同样可以制作出许多很有魅力的优秀作品服务于广告主和广大受众。一个高明的媒介领导者总是有分寸地对待媒介市场,既考虑媒介的自身形象和所应承担的社会责任,也考虑媒介的自身利益和广告主以及受众的实际需要。换句话说,就是在制作和传播讯息过程中,能够恰到好处地处理好社会效益与经济效益、媒介责任与顾客需要之间的关系,使其处于平衡、稳定的良好状态。

二、媒介市场的配置与表现

媒介市场是市场经济的一部分。媒介市场必须主动地适应并服务于市场经济的特点和运行机制，因为市场经济对媒介市场具有制约性和主导性。换句话说，有什么样的市场经济形式或体制，就会有什么样的媒介市场。皮卡(Roben G. Picard)在《媒介经济学》一书中写道：媒介市场既受制于市场经济，又制约媒介市场内的各种表现与选择。就是说，媒介消费者与生产者在市场中的选择，必将受到市场行为的左右与影响；而交换行为如何在特定的市场条件下进行，又决定了产销双方的方案选择。于是，市场类型的差异，造成了市场结构的不同；而市场结构的差异，又造成了市场行为的不同。

沃特森(G. L. Watson)认为：经营一家媒体公司并不像把一家麦当劳餐厅放到各个角落那样简单。在新闻界，每一个市场都是独特的，如果我们总是把每一件事都套进同一个模式，我们就会被束缚住成长的能力。媒介市场既有广告市场、信息市场和智力市场，还有读者市场、听众市场和观众市场。作为媒介经营管理者，他们必须懂得每一个市场都具有不同的特质，必须使你的期望值与这个市场的真实情况相适应。一位媒介领导者必须是一位头脑灵活的人，他必须针对不同的市场采用不同的经营及冒险的方式。

美国甘乃特报业集团针对市场多变的特点，采用的是多市场经营策略。它建立了拥有不同类别的信息产品生产、供应的业务链群，从而使媒体集团的收益状况长期保持“东方不亮西方亮”的良好态势。在具体操作上，第一，该集团最近卖掉了不适合自己的日益亏损的广播电台和户外广告业务，而后将这些资金投入到新的更有利可图的地方；第二，该集团解散了全国性的广告销售集团，与其他广告公司合作，从而使报业集团的市场定位更具竞争力；第三，统一采购该集团下属 90 家日报社所需的新闻纸，降低了报纸的成本；第四，下大力气抓好两项核心业务——报纸和电视，报纸广告易受宏观经济形势的影响，而电视广告与国民经济的联系则不那么密切，两者结合可保证收益稳定增长；第五，开拓新的经营业务，寻求新的经济增长点，集团建立了 30 多个互联网的网站，在网上发行电子报纸。

媒介市场经营的多向性策略，不仅是指将不同类型的信息产品卖给不同的受众市场(读众、听众、观众)，也是指将同类别但不同形式的信息产品卖给同一市场中的不同受众。比如人民日报社的印刷产品基本上是针对读者市场的，但它生产的报纸、杂志、书籍显然又是为了满足读者市场中不同层次的读者需求的。其实，即使是单一媒介(不论是报纸、杂志、书籍，还是广播、电视、电影)，其经营定位也不应僵化、死板，而应是多市场、多向度、多层次的。这就像饭店里服务员端给顾客的一只拼盘,受众虽然口味不同、要求各异,但总能从中找到一道适合自己的菜。可见,媒介市场的配置应遵循混合性原则和多向性原则,使媒介产品在保持特色和优势的基础上,尽可能多地面向不同的市场和受众,从而获取最大的社会效益和经济效益。

但是,必须指出,要想使媒介产品的营销获得成功,仅仅把眼睛盯着媒介市场的混合配置是不够的,而必须使媒介经营中的各种要素一起协同互动,良性运作。我们以创办《金融网络》杂志作为案例来略加分析。首先,有人会问:“这种杂志是否有足够数量的受众存在?”回答是肯定的,因为这是全国金融系统唯一的网络管理方面的专业杂志。其次,人们会问:“受众是否愿意花钱订阅?”当然愿意!金融行业有的是钞票,而且无需个人掏腰包。再次,又有人会问:“它对广告主有吸引力吗?”有。金融系统历来是电脑和软件的最大买主,是网络公司、电脑生产和软件制作厂家,以及销售公司眼中的大肥肉。既然目标受众和广告主两大市场不存在问题,那么信息市场要解决什么问题呢?(1) 组成强有力的、精干的编辑班子,聘请印刷媒介经营管理专家担任顾问,由他们审查建议、提出经营策略。(2) 制订获取文章的计划,与知名度很高的金融网络、电脑专家保持密切联系,以高额稿酬和良好关系吸引他们投稿,同时也要与一般作者保持沟通。(3) 设定文章与广告的最佳平衡尺度,比如 80%∶20%或 75%∶25%。(4) 设立电子信箱或接收文章的电子传输系统,这可以大幅度减少文字录入和校对的开支。(5) 制订印刷和发行计划,从而一方面能满足受众对杂志的高质量的要求,另一方面能满足受众对发行的时效性的要求。(6) 设立网站,让全球读者均可在网上阅读这本电子杂志,并且还可以开展网上学术话题讨论,接受该杂志提供的其他富有特色的服务。同时,再对受众市场和广告市场采用混合配置策略。这样,即使有同类杂志竞争,也能确保经济效益稳定增长。

三、媒介市场的细分与定位

市场是媒介从事信息产品营销活动的舞台和战场。对其进行细分和定位,不仅可以勾画出不同细小市场的基本轮廓和特征,揭示出媒介经营面临的各种市场机会,为媒介产品营销活动提供选择和比较的余地,而且可以使媒介产品在市场上形成特色和优势,进而得到目标顾客的认同。

1. 媒介市场的细分

(1) 媒介市场细分的目的

任何媒介公司都无法凭借自身的力量,为媒介市场上的全部顾客提供全部服务,而只能以部分特定顾客(受众和广告主)作为自己的服务对象。事实上,明智的媒介公司也总是审时度势,从顾客中寻找、辨认出最有吸引力的、并能满足其需要的特定顾客，作为自己的目标市场，使经营活动事半功倍，达到最佳化。

“市场细分化”，是 20 世纪 50 年代中期美国学者温德尔·史密斯（Wendell R. Smith）提出来的一个概念。在媒介市场的分析中，通过市场细分，可以了解各个受众群和广告主的需求情况与目前满足的程度，发现哪些顾客群体没有得到满足或已充分满足，从而找出尚未满足需要的顾客作为目标市场；通过市场细分，还可以根据目标市场及其需求的变化，及时、正确地调整媒介产品组合，迅速、灵活地运用价格策略、促销策略，不断提高经营管理水平。

市场可以依据地理、人口、心理和行为等因素进行划分，也可以通过其他途径来界定，但是最重要的是要明确信息产品仅仅是针对某些人的，而不是面向全体顾客。在广播电视和专业杂志中，这些受众群体是很明显的。每一个电台、电视台的节目设计都是为了指向特定的受众，他们可能是老人或儿童，也可能是妇女或男人，可能是知识分子或劳动群众，例如中央电视台《夕阳红》、《七巧板》等节目的目标市场就是很明确的。广播电视媒介根据年龄、收入和兴趣等标准细分市场，而后再进行总体设计和组合，就是为了一方面将有相同特点和爱好的市场层面的受众，在一定时间内集中起来接受信息，另一方面又通过合理拼装，将许多目标市场层面的受众吸引在自己的周围，从而形成规模效应。

当然，有的专业杂志可能就是以某一目标市场层面的受众为主，适当兼顾其他受众。比如关于钓鱼、种花、养生、航海、跑步、乒乓球和网球等专业杂志，就是以具有同一兴趣的受众为主要目标市场。

但是现在有一个十分明显的趋势：人们更多地采用混合市场的策略。在今天，从头到尾阅读报刊的年代已经一去不复返了。因为，今天人们读报已不是一条一条消息依次读下去，而是用眼睛扫视整个版面，同时浏览各个标题、照片和广告，以极快的速度搜寻自己所喜欢的内容和版面。对此，麦克鲁汉十分形象地描述道：实际上人们并不是读报，而是每天早晨跳进报纸中，好像洗热水澡一样。因此，报纸受众在报社管理者眼里已被视为一系列的市场层面，报纸所设计和编辑的不同版面和内容，只是为了满足不同市场层面的读者需求，而不是为了讨好所有市场层面的读者。

如果说报纸杂志是以空间的分割来确定不同的目标市场，那么广播电视就是以时间的分割来确立不同的目标市场。比如上午 9—10 点钟的节目是为老人安排的，下午 5—6 点钟的节目是为儿童安排的，而夜里 10 点钟以后的节目则更适合中青年人，但是新闻和文艺等综合性节目又是针对一般受众的。就像一张日报的混合编辑一样，广播电视的所有节目加在一起也是一种混合编辑，目的也是为了适应不同层面受众的需求。

（2）媒介市场细分的方法

① 地理细分。即按照受众所处的地理位置、自然环境来细分媒介市场。这

种细分，由于受众的经济状况、需求特点、需求总量和发展趋势等因素，易于辨别和分析，因此是最常用的一种细分方法。例如，《广州日报》与《兰州日报》、北京电视台与重庆电视台、《新华日报》与《西藏日报》等传媒的目标市场就很明显。

② 行业细分。即按照受众所在行业、所从事职业所作的划分。比如科技出版社、教育电视台、金融时报、林业报、交通电台等，其媒介市场的需求和特点也很明显，容易发现和把握。

③ 人口细分。即依据人口统计因素来细分媒介市场。在具体细分中，老年报、青年报、儿童报是依据年龄因素，《男人装》、《女友》是根据性别因素，还有的是根据宗教、信仰、民族等因素来细分。

④ 时间细分。周报、日报、晨报、晚报等都是以时间为因素所作的市场划分。

⑤ 消费者心理细分[①]。指按照消费者的心理特征来细分媒介市场。由于信息消费者具有不同的个性、爱好、价值观念等不同的心理特征，在对媒介产品的选择上也会有不同特点。湖南的“娱乐”卫视、江苏的“情感”卫视、海南的“旅游”卫视等就采用了消费者心理细分的方法。

以上都是单一因素划分的方法，这种以选用某一因素对媒介市场进行细分的做法有简洁明了、受众清楚、需求明显、特点显著的优点，但是在媒介经营管理的实际运作中，往往需要在单一因素细分之后，对某一媒介市场再以综合因素细分，因为受众的特点和需求差别常常极为复杂，只有从多方面去分析、认识，才能更有针对性地向他们提供信息和服务。比如以时间因素细分的晚报，就可以再从地理、人口等综合因素作出细分，从而可以将城镇普通市民确定为目标市场。

(3) 媒介市场细分的原则

许多实践一再证明，成功而有效的媒介市场细分，应当遵循四项基本原则：

① 可识别性。细分出来的媒介市场不仅范围比较明晰，而且也能判断出该市场的受众特征、需求强度和购买力的大小。换句话说，当媒介经营者需要取得该细分市场的有关资料，就可以通过市场调研、分析及其他方式得到满足。相反，细分市场的概况模糊、受众不定、需求混乱，一切都不易识别和确定，那么这种细分是毫无意义的。

② 可进入性。细分出来的市场就是媒介公司能够对广告主和受众发生影响、产品能够展现在顾客面前的市场。这要求媒介公司具有进入这些细分市场的资源条件和竞争实力，能够通过发行和传播渠道将信息产品传播到受众那里。

③ 可盈利性。就是细分市场的受众和广告主数量及购买力，足以使媒介公司有利可图，使其能够在完成宣传任务的情况下获得一定的经济效益。

④ 可稳定性。媒介所针对的细分市场应在一定时期内保持不变，否则不利

① 吴健安、郭国庆、钟育赣：《市场营销学》(第三版)，高等教育出版社 2007 年版，第 201 页。

于媒介公司制订较长期的媒介经营策略。

2. 媒介市场的定位

(1) 媒介市场定位的步骤

媒介公司对市场经过细分并明确目标市场之后,必须再进行市场定位。市场定位有利于媒介公司塑造预定的形象,形成信息产品的市场特色,显示独特的竞争优势,也有利于防范和限定竞争对手,最大限度地争取目标受众和顾客的认同和喜爱。

第一个步骤:明确潜在的竞争优势。在这一步骤中要回答三个问题:① 目标市场上的竞争者做了什么?做得如何?知己知彼,方能百战不殆。② 目标市场上的受众和广告主需要什么?他们的需求满足的程度如何?积极满足顾客的需要,既可以使媒介产品保持低廉的价格,也可以使媒介产品保持较高的品质,因为低劣的脱离实际需要的媒介产品没人愿意以金钱和时间来交换。③ 本媒介公司能够为此做些什么?怎么做?

第二个步骤:选择相对的竞争优势。即回答本媒介能够胜过竞争者的条件或能力是什么?可以在哪些方面做得比竞争者更好?

第三个步骤:显示自身独特的竞争优势。即通过一系列活动和具体运作,将这些独特的竞争优势印在目标市场或目标顾客的脑海里,使其成为忠实的顾客。这就要求建立并巩固与市场定位相一致的媒介形象,同时要避免或矫正与市场定位相矛盾的媒介形象。

(2) 媒介市场定位的依据

成功、有效的市场定位,应当从以下几个方面加以考虑:

① 根据受众的特点定位。一要看受众规模,即受众是否具备充分的数量,并进而带来一定的利润。如凤凰卫视的口号是:有太阳的地方就有华人,有华人的地方就有"凤凰"。在表现其媒介肩负振兴中华使命的同时,也透露其定位受众数量之广。二要看受众再生,即成功的媒介运作能激活多少潜在受众成为忠实受众,或者能吸引多少竞争者的受众到自己一方。

② 根据广告主的情况定位。媒介公司吸引受众的主要理由之一是要能够把这些受众提供给想发展潜在顾客群体的广告主。只要这些受众特点与广告主的产品和服务特点相吻合,那么广告主就会乐意付钱。

③ 根据媒介的特点定位。通常,报纸和广播电台有很强的地方性,其受众和广告客户多集中在一定的区域之内;电视台尤其是卫星电视台则具有较强的全国性,其受众和广告主往往分布在全国各地。当然,就像广播电台要争夺异地顾客一样,电视台也使尽全身解数争夺地方顾客。

④ 根据信息资源的情况定位。由于社会环境、历史继承、社会分工等原因,不同的地方、机构往往也拥有不同的信息资源以服务相应的市场。北京是政治、

文化信息中心，上海、深圳是金融、股市信息中心；教育部是教育信息的集散地，农业部是农业信息的枢纽。于是，这些地方和部门亦适合创办相应的媒介公司。

3. 媒介品牌经营

媒介品牌经营，将一个媒介当做一个品牌来打造，早已不是一个新鲜的话题了。品牌经营的先决条件，离不开准确的市场定位。对媒介品牌的选项定位必须包括：品牌形象定位如何？品牌针对谁出售？品牌的竞争力在哪里？要完成对媒介品牌的设计，必须有对与媒介品牌相关的人、财、物的整体统筹，品牌的标识系统、品牌的优势内容、品牌的人员设置（包括策划、执行、推广等人员）的全盘考虑。如央视的《对话》栏目，走的是精英路线，无论从播出的时间、栏目的内容、嘉宾的重要性、栏目的标识，以及栏目的推广方面，无一不在为确立自己的精英品牌做着工作。

媒介组织向市场出卖的是信息产品，也包含了生产、制作、销售的过程，也有获利的要求。现在的媒介市场，不再是计划经济时代的一家媒体一统天下的格局，而是媒介数量众多的群雄割据的局面。即使是作为走集团化、产业化道路的媒介集团内部也存在着内部竞争。

媒介的品牌经营，既包括了整个媒介组织的品牌经营，也包括了媒介内部频道、专栏、节目等的品牌经营。总体而言，媒介品牌是媒介组织在目标受众心目中所需要确立的一种形象，体现的是一种“量身定做”的概念，是为目标受众群专门设计的，表现个性的经营姿态。既然是一种经营，必须要涉及品牌的营销问题，因此，媒介也开始为自己做广告，这是新的市场环境下值得注意的变化。媒介的品牌竞争，导致了广告投放的增加。媒介广告不仅在户外广告中独树一帜，在广播电视节目以及网络中也开始日益频繁出现。比如，《意林》杂志有意林网站、意林博客等互联网平台；与人民网、新浪网、龙源期刊网长期展开电子版和广告投放合作；在中央电视台 7 套有着长期的广告投放；与中央人民广播电台长期合作。另外，自 2009 年 3 月 1 日起，国内首例由民营书业公司投放的图书广告出现在央视和省级卫视，图书企业第一次大规模投放央视广告，引人注目，也为低迷的图书市场注入了活力。这完全是一种以信息消费者为买方市场的经营理念。

第二节　信息消费者

一、信息消费者的特点与权利

1. 信息消费者的特点

信息消费者是信息传播的目的地，是媒介公司得以存在的前提和条件，也是信息产品的最终市场。因此,了解信息消费者的特点,对于媒介经营管理的重要性是不言而喻的。

西方媒介公司早就看到,中国是世界上最庞大的消费者市场(潜在顾客 13 亿),也是世界上发展最迅猛的消费者市场。因此,这个市场让西方媒介公司十分着迷和向往,而我国的大众传媒也应该加倍珍惜并充分利用。

关于信息消费者的特点,我们可以先从消费者在空间上的分布和存在的态势作出分析。

(1) 众多性。截至 2009 年 6 月底,中国网民规模达到 3.38 亿。信息消费者的人数之多是任何一个国家和地区都望尘莫及的。

(2) 混杂性。在中国 13 亿消费者中有 56 个不同的民族,有不同的党派和信仰,有不同的年龄和性别,有不同的文化程度和职业特点,具有十分混乱、多样而又复杂的特点。

(3) 分散性。这些消费者彼此分散居住,有的相距千里,不便联系,也很难让他们统一行动。

(4) 隐匿性。这些消费者行踪不定,互不相识,素无关系,相互匿名。他们之间既无信息接受的协议,也无信息消费的准则;无共同感受,也无共同行动;他们对别人无控制功能,别人对他们也无可奈何;他们"兴风作浪"、"呼风唤雨",但人们却不知道他们各自姓甚名谁。

从信息消费者的购买和消费行为来看,信息消费的对象、目的、场所和时间分别是:

(1) 媒介:消费者购买的唯一对象。媒介作为负载信息和符号的物质实体,尽管它可以分为书籍、杂志、报纸、音带、唱片、影片等多种形式,但比起其他购买的对象,媒介要单纯得多,品种也少得多。

(2) 信息:消费者购买的唯一目的。消费者为什么要付出一定的金钱、时间和代价来购买媒介?为了得到信息。信息是物质过程的思想内容,是具有意义的消息、事实或知识。信息是抽象的,不像物质那样具有实体或"质量"。信息虽无形貌、无重量,但却超过任何有形的物质和能源、能量,从而被人们喻为信息社会的真正财富和推动社会进步的重要动力。

(3) 居室:信息消费的主要场所。读书、阅报、听广播、看电视的最佳地点是居室,虽然也有人在草地上读书、在电车上阅报、在走路时听广播、在大商场看电视,但这些毕竟不是主要场所。

(4) 闲暇:信息消费的黄金时间。劳动时间、工作时间和睡觉时间肯定不是信息消费的最佳时间,闲暇作为"8 小时之外"的"可以自由支配"的时间,却是消费者尽情地接收和享受各种信息的主要时间。根据统计数据显示:平均来讲,一天中,中国城市男性闲暇时间为 7 小时 17 分钟;女性闲暇时间为 6 小时 55 分钟。中国人闲暇时间中看电视为 3 小时 6 分,健身为 12～13 分,读书看报听广播约半小时,娱乐活动 22 分。[①]

据联合国教科文组织的有关统计,世界发达国家和地区居民平均接触大众传播媒介时间都已达休闲时间的一半以上。可见,闲暇时间是信息消费的黄金时间。

此外,对于信息消费者的特点,还可以从接受过程加以描述和认定,例如信息接受时消费者的视听性、信息性、精神性的特点等。

2. 信息消费者的权利

根据有关法律条款和研究,我们认为信息消费者的权利有六种:

(1) 选择权

这是信息消费者的一种最基本的权利,也是国际消费者联盟宣布的八种权利之一,即"消费者享有自主选择商品或者服务的权利"。在大众传播中,信息消费者面对众多的媒介和信息有权根据自己的需要、兴趣、口味和自己所能运用的方式作出自由选择——或喜爱或厌恶,或接受或拒绝,或收听或观看,没人可以强迫。法国学者贝尔纳·瓦耶纳曾说:报刊是为公众而制作的。报刊必须面向公众,而不是强迫公众向报刊靠拢。每家报社都像一家商店一样,虽不能量体裁衣,但至少在柜台中提供的大众消费品都是尽量制作和排列得吸引和讨好中等的消费者的。对于这些商品,信息消费者有权进行比较、鉴别和挑选,有权拒绝"店主"和生产者的强制交易行为。

(2) 知情权

信息消费者享有知悉有关方面真实情况的权利。对于大众传播来说,消费者有权要求大众传媒提供和通过传媒了解作为一个社会成员所应获得的种种真实的消息情报,有权及时得知政府、行政机构等的有关公共信息和国内外每天发生的重大事件或有意义的事件。特别是当有关信息涉及或影响消费者的生活和工作,并且要求他不得不作出决定的时候,凡是有意扣留这些信息,或者传播虚假或歪曲失实的信息,就是侵犯了消费者的知情权。知情权还包括消费者享有及时了解产品特性与功能、获得有关消费和消费者权益保护方面的知识的权利。

(3) 安全权

大众传播媒介所提供的信息产品和服务不应有损消费者的人身安全和精神健康。大众传播媒介不应该成为个人或集团发泄私愤和侮辱他人的工具;它应该成为"人类灵魂的工程师"和精神文明的传播者,而不应该成为色情信息、虚假信息、暴力内容的"集散地"和精神污染的发源地。大众传媒最基本的准则就是:切忌损伤,即不要侵犯信息消费者的安全权利。

---

① 钟伟:《中国人的一生和一天》,载《大众阅读报》2004 年 5 月 18 日。

（4）隐私权

它是指信息消费者享有个人独处、对个人与公众利益、与公众事务无关的私生活进行保密、不受大众传媒打扰和干涉，以及个人的名誉和利益不受伤害的权利。任何人都有私生活，都有不愿让人知道的私事，也都希望不受打扰，有宁静独处的欲望，法律也认为这种权利应受保护。如果大众传媒以赢利为目的，不惜报道了他人的隐私，未经本人允许公开了其姓名、财产、身体、私人信件、日记、家庭矛盾等，侵犯了个人生活的安宁，引起了个人精神上的痛苦和不安，就是侵犯了他的隐私权。当今媒介文化的娱乐化趋势使得媒介文化向关注个人日常生活的趋向发展，绯闻、八卦已如家常便饭。而且随着网络的发展，搜索引擎功能不断强大，人肉搜索等都对信息消费者的隐私权构成了挑战。

（5）申诉权

即当消费者的正当权益受到侵犯时，他们有向政府或人民法院提出申诉并要求公开道歉和赔偿的权利。联合国教科文组织在《多种声音，一个世界》的报告中指出："信息消费者有权把他所看到的关于个人生活条件、愿望、需求和痛苦的真实情况告诉别人。凡是用恐吓或惩罚迫使他保持缄默，或剥夺他利用传播渠道的机会，就是侵犯了这项权利。"

（6）监督权

这也是消费者权益保护法认定的一项权利。它是指信息消费者对大众传播媒介的运作和传播者的传播行为有察看并督促的权利，以免对社会和消费者产生不良影响或构成伤害。通常，信息消费者是根据法律条文、道德规范、行为准则等标准，并以写信、打电话、停止订阅、舆论声张等多种形式对大众媒介和传播者进行监督，促使其寻找适合国情、民情的途径和按照受众能够接受的方式行事。因为，在当代大众传播中，真正对大众传媒握有生杀大权的，往往不是几个领导者，而是广大的消费者。在美国，曾有一些消费者自发成立了专门对付虚假欺骗广告的监督组织；曾有一个妇女反色情组织以给一年中最低级趣味的性感广告颁发塑料猪奖的形式，而使此类广告的刊播有些收敛。可见，受众或消费者的监督应是一种更有效的和更具权威性的监督。

认识和了解信息消费者的权利，既可以避免大众传媒由于侵权引起不必要的民事诉讼，也可以逐步在大众传播界形成尊重并维护信息消费者权益的良好风气。

二、信息消费者的需要与满足

凡是想要出售信息产品的媒介公司，首先应该了解那些想要购买这些产品的对象，了解他们有意或无意地掩藏起来的真正动机和需要，然后予以适当满足。对于信息消费者的需要和动机一无所知的人，是无法组织信息产品的生产和销售的。

1. 需要：信息消费者的不懈追求

(1) 关于对动机和需要研究成果的回顾

在美国传播学界，最早对消费者的需要和动机进行探讨的著作有：贝雷尔森(B. Berelson)等人的《他们为什么阅读》、赫佐格的《日间连续剧听众的动机和满足》和贝雷尔森的《失去报纸意味着什么》等。1959年，伊莱休·卡茨(E. Katz)在驳斥贝雷尔森的一个错误观点的论文中正式提出了信息需要的理论。后来，英国传播学者布鲁姆勒和麦奎尔(J. Blumler & D. McQuail)在《电视与政治及其作用和影响》一书中，着重探讨了英国"观众为什么看政治节目"和"观众需要哪一类政治电视节目"等消费者信息需要的问题。

大多数学者认为，消费者面对大众传播并不是被动的，而总是主动地选择自己所偏爱的和所需要的媒介内容和信息，如施拉姆所言："讯息是放在接受者爱怎么处理就怎么处理的地方"，而且不同的消费者还可以通过同一个媒介信息来满足不同的需要，并达到不同的目的。因此，不是传播媒介在使用人，而是人在使用媒介；而人使用媒介说到底只是为了满足其需要而已。

那么是哪些尚未满足的需求在促使消费者积极主动地选择媒介内容呢？施拉姆曾用数学公式来说明：

选择的或然率＝报偿的保证÷费力的程度

这个数学公式表明，消费者满足需要的可能性越大，费力的程度越低，被选择的可能性越大。但这只解释了选择的现象，并未回答"有何需求"的问题。卡茨等人在《个人对大众传播的利用》一文中回答了这一问题。他们认为，有五种社会需要导致消费者对媒介内容的选择和使用：① 当出现各种紧张关系或发生冲突时，需要借助媒介信息来缓和；② 出现新情况，发现新问题，需要通过媒介寻求有关情报加以解决；③ 媒介报道社会上出现了可以满足某些需要的少有的真实的机会，消费者盼望大众媒介进一步提供辅助性、补充性的信息或替代性的服务；④ 为了提高自身素养或获得某些知识和技术，需要利用媒介中合适的材料和讯息进行学习；⑤ 社会要求人们熟悉和掌握某些有意义的历史资料，消费者寻求大众传媒的记录和储藏。

研究消费者的动机和需要，"是一种公认的理解消费者积极作用的办法"。但是，德弗勒和鲍尔-洛基奇(M. L. Defleur ，S. Ball-Rokeach)认为，这类研究过分强调了消费者的动机和需要，很难与更大的社会结构相联系。而且，"这种自认的因素是否真正说明媒介注意力的原因和满足感，也大可质疑"①。

---

① ［美］德弗勒·鲍尔-洛基奇：《大众传播学绪论》，杜力平译，新华出版社1990年版，第210页。

（2）为何要研究消费者的动机与需要

人类一切活动的基础，说到底是满足各种需要：人是有需要的动物。需要与人的本质和实际处境有关，它表现了人对物质、社会和精神方面的真正的需求。人若没有尚未满足的需要，特别是信息需要，就没有信息消费活动的发生。正是消费者的那些尚未满足的、具体的、特定的需要，规定了具体的、特定的消费活动。

没有需要，就没有生产。没有信息消费者的需要，也就没有大众传播活动。大众传播媒介要生存与发展，就必须善于发现、了解和研究消费者的动机和需要。

通过研究消费者的动机和需要，可以从中获得：① 消费者购买信息产品的动机以及他们所受到的限制；② 他们怎样获得产品信息和下决心购买的过程；③ 社会环境和舆论对他们动机和需要的影响；④ 他们接触大众传媒的具体条件和时间；⑤ 消费者对不同传媒形象的态度以及对征订、发行、收费和零售的看法；⑥ 他们对不同传媒的兴趣和使用习惯；⑦ 现有信息产品（如某部影片或某本书籍）所处的产品生命周期阶段；⑧ 设计、生产的新产品投放到受众市场后的大概情况和可能的趋势。这些信息情报，对于大众传媒有针对性地组织生产和销售，创造最佳的社会效益和经济效益，都是很有帮助的。

（3）如何研究消费者的动机和需要

研究信息消费者的动机和需要，就是客观地全面地正确地解释已获得的各种资料。通过分析消费者解释自己行为的方式和他们对自己行为说明的理由，可以从中发现他们隐藏起来的动机和需要。这意味着，研究者可以把消费者所说出的一切解释理由，以及用行动所表现出来的信息，都可看做是包含着一定的需要和动机的因素。

在具体的研究中，首先应考虑到一些基本的原则：

① 必须在研究了消费者的全部资料后才能得出结论，而不能根据零碎的、片面的材料匆忙下结论，更不能靠凭空想象得出结论。

② 必须认真研究消费者的整个行为，而不是仅仅研究其行为的某一个方面，比如你不能在某位读者未读过某份报纸的情况下，要他回答这份报纸的定价高还是不高？

③ 必须记住消费者的需要和行为也是不断变化的，随着收入的增加、知识的提升、社会的进步，消费者也在变。

④ 必须联系信息产品及其服务对消费者进行研究，不要把消费者与媒介形象、产品质量、价格等割裂开来单独研究。

其次，应确定合理的研究步骤：

① 个别交谈阶段。在个别交谈时，调查研究者应根据研究的范围，用半指导性的或非指导性的方法，在消费者的家里交谈。在交谈时，调查者应该采取“中立的”态度。对谈到的问题，不要进行讨论，不要表示赞成或反对，也不要解

释说明，不要作出自己的评价或提出解决的办法，更不要摆出自己是个权威的架势，向对方施加影响。你所能做的，仅仅是帮助对方消除疑虑，让他自由自在地表达自己的想法，说出心里话。

② 小组讨论阶段。这种讨论，就是调查者把社会职业相同或相近的一群(8—10 人)人召集在一起，让他们就第一阶段中提出的问题进行讨论。会议开两个小时左右。小组讨论和个别交谈一样要全部用录音记录下来，有时也可以使用录像机，但最好不让对方知道。这种讨论会不可能像个别交谈那样讲得全面、深刻，但从中可以了解到消费者对信息产品的内容、价值、服务，以及媒介形象的看法，了解到他们的需求和动机。并且，这也有助于参加者说出在单独一个人时不愿表达或想说而未说出的某些意见和评价。

③ 抽样调查阶段。根据前两个阶段调查的情况，设计成问卷，而后抽样调查能够代表整体的一部分消费者，再以比例数为基础，进行推算和估计，从而得出目标市场的真正需求和消费者的真实动机。调查结果的正确性和科学性，取决于这项工作开展的深度和广度。被调查的人数越多，消费者的组成结构越复杂，其结果就越接近实际。

最后，应运用科学的研究方法。运用科学的研究方法，可以使研究者从各个个体消费者心理状态来判断集团和群体的心理趋向，可以使我们根据个体对媒介及其产品的意见和态度，来推断和确定集团和群体的需求方向，还可以通过心理活动的分析，找到消费者购买信息产品的内在动力、具体原因和基本过程；可以用于信息消费者的研究方法有：心理学方法、控制实验方法、调查研究方法，还有像眼动摄影机、视向测验器、皮电反应记录器、视听测量器等研究技术也可用于这一研究。

事实证明，只要大众传播媒介根据对消费者动机与需要的研究结果制作、生产信息产品，就会受到消费者的欢迎。比如，在美国十分成功的儿童系列片“芝麻街”，就是对儿童观众作了多年详细研究后才形成摄制形式的。美国广播公司(ABC)日常的杂志性电视节目“早安美国”，也是经过大量的调查研究后设置的。他们所选择的主持人、节目编排方法和节目内容，都是适应观众需要并为观众所喜爱的。

2. 需要与满足需要的思考

(1) 需要多种多样

需要是消费者对媒介产品的需求在头脑中的反映，是个体缺乏某种东西时的一种心理状态。根据需要的不同层次，马林诺斯基(B. Malinowski)将需要分为：生物性需要、手段性需要、综合性需要；马斯洛(A. Maslow)将其分为五类：生理需要、安全需要、社会需要、尊严需要、自我实现需要。这些需要都是由低层次向高层次或是以紧要性递减的顺序排列而成的。

根据需要的来源，约翰·加尔通(J. Galtung)将需要分为四类：同一需要、安全需要、福利需要、自由需要；奥斯卡·纽勒将其分为三类：同一需要、发展需要、超越需要。这里的同一需要、安全需要、发展需要是来源于生物系统的普遍需要；而福利需要、自由需要、超越需要是来源于人类自身的特殊需要。

在大众传播中，消费者的需要说到底是一种信息需要、精神需要。这一需要，通常还可以再细分为十大具体需求：求真、求善、求知、求新、求美、求和、求乐、求安、求慰、求富。虽然消费者的需要主要是信息的和精神的需要，但并不是说没有其他需要。事实上，所有的需要是交织在一起的，即精神需要与物质需要、高层次需要与低层次需要虽会有所侧重，但它们总是相互依存、交织重合的。

(2) 需要灵活易变

消费者对内容的需要是灵活易变的，并且没有止境。在我国报界，读者的订数在 20 多年来波动较大，有的报纸由 300 万份跌至 70 多万份，有的报纸由 10 多万份飞升至 130 万份。原来报业集中发展的城市，由于新兴媒体等多种媒介的发展，市场出现部分萎缩。而原来常被报业边缘化的农村地区，反而有很大的市场潜力。①

消费者对于书籍、杂志、电影、音带、碟片的需求，长期以来也一直受价格因素的支配。通常，当不同媒介产品的质量相同时，售价低的产品销量大；当不同媒介产品的售价相同时，质量高的产品销量大。

对于媒介产品来说，有时"免费的"媒介产品不一定受欢迎。在双休日，向消费者发送的印满广告的报纸往往会被人随手扔掉；一些通过组织下发的具有十分明显的说教气味的书籍，也会在极短时间内出现在废品收购站。无线电视与有线电视之争也是这样，前者"免费"，后者付费，但有线电视的用户每年都以 10%以上的速度在增加。在我国的许多大城市，80%的居民都是有线电视的用户。这是因为，有线电视能最大限度地满足消费者的需要，既能提供多频道的有线电视节目，又能提供多频道的无线电视节目，而且画面、声音清晰，而无线电视则不能全部提供这些服务。

(3) 传播能满足需要

大众传播与信息需要的密切关系主要表现在三个方面：

① 需要制约传播。消费者信息需要的性质、水准、强度、多少，决定着传播活动的规模、性质、水准和强度，而那些丰富多彩、生动活泼的传播活动也是以消费者的需要为前提和条件的，即没有需要就没有传播。

② 需要与传播可以良性互动。在大众传播中，当传播者掌握了受众的需求，他们就会针对受众的需求，通过恰当的内容和形式，以及一定的传播步骤来

---

① 参见闵阳：《开拓农村媒介市场正逢其时》，载《当代传播》2007 年第 6 期。

提高受众接受信息的积极性。其步骤一般为:刺激需要—表达需要—适应需要—满足需要;接着,再刺激或升华需要—表达需要……如此往复循环,不断周转,从而在需要与传播之间形成一个良性互动的过程。

③ 大众传媒是满足需要的根本途径。受众当然可以直接从自然界和生产实践中获取信息,也可以直接从人际交往和组织传播中获取信息,以满足自己的信息需求。但是,在信息爆炸、需求急增的今天,这是远远不够的。广大受众必须通过用最先进的设备和技术武装起来的大众传播媒介,才能最快速地得到来自世界各地的真实可靠的信息。可以说,当代受众一旦失去了大众媒介,就会立即爆发一场规模空前的"信息饥荒"。

(4) 个性化信息需要

媒介对市场的影响力究竟有多大,这取决于它是以何种方式来影响它的目标市场的。换句话说,它在多大程度上针对观众的个人需要来加以影响的。"千人一面"的社会源自于工业革命,由于社会商品普遍短缺,大量生产的商品很容易就能够销售出去。而在信息社会,对信息消费者来说,希望接收到的是满足个人信息消费期望的、个性化的信息内容。

如营销学者保尔·保斯特曼所说,"致这间房子的居住者"显然不如"致P. G. 波斯特马先生"更具亲和力。在这种亲和力的背后,信息消费者在意的实际上是信息对个人的有用性。自己不需要的信息内容,是对个人时间的剥夺,也是无效的信息传播活动。只有真正被个人所需要的信息,才是有效信息。因此,只有提供信息消费者个人需要的信息,才是针对市场的有效的传播活动。

提供个性化的信息满足,是媒介争夺细分市场的策略之一。如今,专业报纸的出现、电视频道的细分、个性化网站的登台亮相,都显示了这一趋势,即满足目标受众的目标需求,致力于做深做透一个目标市场,抓住重点,不及其余。这是在瓜分有限的媒介市场中保证自己稳定的受众群的一种方法。信息消费者在消费信息的过程中,希望得到的是信息质量、个人满足、被重视的感觉、愉快的情绪,个性化的信息满足过程,也是取悦、保持、发展目标受众群的过程。

第三节　媒介营销原理

这几十年间,经济全球化、信息技术革命已经从根本上改变了人们的生活。作为记录、反映时代变迁的媒介,也经历了巨大的市场环境的变革,正迈入一个新的营销时代。面对剧烈变化的市场,媒介由一个帮助其他企业完成营销任务的主要单位,变为自己也需要面临市场考验的经营主体。媒介由专替别人做广告,转变为自己也需要为自己做广告的局面。这种变化,使得媒介组织也开始重视对市场营销的学习和实践。尤其对中国的媒介领导者而言，媒介完全进入市场进行市场竞争才是不久以前的事。计划经济体制下的管理经营模式已经完全不能适应当前的形势，迫切需要运用新的管理和营销理念，使得自己的媒介在市场中站稳脚跟，持续发展。那么，以媒体革命为标志的新的营销环境，又对媒体本身的营销会产生什么意义呢？

一、媒介市场和新营销时代

20 世纪 90 年代以来，整个世界在社会经济、科技领域发生了日新月异的变化。很多营销学家深信，现代社会已经进入了新营销时代。新营销时代的到来，与媒体革命、信息技术的发展密切相关。信息高速公路、电子媒介的出现，从根本上改变了已有的营销环境。在旧营销时代，公司通过媒介向市场发出信息，这是一个单向的提问过程。而经历了媒体革命之后，交互式的媒介的出现，使得公司的营销手段发生了质的变化：公司听取客户的需求，并对客户需求作出反应，这是一个双向的对话过程。在新营销时代，媒介可以对市场施加很大的影响。在整合营销的理念中，利用媒介来进行营销始终是不可放弃、极其重要的一部分。随着信息技术的飞速发展，媒介可以做的事情越来越多。而新营销时代区别于旧营销时代的一个显著的变化就是，针对个人的营销将会取代大众营销成为主导的营销方式，而大众营销将成为辅助的营销方式。这使得大众传播的分众化时代的到来显得有据可依，分众化的传播趋势，使媒介在市场的争夺与瓜分中，更注重自身的定位与市场的细分。

二、媒介市场营销的含义

媒介市场营销是购买力和购买条件的集合体。它是指由一系列个体和团体的信息生产和消费活动构成，通过对信息产品的产出、销售和定价，使这些活动有助于在动态环境中促成令人满意的交换关系。

（1）媒介市场营销首先是一系列的多样化活动，它包括信息产品的设计、研制、试制，以及对现有信息产品的改进、包装，和对不符合受众需求的产品加以淘汰；包括信息产品销售计划、措施的制定，销售网络、渠道、场所的建立；包括信息产品的促销与宣传、促销人员的招聘与培训、促销效果的评估与检查，以及信息产品价格的制订和销售条件、期限、折扣率的确定等等。

（2）它是媒介公司、广告主和受众之间相互作用的特殊活动。媒介公司在营销活动中既是广告主与受众之间进行广告信息交换的中间人，又是社会信息的采集者和传播者。以广告主为基础的媒介公司只有在他们的媒介产品为受众所收看、阅读或收听时，才会对广告主有吸引力，媒介公司也才能从经济上生存发展下去。因此，为了"制造出"或吸引来更多的受众，媒介公司必须竭尽全力制作和生产精美、优秀的信息产品，以满足受众的需要、欲求和喜好。

(3) 它应是一种媒介公司、广告主和受众都感到满意的交换关系。这三者中若有任何一方因对这种交换活动不满而退出，都会危及整个活动。但是，在这三者之中，"受众是否满意"是一个十分关键的因素，因为受众满意了，广告主亦会满意；而广告主满意了，媒介公司就没什么不满意了。对此，美国甘乃特报业总裁沃特森(Gary L. Watson)说道："其他行业的企业可以采用'放之四海而皆准'的标准化经营模式在多个不同的市场上获得成功，但媒体业则不能。我们的报纸必须关注它所服务的那个市场，它必须反映当地受众感兴趣的新闻内容。"而受众的兴趣是不断变化的。所以，媒介领导者要让包括本身在内的三方都满意，它必须拥有较之其他企业领导者更多的经营智慧和管理才能。

三、媒介市场营销的特点

1. 媒介的市场营销首先是一种信息营销

媒介市场营销的目的，通俗地说，就是把媒介产品看做与一般产品一样，具有相同营销意义的商品，使媒介产品的价值得到消费。可以确定的是，媒介产品首先是信息产品，这是它有别于其他产品的根本特点。因而，媒介的市场营销从根本上而言，是一种信息营销。信息与其他产品一样，也存在质量的问题和是否能够满足消费者的问题。媒介产品的生产过程，与任何其他产品的生产过程一样，是需要成本的。信息的收集、制作与发布都离不开必要的人力、物力和财力，成本的投入必然要求有适当比例的利益回报。信息产品，除了在经济利益上实现盈余以外，还追求被信息消费者所消费的实际有效性。

媒介的市场营销，首先是把信息卖出去的过程，其次是信息如何以最佳状态被消费出去的过程。前面已经谈到信息消费者的需要和满足的问题，信息消费者得以满足的过程，就是媒介产品的市场营销过程。广告商所需要的，正是这种信息需求得以满足的状态。广告商向媒介买的是信息消费者的注意力，媒介产品是以收集这种注意力为目的而生产的信息产品。

2. 信息营销是直接作用于个人精神领域的营销行为

了解清楚了媒介市场营销事实上是一种信息营销的内在意义之后，就要考察区分信息营销与一般的营销之间的区别。信息营销与其他产品的营销不同，它是直接作用于个人精神领域的营销行为。换句话说，其产品的销售满足的是消费者在精神领域上的需要。比如电影、小说和报纸上的新闻，都不是实际运用于个人物质生活的实体，而是会对人的自我提高、情感体验、消遣娱乐等精神要求产生直接影响的、无形的信息影响和刺激。

所以，要完成信息营销，必须对个人的心态、情绪、爱好等有更好的把握。但心态、情绪、爱好等都是相当难以测量的个人感性因素，这也是信息营销的难度所在。对媒介市场的深入了解、调查，是进行信息营销的先决条件。什么样的媒介产品是有市场的？有多大的市场？还有多大的潜力？竞争对手在市场中处于什么位置？这些都是对媒介市场进行调查过程中必须掌握的要件。基于这样的认识，信息消费者的需求也变成媒介市场营销中不得不加以重视的问题。

3. 媒介市场营销要求良好的反馈机制

任何媒介产品的营销都是循序渐进的过程，在媒介产品未被信息消费者消费之前，没有人知道同样的信息会对不同的人产生什么样的影响。营销学里一个著名的例子是这样说的，有两个卖鞋的人来到一个热带小岛上，一个人回来时垂头丧气，认为那里没有市场，“因为没人买鞋”；而另一个人返回时则兴高采烈，认为那里市场极其广阔，“因为没有人有鞋穿”。这说明，由于不同的个人对同样的信息抱有不同的情感和成见，导致了在同一个信息的影响下不同人会采取不同的行动。对于信息产品的理解也是一样，可谓仁者见仁，智者见智。信息消费者对于信息产品的接受程度很难预期，所以在营销中一般媒介产品的生产者会采用投石问路的方法，看其是否可以顺利地被接受，然后再考虑下一步的营销内容。

2001 年，AOL 时代华纳宣布和华侨娱乐电视广播有限公司(华娱电视)结成战略合作伙伴关系。由于华娱的定位是提供“无色情、无暴力、无新闻”的家庭娱乐节目，但是经营状况一直不好，而华纳公司又急于进入中国市场。华娱电视的“无新闻”背景不会与中国的媒体政策发生冲突，AOL 时代华纳的目标又是要打造一个最受欢迎的华语娱乐电视频道，于是双方一拍即合。可见能否顺利地进入某个媒介市场，是需要对该市场的准入原则有全面认识的。循序渐进地进入一个市场，并根据市场的反馈情况来制定市场战略，这是媒介市场营销中所必须遵循的原则。而良好的反馈机制，是测量一个媒介市场的实际状况的最好武器。

四、使信息更好地被消费

1. 专注于个人层面上的信息推广

个人化的消费趋势已经激发了一对一的商业交易需求。人们更加具有自我意识，总是刻意寻找一些与别人不一样的东西。在信息消费中也是一样，人们不再满足于综合的“大杂烩”式的信息传播，而是需要针对个人层面的、被个人所需要的信息产品的出现。媒介在市场营销中要使自己的信息产品被更好地消费，不得不重视这样的市场要求。前面已经谈及，要使需求更好地被满足，必须提倡个人化的信息消费。此处不再展开论述。

2. 强调信息营销的交互性

正如一些营销学家认为的那样，新媒体是上帝赐予商业的礼物。由被动到交互，这是新的信息技术的发展带给我们的、前所未有的传播地位上的变化。新媒体的出现使得信息传播以惊人的速度得以进行，消费者的容忍度和耐心已经越来越小。遥控器使得人们自由选择的机会越来越多，也使得许多信息产品的生存机会越来越少。"随着反应和交互层次的提升，信息消费者开始感觉到他们作为个人具有越来越大的影响力。"①

幸运的是，其他任何产品都难以与信息产品在交互性上一争高下。很多产品都是依赖于媒介提高其营销过程中的交互性的，而媒介则可以直接对自己的这一优势加以运用，不需要中间环节。电子网络、交互电视的出现，在技术上保证了可行性。比如央视的直播节目的播出效果和观众需求，可以随时通过央视国际网站的网友的反馈来掌握。央视-索福瑞媒介研究在 2008 年 5 月的"360°跨媒体受众研究"的基础研究中发现：受众在新的媒介传播环境中已形成跨媒体使用的媒介行为。在调查周期内，近 40%的受众同时接触 5 种以上的媒体类型；58%的受众同时接触电视、广播和互联网；67%的受众同时接触互联网、车载电视和报纸。② 在媒介的市场营销中，强调信息营销的交互性，使信息消费者的需要、心声随时随地可以直接得以反映，使信息消费者满足了被尊重的需要。

3. 发挥整合营销的优势

著名营销大师舒尔茨提出整合营销的概念，提倡综合运用多种营销方式，形成由整合产生的强大推广力，已经被实践所证明是适用于当前市场的、恰当的营销方式。仅仅依靠单一的营销手段，远远不能实现对品牌和产品的成功推广。在整合营销中的一种重要而且必不可少的营销方式，就是媒介营销。由于媒介所具有的大众传播的特性，使得它可以顺利有效地完成这一任务。通过媒介进行的营销，覆盖面广，影响力大，效果直接明显。而媒介的信息产品要在同类信息产品中引起消费者的注意，也必须利用媒介本身所具有的得天独厚的条件。现在，媒介为自己做广告已不是什么稀罕事，而是媒介市场营销中的重要环节。再好的媒介和媒介内容都需要向其消费者进行推广和介绍。一个媒介组织、一

---

① [荷兰]保尔·保斯特曼：《21 世纪的营销》，张春萌等译，中国标准出版社、科文（香港）出版有限公司 2001 年版，第 91 页。

② 王兰柱：《跨媒体传播中的受众选择——以奥运跨媒体传播为例》，载《现代传播》2009 年第 5 期。

个栏目、一档电视剧的推广，很多都采用与不同媒介互动的方式，大张旗鼓地为自己进行推广工作。例如电视台黄金档的连续剧的介绍，会出现在电视台的广告时段中，也会出现在报纸或网络上。除了媒介营销外，其他各种手段也开始出现在各大媒体的营销工作中，比如促销活动（包括赠阅、征文、有奖竞猜等活动）、户外广告等。媒介人员开始意识到，只有发挥整合营销的综合优势，才能真正为自己的媒介赢得市场。

第四节　媒介营销策略

媒介生产的是精神商品，面对日趋激烈的媒介市场竞争，媒介想要生存和发展，必须树立竞争意识，进行合理的媒介营销规划，制定出符合自身特点的、有针对性的营销策略。

一、媒介营销策略发展中的主要理论

营销策略的发展历经了以下几个阶段：1964 年，美国的伊·杰·麦卡锡首先把营销组合概括为 4P——产品（Product）、价格（Price）、分销（Place）、促销（Promotion）。麦卡锡认为，企业的市场营销环境是不可控制的因素，而产品、价格、分销和促销等因素是可以控制的，市场营销就是利用四个可以控制的变量，制定营销组合策略，实现企业的战略目标。1984 年，菲利普·科特勒将 4P 理论发展为 6P 理论，增加了政治权力（Political Power）和公共关系（Public Relation）两个新的因素，提出了“大市场营销”观念。他认为，企业不应该只是消极地服从外部环境，应该积极主动地改变外部环境，将封闭的市场变为开发性市场。随后又发展为 10P，增加了市场调查（Probing）、市场细分（Partitioning）、目标优先（Prioritizing）和市场定位（Positioning），之后，他又把人（People）的要素加入到了营销组合中，认为人是 10P 的保证。[①] 1990 年，劳特朋提出了 4C 理念，包括顾客的需求与欲望（Customer Needs and Wants）、消费者的支付能力（Cost to the Customer）、方便消费者（Convenience）、与消费者沟通（Communication）四个要素。日渐兴起的 4C 观念要求“暂时忘掉传统的 4P 理论，更新和强化以消费者需求为中心的营销组合”。[②] 随后，唐·舒尔茨提出了 4R 的营销策略理论，阐述了一个全新的营销四要素：与顾客建立关联（Relevance）、反应

---

① 芮明杰：《中国企业发展的战略选择》，复旦大学出版社 2000 年版，第 23 页。

② ［美］唐·舒尔茨等：《整合行销传播》，吴怡国等译，台湾滚石文化公司 1993 年版，第 21～22 页。

(React)、关系(Relation)和回报(Return),并以此作为整合营销策略的基础。4R更加突出了顾客的核心地位,营销的核心从交易走向关系。4P、4C、4R之间不是取代的关系,是完善、发展的关系。4P还是营销的一个基础框架,4C也是很有创新精神的思路,4R是在4P、4C基础上的发展。有位营销学者这样说:"用4C来思考,用4P来行动,用4R来发展。"①

4P理论是市场营销组合的基础框架,在进行媒介营销策略选择时,参考四个营销单位,结合文化产品的特点,制定出适合自己的媒介营销策略。本书的第六章——"媒介生产与媒介产品"已经详细地论述了4P理论中的两个重要的营销单位——产品策略和价格策略,此章就不再赘述,而主要介绍媒介的分销策略和促销策略。

二、媒介分销策略

要使媒介生产的精神产品实现经济目标,媒介的分销渠道显得十分重要。不是所有的媒介生产者都将媒介产品直接出售给最终的用户,而是需要营销的中间机构,渠道就是由这些中间机构组成的。渠道是媒介内容生产、有效发行、广告消费三者之间的生命纽带。②

1. 分销渠道的概念

一条分销渠道主要包括商人中间商和代理中间商。商人中间商买进商品,取得商品的所有权,然后再出售商品(如批发商和零售商)。代理中间商寻找顾客,有时也代表生产厂商和顾客谈判,他们不取得商品的所有权,只是帮助转移所有权(如经纪人、制造商代理人和销售代理人)。还有一些辅助机构,它们支持分销活动,不取得商品所有权,也不参与买或卖的谈判(如运输公司、独立仓库、银行和广告代理商)。当然,这些辅助机构固然重要,但是并不算在分销渠道中。③

2. 媒介分销渠道的作用

分销渠道有着重要的作用,在媒介生产逐步专业化的今天,媒介希望自己的目标受众能够接触到自己的产品,同时将自己的注意力卖给广告商。在信息爆炸的社会,人们在信息的海洋中怎样接触到媒介产品呢?媒介怎样及时了解购买者的需求?怎样和购买者有效的沟通?怎样配合购买者需求制造出相应的产品?在产品的所有权转移时,怎样就所有权问题进行协商?怎样选择以何种方

---

① 吴健安等:《市场营销学》,高等教育出版社2008年版,第499页。

② 谭云明、包国强:《媒介经营管理新论》,北京大学出版社2007年版,第285页。

③ 参阅孙亮:《文化艺术市场营销》,文化艺术出版社2008年版,第118页。

式将媒介产品送到购买者面前？这一系列过程中的资金和风险如何承担？在媒介生产者没有资金来进行直接营销或者直接营销遇到困难的时候，媒介的分销渠道可以解决这一系列的问题，用最合适的方式把产品呈现给购买者，满足其需求。

媒介销售具有其特殊性，叫做“二次销售”，第一次将广告版面销售给广告客户，第二次则将媒介承载的内容即节目销售给观众或听众。即媒介出售信息换来注意力，再出售自己的注意力（如发行量、收视率）换来广告费。在信息爆炸的当今社会，媒介设计何种分销渠道，极大程度上影响着媒介“二次销售”的质量。比如，TOM 在线收购 Infomax，就是为了拓展分销渠道。Infomax 是一家无线娱乐公司，通过与主流电视媒体及其他时尚娱乐媒体的共赢合作，为广大中国电视观众提供无线互动产品与服务。业界认为，通过此次收购，TOM 在线将获得 Infomax 原有的覆盖数亿中国家庭的主流电视媒体分销网络。除了电视媒体的合作，TOM 在线的网站也聚拢了数以百计的覆盖平面媒体、广播、互联网等合作伙伴，以及众多音像分销商和手机生产商。

3. 媒介分销渠道的类型

（1）媒介分销渠道的层次

媒介分销渠道有两大层次：直接分销渠道和间接分销渠道。每个渠道都有媒介生产者和最终的消费者，只有媒介生产者和消费者的被称为直接分销渠道（又称之为零级渠道）。媒介通过中间机构把媒介产品销售给消费者的被称为间接分销渠道。我们用中间机构的级数来表示渠道的级数。

媒介直接分销渠道的方式可以是消费者直接向媒介机构订购，也可以是媒介机构设置指定零售点、电话推销、邮件营销、互联网营销，等等。直接分销渠道的优点是媒介生产者可以得到全部的销售利润，能够与消费者直接接触，可以根据消费者的反应，及时作出决策。但是，媒介的直接分销不一定是最有效率的分销方式，生产和流通都由媒介生产者进行，会导致媒介机构的复杂和庞大，在销售中的风险也由自己承担。

我国目前商业电影主要收回投资的方式是依靠票房。以《非诚勿扰》这样的大片为例，其院线票房是主流收入，约为 3.5 亿。第二项是娱乐营销，即包括植入广告和贴片广告，收入约 5 000 多万。但这仅限于现代片、时装片的情况，而像《集结号》这样的影片只能依靠贴片广告，数额会更少。第三项主要收入是版权交易，而其实《非诚勿扰》的海外版权只有 1 000 多万。但在票房的收入分成中，电影发行公司、院线公司，以及影院通常按照 40∶10∶50 的比例对票房收入进行分配，影院得到了半数；不仅体现在数字上，还有一些细节，包括放映时间的排期等方面，制片方往往很难主导影院的意见。于是，包括中影、华谊兄弟、橙天嘉禾、保利博纳在内的众多电影公司，不约而同都把投资建设影院作为融资的用途之一。[1] 显然，电影公司看到自建影院的优势，可以通过自建影院赚取更多的利润，同时自己的新影片也可以在自建影院中放映，可以和观影的消费者建立良好的关系，开发出具有本公司特色的、个性化的观影服务。

媒介间接分销渠道是媒介生产者通过零售商、批发商、代理商把产品销售给消费者的渠道方式。根据中间商的级数不同，我们把间接渠道分为以下几种：

媒介生产者→零售商→消费者

媒介生产者→代理商→零售商→消费者

媒介生产者→批发商→销售商→消费者

媒介生产者→代理商→批发商→零售商→消费者

媒介的间接分销渠道具有诸多优势，特别是新兴的媒介生产者，或者是缺乏资金自建渠道的媒介生产者，都会使用中间商进行分销。这样，不仅可以利用中间商成熟的分销网络，享受中间商的规模经济效益，还可以集中精力加速自身的新媒介产品的发展等高附加值的行为上。值得注意的是，分销商并不是媒介生产企业的一部分，当利益发生冲突时，媒介企业很难控制分销商。特别是一些议价能力很强的分销商，在渠道中的地位难以撼动，媒介产品的销售权便由分销商掌握。因此，间接分销的渠道级数越多，媒介生产者越发难以控制。

(2) 媒介分销渠道的宽度

媒介生产者在每一渠道上所选择的中间商的数目，就是媒介渠道的宽度。确定媒介分销渠道的宽度有三种策略：

密集分销策略。指媒介生产者尽可能使用更多的中间商，以便迅速进入一个目标市场或者扩大市场。比如《我的团长我的团》这部战争题材的电视剧，被多家电视台看好，并被多家卫视高价竞购，首次尝试了“4＋4＋1”的播出模式，即由北京卫视、江苏卫视、上海东方卫视、云南卫视 4 家卫视进行首轮播出，50 天后再由浙江、山东、河南、四川 4 家卫视进行二轮播出，一个半月后是广东卫视进行三轮播出。同时还涉及出版物、DVD 和网络等多种渠道。

选择分销策略。指媒介生产者在某一地区只选择最适合的中间商来进行推销。比如动车组的高端杂志《旅伴》定位在高端的消费者。因此，只摆放在全国动车组列车(D 字头)车厢、全国直达特快列车(Z 字头)及全国省会中心城市、重要中心城市和主要经济城市进京特快(T 字头)、快速列车(K 字头)等卧铺车厢上赠阅。

独家分销策略。指媒介生产者在某一地区只选择一家中间商推销产品，通常双方会签订独家经销合同，规定中间商不能经营竞争者的产品。现在很多的制作公司和电视台一起投资制作，电视台拥有该剧的独播权。比如湖南卫视、天娱传媒、春秋风云影视策划公司联合打造的电视剧《一起来看流星雨》，还有上海文

---

① 陈滨：《影院建设进入爆发期，各大院线圈地争建影城》，载《北京晚报》2009 年 11 月 20 日。

广和北京慈文影视联手打造的励志喜剧《加油，优雅！》，也有许多电视台倾向于“订制剧”，即不直接参与投资，但根据自身频道定位向影视制作公司订制剧集。[①]

三、媒介促销策略

面对竞争日益激烈的传媒市场，几乎没有媒体没有用过促销策略。“促销是企业通过人员和非人员的方式，沟通企业和消费者之间的信息，引发、刺激消费者的购买欲望，使其产生购买行为的活动。”[②]媒介促销的核心是使媒介生产者和中间商或者消费者进行信息的沟通，刺激他们的需要，鼓励他们参与到媒介经营的活动中来的一种方式。最常见的促销手段有广告、人员推销、营业推广和公共关系。

1. 广告

广告是一种最普遍、最常用的促销手段。在当今社会，广告给人们的感受就好像阳光、空气和水——几乎无处不在，无时不在。广告是通过书刊、杂志、广播、电视、网络等媒介向用户或消费者传递商品和劳务等信息的一种间接促销活动。媒介本身就是一种广告媒介，所以，用广告促销具有得天独厚的优势。因为可以在自己的媒介上做广告，所以对广告内容的把握，对广告的语言、文字、图像、色彩等方面的艺术处理都会比较到位。但在自己媒介做广告也有不足之处，最突出的是它的广告受众群体还是原来的受众群体，这显然与市场开发的本意不符。所以，媒介现在也已舍得广告投入，重视在其他重要媒介上做广告，尤以网站、电视剧、图书、报刊为盛。比如我们经常在看中央电视台节目的时候能看到《中国电视报》的广告，因为电视受众同时也是《中国电视报》的受众。

如今媒体的概念越来越泛化，能够传播信息的载体都有利用的价值，都可以进行媒介促销，探究新的媒介促销模式。杭州绿盛集团的主产品之一是牛肉干；杭州天畅网络科技有限公司的主产品之一是中国首部 3D 历史玄幻网络游戏《大唐风云》。正是这两个分别代表着传统制造业和高新科技业的企业，碰撞出了媒介促销的火花。绿盛集团和天畅网络科技达成了一个史无前例的广告促销策略：在绿盛的外包装上印上《大唐风云》广告，而《大唐风云》的游戏里编入“绿盛 QQ 能量枣”作为游戏能量补充剂。绿盛集团每年销售的牛肉干大小包装有 2 亿多个，这本身就是一个巨大的媒介资源，在绿盛牛肉干的品牌故事中，有个典故讲的是秦王李世民让士兵食用牛肉干来补充体力。《大唐风云》为“能量”提

① 杨媚、吴炳：《电视台与影视公司共同投资 自制剧重归荧屏正当道》，载《深圳特区报》2009 年 8 月 4 日。

② 吴健安等：《市场营销学》，高等教育出版社 2008 年版，第 374 页。

供了形象的注释。自 2006 年 12 月与天畅科技结成战略联盟以来，杭州绿盛牛肉干销售量得到了大幅度提升。在此后的一个月内，出货量达到 2 700 多万元，而往年同期还不到 300 万元。而《大唐风云》虽剑未出鞘却已声势在外。目前，在其网站注册的会员已超过 10 万人，同时还吸引了一大批风险投资商的关注，势头看涨。这样的广告促销方式是值得借鉴的。

2. 人员推销

人员推销是指通过推销人员深入中间商或消费者进行直接的宣传介绍活动，使中间商或消费者采取购买行为的促销方式。它是人类最古老的促销方式。在商品经济高度发达的现代社会，人员推销这种古老的形式焕发了青春，成为现代社会最重要的促销形式之一。由于是面对面的交流，人员推销有助于建立信任关系。有的媒介产品适合用人员推销，比如，电视剧、电影拷贝向中间商、电影院的推销，图书、杂志由销售员向高校的师生推销，等等。南方都市报社曾经聘请1 500名大学生站摊促销，取得了不错的效果。①

3. 营业推广

营业推广是指除了广告、人员推销和公共关系以外的能够刺激消费者购买，提高批发商、经销商推销效率的促销方法。常见的营业推广工具有：样品、优惠券、现金折扣、赠奖（或礼物）、竞赛（抽奖、游戏）、惠顾回报、免费试用、产品保证、现场陈列或示范表演等多种形式。南方都市报社首创了香味报纸，还开展了免费营养早餐、买报纸拿红包等形式的促销活动。需要特别指出的是，媒介使用营业推广并非是用于日常推销的手段，一般都是为解决一定时期、一项任务而采取的短期的特殊推销方法。营业推广的对象有两个：一个是受众或消费者，一个是批发商、经销商等中间商。

4. 公共关系

公共关系就是媒介以公众利益为出发点，通过有效的双向沟通，在公众中树立良好的形象和信誉，以赢得公众的理解、信任、支持与合作，为媒介发展创造最佳社会环境。由于公共关系宣传常常以新闻或评论形式出现，没有直接的商业色彩，所以能够被公众更好地接受和认同。媒介可以及时、准确、真实、有效地向社会公众传递本媒介的有关信息，同时，还可以随时收集、整理、分析公众的建议和意见，并迅速地作出反馈，不断改进本媒介的工作。这样，就容易增进媒介与公众的感情，使公众了解媒介与媒介产品，信任媒介，关心媒介，进而提高自身知名度，树立良好的形象。而良好的形象是媒介的无形财富，它可以创造出消费信心，这是媒介新产品开发市场的可靠保证。

值得注意的是，面对竞争日趋激烈的媒介市场，盲目地选择促销方式往往收

① 袁兴友：《报业风云：南方都市报崛起之路》，广东经济出版社 2009 年版，第 138 页。

不到预期的效果，反而使自己的经营活动雪上加霜。“内容为王”仍是媒介市场营销不变的主题，只有在保证媒介产品质量的同时，根据自身的情况选择适合自己的促销方式，同时结合自身的媒介品牌塑造，才能在竞争中处于不败之地。

思考题：

1. 什么叫媒介市场？如何辩证地看待媒介市场？
2. 媒介市场细分有哪些方法？细分的原则是什么？
3. 媒介市场定位的步骤和依据是什么？
4. 信息消费者有哪些特点？他们具有哪些权利？
5. 媒介市场营销的定义是什么？有什么含义？
6. 如何理解媒介销售的特殊性？
7. 媒介分销渠道有哪些层次？确定媒介分销渠道的宽度有什么策略？
8. 结合实际案例谈谈广告、人员推销、营业推广和公共关系这四大促销手段。

第八章
媒介人力资源管理

人力资源管理是媒介管理的重要组成部分。人力资源的管理水平与管理效率如何，关系到媒介企业的生存发展和兴衰成败，关系到政治稳定、社会进步和经济发展。因此，以正确的观念和理论来认识、指导管理实践，不断提高管理水平和管理效率，就成了媒介企业领导者的基本职责和使命。

第一节　媒介人力资源的内涵

相对于农业经济、工业经济时代，知识经济时代对“人”的认识已经有了不同以往任何时期的新的意义。而人力资源这一概念的提出，也体现了这个时代对于认识人、发展人、管理人的新的认识。由“Man Power”发展到“Human Resource”这样一个不带任何性别歧视的中性词，反映出文化的演变。从它诞生的那天起，它的目标导向就直指“激发人的潜力，为企业获得更大的利益”，但它的核心是人本思想。① 以人为本，以人为据，成为人才管理中的根本原则。人的价值、能力、尊严和潜力受到了前所未有的重视。

在媒介经营管理的竞争优势中，能够决定媒介企业兴衰成败的关键优势也是人力资源，尤其是优秀的人力资源及其有效管理。将适当的人安排在适当的位置，以适当的发展方式激励他们，使他们的价值得以提升，从而使媒介组织的整体价值获得综合性的飞跃。没有人才，其他资源再多也难以发挥作用和创造价值。任何资源的合理利用、分配以及调控，都必然落实到人的身上，因而人的优势才是具有竞争力的、持续的、根本的优势。因此，媒介领导者一定要有爱才之心、识才之眼、求才之情、用才之术、护才之胆、举才之德、容才之量，使媒介内人尽其才，事竟其成，人事相适，充满生机与活力。媒介领导者只有认识到人是有价值的而且人是可以发展的，才有可能在使用人的过程中获得最大限度的利益回报。

① [英]内维尔·贝恩、比尔·梅佩：《人的优势》，徐海鸥译，经济管理出版社2001年版，第2页。

一、一般人力资源的特点

媒介企业要想充分发挥自己的人力资源优势，建立人力资源训练与发展的策略与制度，对其实施有效管理，就要先了解媒介人才的优势特色。一般人力资源具有以下特点：

1. 差异性

人力资源是"人人不同，各有长短"的。人的个性千差万别，作为自由主体的人，都具有不同的思维方式、情绪反应、特殊偏好、人生目标，以及个人特长，不同于资金、设备、原料等资源可以被任意调配、使用。领导者不能期望每个员工的个性都符合自己的想象，尊重员工的个性，就是尊重组织的发展。同时，人的能力也有差异，人在不同的层面的能力是不平衡的。人力资源的合理利用，重点在于使人的某一层面的能力得到最大限度的发展，或者是挖掘人在某一层面的潜在能力，而不是纠正人的能力的不平衡。

2. 自主性

人力资源都是具有自主意识和独立精神的个体，他们可以也有权依据自己的专业、特长、能力和兴趣，选择自己所愿意并认为能够胜任的职业。如果挑选工作的合理要求被束缚在苛刻的条件限制当中，那么，这既是对人力资源的不尊重，也是对可能会产生的转变现存工作状态的机会的放弃。领导者强行将员工留在或安排在他所不擅长的岗位上，是一种浪费。

3. 发展性

这是人的基本特性。在一定的工作环境和发展机会中，每个人都是可以发展和变化的。对于领导者而言，必须认识到人是可以发展的，人的发展是需要条件的，而条件则需要领导者随时注意并提供给有发展潜质的员工。领导者的责任在于，随时发现和鼓励人力资源的发展可能，注意对员工进行具有针对性的培养、训练，使其知识、能力、经验和技术不断得到提高和增长，从而肩负更多的使命，创造更多的价值。

二、媒介人力资源的特点

对于媒介人力资源有什么特点，可谓是仁者见仁，智者见智。因为，大众传播职业五花八门，大众传播岗位形形色色，媒介员工所学的专业和所受的训练也各不相同。但是从总体上看，媒介人力资源与其他人力资源比较起来还是有一些自己的特点：

1. 专业教育

媒介人才大多接受过新闻与传播专业高等教育或接受过相应的培训。因为,所有的媒介老板需要的是具有信息传播的职业意识、能力强、表现出色的人,有良好的写作技巧和传播技巧的人,或喜欢聘用经过学院或大学新闻职业训练的人。专业教育使得媒介人才在适应性上获得更大的优势,并以最快的速度完成角色的转变。

2. 信息传播

媒介人才的工作总是与信息传播有关。记者、编辑、导演、导播、播音、演员、编剧、社长,甚至连发射台技术人员、印刷厂工人等,全都与信息传播有联系。信息传播是媒介企业的中心工作和重要的工作,所有的人力资源都直接或间接地服务于这一工作。

3. 社会效用

“传播业是思想交流的保护者”,是信息传播的倍增器。“从事大众传播的人为公众带来明显的社会效益。他们帮助建立公共讨论的议程,教孩子们如何成为消费者,或者使成百万人得到娱乐。大众传播接连不断的批评和公众对传播效果的关心,使大众传播工作意义更为重大。”(梅尔文·德弗勒等)总之,在当代社会,媒介工作者对社会发展具有巨大的作用。

4. 富有魅力

美国哈里斯民意调查所(1997)曾对美国职业魅力做过一次调查,结果显示:新闻记者的职业受羡慕程度(51%)虽不及医生(87%)、科学家(86%)和大学教师(78%),但在一万多个职业中却排在前 10 名,媒介领导人和演员、导演、艺术家等传播者也都排在前 20 名。杰里米·梅因(J. Main)在《专业人员:新闻记者——正当盛年的职业》一文中写道:“新闻业招人喜爱,正当盛年。如果它过去对一个碰壁的理想主义者来说,是一个收入微薄而且声名狼藉的职业,那么它今天受人尊重,而且工资合理。”在大众文学和公众场合,著名记者、节目主持人、电影电视演员和导演往往成为人们谈论、欢呼和颂扬的对象。

5. 沟通能力

媒介作为大众传播机构,其人员具有相对良好的沟通能力。只有在完成面对面的人际传播的前提下,才能更好地完成大众传播的任务。新闻记者在采访过程中要与人进行直接的交流,播音员、主持人在面对话筒、镜头时也要与观众进行沟通,为了保证信息传播的效果,必须确保他的沟通是有效的。所以,媒介人员在沟通技巧、社交能力方面比普通人更具优势,这是其专业特性所决定的。

6. 政治意识

这是媒介人力资源区别于一般企业人力资源的显著特征。媒介的任何行为都担负着社会稳定和国家安全的职责。我国媒介工作者要有政治意识、大局意识、责任意识。其中,首要的是政治意识。坚持政治家办报、办台,坚持党性原则,是社会主义新闻事业的本质要求,也是新闻单位领导必须具备的政治素质。

总之，对媒介来说，最大的优势是能够拥有优秀的媒介人才。真正具有价值的人才，是保证媒介保持持续竞争优势的重要砝码。

三、媒介人力资源的管理

人力资源管理的基本原则，就是“用合适的人去做合适的事”。“人”与“事”要相辅相成，和谐统一，不可因人废事，也不可因事废人。人力资源的优势是媒介企业竞争优势中最重要的一个环节。它的优势不仅表现在人才本身的素质和特色上，也表现在对人才的有效管理上。

1. 人力资源不仅是获利工具

在西方的媒介经营管理中，由于商业社会的资本获利原则，媒介进入市场化运作轨道，媒介员工作为媒介老板的雇佣者，仅仅是赚取巨额利润的工具。媒介员工一旦不能完成资本增值的任务，就会被老板一脚踢开。其实，这是一种对人力资源的错误认识和管理。在我国，对媒介的人力资源应从以下几个方面加以认识：

（1）人才不是买来的奴隶，而是企业的主人。领导者与员工的关系既是一种领导与被领导的关系，也是一种服务与被服务、公仆与主人的关系。媒介领导者离不开员工的存在和推举。因此，媒介领导者与员工之间需要互相沟通，互相尊重，达成默契。即使媒介领导者为了媒介发展从人才市场或者以高薪挖角的方式“买”到人才，但“买”到的也不是奴隶，而是主人。

（2）人才不是体力的冠军，而是知识的富翁。媒介领导者当然希望员工们个个身强体壮，不吃药，不打针，无病假，但更希望他们成为知识的富翁、传播的专家。在几年之前，知识在某些领域（如农业）也许仅仅是一种装饰，而非必不可少的东西。但如今在所有领域特别是传播领域，一个人要想获得一份理想的工作和事业发展的机会，一张大学毕业文凭显得越来越重要。“知识与教育已成为理想的工作和职业机会的通行证。”“现在社会的重心正在向一个新的集团转变，即为知识工人。蓝领工人正在成为‘另一半人’和一个‘社会问题’。他们正在成为一种‘反主流文化’，而不代表‘主流倾向’。”（德鲁克）作为当代知识集散地的大众媒介，它的工作人员更应是知识的富有者。

（3）人才不是赚钱的机器，而是媒介的“资本”。媒介人才的确可以给公司创造利润，但更重要的是他们可以给媒介增光添彩，赢得社会的广泛赞誉。媒介声誉是媒介的无价之宝，没有良好声誉的媒介，它的产品和服务也很难卖到好价钱。有的媒介逼迫传播界著名人才去拉广告、搞赞助，把他们当作获利工具，这实际上是拿西瓜换芝麻，舍大而取小。随着这种“资本”的耗尽，媒介的发展也就走到了尽头。特别是当媒介人才的抱负得不到施展，特长得不到发挥时，媒介的向心力和凝聚力也就没了，于是他就会“跳槽”而去。

所以，媒介领导者要对人才实施有效管理，第一，要唤醒媒介员工的主人翁意识，使他们把媒介企业看做是自己的家。第二，要重用知识的富有者，走“专家治企”之路。第三，要用其所学，用其所长，用社会效益赢得经济效益。第四，要关心员工的成长与发展，但这要注意两点：一是员工成长需要与媒介成长同步，两者互相协调，互相适应，才能为媒介创造更好的未来；二是员工成长需要与媒介战略目标相吻合，否则，届时不是“有事无人能干”，就是“有人无事可干”，这对双方都是损失。第五，媒介要与真正的人才建立长期合作关系，有时也许需要用合同的形式将其“捆”起来，以防止竞争对手“高薪挖角”。

2. 人才生命周期与管理策略

媒介企业推出产品有所谓的生命周期，人才在媒介内从引入到成长、成熟和衰退各阶段也可称为人才生命周期。有效的人才管理，是领导者对人才生命周期的各个阶段都很关注，以尽可能保持人才的竞争优势。下面分别介绍人才生命周期的四个阶段：

(1) 引入阶段。一个新人进入公司后的两三年内，为人才引入阶段。此时，经过训练的或教育的新人或大学毕业生，对媒介公司一切事物渐渐由陌生到熟悉，并且在其负责的工作职务中摸索出一套采写编播模式，但工作一般不很出色。

(2) 成长阶段。在这一阶段，人才由新变旧，人际关系网络逐步建成，他们的创造性进入活跃期，对自己的传播业务已相当熟悉，其表现相当不俗，符合领导者的期望。只要领导者管理得法，他们的才华就会得到充分施展，媒介也可充分受益。

(3) 成熟阶段。进入成熟期，媒介人才有足够的工作经历和经验，有丰富的专业知识和技能，堪称“十八般武艺样样精通”，有的人可能已有一定的知名度，但却面临发展与突破之瓶颈。此时，媒介领导者若能给予他们适当的训练、进修、“充电”、调职或晋升、提拔机会，将有助于人才生命周期的活性化循环。

(4) 衰退阶段。人才进入这一阶段，衰退分为生理和心理两方面，到了一定年龄的媒体工作者，确实是很难再承受高压力和强负荷的媒体工作，另一些人则是对工作失去了热情，心理上感到厌倦，这个过程有快有慢。有的人未老先衰，不到40岁即已江郎才尽；有的人像开足马力的汽车，到了退休年龄（下坡）才放慢速度。媒介人才一旦进入衰退期，往往缺乏职业敏感和创新精神，缺乏工作积极性和主动性，心力和才力也明显不足。

针对人才生命周期问题，媒介企业宜制订相应的管理对策，以免闲置人才或用人不当，造成人力资源不必要的浪费。

在人才引入阶段，媒介管理者务必用其所学，用其所长，使其适任适所。否则，极可能从此埋没这个人才，使其消沉下去；或者跳槽他去，为竞争对手所用。

在成长阶段，领导者除了要及时给予工作上的肯定之外，尚须经常分给他一些具有挑战性的任务，从多方面锻炼他；还要适当地安排时间让他参加培训、进修或者攻读新闻学与传播学方面的硕士研究生课程，以不断提高其专业理论水平和专业技能。

在成熟时期，对于一个值得媒介提拔的主管人才而言，如果将其送到中央或省委党校培训，或者送到新闻与传播院（系）进修阶段性的媒介经营管理课程，或者参加在职的专业函授教育，这是给人才发展"充电"、"加油"，注入活力。

对于进入衰退时期的人才，若是未老先衰者，宜调换其岗位或安排时间参加专业培训，以激活其创造性和积极性；若是长期服务于本媒介的即将或已经退休的员工，除了可以返聘的形式让其发挥"余热"，以防止他去竞争对手处打工，此外还要给予应有的关心和照顾，或以福利制度等方法使其无生活之忧。这样做，可以培养员工对媒介组织的忠诚感。

3. 媒介人才的管理原则

（1）德才兼备的原则。德和才是每一个媒介人才成长的基本要素，也是衡量各级干部的起码标准。所谓德，是指一个人的政治品德、职业道德、伦理道德和工作态度、工作作风等内容。所谓才，是指一个人拥有的文化知识、理论知识、专业知识和学习能力、表达能力、组织能力、思维能力、创造能力等内容。古人说："才者，德之资也；德者，才之帅也。"有德无才者是谓庸才，无德无才者是谓蠢材，有才无德者是谓诡才，这都不是媒介赢得竞争优势所需要的人才。核心的人才通常都掌握组织的机密信息，在竞争激烈的今天，为了私利出卖组织的"人才"不乏其人，因此，必须坚持德才兼备的原则，反对把德才割裂开来的片面性。

（2）适才适用的原则。有效的人力资源管理，要因事以求才，因才而施用，事得其人，人当其用，人能尽其才，事能尽其功。媒介领导者要坚持人事相宜、适才适用的原则，充分发挥人才的竞争优势，应从三个方面入手：首先，要根据每个人不同的才干，安排相应的岗位和职务，做到不大不小，不高不低，大才大用，小才小用，高才高用，低才低用，人事相配，职能相称；其次，量才任职还要权衡利弊，用其所长，避其所短；再次，使用人才不可"一次安排定终生"，而应随着其年龄的增长、知识的增多、才能的变化，不断对人才作出调适安排，使其始终在最适合的岗位上贡献聪明才智。搞好适才适用的要领是"知事"与"知人"，让"英雄有用武之地"，只知其一或全然不知，就无法做到人事相宜，适才适用。

（3）养用结合的原则。媒介领导者不但要善于正确合理地选用人才，还要重视培养和爱护人才。如果只注意选用人才，而忽视了培养和爱护，那无异于竭泽而渔，久而久之，选用的人才就会老化，就会跟不上社会发展的需要，失去原来的竞争优势。在当今的信息社会，科技发展日新月异，知识更新越来越快，新思想新观念层出不穷。因此，媒介领导者必须要有战略眼光，重视对人才的“继续教育”、“终身教育”以及训练与发展，要把使用、培养和提高结合起来，自觉地有计划地培养和造就能形成梯队的各种人才。教育训练是培养人才，社会实践也是培养人才，把两者结合起来，既养又用，养用并重，可使媒介人才获得更大的进步。

(4) 智能互补的原则。在大众传播中，专业传播者不仅人数众多，协调性强，而且分工复杂、技能不一。以电影电视为例，它集声、光、电于一身，聚采、编、播于一体，汇摄、录、剪于一堂，加上美术家、化妆师、服装师、音乐家、演奏家，等等，人员十分复杂，分工极其细密，队伍也日益庞大。因此，作为个体的媒介人才，任何人都不可能精通各门学科，擅长各种技能。这就要求媒介领导者通过集体的智能互补组成最佳结构，去完成这一系列的相互联系的传播活动。亚里士多德曾说过：“整体大于它各部分的简单总和。”同样，群体的智能互补也大于各个个体智能的简单相加。媒介领导者运用智能互补原则的目的，在于达到总体结构的优化，以便形成竞争优势，顺利实现媒介组织的目标。

(5) 奖惩并举的原则。赏罚分明是人力资源管理中最有成效的手段之一。对成绩优秀的媒介员工给予肯定、赞许，对违纪失职的媒介人员给予惩处、警戒，这种奖惩并举、赏罚分明的原则，对于鼓舞和激励人的斗志，预防错误的发生，具有很大的作用。媒介领导者不仅要关心、爱护员工，而且要对他们提出严格的要求，给予客观评价和公平奖惩。贯彻这一原则，一要赏罚分明，功过不能相抵；二要赏罚公平，亲疏贵贱一视同仁；三要赏罚合理，赏必功，罚必过；四要赏罚有信，说了就要兑现；五要赏罚并用，相辅相成，以赏为主。原卡耐基公司首席执行官斯图卡特·莱文说过：员工为钱工作，为激励、表扬、奖励而奋斗。钱只是生存的需求，而奖励和肯定则是更高层次的心理需求。只要坚持这样做，就可以既让人们从正面接受教育，树立学习榜样和赶超目标，又可以从反面接受教育，吸取教训，慎而戒之。

4. 媒介人力资源整合

媒介是人才集中的地方，随着非新闻传播专业的人才在媒介中的出现，媒介的人力资源呈现出丰富性和全面性。人力资源的整合也成为值得媒介管理者在媒介发展中引起注意的问题。所谓整合，不是简单的叠加，也不是机械的重复，更不是粗暴的弃用，而是通过对人力资源的重新分配、统筹和运用，使人力资源中最具有竞争优势的特长得到长足的发展，有利于促进媒介的发展，有利于提升媒介的实力，有利于提高媒介人员的积极性，从而产生 1+1>2 的综合效应。在整合的过程中，必须注意是否具备整合的必要性和条件，并非所有的情况都适合整合。整合的方式大致可分为以下几种：

(1) 根据受教育状况。媒介员工的受教育状况不尽相同，接受的培训进修机会也不一样。在同一个媒介组织，拥有不同专业和学历的员工可以形成优势互补。在大众传播过程中，仅有新闻专业知识是不够的，优秀的媒介人才必须掌握多种信息资源，了解多种学科精神，不同的教育状况可以使不同专业的优势互为补充，更好地完成信息传播的任务。

(2) 根据工作经历。媒介员工有不同的工作背景，有些人不是一直从事媒体工作的。不同的工作背景对于媒体的发展来说，既是一种经验的共享，也是一种人际资源的获得。不同工作经历的员工在一起工作，可以充分利用原有的工作优势与人际关系网。

(3) 根据能力。前面已经说过，不同的人在不同的层面上的能力是不平衡的。有人长于采访，有人长于编辑，有人长于主持，有人长于制作。能力的整合更多的体现的是合作的精神，媒体工作非常强调团体的合作。没有人能够独立完成大众传播的全过程。所以在能力的整合上，媒介领导者更要注意整个传播流程的程序性和完整性，来确定各个工作岗位上的人员。

(4) 根据个性。人的个性是最需要加以尊重和保护的个人属性，个性的因素在工作中会起到极大的影响作用。个性上的整合是保证媒介正常运作、减少摩擦和矛盾、加强整体协调性的一种重要的整合形式。有的人大大咧咧，有的人严谨认真，有的人敏感脆弱，有的人乐观坚定，这就需要媒介领导者的细心观察和仔细甄别，使媒介人员形成最佳的整合态势。畅销职场小说《杜拉拉升职记》中，有着丰富人力资源经历的作者关于个性有很有趣的描述：招聘时，不仅要看应聘者的个人素质，还要考虑他的个性是否与他要直接报告的上司的性格相合，以保证他们可以和谐相处，齐心协力完成任务。急性子的总监要配手脚麻利的手下，慢性子的老板要配细心温和的手下。

(5) 根据动机。每个人选择工作都具有自己的动机，或者是兴趣，或者是出于对自我发展的考虑。动机直接影响员工在工作中表现出来的战斗力，媒介管理者应该清醒地认识到员工的工作表现背后的动机，对不同的员工进行不同的引导和激励。这种整合更多地依靠媒介管理者对媒介员工表现的敏感度和洞察力。

第二节　媒介人才的选择与任用

一、人才选用的循环与机制

媒介人才的选择与任用，经过多年的探索和积累已经形成了一套程序和机制，尽管各家媒介在做法上不尽一致，但也有一些共同的地方。

1. 媒介人才选用与发展循环

所有的媒介在选择、任用和培养人才时，只有极少数媒介只着眼于短期效益，一般媒介都会有一个长期的规划，有一个循序渐进的步骤，从而能形成人才选用与发展的良性循环。这种人才管理循环链，包括五个方面的内容（见图8-1）。

媒介人才管理循环链具有三个特点：(1) 整体性。它正确地反映了媒介人才管理的整体特征，而不是给人一种零碎的局部的印象。(2) 动态性。它反映了人才管理不断运作的动态特征，而不是只给人一种静态的人事档案管理的印象。(3) 阶段性。它反映了人才成长与发展乃至退休、淘汰的阶段性特征，把握好这几个阶段，既有利于管理者的工作策划，亦有利于被管理者的人生设计。

媒介人才管理循环链以其简洁显明的图式揭示了人才管理的三个规律：(1) 它揭示了媒介人才管理循环往复、周而复始的规律；(2) 它揭示了媒介人才管理优胜劣汰、吐故纳新的规律；(3) 它揭示了媒介人才管理养用结合、奖惩结合的规律。

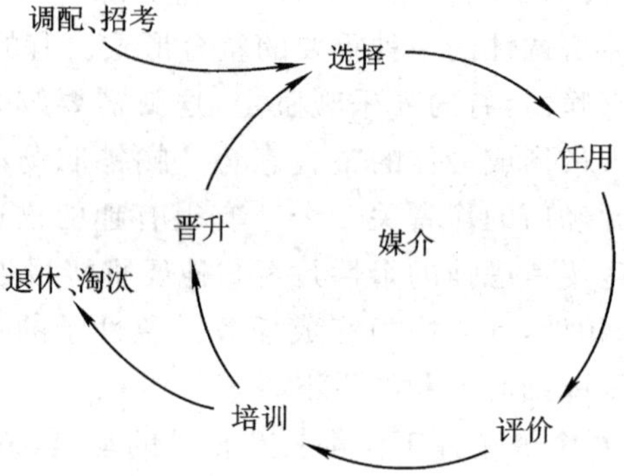

图 8-1 人才管理循环链

本章中的讨论、分析，基本上是按照人才管理循环链所反映的步骤和内容进行的。

2. 媒介人才的选用机制

媒介企业选择、聘用员工的方式往往会因岗位和职能的不同而有所不同。当前，国内外比较常见的选用方式，主要有以下六种：

(1) 社会招聘。这是指媒介企业根据工作需要向社会公开招收工作人员。如参加大型的招聘会，在人才网上投放广告，在组织的官方网站上设置招聘专栏等。具体做法是：媒介单位根据工作需要发布招聘启事，公布所需要人才的种类、条件和数量，并规定相应的物质待遇；然后，对报名应聘者进行考试或考核，择优录取，量才使用，并签订合同，明确规定双方的权利、义务以及合同期限。这种选用方式，有利于发现和启用传播人才，有利于人才的竞争与发展，有利于"任人唯贤"和避免人才浪费。但其中也有媒介领导人假借公开招聘之名，将社会闲杂人员和庸才、蠢材网罗到媒介组织之中，以讨好某些关系户。

（2）聘用兼职。这是指媒介单位聘请社会上的传播和管理人才到本单位来从事有偿的智力劳动。媒介单位所聘请的兼职人员，都有一技之长，有的甚至是某方面的专家，有一定的知名度和美誉度。聘用兼职人员可以挖掘现有传播与管理人才的潜力，减少人才的积压浪费，也可以缓解媒介单位人才紧缺的状况，起到花费少收效大的作用。由于兼职人员一身二任，一身两职，既要保质保量完成本职工作，又要保质保量完成兼职工作，媒介单位可与其签订目标责任制，而不必强求其坐班。

（3）毕业分配。这是指媒介单位根据国家规定的方针、政策，遵循专业对口、学用一致、优生优配、优才优用的原则，从高等院校新闻与传播专业或其他对口专业的毕业生中挑选自己所需要的人才。在挑选时，通常要看毕业生的毕业鉴定、奖惩情况、健康状况、各门功课的成绩、实习表现和刊播作品、单位或老师的推荐意见等。在正式决定前，也可以面谈一次或者进行一次面试或笔试，以全面检验其知识、能力和素质。这种挑选比某些不规范的社会招聘具有更大的可靠性和准确性，也更省钱省力。另外，做好毕业分配工作，也有利于调动在校生的学习积极性，有利于端正党风、改变媒介选用人才的不良风气，也有利于形成人才培养和使用的良性循环。

以上三种人才选用方式，主要是针对尚未正式进入媒介单位的众多人才所提出来的。但是，当这些人拿到了"入门证"成了正式员工之后，媒介领导人又应该如何选择和使用人才呢？一般的做法是：

（4）评议推荐。就是媒介内部每年搞一次评议推荐活动，先个人述职，再民主评议，最后投票推荐，媒介领导者再以得票的多少决定每个人的领导职位和工作岗位。

（5）竞争上岗。就是将一些部门及岗位在报社内部公开招标，实行竞争上岗。招标时由上级主管部门领导与本媒介领导组成评审委员会，全体中层以上干部参加旁听，分别听取每个投标小组陈述工作设想，而后与会者就"班子组成"、"现行政绩"、"工作方针"、"工作设想"、"组织管理"、"印象"等方面评审、打分，大家共同满意的即为中标班子。

（6）双向选择。全体员工在志愿书上对媒介内部各部门填写三个选择志愿，前两个为定向志愿，后一个为参考志愿；同时，让各部门负责人按本部门定编数的 1.5～2 倍填写定员对象；最后，媒介领导者以双向选择的意向为依据确定上岗方案。由于双方"情投意合"，大家都能和谐共事，一心办好媒介。

长沙晚报社为了搞活用人机制，近几年来采取了两种办法管理：一是除正副总编辑外,实行全员聘任制,一年一聘,各部主任由党委聘任,然后采取双向选择的方法选聘编辑、记者。另一个是把采编人员奖金改为内部稿费,对各人见报的稿件按照质量打分,按分计酬。实践证明,这两种办法能充分调动媒介人才的积极性,能有效提高报纸质量。

二、如何发现与任用媒介人才

"得人才者得天下,失人才者失天下。"这对于媒介企业来说也是如此,重视人才的选用和人力资源的品质,媒介事业就兴旺发达;反之,则不免失败衰亡。那么,媒介领导者应如何识别、选拔和任用优秀人才呢?

1. 识别与发现优秀媒介人才的要诀

人才的发现,可以从两个方面来探讨。首先是在媒介组织内部识别人才,其次是在媒介组织外部发现人才。在求贤若渴之际,媒介管理者不要只想到在媒介外部寻找人才,而忽视了媒介内部人员中具有价值的人才。在媒介内部选拔晋升人才,有几大好处:第一,可以满足被选拔人才的自我发展和尊重的需要,在心态上提升其对自我价值的认同及对媒介组织的忠诚度和归属感;第二,可以激励和鼓舞媒介内部其他员工的士气和战斗力,产生隐性竞争的内在动力;第三,可以节省在媒介外部选拔人才的费用、时间和精力。事实上,在某些情况下,不是媒介组织缺少人才,而是媒介管理者缺少发现人才的眼光。当然,在媒介外部发现人才也是相当必要的环节。当媒介内部人员陷入某种工作思维定式中难以超越时,补充新鲜血液是必不可少的步骤,可以使媒介组织保持旺盛的生命力和鲜活感。总体而言,识别和发现人才可以通过以下的途径来进行:

(1) 在实践中识别和寻找。古人曰:"取士之方,必求其实;用人之术,当尽其材。"媒介人才是在传播活动中成长起来的,也要通过传播活动去识别。媒介人才的德才学识是在日常大量的工作、学习和生活中反映出来的,单纯地通过看档案、看鉴定、看报告来选拔人才,往往是不全面的。这就要求媒介领导者在其想要引进的人才的岗位领域内广泛考察,注意这类人近年的实践表现,而后从中选出理想人才并设法挖过来。比如,你想寻找一个优秀的节目主持人,这时你知道不可能从更具优越性的中央电视台挖到真正的人才,但是你却可以凭借地域优势和覆盖面从内地省、地台和本省的地市台寻找到比较优秀的节目主持人。

(2) 建立搜寻人才的网络。就是说,媒介领导者不仅自己要勤勉地寻找人才,还要通过方方面面的人际关系去发现和挖掘人才。有的领导者是从朋友和同事那里听到了优秀人才的信息;有的领导者是从人才交流市场知道了某位人才的情况;还有的领导者重视与本地的新闻与传播研究机构或教育单位的联系,那里经常有高质量的传播人才信息和丰富的学生资源。

(3) 创设一个优秀候选人人才库。在平常就要做有心人，注意将与媒介工作岗位有关的人才记录在案，并留心其发展动向，一旦需要或一旦此人想跳槽，即可立即将其引进，放在适当的岗位上大胆使用。因为，从杰出候选人人才库中选择的那些人才，即使是名单上的第三人选，都可以保证是很优秀的人才。

当然，媒介领导人也可以采用省事但花钱的办法，比如刊播广告在社会上公开招聘，但这往往意味着不论这次招聘有没有优秀人才应聘，媒介都应兑现承诺——招满所说的人数。

总之，媒介领导者将时间花费在识别和发现优秀媒介人才上，是一项很有远见的做法和投资。从新老交替、优胜劣汰、搞活经营的角度看，发现和引进优秀人才都是有意义的。

2. 审查与选用媒介人才的准则

大体而言，选用媒介人才的标准与其他组织选择人才的标准总体要求是一致的：第一，是工作表现；第二，是发展潜力。工作表现是体现一个人工作能力的一个硬性的指数，当然还存在着这个职位是否适合该员工的问题，这是领导在分配岗位初期应该反复权衡考虑的因素。发展潜力则是对一个组织的持续稳定发展有重要作用的一种保证，人的潜力的发挥往往跟个人的教育程度、工作经历、个人性格和家庭背景等有充分的关联。这个条件相对具有一定的主观倾向，难以量化，因而是审查与选用媒介人才中较难把握的一个要素。

(1) 检查参考资料。急于引进人才的媒介领导者绝不能仅依赖于个人自荐书或个人申请书中提供的情况概述和资料，也不能过分相信此人以前任职单位的鉴定意见和交谈材料。因为，任何自我推销者都不会将自己的缺点全部写进给聘用单位审查的材料中，以前任职单位的领导者为了将自己解雇的或不满意的职员顺利转让出去，也绝不会写任何不好的情况。但是，你可以漫不经心地向其以前的老板提出某些问题，通过他们的回答，你即可以初步了解该应聘者的情况。一般情况下，这些媒介单位领导人会友好合作的。这些问题主要有：您还会雇佣或引进一些人吗？为何此人要离开贵公司？您对失去此人感到遗憾吗？此人的工作效率是高还是低？如果此人还留在贵公司，他在近期内是否会得到晋升？对这些问题的回答，可以向你提供十分有用的信息。

(2) 不以求备取才。“用人不求其备（完美无缺），嘉善而矜不能（体谅力不能及）”。（苏轼《湖州谢上表》）“求士莫求全，用人如用木。”（程允升《幼学琼林》）这就是说，对应聘人才的审查不要面面俱到，事无巨细，而应论大功而不记小过，举大善而不录细理。在美国南北战争期间，起初林肯总统手下的将领个个“无缺点”，但却被对方那些个个有些缺点的将领打败了。后来林肯决定任命格兰特将军为总司令，有人提醒林肯：此翁嗜酒如命，难当大任，林肯未予理会。结果格兰特上任后很快扭转了战局。所以，杜拉克认为：“倘要所用的人没有短处，其结果至多只是一个平平凡凡的组织。所谓‘样样都是’，必然一无是处。才干越高的人，其缺点也往往越著。有高峰必有深谷。谁也不可能是十项全能。与人类现有博大的知识、经验、能力的汇集总和相比，任何伟大的天才都不能及格。”①

(3) 不以资貌取才。“不限资考（资历），惟择才堪（才能称职）者为之（担任）。”“限以资例则取人之路狭；不限资例，则取人之路广。”（欧阳修语）媒介领导人选择人才不要只看资历、出身、后台，而应着重看其实际才能和水平；也不要只以衣冠相貌取人（当然这对上镜头的人来说也是重要的），而应注重人的内在的东西。古谚云：“相马失之瘦，相士失之贤。”意思是相马者往往因为马瘦而看错它的材质，相人者往往因为人贫穷而忽略他的才能。选择、任用人才的关键，是要看他能不能出色地完成工作，能不能为媒介赢得好的声誉，夺得更多的受众，带来更多的利润。花旗银行的取才原则是：“选最适合的人，而非选最好的人。”

(4) 当面提出问题。如果从档案、走访和自荐材料中还很难对应聘者作出全面了解，那么还有一个行之有效的办法，那就是向应聘者或选用对象当面提出试探性问题。实践证明，大多数被询问者在回答这些问题时会非常坦率。比如，一个显得很忙的媒介领导者在与应聘者谈话时可以这样问他：“我们彼此间一时没有足够的时间来相互了解，你是否可以告诉我，你有哪三大主要优点？”应聘者会爽快回答的。然后可以接着问：“那么，你也能告诉我你的三个主要缺点吗？”大多数应聘者也会很坦率客观地加以回答。如果你对上述回答满意，并有选用意向，那么可以再问：“假如让你当某某栏目的主持人，你有什么办法将它搞得更好？”真正优秀的人才，这时他会从容不迫地搬出一套工作设想。

此外，媒介领导人还可以合理借鉴诸葛亮《心书》中关于“知人”的七种标准或方法：(1) 用是非来考察他，看他的意向是否坚定。摇风摆柳式的下属绝不可靠，随时会朝你飞脚。(2) 用言辞来难他，看他的应变能力强不强。(3) 拿策略向他咨询，看他的判断对不对。(4) 把灾祸困难告诉他，看他的勇气壮不壮。(5) 以酒色来陶醉他，看他会不会在这些场合大失常态。(6) 让他处理财物，看他是否廉洁，挪用公款的人即使才华出众，亦断不可信赖。(7) 交任务让他完成，看他信用好不好。如果这七条标准全部符合，必定是个很好的媒介人才。

三、如何驾驭和留住媒介人才

媒介人才一直被认为是一群难以管理的人，这是因为他们是一群有点特殊的人：(1) 他们从事的是脑力劳动而不是体力劳动，而脑力劳动不可以生产流水线的形式加以规范；(2) 他们通常总有自己的思想和观点，而且有一定的深度和

① ［美］杜拉克：《有效的管理者》，许是祥译，台北企业管理发展中心 1978 年版，第 86 页。

创造性；(3) 他们习惯客观地传播他人的观点，也会情不自禁地把自己的见解写成文章或公开讲出来。因此，管理好这些富有才智和思想、但各有脾气的人，不是一件容易的事。

在驾驭和留住媒介人才方面，可以运用内部营销的观念来加以认识。内部营销是一种把雇员当成消费者的哲学，取悦雇员的哲学。通过能够满足雇员需求的分批生产来吸引、发展、刺激、保留能够胜任的员工①。在这样的观念中，强调了员工和他们的需求，把员工当做等同于目标市场顾客一样重要的取悦对象。体现了在人力资源管理中的积极的相互协调，以内部的沟通、信任、协调来促成媒介组织外部任务的达成。媒介管理者必须认识到，媒介人才的需求是值得重视的，这直接关系到能否使媒介组织对人才产生长久的吸引力。这种需求包括员工对自己的工作成就、社会认同、人际关系、自我实现等方面的要求，也包括员工及管理者对媒介组织本身的发展要求。要使这两种需求保持内在的和谐一致，就必须使媒介内部享有共同的利益追求。只有真正理解人才的需求，才能在驾驭和留住人才方面游刃有余。

1. 驾驭媒介人才的策略

驾驭媒介人才的主要矛盾是：媒介迫切需要有创造性且能独立思考的人才，同时又需要用一定的纪律约束他们，而他们总是对受人领导有所反感。媒介领导者对员工的工作很难作出明确的界定，虽然如今许多报社对记者规定了见报稿件的数量，并按质打分，按分计酬，但用以衡量的标准仍有一定的主观性。因此，要驾驭这些人一定要讲究策略和技巧。下面，我们介绍美国《时代》杂志、时代华纳公司的总编辑赫德利·多诺万在30多年的工作中总结出来的“驾驭这群野马”的一套工作模式：

(1) 管理媒介人才不是一件容易的事。管理者必须充分认识到，自己是在营造、改善并保护一种使得具有创造性的人才发挥其最大才能的环境。这些具有创造性的人才可能喜怒无常，动辄发脾气，但不必计较，因为你毕竟帮助造就或培养了一位知识天才。只要管理工作细致入微，即使是庞大而复杂的媒介企业也能使具有创造力的人脱颖而出。

(2) 对下级必须像对上级一样忠心耿耿。一位优秀的管理者应该维护属下的利益，当然不是盲目维护。对属下尽量多表扬鼓励，一旦出了差错，即使责任不完全在自己也应由自己主动承担。对下级要与对自己的上司完全一样。媒介人才往往对事情不轻易相信，很少有英雄崇拜心理。他们希望自己的领导者对下属是忠心耿耿的。

(3) 一流的人才是独立思考的人才。善于独立思考的人从来不是完全受雇

① [美]丹尼斯·J. 克希尔：《内部营销》，刘京安、臧恒佳译，机械工业出版社2000年版，第4页。

于人的。媒介人才不会不假思索地同意管理者的意见。如果是这样，这个人也就没有多大用处了。但是，在一个人才汇集的单位里，领导者必须经常作出不能使人人都满意的决定。在这种情况下，最大的希望是使持不同意见的人能尊重作出这一决定的规程，并且尽力使他们理解领导者的决定，消除他们的抵制情绪，保持积极配合的心态，这才有利于大局的稳定。

(4) 要沉住气。在一个人才集中的媒介，员工对管理者的了解要比实业界员工对经理的了解更深，很大一部分员工同管理者的社会地位是相同的。所以，他们常以同一水平线的目光对领导者加以仔细的观察和研究。在识别真假这个问题上，知识分子可能不比蓝领工人快，但一旦看出来了，他说出的话却比蓝领工人更加无情。因此，管理者一定要沉住气，不要摆架子。

(5) 打破宗派观念。对于《时代》杂志公司编辑系统的组织图表，赫德利·多诺万从来不看。他要求编辑们离开自己的杂志，轮流到其他部门短期任职，并随时调进他的办公室任代理副手，但又随时调出去。这种轮流的做法，有助于打破杂志编辑人员之间的宗派观念。

(6) 敢于批评。管理者必须善于表扬下级，但也必须敢于批评，尽管批评是难度更大的工作。成功、有效地批评媒介人才必须包含以下三点：① 你能干得更好。事实上，有些工作本已经干得很好了，只是希望你能够将其他工作干得同样好。② 对你的同事用同样的标准来衡量。③ 对管理者本人，希望下属或其他人也能够以同样的标准来要求。

(7) 按规定办事，即使不合理也要公正。衡量媒介活动好坏的标准是主观的，尽管它也有一定的客观依据。但是，领导者必须做到让下属觉得处事公正。一位领导者办事不可能使每个人都信服，但是需要 90% 以上的员工相信他所定的数量和质量标准对每个人都是公正的，也许这些标准很难予以界定，或者是不尽合理。

(8) 鼓励出谋献策。媒介领导者必须知道，知识分子对于本单位怎样才能把工作做好往往有许多建议，而且往往将主意与抱怨混杂在一起。这种积极主动地出谋献策应该得到鼓励。当管理者得到这些主意后，不论好坏，一定要让出主意的人知道主意已收到了。这些主意，对于增强媒介企业的活力、提高传播效果必不可少。

(9) 掌握说一不二的时间。在大多数知识分子集中的单位里，宽容度普遍较高，协商从不间断，以寻求取得一致的意见。不经协商而直接下命令行事，往往行不通。尽管这样，也会出现无法再讲民主协商的时刻，对于那些时间紧、任务急、必须及时作出的决定，就要说一不二，斩钉截铁。

(10) 掌握鼓噪声何时逼近。在一个媒介机构内，人们的牢骚和不满往往持续不断。领导者必须亲自了解或通过他人了解清楚：他们主要对哪些事不满？

这种鼓噪声什么时候会更大？哪些事是需要予以立即研究解决的？哪些事是可以置之不理的？不满的持续积累是对媒介组织发展的潜在危机，如果不满得不到宣泄和解决，也会极大地伤害员工的积极性。

(11) 给予丰厚的报酬。报酬是最直接、最有效体现个人价值的指标，媒介公司应以充分的财力去奖励那些应该受到奖励的媒介人才，以鼓励他们的聪明才智的进一步发挥。奖励应根据员工个人的专业、表现与效率，只要他有杰出的绩效与表现，就要给予奖励和表扬，但对表现不良的员工也要给予适当批评和惩处。

(12) 注意重要的细节。一位媒介领导者，不管他有多么能干的副手分管人才选用去留工作，自己必须亲自深入研究这个细节。富有洞察力和敏锐感觉的媒介领导者，会从细节上看到组织运作中的隐忧，掌握问题的根本症结。注意细节，不但是媒介管理中的一种艺术，也是拉近管理者与员工之间关系的良好途径。

此外，还有许多媒介公司注意向员工们提供媒介运作信息。有的媒介以记者手册、出版指南等形式，向员工介绍本媒介的历史演变、机构设置、资源现状、发展规划、人事政策和升迁程序、奖惩措施、福利制度等；有的媒介以内部简报或周刊的形式，扼要地刊登员工流动或组织变化的特点、奖惩情况、呆账数目，防止"赖账"的办法、有待任命的空缺、媒介经营的新举动、受众对媒介的批评等。这样做可以让员工了解本企业的价值观及"游戏规则"，对公司的理念有所遵循，也可以增加公司运作与决策的透明度，减少员工的不满与抱怨，增强媒介企业的向心力。

除了媒介运作信息之外，媒介管理者还应该向员工传递信任信息。即使员工时刻感觉到他的行为表现是被媒介领导所充分理解和信任的，这种理解和信任也是通过沟通来完成的。"沟通是使一个人能够理解某种事物的行为，它意味着一个传递过程的发生"，"沟通行为把达成理解和妥协当做目标，而不是把信息从一个群体传送到另一个群体。"[①]这意味着，所谓人力资源管理中的沟通，不是命令的单向传达，也不是意图的直接施加，而是互动的信息的流通。信任信息通过沟通被员工所理解。对信任信息的准确理解，将会提升员工对媒介组织的忠诚度和对个人表现的自我期待。

2. 留住媒介人才的办法

首先，媒介组织的生存与发展离不开人才。要得到最优秀的人才，国际上最常见的办法就是以最优厚的报酬将他从竞争对手那里挖过来。美国最富有的传媒大亨纽豪斯、香港影视巨星邵逸夫等都是"挖角"高手。"挖角"没什么不好，它

---

① [美]丹尼斯·J. 克希尔:《内部营销》，刘京安、臧恒佳译，机械工业出版社2000年版，第130页。

至少可以促进人才流动,避免人才浪费,充分发挥人才的积极性,促使媒介好好珍惜和爱护人才,想方设法留住人才。其次,人事变动会给公司带来很多损失,造成公司成本加大。有些专家估算,一个员工的离职为公司带来的开支最少是该员工工资的30%,最高可达200%,[①]所以,聘任新员工固然重要,可是,设法留住老员工,尤其是业务过硬、经验丰富的优秀员工,更是媒介组织应当重视的问题。至于如何留住优秀人才,控制人才外流,依据国内外媒介领导者的管理经验,可以归纳出以下几种办法:

(1)"软硬兼施"法。所谓"软",就是加强思想政治工作。做采编人员的工作,要"重原则讲感情",在原则问题上不含糊不迁就。对采编人员在生活上要关心爱护,形如一家。至于"硬"的一手,就是定几条规定管住人才流失。

(2)克制忍让法。曾有一位出版社社长说:出版业的危机不在于缺乏思想和创意,而在于已有的思想和创意难以实施。富有思想和创意的人才,其最大敌人可能不是其他媒介同行,而是其所在的组织,因为它会将他大部分的思想和创意丢进纸篓,并常将他视为"不安分者"和"喜欢出风头的人"。一个媒介的经营管理要想获得成功,媒介领导者就必须善于克制忍让,听取建议,而后下决心、花力气使好的主意付诸实施。至于他们那种目无领导、盛气凌人的态度和语气生硬、缺乏技巧的讲话,同他们的好主意所赢得的效益相比,就不算什么了。克制忍让既能获得效益又能留住人才,何乐而不为。

(3)搭台唱戏法。有许多媒介人才对当官并无兴趣,他们觉得那样不自由,但他们都有自尊和受别人尊重的需要,有自我表现、自我发挥和自我完善的需要,所以对他们最好的奖励莫过于给他搭个"舞台"让他充分"表演",使他的才华和抱负得以充分发挥和施展,从而获得社会的承认。有的优秀人才之所以要"跳槽",究其原因既不是报酬少、住房小、职位低,也不是同事关系不好,而是英雄无用武之地,自己的特长和才华无处发挥,未得到充分开发。所以,对于这些人才,媒介领导者的职责就是尽可能地给他们提供一个自我表现的天地。

(4)提高待遇法。这是指对真正优秀的媒介人才制订提高薪金、奖金、住房、用车等待遇的制度,以吸引和留住人才。这应有个标准,比如:他在传播领域中具有较高的知名度和美誉度,受大众欢迎和好评;他具有某个领域里的十分优异的专业知识和能力,能够解决许多难题;他通过富有创造性、革新性的研究使媒介经济效益大幅提高;他在所任职的领域中得到最高级的个人奖(如电影金鸡奖、金话筒奖、范长江新闻奖);他在国内或国际学术委员会中兼任要职,并发挥重要作用,等等。总之,只要他是本单位举足轻重的骨干人才,就要以高报酬、大

---

① [美]高斯蒂克、埃尔顿:《一天一根胡萝卜:365天的员工激励方案》,罗艳林译,电子工业出版社2008年版,第308页。

住房和本单位领导者基本同等的工作待遇等将他稳住，有的即使到了退休年龄也要争取延聘或返聘，以免他到竞争对手那里去发挥余热。

(5) 利益捆绑法。就是将媒介人才的个人利益与媒介公司的集体利益捆绑在一起，一荣皆荣，一损皆损，而最优秀的人才表现愈好、留用时间愈长，他从中得到的利益就越多；相反，就越少。在西方，媒介公司老板有时以赠股的形式分给优秀的领头人一定的股份，而其他员工则抽取一定的薪金每年自然入股，每年分红一次。在国内，有的媒介是按职务、职称的大小搞内部集资，而后根据创收情况分发红利。可见，利益捆绑法不仅可以有效地留住人才，而且可以极大地调动优秀人才的工作积极性。

第三节 媒介员工的培训与发展

媒介领导者不仅要善于选拔和使用人才，而且要重视培训和造就人才。培训与发展是人力资源管理中提高竞争优势的一项十分重要的工作。科学的培训与发展不仅使媒介员工能够应付现今的工作，更能令媒介人才有足够的知识与技能来面对将来的新任务，同时，培训与发展也代表了媒介组织对员工前途的重视和关心，这种投资可增强媒介组织的凝聚力和向心力。

一、培训与发展的意义

1. 培训与发展的含义

所谓培训，就是根据媒介事业日益发展的需要，对媒介员工进行有目的、有计划、有组织的培养和训练，以提高他们的政治素质、知识水平、传播技能和职业道德水准。所谓发展，则是指媒介员工在接受培养、训练与教育、锻造中的一种成长、扩大、升华的系统过程。通过这一过程，个人的知识由少到多，技术由粗到精，认识由浅入深，思想由幼稚到成熟，工作由被动到主动。

在学习对象上，培训已经渐渐地被看做是取得传播技巧、技术与机器（如电脑）操作技能的一种教育过程；而发展则被认为是提高政治觉悟、思想水平、先进知识和研究能力、决策能力的一种教育过程。参加电脑操作训练和上岗前的培训，属于前者；接受研究生教育或党校高级进修班的学习，属于后者。

从学习者来看，参加培训学习的人面广量大，而且多针对技艺不精湛者；而参加发展学习的人则是经过挑选的，多为少数业务尖子、骨干分子和中层以上干部。

从课程的设置来看，培训课程的设置针对性强，时间不长，着重在较短时间内解决一个具体问题;而发展课程的设置则着眼于人才成长、发展的长远目标,也不指望在短期内使学习者一下子成为一个大家所期望的那种人才。

随着社会日益信息化,新观念、新知识"汹涌"而来,新的传播科技和手段层出不穷,媒介员工要适应时代的发展、社会的进步和工作环境的变化,就必须积极参加甚至要主动争取参加各种培训与发展的学习,以便为自己积累更多的竞争优势;而作为媒介领导者也应建立、健全媒介员工的培训与发展计划,以不断为媒介注入生机与活力。在"新工作新学习协会"提供的研究报告中,为继续发展员工学习的"有能力"的组织列出了一些原则,包括:"尊重员工的观点,清楚整个员工团体需求的能力;为发展和保持这些能力制造挑战,提供支持"。①

2. 培训与发展的作用

(1) 增强竞争优势。在日益激烈的媒介竞争中,真正决定媒介企业生存发展、兴衰成败的关键因素是人力资源的素质。一个媒介企业若没有一大批高素质的人力资源,要想赢得竞争优势、立于不败之地是难以达到的。重视培训与发展,不仅可以提高媒介员工的现有工作能力,而且可以提高媒介产品质量和营销业绩,从而增加公司利润,取得竞争优势。

(2) 提高员工素质。科学的培训与发展教育,既可以提高产品质量和营销业绩,也可以提高和优化媒介员工的自身素质。一个具有较高的思想修养、文化素养、职业道德和业务能力的员工,他必然注意文明礼貌和自我形象,能够与同事和谐相处,合作协调,能顺利、圆满地完成具体任务。一位管理专家对某家电视台总裁说,重视和执行在职培训与发展,从表面看,在这一不多的投入中受益的是员工——提高了自身素质,但真正受益者是媒介。

(3) 激励人才上进。培训与发展是媒介企业对员工或优秀员工实施的一项福利,是其整个薪金组合中的一部分。因此,是否得到培训与发展的机会,即意味着他是否获得这一福利或薪金。有的媒介公司的员工对培训与发展缺乏热情,不积极参与,这是因为上级主管部门或本媒介领导者常以外调干部或"挖角"来填补高层空缺,而未使这一工作与考绩、内部晋升结合起来。正确的做法是,将培训与发展同员工的工作表现、晋级提干结合起来,即只要一个人有出色的表现和业绩,就应该让他有深造提高的机会,就应该在晋级提拔等方面优先予以考虑,这样才能鼓舞士气,激励上进。

(4) 迎接未来挑战。媒介发展的未来既难以预计又充满风险,谁预先为此做好充分准备,谁就能在未来的竞争中占据有利地位。但是,常有媒介企业在制

① [英美]伊恩·贝尔德维尔等:《人力资源管理:现代管理方法》,胡昱等译,经济管理出版社 2008 年版,第 289 页。

订战略规划时忽视人力资源的培训与发展，结果当环境发生变化而出现良好商机时，却没有适当的人去完成，从而失去了迅速发展的大好机遇。所以，在制订员工培训与发展规划时，领导者要将其与媒介的发展目标结合起来，使其成为实现媒介远期战略任务中的一项有效投资。必要时还应请专家来规划人力资源的培训与发展工作，使之能适应未来的变化和发展，避免人力资源落后过时。

二、培训与发展的原则

1. 培训发展与实际使用相结合

对媒介员工的教育培训要按需施教，坚持“干什么、学什么、缺什么、补什么”的原则，使学用一致，学以致用。学是手段，用是目的。倘若学非所用，用非所学，学用脱节，那么这项投资就徒具形式，而无实际意义。只有将这两者有机结合起来，使学用一致，才能达到较为理想的效果，才不至于造成财力和人力的新的浪费。媒介领导者在对员工进行培训以前，应对员工的使用目标有一个方向上的把握，即对员工的能力、潜力和创造力有一个基本认识，并对其在培训后要达到的水准有一种预期。根据这种预期，对其进行具有针对性的培训。

2. 专业学习和个人发展相结合

媒介人员的培训，一方面是新闻业务知识和技能的再学习，也是一个阶段中经验和教训的反思沉淀和积累梳理，另一方面也是对个人知识结构上的补充和完善，是对个人全面综合素质的再提高。在培训过程中，不仅要对业务水平提出新的要求，也要为个人发展目标的实现提供契机。媒介领导在为员工提供培训进修的机会的同时，应充分考虑员工个人发展的需要，有的放矢，眼光要放得长远，要认识到这种长线投资对媒介组织自身的发展是大有裨益的。

3. 全员培训和重点发展相结合

当代社会知识信息急骤增加，科学技术迅猛发展，知识和技术更新的速度越来越快。媒介产业作为知识和信息的集散地，其员工的知识和技术水准必须与其保持动态平衡。因此，就需要对全体员工不断进行培训。特别是当媒介产品生产线由一套全新的设备和科技（如电脑）替换时，那么就需要对全体生产者进行培训。如果学习内容只涉及少数人的工作质量，或者学习内容属于提高性质且与晋升有联系，这就是重点教育发展的问题。全员培训的对象不可能都成为重点发展的对象，但重点发展的对象必须掌握全员培训的知识和技能，否则就无法发展和提高。

4. 在职培训与脱产学习相结合

培训与发展是为了更好地工作，为媒介创造更多的效益，但是，不恰当地安排或者脱产学习的员工太多,就会影响媒介的正常运作。这就要求媒介领导者在不影响媒介运作和传播效果的情况下,合理地安排好在职培训与脱产学习的比例,先学与后学的比例,普及与提高的比例,坚持以业余学习和在职培训为主,并号召员工在干中学,学中干,边干边学,边学边干,从而使人力资源始终保持着旺盛的生命力和强劲的竞争优势。

三、培训与发展的形式

日本村田机械株式会社对管理人员采用的是五阶段逐级培训形式:(1) 入社训练;(2) 一年次研修;(3) 三年次研修;(4) 四等级研修;(5) 系长研修。这五个方面的培训要经历五年的时间。

中国时报社把对员工的在职训练分为四种类型:(1) 新人训练;(2) 在职训练;(3) 专业训练;(4) 主管训练。前三种属于一般培训,最后一种属于发展教育。也有媒介将前三种统称为专业训练,将最后一种称为管理训练。依据我国媒介员工培训与发展的实际情况,可以分为四种形式:

1. 新人训练

对刚进入媒介企业的大学生们进行教育培训,是媒介人力资源管理中的首要一环。培训内容为:领导人训话,介绍该媒介的历史、现状、机构,以及长远规划,讲授媒介内部的各种规章制度、奖惩措施,描述本媒介在竞争中的特点、地位和优势,使他们对本公司的真实情况预先有个初步了解,以很快适应变化了的新环境。为了配合新人训练和日常对外宣传,有不少媒介组织还编印了《员工手册》、《工作指南》和本公司情况简介等文字材料,或者摄制了反映本媒介变化发展的电视纪录片和光盘。这个办法值得推广。

2. 专业训练

这是对媒介员工所从事的专门业务所进行的训练和教育。在媒介公司内,几乎每个人都有自己的专门业务,而这些专门业务也都有一定的特点、要求和职业规范。从记者、编辑、摄影(像)、剪辑、播音、导演(播)、主持人到广告设计者、制作者、管理者,从文字录入到报纸、杂志、书籍的印刷、装订、发行,都需要专门的知识和技能,因而也需要专门的培养和训练。这类训练,可以利用午间休息时间将大家聚在一起,对一些具体问题进行自由讨论、切磋;可以每天将一些优秀作品张贴出来供大家观摩、学习;也可以让员工将工作中的心得或疑惑提出来共同研讨;还可以让一些员工外出参加与其专业有关的短期培训或学术研讨。

3. 管理训练

经过磨炼,一些优秀的专业人员将会逐步走上主任、经理、主编等管理岗位,这就需要对他们进行管理训练。一般来说，媒介对于要栽培和晋升的优秀专业人才，在晋升前半年就应安排他在职或脱产学习初级媒介管理课程，让其拥有一些基本的管理知识。但是，随着职位的逐步升高，他还应加强对媒介经营管理高级课程的学习和研修。媒介领导者可以让管理训练的对象向有关的媒介管理专家请教，在他们指导下选读一些书籍；也可以让管理训练的对象参加媒介经营管理培训班；还可以让其到新闻与传播院校攻读硕士或博士研究生课程，接受经营管理方面的系统训练。

4. 老板训练

这是对媒介组织领导者（如报社、杂志社、出版社的社长、总编辑、总经理，广播电台、电视台的台长、总经理等）所进行的高级训练。主要由上级主管部门（如中宣部、国家新闻出版总署、广播电影电视总局，以及省级和地级管理部门）出面筹办、组织这方面的培训和研讨，目的是学习方针政策，统一思想认识，协调编辑方针，掌握宣传口径，确保大众传播有较好的社会效果。

四、持续型学习

从狭义上看，培训和发展指的是根据媒介员工的实践情况，在某一个特定阶段，集中时间和精力进行的短期的再学习，目的是为了使其更好地适应未来的工作，以及开发自己尚未发展的潜能。从广义上看，任何组织对员工的培训和发展都不应该是一种短期行为，应该是一种持续的、终身的学习发展行为。很多管理学家认为，21 世纪组织的优劣标准在于，一个组织能否在市场中保持生存的活力和动力以及发展的可能，而要使组织在市场的考验下持续生存并具有旺盛的生命力，必须将组织建设成为学习型组织。学习型组织概念的提出，体现了管理思想中的一个重大转变：即“从用人干工作转变到用工作育人”。学习型组织强调学习对于组织发展的必要性，组织要适应瞬息万变的社会环境，必须不断地学习。这种学习是不分阶段的、每时每刻都需要的、终身的、不分员工和管理层的学习。

对媒介组织来说，培训和发展不仅是被管理员工的事情，也不仅仅只有媒介的员工才需要提高和学习。对于媒介管理者来说，持续型的学习更是意义重大。在媒介中，要保持持续型的学习氛围，强调知识共享是非常必要的。无论是在阶段性的培训和发展中，还是在日常的工作实践中，知识、信息、资料、人际关系资源网络的共享都是使员工感受信任，并被鼓励去学习的内在动力。所以，媒介人员的培训和发展不应该是狭义的微观行为，而是与媒介发展战略有密切关联的广义的宏观行为。在媒介内部建立起一种鼓励学习发展的文化氛围，不仅是对媒介员工个人的要求，也是媒介自身发展的要求。

第四节 媒介人员实绩考核

对媒介人员的工作实绩进行考核，是媒介领导者选用人才的出发点和归宿，也是衡量领导水平优劣的综合尺度。实绩考核的过程，是一个衡量与判断媒介员工思想品质和工作好坏优劣的过程，也是一个展现媒介人事管理水平的过程。“成功管理业绩的重要之路就是建立一套符合公司成长的、能促使公司业绩提升的业绩考核体系。”①因此，媒介领导者正确认识和掌握媒介人员实绩考核的内容、原则和方法，对搞好考核工作具有重要意义。

一、实绩考核的意义与作用

1. 媒介人员实绩考核的含义

实绩考核是指对媒介人员的政治觉悟、工作成绩、工作态度、工作能力、学识、品行、性格及健康状况等所进行的考察和评价。

实绩考核的目的就在于全面、正确地评定媒介工作人员与其所从事的工作是否相称，是否还有潜在能力，是否要作出改进和调整，并以此决定对考核对象的任用和他所应得到的待遇。对于实绩突出的人员，要进行表彰奖励，符合条件的要提拔使用；对于不称职的、实绩差的人员，要进行批评教育，实行降职、免职或调整。

对媒介人员的考核，其重点应定位在他们为实现特定目标所表现出来的工作效率、工作能力和所获得的效果、效益上。就是说，要看他们干了些什么，而不是看他们说了些什么；要看干的结果，而不是看干的计划。总之，就是要看实绩，看效果和效益。

2. 媒介人员实绩考核的意义

(1) 考核是媒介人力资源管理的重要环节。在构成人力资源管理制度的诸环节中，考核工作与考试、招聘、任用、选拔、奖惩、升降、任免、培训等工作一样，都是十分重要的环节。如果说考试与招聘的主要目的是择优选拔录用所需人员，重在把好“入门关”，那么考核的主要目的是对入门者的工作进行多方面的考察和评价，根据全面考核结果，实施升降奖惩，因此重在把好“上楼关”。可以说，考核这个环节的工作做得好坏，对每个媒介工作人员的考核结果的评价是否客观、正确，直接影响到其他各项管理制度的实施，也影响到媒介组织内部的人才

---

① 张文贤：《人力资源总监——人力资源管理创新》，复旦大学出版社 2005 年版，第 474 页。

队伍的建设。

(2) 考核是总结经验教训的有效手段。对媒介人员的实绩进行考核,其根本目的是帮助媒介员工总结经验教训,找出并汲取成功的经验和失败的教训,使其从感性认识上升到理性认识,进一步发扬优点,纠正缺点,在实际中不断提高思想和领导水平,创造媒介经营管理的新业绩。

(3) 考核是发现和选用媒介人才的客观依据。通过严格考核,媒介领导者对工作人员的政治素质、专业水平、工作效率、工作能力、工作实绩、人际关系及个性等长短优劣的资料和情况,就有了较为全面、客观的了解,从而也就为人尽其才、才尽其用找到了客观依据,也为媒介人才科学的"充电"、"加油"、培训发展提供了参考信息。

(4) 考核是调动媒介人才积极性的有效措施。每个人的素质和能力是不同的,因而工作实绩也有差异。通过考核,找出差异,分清优劣,辨明功过,并以此确定对媒介人员的升降、奖惩和报酬,就能起到激励先进、鞭策后进的作用。同时,还可以切实改变以前"干多干少一个样,干好干坏一个样"的"大锅饭"和"能上不能下,能进不能出"的"铁饭碗"的管理状况,使人人都有紧迫感和危机感,从而积极投入竞争。

3. 媒介人员实绩考核的作用

(1) 识别作用。实绩是一个人的综合素质和多种能力的反映。通过实绩考核,媒介领导者不仅可以确切地了解一个人的工作实绩,而且可以准确地识别一个人的内在素养。考核有一整套的考评体系和方法,能够对人的思想、品格、才能、业绩等作出全面、客观、精确的描述,有很强的科学性,因而有助于了解和识别人才。

(2) 激励作用。心理学的研究认为,人的行为来自于人的动机,人不会无缘无故地采取行动。因此,动机的激励必然导致行为的增强。媒介组织的考核工作,既能客观地反映媒介人员的工作实绩,使升降、奖惩有据可依,也能有效地激发媒介员工奋发向上的工作动机,使自身的自尊心、上进心和实现自我价值的心理得到满足和升华。

(3) 协调作用。既然考核是考核对象本身综合情况的客观反映,那么媒介领导者和考核对象就可以根据考核情况,来协调员工或自身在整个工作中的行为,以适应环境的变化和工作的需要。这种协调可以是组织协调,即媒介组织根据考核情况对有关人员的职务、职责、岗位和行为等作出调整;也可以是自我协调,即媒介员工根据考核反馈信息对自身的奋斗目标、专业方向、工作效率、工作任务等作出调整。总之,协调就是根据自身特点,谋求改变现状,以符合媒介组织的要求。

(4) 反馈作用。媒介组织处于一个职业内容、工作方式、市场要求都充满变化的世界里，要使媒介适应内部环境和外部环境的变化，必须有畅通的信息流通的渠道。反馈是媒介组织非常需要的，如果媒介无法在它的员工和它的市场两个层面上得到正常的反馈信息，那么其损失是无法估量的。而考核既是一种对员工的评定识别，也是一种反馈。对于工作岗位的分配是否恰到好处，媒介管理者的统筹安排是否适当，制订的战略方针是否合理，通过实绩考核，可以一目了然。实绩考核是媒介管理者接受反馈的渠道，也是媒介员工提供反馈意见的机会。

二、媒介人员实绩考核的原则

1. 实绩考核的十项方针

施尔曼(Barry L. Sherman)认为，要增强考核的客观性和真实性，防止解雇后引起诉讼。根据他的观点，我们认为媒介领导者在考核工作中应注意遵循以下十项指导方针：

(1) 考核应有足够的、不间断的时间。考核不可匆忙从事，搞“短平快”；也不可断断续续，时搞时停。

(2) 考核应保持平静与客观。考核最忌掺杂个人感情因素和个人主观印象，而不看具体表现和工作实绩。

(3) 考核应有助于改善考核对象的状态和行为。这就要求考核工作不仅要找出媒介员工的错误和缺点，而且要找出出现错误和缺点以及工作欠佳的原因，并提出切实可行的改进意见。

(4) 鼓励下属发泄。不要将媒介员工置于消极被动的被考核与被审视的位置上，而应允许他们“实话实说”，讲出实情，解释原因，诉说委屈，发泄不满。这可以使人们充分认识工作的难度，准确地寻找到工作欠佳的原因。

(5) 如实反馈考核结果。向媒介员工反馈考核结论，一定要诚实、客观、实事求是，既不要掩饰其行为的缺失，也不要高估其工作的成绩。因为，不真实不诚实的反馈，会导致错误的反应和调整。

(6) 声明意见仅为意见，而且并非绝对。考核的结论与领导的判断应该让当事人知晓，这对当事人来说也是重要的，但过分看重它也可能产生强烈反应，导致矛盾和纠纷。因此，强调反馈意见具有相对性、公论性和缺失性，可以使考核工作富有回旋余地。

(7) 不要以其他员工作为例子。反馈信息的重点在于媒介员工的表现以及你对他的期望，其他员工的情况即使与他有相通之处，你也不能要求他一定要有与其他员工相同的结果。

(8) 避免强调不可能克服的困难和缺失。有些困难既难以避免又难以克服，有的缺失乃先天形成而后天又无法弥补，强调它们有害无益。

(9) 确定只讨论与工作有关的行为。某位记者的兴趣、爱好、脾气、性格，某位编辑的婚姻、家庭、籍贯、成分，只要这些东西没有影响到工作品质，就不应成为考核和讨论的话题。

(10) 明确使用可能的例子，避免敷衍。与媒介员工交换意见应具体实在、言之有据，注意使用一些具体的事例来说明问题。

2. 实绩考核的六大原则

(1) 严肃认真地原则。考核是人力资源管理中一项十分重要和严肃的工作。因为，它不仅是解决“知人”的问题，还涉及“用人”的问题。只有严肃认真地考核，才能全面地反映一个人，做到用人得当，奖惩适度。否则，考核就会流于形式，造成用人不当，奖惩失度，贻误工作，产生不良影响。因此，考核一定要有严肃的态度、严明的标准和严格的制度。

(2) 客观公平的原则。考核必然从实际出发，实事求是，客观公平地对被考核人员，作出恰如其分的评价，而不应受到民族、性别、出身、职务、文化，以及好恶亲疏等情况的影响。这就要求考核者力忌主观性和片面性，注意多层面、多角度地考查一个人；还要防止用主观想象代替客观事实，用感情或偏见代替政策，注意客观、公平、真实地考察一个人。

(3) 德才兼备的原则。丁如锦写道：德与才是一个辩证的统一体，两者相辅相成，互相促进，不能割裂，不可偏废。“德是才之帅”，离开德的统帅，才就失去了正确的方向；“才是德之资”，没有才的资质，德就成为空洞之物。因此，对于德与才的认识和考察不能失之偏颇，必须坚持两者兼备，即既考核媒介员工的思想政治觉悟和道德品质，又考核其知识水平和业务能力。

(4) 全面考核的原则。考核不仅要客观公平，还要力求全面。这就要求考核内容全面、考核形式多样，既考核媒介员工的政治思想、道德品质、业务能力和全部历史、现实表现等，又要运用多种方式方法，从多角度、多层面进行考核，同时又突出考核重点。这样才能提高考核的可靠性和科学性，也才能令人信服。

(5) 注重实绩的原则。坚持四项基本原则，坚持改革开放，都要看实绩，要以此为标准，评价干部的功过是非。媒介人员的实绩是衡量其思想水平、理论功底、工作能力和领导效能、传播效果的综合尺度。离开了它，考核就失去了客观标准。因此，考核要在全面考核德、能、勤、绩的基础上，特别要注重对实绩的考核，并以此作为决定媒介人才能否被重用、晋升、奖惩和确定报酬的主要依据。

(6) 民主科学的原则。考核必须坚持民主化，充分发动群众参与，改变过去那种封闭式、神秘化的做法，增强考核工作的透明度。同时，还必须坚持科学化，确保考核标准具体、准确，考核方法多样、科学，考核工作经常化、制度化。

三、媒介人员实绩考核的方法

1. 考核的基本方法

考核方法是整个媒介人员实绩考核系统中的一个重要组成部分，是考核目的、考核内容得以实现的保证。考核方法是多种多样的，选用什么方法进行考核，也要根据考核目的、对象的不同，以及考核要素、标准的不同而定。但是，不论采用何种方法，都必须尽可能地减少领导者和考核者主观成分所带来的误差，对被考核者尽可能作出客观、公正、全面、准确的评价。

国际上管理学对于人员的评估考核有一种被称为"360 度评估"的观点。360 度评估方法不仅包括对个人能力的评估，还包括来自于上司、下属、同事、团队、顾客以及其他适当途径的评估。它的核心理念是：从更大更全面的范围中来综合考查一个人的业绩，不是从某个方面，而是全方位地评估。这种评估模式不一定适合于各个媒介的实际情况，但至少证明了一点，即对人的考查应当是全面的、有所依托的，而非孤立和割裂的。

考核的基本方法主要是坚持"三个结合"：一是领导考核与群众评议相结合；二是经常考查与定期考核相结合；三是定性考核与定量考核相结合。对于媒介领导干部，还可结合本部门的工作总结、组织群众评议或民意投票、上级评奖等进行考核。

2. 考核的具体方法

(1) 民意测验法。由考核人员深入到被考核者所在部门向群众发放民意测验表，要求收到表格的人对考核对象的思想品质、原则性、工作成绩、业务、能力、威信、成果等分别进行评价，而后汇总整理，得出量化指标。

(2) 考试考查法。由考核人员聘请专家拟出口试和笔试试题让被考核者回答，以了解其基础理论、专业技术和文化知识的掌握程度。

(3) 工作标准法。这是一种按照岗位责任制，预先确定媒介工作人员的各项具体任务和要求，将其分解为若干细目，而后以此作为考核标准的考核方法。

(4) 分定考核法。这种考核方法，先分类、分级、定时、定量确定考核指标，然后对被考核者逐项评分，依据得分多少来评定考核结果。

(5) 情景模拟法。这是将被考核者置身于一个模拟的工作情景（如新闻采写、文件处理）之中，要求其在规定时间内完成达到一定标准的任务，然后运用各种评价技术，评测其工作效率和应变能力，以确定其是否适合从事某项工作。

(6) 成果鉴定法。这是将被考核者一段时间以来的劳动成果（如新闻作品、影视节目、编辑的报纸版面和书籍、广告作品、科研成果等）集中起来，让有关专家进行分析评判，从而对其理论水平、业务能力和创造能力作出直接而客观的鉴定。

3. 考核的基本程序

(1) 个人述职。这是由媒介工作人员根据岗位责任制和考评标准进行自我对照,自我分析,自我鉴定,既肯定成绩,也要找出差距和不足。

(2) 民主评议。在个人述职的基础上,考核人员可以组织群众当面评议,也可以召开座谈会、评议会或进行单个访谈。

(3) 组织考评。由部门领导或专家小组对被考核者进行整体考评,写出书面考核材料。

(4) 综合汇总。考核小组综合汇总各方面的考评情况,与主管领导一起写出考核评语,确定考核等级,提出任用奖惩意见。

(5) 通报结果。考核人员应及时向被考核者通报考核结果,指出其工作中的成绩、不足和努力方向。被考核者在考核表上签署意见。如果有异议,可向考核主管机构说明或申诉。

总之,媒介人员的考核是一项政策性和专业性都很强的工作。媒介领导者必须亲自掌控,认真对待,公道正派,一丝不苟,从而最大限度地发挥考核工作的正面效能和积极作用。

四、21 世纪媒介人力资源管理的对策

21 世纪全球企业面临新的竞争环境,一些研究人员倾向于将非连贯性视为新竞争环境的主要特点。而这种竞争环境的非连贯性主要是由下列因素造成的:迅速变化的和差异化的顾客需要、技术创新,以及经济全球化的发展[①]。媒介组织在应对这些非连贯性的新竞争环境时,必须保持高度的清醒和忧患意识,根据媒介自身的特点制订适合于自己的应对策略。媒介人力资源管理在 21 世纪的经济浪潮挟裹下,能否真正体现自己在媒介组织中应有的作用,是值得每一个媒介管理者深思的。针对不同的媒介组织,适应变化的方式方法都不尽相同,一把钥匙开一把锁,但有几点对策是共通的:

1. 树立前瞻意识

所谓的前瞻意识,指的是媒介组织要有自己的预警系统,对组织外部复杂多变的风险要有长远的预期。整个媒介组织的人员都应该具有全球观念,以更宏观的视野来考虑自己的经营活动,不要闭目塞听,因循守旧。对媒介产业发展的趋势、全球范围内的进步方向要有全面的了解和把握。时刻提醒自己在竞争中所处的位置,经常进行横向或纵向的比较与学习,交流经验,总结教训,能对市场

---

① 赵曙明:《人力资源管理研究》,中国人民大学出版社 2001 年版,第 264 页。

变化作出快速的应变,长期有效地协调媒介组织内部的各项资源,强调整体性。

2. 建成学习型组织

学习型组织,是把学习和调动积极性作为核心竞争战略而进行相当程度投资的组织。通过技术和信息系统,可以把学习和工作结合起来①。有学者认为,21 世纪的组织如果要确保自身的生存,必须向学习型组织转变。学习型组织被认为是新世纪管理的新模式。对于智力资本相对集中的媒介组织,向学习型组织的转变显得更加顺理成章。要迎接挑战,对抗风险,战胜对手,必须进行持续、全面的学习,促成对媒介产业发展的最佳认识,从而制订出以市场为导向的最佳战略。在媒介组织内部形成良好的学习氛围,实现知识共享,建立资源中心,这些都是对媒介自身所有的智力资源进行的再利用和价值提升,是赢得媒介竞争力的重要手段。

3. 促进有效沟通

在一个媒介组织中,确保良好的沟通环境是至关重要的。有效的沟通是一种组织资源。只有有效的沟通,才能消除媒介管理者与媒介员工之间、媒介员工与媒介员工之间因为等级、能力的差距带来的隔阂,真正促进人对人的理解。在日趋白热化的竞争中,这种有效的沟通更是显得弥足珍贵。美国的杰克·米切尔在《拥抱你的员工》一书中这样写道:"我非常欣赏正面话语和行为所带来的力量,因此精心选择了这五条原则,它们是:友善、信任、自豪、参与、认同。……我深信员工积极的力量是所有企业成功的基石"②。只有建立在对人的理解和认识的基础上的人力资源评估,才是真正有效和有益的。媒介管理者会日益认识到有效沟通对于媒介组织发展的重大意义。

4. 更新绩效评估系统

媒介人力资源管理部门的一项重要的工作,就是制订合理、高效、适应性强的绩效评估系统,为媒介组织领导者的决策提供有力的依据。所以,绩效评估系统的合理与否直接影响对媒介人员作出的评估的合理程度。竞争环境在飞速地发生变化,对于工作业绩、创造能力、思维活力等的评估标准也要随之发生变化,只有这样才能顺应环境的改变。对任何一个媒介组织的人力资源管理部门来说,评估系统都不是一成不变的东西,需要随时进行更新,确保它应有的作用。

思考题:

1. 媒介人力资源有哪些特点?

---

① [美]沃特金斯、马席克:《21 世纪学习型组织》,沈德汉、张声雄译,世界图书出版公司 2000 年版,第 127 页。

② [美]杰克·米切尔:《拥抱你的员工》,方颖译,机械工业出版社 2009 年版,第 19 页。

2. 针对媒介人才生命周期，如何制订相应的管理对策？
3. 媒介人才管理有哪些原则？
4. 什么是媒介人才管理循环链？它具有什么特点？
5. 如何发现与任用媒介人才？
6. 留住媒介人才有哪些办法？
7. 媒介组织的培训和发展有什么作用？如何理解持续型学习？
8. 媒介人员实绩考核有哪些原则和方法？

第九章
媒介财务管理

媒介经营管理的核心问题是生存和发展问题，财务管理就是其中的重点内容。媒介财务管理已经成为集财务决策、财务计划、财务分析、财务预算和财务控制于一身的管理活动，在媒介经营管理中居于重要地位。

第一节 媒介财务管理概述

对一个媒介组织来说，资金的重要性就如同血液对于人的重要性一样，它是媒介组织的命脉，牵一发而动全身。媒介财务管理就是要将资金周转迅速流畅起来，讲的就是生财、聚财、用财之道，因此，追求完善的财务管理，是媒介组织在现代企业制度下健康发展的理性选择。

一、媒介财务管理的特点

1. 媒介财务管理渗透媒介经营管理全过程

媒介财务管理渗透于媒介管理的各个环节之中，起着统率全局的作用。在前期，媒介组织必须依靠财务部门提供的有效信息，对整个生产经营过程进行合理预算，以控制成本、节约开支；在媒介生产经营的过程中，媒介组织必须根据市场需求，遵循市场规律，对经营过程进行财务核算和监控，以求不断降低成本、加速资金周转、提高利润水平，并通过有效的投资，扩张媒介组织的实力和规模，不断培育新的经济增长点，增强媒介产品的市场竞争力；在后期，媒介财务反馈的信息能提供进一步的市场机会。

2. 媒介财务管理反映媒介生产经营状况

媒介生产经营管理的各个环节实施得是否顺畅、合理，是否有利于组织目标的实现，都可以通过各财务指标快速地得到反映。例如现金流的周转速率、收入的增减、成本的多少，以及资产负债表中所有者权益与负债比例，都可以最直观地反映出目前媒介组织生产经营状况的好坏。

3. 媒介财务管理为决策提供重要依据

财务部门提供的过去和现在的财务信息，对媒介组织的预测与规划能起到非常重要的作用。媒介组织在进行重大的决策时，必须要求财务管理人员参与决策的制订，对决策的经济效益进行准确而全面的评估。财务分析除了能够帮助管理者评估媒介组织是否实现了预定目标，还能为管理者的决策提供科学严谨的财务依据。

4. 媒介财务管理是媒介组织发展的需要

媒介生产经营的起点是资金投入，终点是收益回报。这个完整的运转过程应当是媒介组织的利润实现过程。这一过程有许多中间环节，如筹资、投资、贷款、生产、营销、资金回收、利润分配等，都涉及成本控制。哪一个环节的成本失控，都可能影响最终的利润实现，甚至可能导致经营的亏损或投资的失败。可见，对媒介经营管理实行全程财务监控是发展的客观需要，关系整个媒介组织未来的发展。

二、媒介财务管理的作用

1. 有助于媒介战略目标的实现

媒介战略目标的实现除了依赖于生产管理、技术管理、广告管理、新闻管理等各个方面，还应该包括资金的评估、财务的分析。在现代企业制度下，财务管理的职能定位由原来的核算型财务转变为战略支持型财务。战略支持型财务管理的重要性主要体现在其为媒介决策的制订殚精竭虑，而不再为记录公司财务、递呈财务报表等琐碎小事焦头烂额。战略支持型财务管理把更多的时间和精力投入媒介组织发展的信息服务工作中，它强调获取信息的能力，以及获取的信息对于决策的重要性，帮助媒介组织制订出灵活多变的策略，以应对复杂的市场环境和各式各样的市场风险。美国在线与时代华纳合并之初，订户服务费用在2003年到2006年的4年间都在总营业收入中占最大比重。但他们没有盲目乐观，通过对订户收入年增长率进行财务分析，发现订户收入其实在2004年就已经开始出现负增长，占总收入的比重从2003年的88.31%逐年下降至2006年的73.53%，而后几年一直有小幅下降。这主要是由美国市场拨号（窄带）服务收入的不断下滑造成的。窄带服务虽然仍可以带来源源不断的收入，但是它的潜力已经发挥到了极致，与宽带接入和网络广告业务相比已缺乏可持续发展力。公司果断地重新调整发展战略，积极寻找网络宽带接入商，为公司重新夺回市场份额打下基础。

2. 有助于加强媒介组织的经营管理

媒介组织的一切经营活动都是通过财务关系来处理和反映的，媒介组织的经营成果最终也需要通过财务指标来反映和体现。在媒介组织的各类经营管理活动中，如人事、生产、广告、销售等，都需要财务管理渗透进来，通过预测、控制、计划、分析、考核等方法，最终评价媒介组织管理水平的优劣。只有做好财务管理，才能充分把握媒介组织的命脉，掌握资金流向，把握资金周转速度，为媒介组织的经营管理带去新鲜的血液。

3. 有助于盘活资金，充分利用资本市场

媒介经营是以资金的正常周转为前提的，媒介财务管理的首要具体目标就是筹集资金，及时地组织资金回笼，并合理而节约地使用资金，提高资金的利用效果。媒介管理者既要加速收取应收账款，使这部分资金更有效地运用在它所需要的地方；又要延迟支付应付账款，在不影响信用和不伤害供货方关系的前提下，对资金进行合理充分的利用。充分利用资本市场，获取风险投资、上市募集股本，是一个媒介组织做大做强所必须经历的步骤。现代传媒产业，尤其是近年涌现出的新媒体产业，有着前所未有的发展潜力和美好的市场前景，因此也往往能得到更多风险投资的垂青。面对风险投资瞬间给媒介组织带来的大量资金，如何对资金合理使用成了媒介组织所必须面对的问题。既不能造成资金的滥用，又不能使资金闲置，那只能求助于财务管理的力量了。只有完善的财务管理才能做到获取利润和风险控制的权衡博弈，对内注资和对外投资的有机结合。以楼宇媒介著称的分众传媒公司在获得了 UCI 维众投资、鼎晖国际投资和 TDF 基金风险投资之后，充分利用财务杠杆，积极进行市场运作，努力扩大市场份额，有效地增加了分众传媒在楼宇视频媒体产业中的市场竞争力。在美国纳斯达克上市之后，分众传媒特别注意自己所募集的大量资金的利用及资本的投入。2006 年 1 月，分众传媒以 3.25 亿美元的价格并购中国第二大楼宇视频媒体运营商——聚众传媒，从而以 75 个城市的覆盖度、约 98%的市场份额进一步巩固了在该领域的领导地位。2007 年 3 月，分众传媒宣布购并中国最大的互联网广告和互动营销服务提供商好耶广告网络公司，全面进军网络广告营销市场。分众传媒已成为我国最大的数字化新媒体集团。

4. 有助于加强成本控制，提高媒介经济效益

媒介经营成本的高低直接决定着媒介盈利能力和竞争能力的强弱。对于媒介组织来说，市场价格难以控制，所以如果成本相对越低，利润空间就越大。可见，成本控制是媒介组织提升经济效益的一个核心手段。通过财务管理，媒介组织可以科学地压缩非经营性开支，减少导致财产流失的因素，充分挖掘降低成本费用开支的潜力。由赵本山担任董事长的本山传媒就比较注重成本费用管理。本山传媒的核心业务是演出和影视剧制作。首先，他们拍摄影视剧时每次选景都在家乡铁岭，得到了政府的大力支持，省去场租费用。其次是充分考虑资源的

可持续发展。如电视剧《刘老根》中的外景“龙泉山庄”、“凤舞山庄”已经成为旅游景点。第三是控制人力成本。在电视剧中的演员绝大部分都是草根气息浓重的赵本山的徒弟和公司员工，这样既降低了片酬成本，又能培养接班人，给自己的徒弟带来人气。如《乡村爱情》中刘能的扮演者王小利，在春晚中火遍大江南北的小沈阳，他们实际上都是刘老根大舞台的主要演员，明星效应又促进了刘老根大舞台演出业务的发展。

5. 有助于媒介组织控制风险

财务风险是资本流通过程中的必然产物。资本的流通既是风险转移的过程，又是风险积聚的过程。及时完整地收集、传递、分析、评价财务信息，加强财务管理，提高财务决策，则可以有效地控制财务风险。通过建立财务风险预警机制，可以构筑防范财务风险的屏障。财务危机预警机制就是通过对媒介财务报表及相关经营资料的分析，利用及时的财务数据和相应的数据化管理方式，将媒介组织所面临的危险情况预先告知经营者和其他利益相关人，并分析媒介组织发生财务危机的原因和企业财务运营体系隐藏的问题，以提早做好防范措施的财务预警机制。财务调查和分析还能使媒介组织加强信用风险管理，可以保持媒介组织良好的财务状况。信用风险来自于广告主购买广告版面和广告时段的销售信用、受众通过预订购买传媒内容产品的服务信用、新的媒介投资人合作的资金信用等等。媒介组织有必要对客户的信用度及偿还账款的能力，进行可行性分析，尽可能降低坏账风险。

综上所述，媒介财务管理具有独特的、不可替代的作用。美国传媒巨头论坛公司就是一个反面案例。美国论坛公司始创于 1847 年，2008 年 12 月 8 日因严重债务问题申请破产保护。其大部分债务源于一年前的收购。论坛公司在一年前被房地产大亨泽尔收购时，泽尔实际投入只有 3.5 亿美元，其余资本完全靠“杠杆收购”中的信贷融资。杠杆收购指的是收购者以少量的资金，以被收购企业的资产和将来的收益能力作抵押，筹集部分资金用于企业收购活动。论坛公司的管理部门没有对这一“杠杆收购”进行财务预警，只是看到了收购后的天价利润，对于泽尔的入股、公司被出卖这一战略决策，论坛的专业财务管理者显然做得过于轻率；被收购后，由于靠房地产起家的泽尔并不致力于内容产品的生产、传媒业务的拓展，阻碍了公司的发展，使得公司入不敷出，只得不停地变卖资产，经营惨淡。2008 年 5 月，卖掉《新闻日报》；6 月，论坛公司拟出售位于芝加哥总部的大楼。这时的财务管理者依然没有通过资产负债表、资本收益表等核心财务指标来警示决策层，让其尽快回到内容生产的正道上来，最后的论坛变得积重难返，最终因 2008 年突如其来的金融危机让这个百年巨人轰然倒下。论坛公司的破产与他们的财务管理不善、财务风险预测滞后有很大的关系。

三、媒介财务管理的原则

1. 资金收支的平衡原则

在财务管理中，管理者要遵循资金收支平衡原则，使资金的收支无论是在数量上还是时间上都能达到动态的协调平衡。这里的动态平衡是相对于静态平衡而言的。静态平衡指的是负债加所有者权益等于资产，这是毋庸置疑的。然而，动态平衡则要求资金的收支在整个资金循环的过程中的每一个时间点上都保持数量上的平衡。如果整年度资金收支平衡，然而在上半年由于买方延迟付款的原因，资金都是往外流出的，只有等到下半年资金才能回笼，出现了在时间点上收支不平衡的现象，这必然会导致资金周转的中断或停滞，这对媒介组织来说是相当危险的。媒介管理者需要运筹帷幄，谨遵资金收支平衡原则，扩大收入渠道，有效规避财务风险。

2. 风险控制的弹性原则

媒介管理者除了应当追求资金收支的动态平衡，还应为媒介组织“未雨绸缪”，保证资金“略有结余”。资金的“略有结余”是对资金收支动态平衡的合理补充，要保证媒介组织在追求资金收支平衡的同时，对资金留有伸缩余地。由于市场环境的复杂多变以及财务管理者本身能力所限，使得财务预算、财务决策规划不可能是百密而无一疏的，这要求财务管理的各个环节都保持适度弹性，即略有结余。不过，如果过多地强调控制风险甚至零风险时，无形之中也会削弱媒介竞争力。因此，风险控制的弹性原则要求管理者更理性、更谨慎、更全面地对待每一项财务决策。

3. 成本核算的经济原则

有时候，即使财务管理的各个环节都进行得有条不紊，但最终的效益可能也差强人意，这可能是由于成本的居高不下造成的。如果媒介组织没有遵循成本核算的经济原则，就极有可能造成资源的巨大浪费，使得成本陡增，从而收益减少。成本核算的经济原则要求媒介组织在生产经营过程中开源节流，对人力成本、管理成本、销售成本等进行准确核算和人性化控制，加大成本利用率，提高资产报酬率，最终实现效益的提升。如现在中央电视台实施的加强节目经费管理、坚持实行收支两条线的管理模式、建立重点项目招投标制度、推行栏目管理公示制度等，都是成本核算经济原则的体现。

4. 财务分析的实事求是原则

财务分析的实事求是原则就是要从组织的实际财务状况出发，展开财务分析，既不能隐瞒媒介经营不利的状况，“讳疾忌医”，又不能虚报财务数字，“粉饰太平”，更不能擅自篡改、增加利润，“好大喜功”。实事求是原则要求财务分析者深入实际，充分揭露问题；财务管理者务必做到客观、公正，让事实说话；财务数字、指标、决策务必公开、透明。实事求是原则杜绝了组织做假账、说大话的不良作风，可以减少贪污腐败滋生的土壤，有利于媒介组织的稳定发展。这一原则并不排斥适当的灵活性，在尊重事实的基础上，充分考虑分析对象的特殊性，从而采取最合适的财务对策。

第二节　媒介财务管理的内容

为了对媒介组织复杂的财务活动进行有效的管理，需要对媒介财务的内容进行认真研究，使管理者能够对财务信息一目了然，能够有的放矢，降低管理成本，提高管理效率。媒介财务管理的重要内容通常包括筹资管理、投资管理、成本费用管理和利润分配管理四个方面。

一、筹资管理

筹资是指媒介组织根据其生产经营、对外投资和资本结构调整等需要，通过筹资渠道和金融市场，运用各种筹资方式筹措和集中资本的活动。具体的筹资方式分为股权性筹资、债权性筹资和政策性筹资。

1. 股权性筹资

股权性筹资是指媒介组织通过上市发行股票来筹集资金。具体有分拆上市模式，即将传媒产业中政策允许的、可以商业化的部分进行上市。此外还有独立上市、借壳上市等方式。例如，2004 年北京青年报社将其广告、发行和印刷等非编辑业务组成北青传媒公司上市，一方面规避了政策风险，另一方面为集团的发展筹集了宝贵的资金；2005 年互联网搜索公司百度在纳斯达克成功独立上市，股价飙升，表现格外抢眼；2007 年中国最大的电视节目制作发行商光线传媒和移动增值业务服务商华友世纪股权合并，共同组建为一家新的公司——光线华友传媒娱乐集团，光线传媒成功通过华友世纪借壳上市。

股权性筹资可以在短期内筹得大量资金，能迅速改善媒介财务状况，但同时上市程序的繁琐复杂、股市行情的瞬息万变、管理成本的加大和经营风险的增长，又使得管理者不得不对公司上市进行审慎考虑。如媒介组织目前的经营状况是否适合上市，现在的股市是处在平稳发展中还是跌宕起伏中，上市除了能得到眼前的大量资金外，能否有利于媒介组织的长远利益，这些都是媒介组织在上市前要重点考虑的问题。

2. 债券性筹资

债权性筹资的方式主要有发行债券、银行贷款，利用商业信用融资等。媒介组织发行债券的优点在于，与发行股票相比，发行债券成本低，还可以保障股东的控制权；不利因素是发行债券限制条件严格，筹资数量有限。利用银行贷款筹资的优势在于筹款速度快，借款成本低，借款弹性大，即在媒介组织财务状况不景气的时候可以与银行协商还款时间，借款数量与还款期限有着较大灵活性；缺点是贷款时银行限制条款较多。利用商业信用筹资一般指的是媒介组织利用其在业界良好的信誉，通过分期付款、开具应付账款等方式融资。它的优点在于几乎不需要公司付出任何成本便可以获得生产经营所需资金；不利因素在于风险较高，利息额大，且还款期限较短。

2003 年在纳斯达克上市的新浪曾发行面额达 8 000 万美元的无利息可转换债券，该债券以私募形式发行，在特定条件下可转换为普通股，体现了债券发行的灵活性。目前国内的报业主要青睐于银行贷款，利用商业信用融资，虽然方式简便，但是能利用自己的信用获得银行或投资机构信赖的传媒公司并不多，决定性因素在于媒介组织自身的综合实力。2007 年华谊兄弟在拍摄《集结号》时的投入资金中有 5 000 万元来自于银行的无抵押低息贷款，这完全是华谊兄弟通过自身实力和良好的信誉所得，可以说是中国电影行业在融资探索中的一次突破。

3. 政策性筹资

在我国，媒介组织可以根据国务院或者中共中央宣传部、国家广播电影电视总局等党政部门为鼓励精神文明建设而出台的政策，实时调整自己的筹资战略，取得政策性融资。政策性融资主要包括国家预算内拨款、预算外资金、政策性银行贷款等方式。媒介组织可以选择可行的项目，争取国家预算内拨款和国债基金投资。例如出版业、音像制品业等媒介组织可以根据新闻出版总署推出的“农家书屋”工程，调整投资方向，重点发行跟新农村建设题材相关的产品，取得国家政策支持，申请国家政策性贷款。国家为“村村通广播电视工程”和“西新工程”分别投入资金达 16.5 亿元和近 20 亿元，媒介组织如果选择在这些工程上进行投资，则很容易获得国家预算内拨款。

二、投资管理

刚刚从资金“瓶颈”中解脱出来的媒介，在一定时期内用于投资的资金是有限的。“是小心翼翼地跟在别人后面还是大胆冒险？多数组织面临这种处境时很难定夺。避免这两种极端的方法之一就是把‘赌注’下得小一点。”[①]媒介组织

① 新经济时代解读哈佛编委会：《资本运营》，中华工商联合出版社 2001 年版，第 157 页。

需要根据总体战略目标来评价、比较和选择投资方案和项目，这是媒介投资管理的主要任务。如何把握投资机会，规避投资风险，制定正确的投资决策，使得媒介组织能在投资狂潮中悄然崛起，成为市场领袖，成了管理者着重考虑的问题。

1. 评价媒介投资的基本要素

一般说来，可由以下几个基本要素来衡量：

(1) 投资回报。是指经过一段时间后投资额增长的水平。这是评价媒介投资最重要的指标，也是评价媒介投资战略的重要尺度。投资回报具体表现为原有资本的增值和投资盈利两个方面。

(2) 投资风险性。指投资遭到损失的可能性及可能的损失程度。产生投资风险的原因有政治风险、利率风险、市场风险、经营风险、通货膨胀、决策风险等。

(3) 投资保值能力。即投资保持其原有价值不下跌的能力。这一要素表明投资本金的安全程度，也是分析评价投资战略的重要指标。

(4) 投资流动性。即投资变现能力，指投资以合理的价格选择转换为现金的能力。投资流动性与投资风险性、投资占用时间直接相关。

(5) 投资占用时间。指预期投资的时间。投资流动性越大，投资占用时间的流动性也就越大。长期投资须着重于长期利益，短期投资则更多地关注短期内的投资增值问题。

(6) 投资预期成本。指投资全过程中的费用支出。主要有实际投资额、投资的交易成本、资本成本及其他费用。

(7) 投资管理难度。指管理投资需要的专业知识、管理技能及投入的时间、精力。比如，投资股票与房地产业务有很大的不同，媒介应该视自身情形选择投资管理难度相当的业务。

(8) 纳税优惠条件。指投资在减免及推迟纳税方面的优惠。税收常常是投资收益很大的一部分，有时甚至可通过投资将其他方面的收入转为享受减免税的收入，所以在选择投资战略时应考虑投资在税收方面的优惠。

2. 媒介投资的类型

(1) 发展型投资

发展型投资是媒介组织在现有水平上向更高水平迈进的战略。根据投资方向的重心不同，发展型投资可分为内涵发展型战略和外延发展型战略。

内涵发展战略以挖掘媒介内部潜力、提高资源利用率和经济效益的投资为重点。常见的内涵发展型投资战略有三种：一是资源开发型。这种类型的投资战略侧重于媒介内部资源的开发。比如人力资源开发投资，包括对记者、编辑、节目主持人等业务人员的文化素质、业务素质、创新素质的开发，对媒介经营者管理素质、经营能力的开发，对媒介产品生产人员、营销人员的培训开发等等。

再比如，对媒介文化建设进行的投资。二是市场开发型。这种类型的投资侧重于媒介市场开发能力的提高。常见的实现途径有：投资于形象推广活动，投资建立完善的营销网络和发行渠道，投资建立为受众服务的网点。三是产品和技术开发型。这种类型的投资侧重于开发出符合受众需要的媒介产品，比如新创办的报纸、杂志和新闻节目类型等。在传播技术方面，应紧跟时代的潮流，尽量应用先进的技术，比如建立多功能的演播室，卫星直播车和转播设备等的改进。产品和技术的开发可通过引进、自行开发等途径实现。

外延发展型投资战略则以扩大媒介的经济规模为重点，也可分作两类：一是单中心外延发展型。这种类型的投资特点是媒介只有一个中心媒介产品，或者只有一个中心媒介市场，投资方向集中于这个中心点上。这种方式力量集中，复杂程度较小，目标容易确定，比较容易评价。如投资影视剧、电视栏目的制作等。二是多中心外延发展型。这一类型投资的特点是，媒介组织通过投资进入不同的行业、不同的市场，投资方向相对分散。它一般为大型媒介组织所采用，目标是实现多元化经营。

(2) 稳定型投资

稳定型投资的含义是：在投资方向上不仅仅以媒介产品为重点，不再追加有关设备投资，而是努力寻找新的投资机会；不再扩大现有的媒介规模，但尽可能地保持市场占有率，降低成本，尽可能增加盈利和延长产品盈利期，积聚资金为将来发展作准备；除了对维持现在手头产品所必需的项目进行小规模投资外，尚可进行一些短平快项目的投资。媒介组织推行这一投资战略的要点是准确把握优劣势，选准新的产品作为投资对象。

(3) 退却型投资

退却型投资战略多用于经济不景气的时候，特点是：从现有经营领域抽资，减少媒介控制的有关产品的产量等。比如在对前景不看好时，抛售所投资的股票等。退却型投资战略一般有两种情况：一种是完全退却的投资战略，比较少见；另一种是部分退却的投资战略，即在媒介的发展受到严重威胁时，为了暂时生存，将有关投资项目转让出去，转向其他好的项目，比如将控股的公司整体出售。退却型投资战略一般不为人们所愿意采用，但是为了媒介组织的长远利益，在一定条件下又是可能的且必须的扭转败局的战略。采用这一战略的关键在于对时机的把握，不可因犹豫不决或不情愿心理而错过以退为进的良机。

(4) 综合型投资

这是以上三种类型投资战略的组合，其结构可以是几种战略的整体组合，也可能是各类战略中某些部分的组合。通过分析现阶段的情况，进行媒介环境预测，然后根据每一种投资战略的特点进行组合，并确定相应的投资优先顺序。

总之，媒介组织要具有对市场需求的敏锐嗅觉和挖掘市场潜力的前瞻能力。

如体制改革、制播分离、三网融合这一大环境，对内容制作的投资一直是业内的热点。索尼公司通过进入我国的付费电视节目制作市场和动画制作市场，为其品牌扩张之路添上了浓墨重彩的一笔。

三、成本费用管理

现代管理学认为，成本是影响产品价格最基本和最重要的要素。媒介组织要想在竞争激烈的市场环境中有立足之地，就必须在成本费用上做足文章。降低成本已成为媒介组织的共识。因此，严格控制开支，对费用全程监督、严格考核等措施已被广泛应用。媒介组织为了降低成本费用应该跳出传统的框框，以新的理念来看待成本问题。

1. 品牌效应，降低市场进入成本

品牌是给媒介组织带来溢价、产生增值的一种无形资产，巧妙地利用好媒介口碑、声誉，可以为媒介组织带来意想不到的利润。利用品牌效应生产和推广媒介产品，可以减少受众接受产品的心理时间，增强受众对该品牌的黏性，给媒介组织带来更大的受众群，进而降低市场进入成本。华谊兄弟在成功地制作了电视剧《士兵突击》之后，又在原班阵容的基础上马不停蹄地推出了《我的团长我的团》。事实证明《我的团长我的团》还在拍摄之初，就因为《士兵突击》的品牌效应被多家电视台购买，实现了电视剧还没播出成本已收回的可喜局面。《我的团长我的团》播出后收视率也比较高。华谊总裁王中军有感而发：《士兵突击》不仅没赚钱，还亏了，但是《我的团长我的团》把《士兵突击》的损失全挣回来了。[①]

2. 蚍蜉撼树，精品路线创佳绩

在传媒市场进入大成本、大制作的大片时代之后，媒介组织往往会陷入投入巨大、回报疲软的怪圈当中。媒介组织想在利润可观的市场分一杯羹本无可厚非，但如果在本身实力不够、经营生产大片经验欠缺的前提下，尝试小制作的精品路线，未尝不是一种蚍蜉撼树、小成本换来大回报的选择。由中影华纳横店影视有限公司发行的《疯狂的石头》，投资仅300万元，没有大牌明星，没有金牌导演，但影片凭借错综复杂、引人入胜的叙事情节，演员拿捏到位、恰到好处的表演深得观众好评，既为中影华纳赢得了走精品化路线的名誉，又给公司带来了超过3 000万元的收益。

3. 长尾效应，开拓浩瀚“蓝海”

长尾效应指的是在受众需求的正态曲线分布中，大量的需求集中在中间突起的部分叫“头”，两边相对平缓的、需求较少的部分叫“尾”。大多数媒介组织往往会忽略这部分个性化的、零散的、小量的“尾部需求”，殊不知这部分少量的需

---

① 李君娜：《金牌班底出品　不论好坏都赚》，载《新闻晨报》2009年4月14日。

求在曲线上会形成一条长长的尾巴，将这些小众市场累加起来可能会形成一个比主流市场还大的市场。媒介组织应该把握这部分小众市场，避开竞争对手，开拓属于自己的"蓝海"。亚马逊网上书城有超过一半的销售量来自于在它排行榜上位于13万名开外的图书。亚马逊的统计数据意味着，占其销量超过一半的小众书目在其他一般书店里是不出售的，而这部分小众市场却被亚马逊占领，形成了属于亚马逊的"蓝海"。这种现象源于亚马逊对长尾的重视，用成本不大的冷门书目成功的撬动了一大块儿美味蛋糕。亚马逊利用长尾效应降低成本，提高收益，的确值得其他媒介组织吸纳借鉴。

4. 规模效应，走联合扩张之路

规模效应的本质在于追求规模经济，即随着媒介组织生产能力的扩大，使生产的单位成本下降，收益上升。规模经济催生了媒介集团的诞生，媒介集团内部通过协调运作完备的产业链，更容易使得生产成本高、复制成本低的媒介产品在传媒市场攻城略地，提高市场占有率。南方日报报业集团是一家以报业为主体，横跨出版、信息、印刷、广告、物流配送和实业拓展等产业的媒体集团。目前集团拥有七报、五刊和一个出版社。自成立以来，南方日报报业集团的广告营业额每年都以1.5亿至2亿元的速度递增，固定资产也以每年7 000万元至1亿元的速度发展。南方日报报业集团通过规模扩张，实现了资源整合、成本降低和收益上涨的目标。

四、利润分配管理

利润分配也是财务管理的重要内容，利润分配政策的制定会影响投资者的决策，对媒介组织长远发展目标产生重要影响。

1. 确定利润分配政策需要考虑的因素

(1) 法律因素

从法律的因素看，对利润分配政策产生影响的约束条件有两个：一是资本保全约束。在财务管理制度当中要求媒介组织贯彻资本的保值增值。当媒介组织没有可供分配的利润时，就不能分配利润。目的是为了防止媒介组织任意减少资本结构中所有者权益的比例，以维护债权人利益。二是资本积累约束。媒介组织在分配收益时，必须按一定的比例和基数提取各种法定盈余公积金和公益金。

(2) 媒介因素

确定利润分配政策还需要考虑媒介组织各方面的情况。一是媒介组织的举债能力。对于融资能力强的媒介组织，采用宽松的收益分配政策，反之，则采取较紧的利润分配政策。二是利润的稳定情况。媒介组织未来的利润稳定，就可以多分配，反之则少分配。三是资产的流动状况。资产的流动性越强，媒介组织派发的利润就越多，留存就越少。四是筹资成本。如果媒介组织筹集资金的方式主要是利用留存利润筹集，那么利润留存肯定会多一些，分配会少一些。五是未来投资机会。媒介组织面临的未来的投资机会很多，在分配利润时尽可能少分多留，以满足媒介组织下一步发展的要求。

（3）股东因素

对一些剥离资产成立了媒介组织控股的股份公司或者上市的媒介组织，还必须考虑股东因素。关键是两点：一是控制权考虑。股东因为担心发行新股会稀释对公司的控制权，因此，这些公司的股东往往主张限制股利的支付，而愿意较多地保留利润，以防止控制权旁落他人。二是规避风险考虑。对于某些股东来说，未来获得的收益有两部分：现金股利（经营所得）、资本利得。因为资本利得的风险大于经营所得的风险，所以要求支付更多的股利。

（4）其他因素

市场总有一些不可控的风险。利润分配时还要考虑这些潜在因素，比如通货膨胀。在通货膨胀时期，媒介组织会遭受现金短缺的困难，媒介组织唯一的希望是利润增加，否则现金会越来越紧张。为了弥补由于通货膨胀造成的资金缺口，媒介组织需要采取偏紧的利润分配政策。

2. 利润分配的基本原则

（1）依法分配原则

为规范企业的利润分配行为，国家制定和颁布了若干法规。这些法规同样也适用于媒介组织，构成了其利润分配的基本要求、一般程序和重大比例。媒介组织的利润分配必须依法进行，这是正确处理媒介组织各项财务关系的关键。

（2）分配与积累并重原则

媒介组织在进行利润分配时，要正确处理长期利益和近期利益这两者的关系，坚持分配与积累并重。媒介组织除按规定提取法定盈余公积金以外，可适当留存一部分利润作为积累，这部分未分配利润仍归媒介组织所有者所有。这部分积累的净利润不仅可以为媒介组织筹措资金，增强媒介组织发展能力和抵抗风险的能力，同时，还可以供未来年度进行分配，起到以丰补歉、平抑利润分配数额波动、稳定投资报酬率的作用。

（3）无利不分原则

媒介组织当年无利润时，不得分配股利。当在用盈余公积金弥补亏损后，经股东会特别决议，可以按照股票面值6%的比率用盈余公积金分配股利。在分配股利后，法定盈余公积金不得低于注册资金的25%。

3. 利润分配的程序

利润分配的程序是指媒介组织实现经营所得后，应先用于哪些方面、后用于哪些方面的先后顺序问题。根据《财务通则》规定，媒介组织的年度净利润，除法律、行政法规另有规定外，可以按照以下顺序分配：

(1) 缴纳所得税。

(2) 弥补以前年度亏损。

(3) 提取10%法定公积金。法定公积金累计额达到注册资本50%以后，可以不再提取。

(4) 提取任意公积金。任意公积金提取比例由投资者决议。

(5) 向投资者分配利润。媒介组织以前年度未分配的利润，并入本年度利润，在充分考虑现金流量状况后，向投资者分配。属于各级人民政府及其部门、机构出资的部分，应当将应付国有利润上缴财政。国有单位可以将任意公积金与法定公积金合并提取。以回购股份对经营者及其他职工实施股权激励的，在拟订利润分配方案时，应当预留回购股份所需利润。

第三节 媒介财务分析与预算

媒介财务分析是以财务报告为基础，对媒介组织的财务状况和经营成果进行的分析与评价。而媒介预算管理是通过一定时期的财务报告，结合媒介战略目标和市场动态作出的财务规划。媒介财务分析与预算为媒介组织的发展出谋划策起到了重要的作用。

一、媒介财务分析

媒介组织进行财务分析是为了评价在一定时期内所创造的利润、资产负债以及现金流量，以期反映媒介组织的生产经营状况和财务状况、偿债能力、盈利能力、投资风险和发展前景。通过财务分析，媒介组织可以发现生产经营中存在的问题，总结经验教训，为媒介组织的决策提供重要依据。

1. 财务报表

阅读财务报表是了解一个媒介组织经营业绩和财务状况的真实面目的重要途径。我们需要从晦涩的会计程序中将会计数据背后的经济含义挖掘出来，可以检查媒介组织财务制度的执行情况，为投资者和债权人提供决策基础，维护投资者、债权人及其他利害关系人的合法权益。最常用的财务分析表格是资产负债表、利润分配表和现金流量表。

下面，我们以中视传媒为例对财务报表进行分析，财务数据均来自于中视传媒公开发布的年度或季度报告。由于篇幅有限，我们对有的表格做了一些删减。中视传媒是由中央电视台无锡太湖影视城、中国国际电视总公司、北京荧屏出租汽车公司、北京中电高科技电视发展公司和北京未来广告公司共同发起，以无锡太湖影视城全资下属企业三国城和唐城的资产及业务为基础进行改组，通过募集方式设立的股份有限公司，于 1997 年 6 月 16 日在上海证券交易所上市，经营范围包括影视拍摄基地开发和经营，影视拍摄，电视剧节目制作和销售，影视设备租赁，高清晰度影视技术、宽带数字信息技术、网络系统集成技术的开发及相关的信息服务，设计、制作、发布、代理各类广告业务，文化(含演出)经纪，等等。此外，还包括房地产开发，科学技术服务，室内外装饰，物业管理，实业投资，百货、工艺美术品销售，市内水上旅游客运(三国城、水浒城水上景区)等，形成了以影视基地开发、影视拍摄、电视剧节目制作与销售为核心业务的传媒类上市公司。

(1) 资产负债表

资产负债表是反映媒介组织一定报告期内财务状况的会计报表。资产负债表的制定以“负债＋所有者权益＝资产”这一会计等式为依据，具体反映了媒介组织在目前经营状况下所有者投入资本和所负债款的基本情况。

从中视传媒负债表(表 9－1)我们可知，资产包括流动资产和非流动资产。负债和股东权益说明了企业资金的来源情况。流动负债包括应付账款、应付职工薪酬等。非流动负债主要指长期负债，如长期银行贷款、应付债券等。从表中可以看出，中视传媒的非流动负债是零，说明企业没有负债经营，流动资金比较充足。在资产负债表中，资产总额与负债和所有者权益总额总是相等的。管理者通过对资产负债表的分析，可以了解企业的偿债能力、资金营运能力等。

表 9－1　中视传媒资产负债表　　单位:元

报告期	2009－03－31	2008－12－31	2008－09－30
流动资产			
货币资金	802,397,054.360	815,370,513.740	809,520,392.010
应收账款	22,233,097.500	14,158,206.500	34,077,271.900
其他应收款	136,790,829.210	153,881,134.230	135,673,269.040
预付账款	15,480,607.980	15,472,874.250	27,600,962.980
存货	273,530,600.250	318,164,972.460	240,383,241.950
其他流动资产	1,228,604.170	1,099,827.950	699,729.670
流动资产合计	1,251,660,793.47	1,318,147,529.13	1,247,954,867.550
非流动资产	0	0	
固定资产	438,436,795.410	446,631,683.320	450,004,983.780
工程物资	0	207,827.200	207,827.200

续表

报告期	2009-03-31	2008-12-31	2008-09-30
在建工程	703,351.660	450,748	350,497.420
长期待摊费用	3,827,499.890	3,959,999.900	4,100,833.180
投资性房地产	16,612,384.860	16,702,960.320	16,793,535.780
递延所得税资产	7,192,083.630	7,192,083.630	7,121,872.420
其他非流动资产	0	0	0
非流动资产合计	466,772,115.450	475,145,302.370	478,579,549.780
资产总计	1,718,432,908.920	1,793,292,831.500	1,726,534,417.330
流动负债	0	0	0
应付账款	548,454,155.380	487,940,520.680	524,718,448.300
预收款项	249,852,173.140	360,650,347.610	294,966,312.310
应付职工薪酬	1,767,316.260	12,044,856.550	6,292,089.930
应付股利	0	4,500,000	0
应交税费	2,810,290.450	5,759,184.350	5,536,234.960
其他应付款	42,071,232.940	53,817,278.420	45,033,037.030
其他流动负债	600,000	600,000	244,374.320
流动负债合计	845,555,168.170	925,312,187.610	876,790,496.850
非流动负债		（有关科目省略）	
非流动负债合计	0	0	0
负债合计	845,555,168.170	925,312,187.610	876,790,496.850
股东权益		（有关科目省略）	
所有者权益(或股东权益)合计	872,877,740.750	867,980,643.890	849,743,920.480
负债和所有者(或股东权益)	1,718,432,908.920	1,793,292,831.500	1,726,534,417.330
总计			

(2) 利润分配表

利润分配表是反映企业在一定时期内生产经营成果的财务报表。利润分配表是以“利润＝收入－费用”这一会计等式为依据编制而成的。通过利润分配表，管理者可以分析目前媒介组织的盈利能力、利润变化的原因，预测媒介利润发展的趋势。表 9-2 是中视传媒的利润分配表。

表 9-2　中视传媒利润分配表　　单位:元

报告期	2009-03-31	2008-12-31	2008-09-30
一、营业收入	251,778,487.450	991,584,091.320	726,756,604.730
减:营业成本	236,440,314.610	850,813,102.530	637,114,174.290
营业税金及附加	2,404,267.180	23,672,551.380	16,011,212.250
资产减值损失		1,077,457.070	
销售费用	4,088,107.130	21,508,713.400	14,119,175
管理费用	6,057,084.580	40,754,660.180	23,564,344.290
财务费用	−5,399,190.240	−14,151,107.020	−10,046,126.160
加:公允价值变动净收益 投资净收益			
二、营业利润	8,187,904.190	67,908,713.780	45,993,825.060
加:营业外收入	12,745.800	4,914,473.010	2,607,927.810
减:营业外支出	35,762.790	1,227,670.210	72,870.840
其中:非流动资产处置净损失	35,762.790	1,209,800.210	55,000.840
三、利润总额	8,164,887.200	71,595,516.580	48,528,882.030
减:所得税	3,267,790.340	11,823,280.380	11,493,369.240
四、净利润	4,897,096.860	59,772,236.200	37,035,512.790
归属于母公司所有者的净利润	5,664,163.300	54,239,024.180	33,350,043.320
少数股东损益	−767,066.440	5,533,212.020	3,685,469.470
五、每股收益	8,164,887.200	71,595,516.580	48,528,882.030
基本每股收益	0	0	0
稀释每股收益	0	0	0

由上表可知,收入减去费用支出就是利润总额。媒介组织的毛利指的是主营业务收入减主营业务成本后得到的利润,而营业利润则是毛利减去销售费用、管理费用、财务费用等费用后的利润,它反映的是媒介组织的经营所得。营业利润加上营业外收入是媒介组织的利润总额。净利润则是利润总额扣除企业缴纳的所得税后的余额,这是媒介组织实实在在的收益。

现代财务分析的中心逐渐由资产负债表转为利润分配表,因为利润分配表反映的是获利能力。尤其是企业 IPO 热潮的来临，投资者想要更多地了解企业的经营状况、获利能力，而利润分配表可以提供相应的财务资料。IPO（首次公开募股，全称 Initial Public Offering），是指某公司（股份有限公司或有限责任公司）首次向社会公众公开招股的发行方式，通常为"普通股"。有限责任公司进行 IPO 后会成为股份有限公司。投资者可以通过利润分配表对企业报告期内所取得的净利润进行分析，观察净利润中有多少是由企业非经常性损益所形成的，这样做可以判断公司正常经营下的获利能力，防止被一些企业靠非流动性资产处置、债务重组、政府补助、投资收益、资产减值准备的巨额冲回等方式产生巨额利润或扭亏为盈的现象所误导。

(3) 现金流量表

现金流量表是以现金及现金等价物为基础编制的财务状况变动表。它提供的是一定时期内现金和现金等价物流出的信息，即企业现金的流动状况，它反映的是企业获取现金和现金等价物的能力和偿付债务的能力，并为企业预测未来现金流量提供依据。下面是中视传媒的现金流量表（表 9－3）。

表 9－3　中视传媒现金流量表　　单位：元

报告期	2009－03－31	2008－12－31	2008－09－30
一、经营活动产生的现金流量			
销售商品、提供劳务收到的现金	127,208,990.25	1,102,890,025.54	749,465,902.83
收到其他与经营活动有关的现金	5,883,808.18	22,640,481.41	15,568,120.31
经营活动现金流入小计	133,092,798.43	1,125,530,506.95	765,034,023.14
购买商品、接受劳务支付的现金	105,865,862.08	693,527,989.43	377,667,398.76
经营租赁所支付的现金			
支付给职工以及为职工支付的现金	24,270,694.92	68,640,219.11	50,145,515.4
支付的各项税费	6,085,618.47	47,004,668.02	35,794,132.58
支付其他与经营活动有关的现金	5,053,298.28	22,127,964.38	14,931,521
经营活动现金流出小计	141,275,473.75	831,300,840.94	478,538,567.74
经营活动产生的现金流量净额	－8,182,675.32	294,229,666.01	286,495,455.4

续表

报告期	2009-03-31	2008-12-31	2008-09-30
二、投资活动产生的现金流量			
处置固定资产、无形资产和其他长期资产收回的现金净额	9,131.4	6,573,388.38	52,395
投资活动现金流入小计	9,131.4	6,573,388.38	52,395
购建固定资产、无形资产和其他长期资产支付的现金	299,915.46	19,441,785.71	11,036,703.45
投资活动产生的现金流出小计	299,915.46	19,441,785.71	11,036,703.45
投资活动产生的现金流量净额	－290,784.06	－12,868,397.33	－10,984,308.45
三、筹资活动产生的现金流量			
吸收权益性投资所收到的现金			
分配股利、利润或偿付利息支付的现金	4,500,000	23,673,000	23,673,000
公布第一季季报开始使用筹资活动现金流出小计	4,500,000	23,673,000	23,673,000
筹资活动产生的现金流量净额	－4,500,000	－23,673,000	－23,673,000
四、汇率变动对现金的影响		略	
五、现金及现金等价物净增加额			
六、期末现金及现金等价物余额			

现金流量表是对资产负债表、利润分配表的补充。通过对现金流量表的分析，媒介管理者可以直接获取媒介组织现金的流动状况，了解财务状况变动的全貌。如管理者可以通过经营活动中产生现金流量的“支付给职工以及为职工支付的现金”一栏，了解企业职工的福利情况，投资者可以通过观察企业有无拖欠

职工工资，从侧面了解企业目前的运营状况。分析现金流要从两个方面考虑：一是现金流的数量。如果媒介组织总的现金流为正，则表明媒介组织的现金流入能够保证现金流出的需要。二是现金流的质量。这包括现金流的波动情况、管理情况，如销售收入的增长是否过快，应收账款的可收回性如何，各项成本控制是否有效等。最后是媒介组织所处的市场环境，媒介竞争格局，媒介产品的生命周期等。这些因素都会影响企业产生未来现金流的能力。

2. 媒介财务状况综合分析

媒介组织可以利用资产负债表、利润分配表和现金流量表对企业的偿债能力、营运能力和获利能力进行评价，对企业的财务状况进行综合分析。

财务比率最主要的好处就是可以消除规模的影响，可以用来比较不同媒介组织的收益与风险。它可以评价某项投资在各年之间收益的变化，也可以在某一时点比较某一行业的不同企业。财务比率的种类很多，业界经常用偿债能力、营运能力和盈利能力三个方面的比率来衡量风险和收益的关系。偿债能力反映媒介组织偿还到期债务的能力；营运能力反映媒介组织利用资金的效率；盈利能力反映媒介组织获取利润的能力。这三个方面是相互关联的。例如，盈利能力会影响短期和长期的流动性，而资产运营的效率又会影响盈利能力。因此，财务分析需要综合应用上述比率。

(1) 反映偿债能力的财务比率

偿债能力可以分为短期偿债能力和长期偿债能力。

短期偿债能力是指媒介组织偿还短期债务的能力。短期偿债能力不足，不仅会影响媒介组织的资信，增加今后筹集资金的成本与难度，还可能使媒介组织陷入财务危机。一般来说，媒介组织应该以流动资产偿还流动负债，而不应靠变卖长期资产，所以用流动资产与流动负债的数量关系来衡量短期偿债能力。

流动比率＝流动资产/流动负债

速动比率＝(流动资产－存货－待摊费用)/流动负债

现金比率＝(现金＋有价证券)/流动负债

流动资产既可以用于偿还流动负债，也可以用于支付日常经营所需要的资金。所以，流动比率高一般表明媒介组织短期偿债能力较强，但如果过高，则会影响资金的使用效率和获利能力。流动比率究竟多少合适没有规定，因为媒介产业具有不同于工业企业的经营特点，流动性并不相同，而且，这还与流动资产中现金、应收账款和存货等项目各自所占的比例有关，因为它们的变现能力不同。所以，可以用速动比率(剔除了存货和待摊费用)和现金比率(剔除了存货、应收款、预付账款和待摊费用)辅助进行分析。一般认为流动比率为 2，速动比率为 1 比较安全，过高有效率低之嫌，过低则有管理不善的可能。

长期偿债能力是指媒介组织偿还长期利息与本金的能力。一般来说，媒介组织长期负债主要是用于长期投资，因而最好是用投资产生的收益偿还利息与本金。通常以负债比率和利息收入倍数两项指标衡量媒介组织的长期偿债能力。

负债比率＝负债总额/资产总额

利息收入倍数＝经营净利润/利息费用＝(净利润＋所得税＋利息费用)/利息费用

负债比率又称财务杠杆，由于所有者权益不需偿还，所以财务杠杆越高，债权人所受的保障就越低。但这并不是说财务杠杆越低越好，因为一定的负债表明媒介的管理者能够有效地运用股东的资金，帮助股东用较少的资金进行较大规模的经营，所以财务杠杆过低说明企业没有很好地利用其资金。

利息收入倍数考察媒介组织的营业利润是否足以支付当年的利息费用，它从媒介经营活动的获利能力方面分析其长期偿债能力。一般来说，这个比率越大，长期偿债能力越强。

(2) 反映营运能力的财务比率

营运能力是以媒介组织各项资产的周转速度来衡量企业资产利用的效率。周转速度越快，表明媒介组织的各项资产进入生产、销售等经营环节的速度越快，那么其形成收入和利润的周期就越短，经营效率自然就越高。一般来说，包括以下五个指标：

应收账款周转率＝赊销收入净额/应收账款平均余额

存货周转率＝销售成本/存货平均余额

流动资产周转率＝销售收入净额/流动资产平均余额

固定资产周转率＝销售收入净额/固定资产平均净值

总资产周转率＝销售收入净额/总资产平均值

由于上述的这些周转率指标的分子、分母分别来自资产负债表和利润分配表，而资产负债表数据是某一时点的静态数据，利润分配表数据则是整个报告期的动态数据，所以为了使分子、分母在时间上具有一致性，就必须将取自资产负债表上的数据折算成整个报告期的平均额。通常来讲，上述指标越高，说明媒介组织的经营效率越高。但数量只是一个方面的问题，在进行分析时，还应注意各资产项目的组成情况。

(3) 反映盈利能力的财务比率

盈利能力是各方面关心的核心，也是媒介组织成败的关键，只有长期盈利，媒介组织才能真正做到持续经营。媒介组织和投资者都对反映盈利能力的比率非常重视。一般用下面几个指标衡量企业的盈利能力：

毛利率＝(销售收入－成本)/销售收入

营业利润率＝营业利润/销售收入＝(净利润＋所得税＋利息费用)/销售收入

净利润率＝净利润/销售收入

总资产报酬率＝净利润/总资产平均值

权益报酬率＝净利润/权益平均值

每股利润＝净利润/流通股总股份

毛利率、营业利润率和净利润率分别说明媒介经营活动和媒介整体的盈利能力，越高则获利能力越强；资产报酬率反映股东和债权人共同投入资金的盈利能力；权益报酬率则反映股东投入资金的盈利状况。权益报酬率是股东最为关心的内容，它与财务杠杆有关，如果资产的报酬率相同，则财务杠杆越高的企业权益报酬率也越高，因为股东用较少的资金实现了同等的收益能力。每股利润只是将净利润分配到每一份股份，目的是为了更简洁地表示权益资本的盈利情况。衡量上述盈利指标是高还是低，一般要通过与同行业其他媒体的水平相比较才能得出结论。

凭借财务比率，企业管理者可以对企业的财务状况进行综合分析。如通过分析流动资产与非流动资产的比例，可以评价企业的资产结构是否合理。若媒介组织中流动资产占的比重过大，就要审视企业现金持有量是否合理，是否因闲置资金过多，增加了企业资金管理的费用，并且增加了这部分资金的机会成本。通过分析销售净利率即净利润与销售收入比率的高低，可以剖析媒介组织媒介产品发行量高低的影响因素，以及提高收入的措施；若财务报表中净利率过低，则媒介管理者可以从开拓市场、增加销售收入，控制成本、降低消耗两方面来增加企业的收益。

图 9－1 是对中视传媒财务情况分析后得出的财务比率情况。

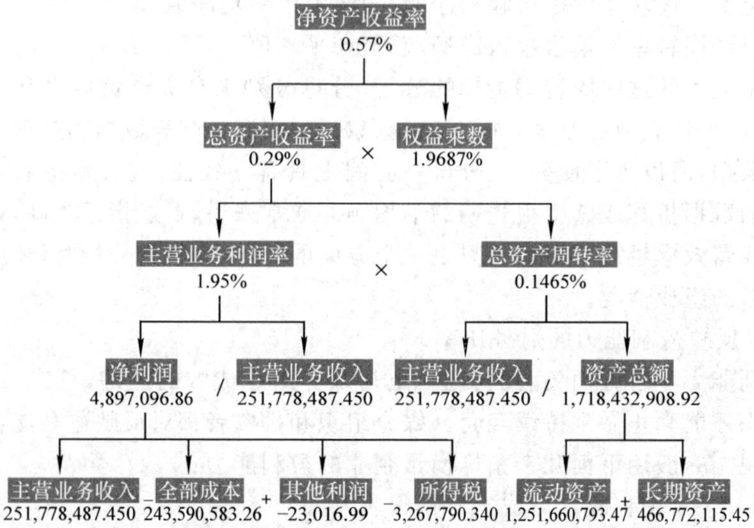

图 9－1 中视传媒财务比率情况

二、媒介财务预算

凡事预则立,不预则废。媒介财务预算可以凭借资金运动及其信息所具有的综合性,以资金管理为龙头,带动其他方面的管理活动。媒介组织也可以有效地对现金从哪里得来又用到何处去、在某一时点能被用于周转使用的余额是多少、在未来何时需要现金等方面有详细的了解,这样有助于避免不合理的现金支出。

1. 媒介财务预算的作用

财务预算对整个媒介管理工作具有普遍的指导作用,具体来说,表现在以下五个方面:

(1) 财务预算能够量化媒介管理部门制定的目标,为媒介决策提供指导,为媒介组织评估设立标准,是媒介财务管理中的重要一环。

(2) 财务预算可以有效避免各部门各自为政、只为本部门考虑的短视行为,使各部门的工作都能有效统一,有利于实现媒介组织的战略与长远利益。

(3) 现代企业制度下的财务预算,可以对忽视市场调研与预测的弊端予以纠正,使得预算富有弹性,从而及时准确地应对市场环境变化带来的挑战。

(4) 科学的财务预算能够合理地控制成本,节省开支。财务预算能够对资金流实施"事前控制、事中监督、事后评估"的有效措施,有力地提高资金的使用效率。

(5) 财务预算对媒介员工有激励的作用。媒介组织通过预算管理,将各部门的预算指标进一步细化成每个员工的奋斗目标,对提前、超额完成工作目标的员工进行物质和精神激励,可以带动整个媒介组织的员工工作的积极性和向心力。

2. 媒介财务预算的要求

媒介组织要想在日常生产经营活动中做到有章可循、有规可依,顺利实现媒介组织发展目标,就必须加强财务预算管理。加强预算管理意味着媒介组织要树立以市场为导向,以媒介发展战略和规划为指导的财务预算管理理念,提高财务预算管理人员素质,建立职责分工明确的媒介组织财务预算管理机制。

(1) 加强绩效预算管理,构建预算评估体系

绩效预算管理强调将绩效作为预算与分配资源的根据,摒弃了以往资金分配中存在的主观臆断、粗放决策的方式。绩效预算管理要求各部门以事实、效果、成绩说话,比的是小支出、大收入的能力,比的是出精品、创佳作的能力,比的是谋发展、可持续的能力。绩效预算管理切实加强了预算制定评审、资金使用评估、项目绩效评价、结果反馈等环节,就是为了保证"好钢用在刀刃上",保证资金

的使用能够起到“四两拨千斤”的作用。

(2) 实施动态监控机制，完善财务预算考核体系

预算管理工作的最大难度就是日常控制。管理部门应根据预算决策对资金的使用情况进行日常跟踪和调控，即实施动态监控。只有这样，才能更好地管理预算项目，控制预算执行情况，调控资金的使用状况，也才能使各部门的目标不偏离媒介总体战略，才能使媒介组织的发展蒸蒸日上。为了不致使管理费用因为日常监控而增大，应当由各部门根据媒介组织的总财务预算和各部门实际情况编制次月月度财务预算，再由财务部门组织评估专员进行评估，“择其善者而从之，其不善者而改之”，既减轻媒介财务管理的负担，又能统筹兼顾地为各部门的工作提供战略支持。

(3) 财务预算管理的制定应当与媒介发展战略相契合

媒介财务预算管理的目标应当以媒介发展战略为基础，失去战略意识的预算目标只能算作短视行为，不利于媒介组织的品牌的建构和竞争力的提高。预算目标除了要考虑经济利益，还要考虑长远的社会效益。媒体负有舆论监督、舆论引导的社会责任，如果在预算目标中仅仅从吸引大众眼球，增加收视率、发行量、点击率等商业利益出发，虽然短期内可能获得价值不菲的经济利益，但从长远来看，受众会对该媒介组织失去信任，不利于媒介组织的成长。

3. 媒介财务预算的流程

一个完整的媒介财务预算是通过一系列流程完成的，通常包括媒介财务预算体系建构、预算编制、执行、调控和考评五个阶段。

(1) 媒介财务预算体系建构

媒介组织首先要确立自己的财务预算体系，使预算具有系统性。如电视剧的生产预算必须与销售预算相衔接，新闻纸张原材料预算又必须与发行预算相衔接等。媒介组织的预算种类繁多，重要的有经营预算、广告预算、销售收入预算、服务收入预算、资金占用预算、费用支出预算、人力预算、固定资产投资预算、资产负债预算、利润预算、现金流量预算、现金需求预算等。各项预算之间构成密切的内在联系，这样才能真正发挥预算管理的作用。

(2) 媒介财务预算编制

媒介财务部门将当年预算计划及实际执行情况、明年预算表式下达各部门。各部门根据销售预测，结合下达的预算表式要求和本部门的需求填报自己部门的明年各项预算数。财务部门根据各部门上报资料进行分析、汇总。对于需要修改的数据与该部门进行协调。最终预算结果经媒介领导批准后分解下达。在编制过程中，做到预算编制的数据准确可靠是使预算管理在今后预算运行过程中得到贯彻执行的重要保证。一般按照以收定支、留有余地的原则在各部门之间统筹安排，既要砍掉预算中的水分，又要考虑可能被忽略或少计的金额。

(3) 媒介财务预算执行

媒介财务预算执行即预算的具体实施。媒介预算执行环节主要应做好预算执行情况的真实、完整的记录,有效进行有关预算信息的收集与反馈。这必须借助高效的预算核算系统。一般使用财务电算化软件来实现这一核算,确保在每月月末产生财务会计报表的同时,又可产生预算的计划与实际对照表,这样有利于及时发现问题,采取对策,并为下一步是否进行调控提供依据。实际与预算之间的差值应设定一个范围,超出这个范围的,就要求有关责任部门写出书面报告,分析差异原因。

(4) 媒介财务预算调控

媒介财务预算调控是指预算执行过程中的协调及日常控制职能,是预算协调、预算调整、预算监控等职能的总称。预算协调包括两方面的含义:一是在预算执行过程中,各职能部门之间产生矛盾时,对利益冲突的协调;二是对预算的实际执行与预算目标差异不大时进行调整,但这种协调只是一种微调,其效力主要是维持全面平衡,并不对预算目标做较大改变。预算调整是指媒介内外环境发生变化,预算出现较大偏差时所进行的预算修改。由于市场经济的瞬息万变,可能导致没有列入预算内容的项目出现,这就需要在预算执行过程中的调控发挥作用。

(5) 媒介财务预算考评

在一期预算结束之后,需要对预算实际执行情况与预算目标之间所存在的差异大小及差异原因进行分析,并进行预算考评。预算考评主要是为了通过分析评价,掌握预算的运行状况、成绩、存在的问题及环节,并借以查明产生问题的原因,从而为堵塞漏洞、纠正偏差提供思路。同时,预算考评也有助于对预算执行结果进行评价并兑现奖惩,为下一轮预算管理确定预算目标提供重要依据。

思考题:

1. 媒介财务管理有什么特点? 它的作用是什么?
2. 媒介财务管理的原则有哪些?
3. 媒介财务管理重点包括哪些内容?
4. 媒介组织的筹资方式主要有哪些?
5. 媒介投资主要有哪些种类? 评价媒介投资的基本要素是什么?
6. 如何利用长尾效应开拓媒介组织的"蓝海"?
7. 如何进行媒介财务分析?
8. 媒介财务预算有什么作用? 它的流程是怎样的?

第十章
媒介管理与社会

媒介与社会的密切的互动,不仅反映在媒介生产与消费的过程中,同样也反映在媒介管理过程中。一方面,媒介必须按照社会的政治经济制度、法律道德规范和文化传统进行生产经营运作,与其他的社会组织、公众、政府部门进行有效的沟通与合作;另一方面,媒介又必须恪守大众传播的公信力和社会责任等基本准则,维护媒介信用和媒介形象,以正确的舆论导向干预社会,建立媒介与受众互诚互信的良性互动关系。正如美国媒介管理学家约翰·M.勒温和丹尼尔·沃克曼所说:"市场、社会和伦理力量的互动,可以在媒介的使命和目标中最清楚地看到。"[①]因此,媒介管理始终是建立在与社会密切互动基础之上的,媒介要根据媒介环境中文化的特点和变化,不断调整和完善自身的管理理念和经营管理策略,使媒介产品成为建构社会优秀文化的主导力量。

第一节 媒介管理与文化

媒介通过信息传播干预并影响着社会生活的各个方面,构成了人们的生活方式和社会的文化形态。萨姆瓦认为:"人们的传播方式就是他们的生活方式"[②]。作为生产经营媒介产品、传播信息的媒介来说,在媒介管理过程中如何利用媒介产品的特点积极地推动社会生活,建构健康的文化形态和生活方式,把经济效益与社会效益有机地统一起来,始终是媒介管理面临的一个重要课题。

在当今的大众传播时代,社会文化的生产与建构主要是通过大众传播媒介的手段来实现的。报纸、杂志、电影、电视、广告、互联网等各种传播媒介构成了人们的文化环境,无所不在地渗透于人们的生活之中,影响着人们的行为方式和价值观念。大众传播媒介已经成为社会生活中最重要的文化载体。斯诺认为,

---

① John M. Lavine & Daniel B. Wackman. *Managing Media Organizations*, Longman Publishing Inc, 1988, p63.

② [美]萨姆瓦等:《跨文化传通》,陈南等译,三联书店1988年版,第26页。

"我们对社会的认识受媒介的影响如此之大，以至于他声称我们生活在'媒介文化'中"。同时，"媒介文化的性质和作用取决于它们在其中传播的社会的特征"。[①] 正因为大众传播媒介对当今社会文化的建构有着举足轻重的作用，所以，媒介在实施媒介管理的过程中，应当自觉地承担起社会责任，利用媒介的信息传播手段，适应媒介传播的文化环境，建构和营造积极、健康的社会文化形态，传承优秀的民族文化传统，推动社会的文明与进步。

一、文化的内涵

关于文化，《易经·贲卦》中就有"观乎人文，以化成天下"之说。西汉刘向《说苑·指武》亦云："圣人之治天下也，先文德而后武力。凡武之兴，为不服也；文化不改，然后加诛。"此处所说的文化，主要是指文德教化，与现代文化的概念有相近之处，但又有着本质的区别。我们现在的文化概念是从西方迻译而来的，英语和法语的语词形式都是 Culture。它来自拉丁文的 Cultura 一词，原意为耕作，后又派生出居住、练习、敬神等含义。所以，丝织业称为 Silk-culture，体育称为 Physical-culture，都属于文化，保留了文化最初的含义。

从学术角度对文化进行系统的探讨，一般认为是从 19 世纪文化人类学的鼻祖——英国的文化人类学家泰勒开始的，他在其名著《原始文化》一书中对文化下了最初定义："所谓文化或文明是指知识、信仰、艺术、道德、法律、习俗，以及包括作为社会成员的个人而获得的其他任何能力、习惯在内的一种综合体。"[②]在泰勒的这一定义中，不仅包括了社会制度的内容，而且也包括了社会精神生活的内容，应该说，这是泰勒对文化解释的最重要的贡献。

由于对文化的不同理解，到了 20 世纪 50 年代，关于文化的定义已经达到 160 种之多。其中，最有影响的当数美国著名文化人类学家 A. 克娄伯对文化概念的重新界定，他认为文化的内涵应包括五个方面的内容。[③]

(1) 文化是行为模式和指导行为的模式；

(2) 模式是由后天习得而来，习得的途径是通过人的符号系统；

(3) 人工产品是模式的物化形式，因而也是文化；

(4) 由历史形成的价值观念是文化的核心，可依据价值观念的不同区别不同质的文化形态；

---

① [美]戴安娜·克兰：《文化生产：媒体与都市艺术》，赵国新译，译林出版社 2001 年版，第 20～29 页。

② [英]爱德华·泰勒：《原始文化》，连树声译，上海文艺出版社 1992 年版，第 7～8 页。

③ Krober A L, Kluckhohn C. Culture. *A Critical Review of Concepts and Definitions*. The Museum 1952, p43－50.

(5) 文化系统是限制人类活动方式的原因,也是人类活动的产物与结果。

克娄伯关于文化概念的解释,把人们对文化的认识有力地推进了一步。从上述关于文化概念的发展中,不难看出文化是涉及社会生活各个方面的价值观念、行为方式、社会制度等人类活动结果的总和。

我们认为,与媒介特别有关的文化不仅包括知识、信仰、艺术、道德、观念、风俗习惯、思想、价值观,还包括人类的语言、心理和行为方式。文化带有跨越性和继承性,通过时间和空间的变换,由上一代传给下一代,家长传给子女,老师传给学生,领导传给群众,一个地区传给另一个地区,一个国家传给另一个国家。任何组织都有自己的文化。汤姆森认为:"在一个有着强有力文化的组织中,价值观和行为准则就像拔草,扎根很深且难于清除。"①媒介不但要成为传播文化的先锋使者和创造文化的重要组织,而且自身也必须形成一种有活力、有凝聚力的文化,这是媒介管理义不容辞的责任。

二、媒介管理与文化的关系

赫赛尔宾与戈德斯密斯(Hesselbein & Goldsmith ,1997)在《未来的组织》一书中认为,管理可以与文化一致,也可以不一致。当它们一致的时候,文化可以成为管理的一条有价值的途径;当它们不一致的时候,管理便要困难得多。可见,文化与管理天生就有着某种联系。

组织文化(organizational culture)是指控制个人与群体相互作用和影响方式的价值观、规范、行为标准和共同愿景的总和,以实现组织目标。② 沙因认为,组织文化是"一个群体所学到的一系列共享的基本理念,这些理念可以解决这一群体的外部适应和内部整合的问题,并且由于它行之有效,所以被大家认为是合理的。因此,这些基本理念就被传授给新的群体成员,使他们对相关问题形成正确的感知、思考和行为方式"。③ 媒介组织也有属于自己的组织文化,在媒介组织管理过程中,文化起了很重要的作用。它既可以成为组织管理的推动因素,又可以对组织管理的执行起到抵触作用。汤姆森认为,一个组织的文化对于成功地实施管理是一种重要的帮助(或者障碍)。当与管理存在匹配关系时,强有力的文化会促进更好的管理实施,当没有这种匹配关系时则会损害管理的实施。④

---

① [美]汤姆森:《战略管理:概念和案例》(第 10 版),段盛华、王智慧主译,北京大学出版社、科文(香港)出版有限公司 2000 年版,第 355 页。

② [美]加雷思·琼斯、珍妮弗·乔治、查理斯·希尔:《当代管理学》(第 2 版),李建伟等译,人民邮电出版社 2003 年,第 211 页。

③ Edgra H. Schein. *Organization Culture and Leadership*. Jossy-Bass,1992,pp. 12.

④ [美]汤姆森:《战略管理:概念和案例》(第 10 版),段盛华、王智慧主译,北京大学出版社、科文(香港)出版有限公司,2000 年版,第 353 页。

为了实施组织管理，通常要对前述的媒介文化构成要素进行调整，以便媒介文化能适应新管理的要求。但在这一调整之前，媒介管理者必须认识到组织管理所产生的变化，以及这些变化与公司文化之间的适应性。

媒介管理与文化的互动关系主要表现在三个方面。

1. 互为动力

文化为管理提供成功的动力。文化有利于媒介形成独特的管理，为管理的成功奠定基础，提供原始动力；同时，具有文化内涵的管理又会形成和加强具有魅力和牢固的强势文化。

2. 彼此激励

文化是管理实施的关键。文化可以激发员工的工作热情，统一全体成员的意志，从而使管理得到有效的贯彻和实施。有人认为，管理由文化激励，反之则不成立。实际上，在很多情况下，高效的管理极大地刺激了组织文化的诞生。试想，把管理搞得一团糟的组织又怎会有精良的文化。

3. 协调推动社会进步

文化与管理的适应和协调推动了社会进步。媒介是人类文化的塑造者。从社会学的角度看，家庭、学校和媒介是社会化最重要的三种力量，而媒介正在逐渐跃居首位，发挥着越来越大的作用，使学校和家庭的影响望尘莫及。因此，表现良好的媒介应当将不断塑造和推动优秀文化作为自己的责任。在现代社会，媒介为人们提供了前所未有的信息传播途径，各种形态的现代文明无一不以媒介文化为载体，通过信息的传播进入千家万户，丰富多彩地展现在人们的面前。现代人在成长的过程中，已很难离开媒介的影响，他们从媒介中了解社会，认识人生，通过媒介形成自己的价值观念。媒介可以跨越时间、空间的障碍，克服区域及文字的局限，可以在不同的文化之间进行广泛交流，加速个体的社会化进程。而只有优秀的组织文化与组织管理相互协调，才能孕育出不辱使命的媒介，才能促使社会机制正常有效地运行。

三、媒介文化的构成要素及重要性

媒介文化是由许多要素构成的集合体，与媒介有关的文化不仅包括知识、信仰、艺术、道德、观念、风俗习惯、思想、价值观，还可以包括人类的语言、心理和行为方式。媒介不但要成为传播文化的先锋使者和创新文化的重要组织，而且自身也必须形成一种有活力、有凝聚力的文化，这是媒介取得生存和发展的内在推动力。媒介组织文化的主要构成要素主要包括四个方面。

1. 共同的价值观

所谓共同的价值观是指一个组织所有成员所分享的同一个带有自身特色的价值观念。共同价值观被普遍认为是构成组织文化的重要基础。

美国管理学家汤姆·彼得斯和罗伯特·沃特曼认为下列价值观念是十分重要的:(1) 相信自己是最好的。(2) 认识到人的重要性。(3) 认识到高质量与服务的重要性。(4) 认识到战略实施中每个细节的重要性。(5) 认识到组织中大部分成员应该是革新者。(6) 认识到非正式沟通的重要性。(7) 认识到经济增长与利润的重要性。这些价值观念应该被所有媒介员工接受和遵守。但随着媒介的市场化运作,媒介会陷入社会公共要求与市场营利要求的矛盾中,这是任何一个进行经济活动的媒介所无法避免的。媒介应协调好两者之间的关系,有所为有所不为,除了遵守上述观念外,维护公众利益、肩负社会责任也应成为媒介共同的价值追求。①

2. 行为规范

行为规范是指媒介所确立的行为标准。常见的行为规范由媒介明确制定,但实际上,行为规范还包括非正式形成的模式和标准。媒介为了使自己在市场和发展中别具一格,通常会规范自己的行为。

3. 媒介伦理

在构成媒介文化的因素中,与企业有着巨大差别的就是媒介伦理。媒介成为传播信息的工具是天经地义的,但媒介更须义不容辞地承担起文化的塑造者和文化的徽标这一责任。

4. 形象性活动

形象是指可以表达某种含义的物质实体(包括媒介物自身)和相关事件。文化形象则是形象所具备的基本文化和哲理的含义。媒介形象常常是指媒介的使命、哲学、信念、价值和理想。对媒介来说,常被采用的形象和形象性活动有:(1) 最初的媒介使命。媒介领导(尤其是媒介的创立者)的风格和经历可以形成极好的象征。媒介的使命不仅对内而且对外都形成了一种共识的理念。(2) 现代化、智能化、信息化的角色。媒介在公众的心目中应该是无所不知的"信息库",在社会和经济发展中应该是一个智能化的"集成块",当然,它们还必须是走在时代最前面的人。(3) 公益、公关等形象性活动。媒介利用大量的时间和精力从事某种可以影响文化的活动,如公益活动、公关活动,有利于更快更好地在公众心目中树立形象。(4) 重新设计组织结构或部分组织结构。为了改变或加强媒介员工共享的价值观,媒介可以根据形象的需要对组织结构进行调整。

媒介文化并非是一种偶发性的特征,它是媒介得以生产和发展的基本条件之一,而全体成员对某种媒介文化的认同、分享和适应越是一致,这一媒介文化的作用就越大。而且,"一旦一种文化建立以后,就很难进行变革"。② 总的说

① [美]汤姆·彼得斯、罗伯特·沃特曼:《追求卓越》,中信出版社 2009 年出版,第 2~16 页。

② [美]汤姆森:《战略管理:概念和案例》,段盛华、王智慧主译,北京大学出版社、科文(香港)出版有限公司 2000 年版,第 357 页。

来，媒介组织文化的重要性表现在三个方面。

(1) 媒介文化能够引导人们统一行动。因为媒介文化为媒介的员工提供了一定的价值标准、大致相同的期望，以及经常相同的奋斗目标。在某种意义上，媒介文化是一种"非正式的控制规则"，可以部分地代替命令和对员工的严密控制，有利于媒介管理者进行有效的内部控制。而一种价值观念、道德规范和行为规范一旦被成功地内化，就会使员工产生"理应如此"的感觉，本能地按照这种文化范式行事。如果违反这种价值观念，即使他人不知或不加指责，本人也会感到内疚不安，在心理上失去平衡。

(2) 媒介文化是将全体员工维系在一起的纽带和黏合剂，有助于减少内耗，增强凝聚力。媒介所有成员拥有共同的价值观和行为规则，讲究媒介伦理，这样会推动媒介内部的相互合作，并朝着共同的方向努力。良好的媒介文化会增强员工的信息传播这一职业的荣誉感，使他们能以自己成为媒介一员而深感自豪，从而自觉维护媒介的荣誉和利益。

(3) 媒介文化使媒介的发展具有了持续性。持续性是媒介的主要资产之一，因为只有通过媒介文化的力量，媒介才能在经常发生人员更替、结构变动、角色转变、经营方式革新等情况下继续生存和发展。像著名的时代华纳公司、美国广播公司、哥伦比亚广播公司、英国广播公司、默多克新闻公司、派拉蒙公司，等等，无一不是通过文化的力量始终站在国际传播媒介公司的前列。它们经历了数十年乃至上百年的风雨沧桑，但由于其文化同时在发展和延续，因而它们仍然具有和以前类似的特色和信誉。

当然，媒介文化不能脱离民族文化独立存在。中国特有的仁义中庸文化使得成员都珍惜自己的工作和岗位，讲求忠诚，有作为集体一员的责任感。这些对媒介文化的形成和发展具有深刻的内在影响力。

四、媒介管理需要防范的文化影响

1. 色情、暴力文化倾向

就媒介传播对文化影响的程度而言，媒介管理首先要重视并防范媒介生产经营中的色情、暴力文化倾向。20 世纪七八十年代以来，人们对媒介宣扬色情与暴力的问题表现了极大的担忧。在美国早就有《花花公子》这样以多种语言出版的专业色情杂志，但它的阅读对象主要局限于成年人，对青少年的影响面并不是很大。然而，随着电视普及，人们的闲暇时间主要被电视占据了，屏幕上充斥的大量的色情与暴力的电视片被认为是诱发社会犯罪，特别是诱发青少年犯罪的直接外在文化因素之一。

许多研究报告的结论无可辩驳地表明，大众传播媒介中渲染的色情和暴力内容与青少年的不良行为方式和犯罪行为之间有必然的因果联系。美国的一些心理学家和社会学家早就对大众传播中的暴力宣传与青少年犯罪现象给予了关注。美国人类学者萨拉·迪基(Sara Dickey)指出:"特别是人们都觉得,媒介必须靠迎合社会上最低级或最普遍的欲望以招徕大批顾客"①,媒介才能够获得更大的受众市场。这应该说是引诱媒介生产色情和暴力媒介产品的重要经济动因。1971年,美国宾夕法尼亚大学的乔治·格伯尼(George Gerbner)指导了电视暴力对青少年影响的研究,通过对一周内黄金时间电视节目内容的分析表明,4/5的黄金时间的节目包含暴力,并存在着观看电视导致侵略性行为的"尝试性"暗示。

虽然早期的研究结果对电视暴力与青少年犯罪之间的必然因果关系还有所保留,但是以后的研究越来越倾向于支持肯定性的结论,即认为电视暴力在青少年中会诱发进攻性行为。1988年,心理学家罗伯特·M. 李伯特(Robert M. Liebert)和乔西·斯泼拉夫金(Joyce Sprafkin)在《早期窗口:电视对儿童和年轻人的影响》(*The Early Windows: Effects of Television on Children and Youth*)的研究著作中认为:"利用各种研究方法所作的研究已经支持了电视暴力能够诱导孩子们的进攻性和(或者)反社会行为的假设。……严重暴力或者犯罪行为的发生由几种力量共同导致。研究者们说电视暴力是进攻性行为的一个原因,但不是进攻性行为的全部原因。任何社会行为都不会只有一个原因。"②

媒介中的色情和暴力之所以能够对青少年产生极大的负面影响,主要是由两方面因素所决定的:一是青少年处于特定的心理成长阶段,心智尚未成熟,其行为有极强的模仿性和可塑性,很容易受到外在环境的影响;二是媒介有极强的暗示性、感染性和权威性,非常容易诱发群体的盲从行为和从众行为。从媒介经营的经济效益角度来看,可能媒介传播色情与暴力的内容更能吸引受众的注意,更能迎合一部分受众的趣味,当然也自然能赢得更大的经济效益。世界传媒大王默多克的发家就是从黄色小报开始的,但他的媒介经营法则现在看来显然是有悖于社会公共利益的。在完成了媒介经营资本的原始积累以后,他实际上就改弦更张了。因此,媒介在努力争取获得良好的经济效益的同时,不应该忘记自己的社会责任,应当自觉地摈弃媒介传播中的色情和暴力文化,为受众尤其是青少年营造一个健康文明的媒介文化环境,这也正是媒介管理的重要任务之一。

---

① 中国社会科学杂志社:《人类学的趋势》,社会科学文献出版社2000年版,第233页。

② 转引自[美]雪莉·贝尔吉:《媒介与冲击——大众媒介概论》,赵敬松译,东北财经大学出版社2000年版,第311～312页。

2. 性别歧视和民族(种族)歧视

媒介管理中需要关注的另一种文化倾向是性别歧视和民族(种族)歧视问题。在当今社会中,性别歧视和民族(种族)歧视是一种极其普遍的现象,这一现象经过大众传播的进一步强化和扩散,容易演变成为一种社会文化倾向,并进而积淀成为社会的潜意识。这种现象在各种大众传播媒介中都时常自觉或不自觉地表现出来,客观上对女性和其他民族或种族产生了心理和人格上的侵害。

对于大众传播媒介歧视女性的问题,雪莉·贝尔吉指出:“过去和现代的媒介很少展示扮演职业角色的妇女,缺少强大的、重要的妇女形象。”[①]对于美国社会大众传播媒介中的民族或种族歧视,美国学者劳伦斯·博文(Lawrence Bowen)和吉尔·斯克密德(Jill Schmid)认为,在媒介中,“亚洲人和拉丁美洲人仍然处于表现不足的不幸境地。此外,几乎没有少数民族单独出现的广告,当他们出现时,往往被白人的气势所压倒。少数民族继续被利用为某种产品属性的‘标志’或者有疑问的环节……”媒介学者卡洛林·马丁戴尔(Carolyn Matindale)认为,“美国的主流媒介把少数民族作为美国社会之外的内容来展示,而不是作为一部分。”一份对全美国报纸进行广泛研究基础上完成的报告也指出“主流媒介对有色人种的报道充满了落后的、无礼的、言辞偏激的描写和对美国社会缺乏远见的解释”。[②] 事实上,媒介散布的性别歧视或民族(种族)歧视不仅会影响和损害媒介的社会声誉,而且容易形成社会偏见,甚至造成民族或种族冲突,激化社会矛盾,引发社会动荡。

这样的例子在国内外媒介管理的实践中应该说是屡见不鲜的。我国是一个经历了两千多年封建社会的国家,对女性的歧视和偏见的“思维定式”仍然有顽固的社会思想基础,这种思想意识不可能不反映到媒介活动中来。同时,我国又是一个多民族国家,各个民族的生活习惯和宗教信仰有很大的差异,忽视对各个民族生活习惯或宗教信仰的尊重和理解都可能引起不必要的纠纷和矛盾。因此,媒介必须严格扮演好社会舆论的“守门人”的角色,在媒介经营管理中,从根本上杜绝有可能出现的性别歧视或民族(种族)歧视现象的发生。

3. 新的消极文化倾向

媒介还可能造成了一些新的消极的文化倾向和社会问题。这些消极文化倾向是:

(1) 现在有很多人(包括成年人)有一半以上的时间是用于媒介消费上的,

---

① [美]雪莉·贝尔吉:《媒介与冲击——大众媒介概论》,赵敬松译,东北财经大学出版社 2000 年版,第 323 页。

② 同上,第 324～326 页。

这样就产生出了一大批"资讯瘾君子",他们的生活状态在变坏。

(2) 互联网在提供了更强大的信息传播和"复制"功能的同时,也带来了大量的"信息垃圾",培养了具有强烈心理依赖症的"网虫"。网民每天在网上花费了大量的时间。

(3) 网络信息由于传播的隐蔽性和个体性,对人们的心理更容易造成潜移默化的消极影响,从而带来了新的社会文化问题。在网络的电子社区里,网虫过度沉湎于虚拟世界,加深了对现实社会的隔膜感,甚至产生了对现实社会的抵触和敌对情绪,同时也造成了人际交流的障碍。

这些问题都是我们在媒介管理中应给予高度重视并加以防范的。媒介管理者针对各种传播媒介,尤其是互联网,应趋利避害,正确引导,使之更好地服务于社会,服务于公众。

五、跨文化带给媒介管理的机遇和挑战

人类已经迈入了21世纪,在这个崭新的世纪里,世界形势正在发生重大而深刻的变化,科学技术突飞猛进,经济全球化程度不断加深,跨文化传播成为当今媒介面临的重大问题。因此,媒介文化的构建万不可忽略这样的现象。跨文化互动的明显标志就是一个人所熟悉的那些行为准则的消失。[①] 正如阿尔文·托夫勒在《第三次浪潮》一书中写下的第一句话:"一个新的文明正在我们生活中出现。"[②] 跨文化给媒介管理带来了全球化机遇,但与此同时,其带来的挑战也不小。

1. 跨文化带给媒介管理的冲击

当今世界正处在一个经济全球化的时代。我国媒介在制定新战略时必然要考虑到跨国文化的力量。在国际媒介流通研究领域,有一些学者担心有线电视与卫星电视频道以及全方位服务网络将会促成美国再次主宰国际电视市场,使媒介帝国主义死灰复燃。联合国教科文组织的研究也发现,世界大部分国家和地区有过半的电视节目是从美国进口的,这些节目大部分是娱乐节目。[③] 西方的强权政治,使得一些西方发达国家和地区不仅把经济触角伸向全球,而且通过媒介传播西方的思想文化和价值观念。

跨文化对媒介管理的冲击,归纳起来主要体现在以下几个方面:

(1) 对价值观念的冲击。海外文化资本和文化产品、文化样式大量涌入我

---

① [美]斯图尔特、贝内特:《美国文化模式——跨文化视野中的分析》,卫景宜译,百花文艺出版社2000年版,第3页。

② [美]阿尔文·托夫勒:《第三次浪潮》,朱志焱、潘琪、张焱译,新华出版社1996年版,第1页。

③ 转引自[美]托马斯·鲍德温等:《大汇流:整合媒介、信息与传播》,龙耘、官希明译,华夏出版社2000年版,第305页。

国，从积极意义上讲，这对丰富人们多元化的文化生活，提高人民的生活质量，学习和借鉴其他国家和地区的优秀文化都是有益的。但一些宣扬西方个人主义的道德伦理观、人生观和价值观的文化产品的涌入，对我国本土文化所包含的价值观念无疑会产生一定潜在的负面影响，这无疑增加了媒介管理的难度。

（2）对本土文化优势地位的冲击。可以说，本土文化是我们管理的哲学基础，但它现在正受到考验。一些海外文化产品大量地运用了现代科技成果，其产品的娱乐性、观赏性、知识性较强，又有生产制作成本低、价格便宜等优势，加之其能够满足人们渴望了解和欣赏外来文化的心理，因此受到广大文化消费者的欢迎，而且在一定时期仍然还会占有很大的市场份额。台湾传播学者郭力昕认为，一切扭曲人性与病态的电视内容，都在“娱乐”二字的掩护下合理化，一切关于战争、侵略、死亡的现实，也都在电视镜头的抉择、剪辑与观众拥有的“安全距离”下，被转化为戏剧与幻想。① 以电影为例，以好莱坞为代表的美国影视制品的出口值，仅在欧洲地区就达到300亿美元，超过了航天工业，而其中90%以上是娱乐产品。

（3）西方中心主义与文化多元论的碰撞造成的冲击。自从资本主义和工业文明诞生以来，在所谓“西方文明中心论”面前，其他各个文明，包括中华文明，都面临着边缘化的危险，甚至面临着被西方文明所覆盖、彻底丧失自身文化个性而湮灭在西方文化席卷世界的洪流里面的危险。我们的媒介管理本来就不成熟，现在过分地接受西方的文化理念和媒介管理理论，恐怕不是一件好事情。

2. 跨文化带给媒介管理的机遇

跨文化是一柄双刃剑，在对我国文化造成冲击的同时又为媒介管理提供了一种新的发展机遇，主要表现在两个方面。

（1）媒介管理与国际接轨。在迈向现代化的进程中，我们依然离不开与世界先进文化的交流沟通。经济全球化正好为这种交流沟通提供了一个良好的机遇和操作平台，使我国本土媒介管理得到创新与发展，为壮大我国媒介产业的国际竞争力打下基础。

（2）为我国本土文化走向世界提供了一个难得的机遇。中华民族有着光辉灿烂的历史文明和博大精深的民族文化，经济全球化恰好给世界了解中华文化提供了一个契机，为中华文化在全球得到传播和弘扬提供了一条绝佳的途径。中国的媒介管理者必须重视媒介传播本土文化的力量，恐怕这不仅仅是一种义务，更是一种“抵御西方文化侵略”②的重要武器。

---

① 郭力昕：《新频道——电视·传播·大众文化》，台湾久大文化股份有限公司1992年版，第202页。

② 邵培仁：《传播学》，高等教育出版社2000年版，第122页。

实际上，跨文化互动也存在着许多困难。跨文化互动中的难点在于“识别不了相关文化之间的差异”，[①]根本障碍可以概括为“不同文化的观念与价值观的差别”。[②] 所以，要塑造一个符合媒介国际经营管理的媒介文化难度不小。语言就是最大的进口障碍，其次则是比较不明显的文化因素。[③] 我们必须立足中国国情，从民族的传统出发，看到我们的优势，在媒介管理过程中弘扬中华民族的优秀文化。只有立足于自己的文化之根，我们的媒介文化才能被广大群众接受。我国的媒介文化既应该是世界性的，又应该富有浓厚的中华民族特色，既是现代的、科学的、开放的，又是民族的、独立的、完整的。只有世界性和民族性统一的媒介文化才能满足受众需求，才会具有生命力和迷人魅力，才能为媒介战略管理顺利进行铺平道路。

第二节 媒介管理与政策法规

随着媒介产业的推进，媒介的商业属性越来越明显，媒介也成为能够制造或供应产品、服务或收入来源的生产性企业或组织。因此，各国各地区制定的各项法律、法规都对媒介产生了不可忽视的影响力。即便是原先主要把企业作为调整对象的法律、法规，对媒介也大多适用。例如，各国各地区制定的反托拉斯法、反不正当交易法、专利法、环境保护法等，都为媒介规定了行为规范。

我国现行政策法规体系中，虽然还没有一个媒介综合性法律，但有一些重要的基本法律与媒介活动有密切的联系，如《著作权法》、《广告法》等。我国对各类大众媒介制定的政策法规大多是由国务院及其直属机构颁布的，如新闻出版总署、国家广播电影电视总局、工业和信息化部、国家版权局、国家知识产权局等部门。媒介政策法规基本涵盖了政府对媒介管理的各个方面，已经成为政府依法行政的依据。

一、媒介政策法规的内涵

1. 媒介政策

媒介政策是指在一定时空背景下，由政党、政府对所属媒介组织及其从业人

---

① [美]斯图尔特、贝内特：《美国文化模式——跨文化视野中的分析》，卫景宜译，百花文艺出版社2000年版，第8页。

② [美]斯图尔特、贝内特：《美国文化模式——跨文化视野中的分析》，卫景宜译，百花文艺出版社2000年版，第237页。

③ R. Collins. *Trading in Culture*: *The Role of Language*. Canadian Journal of Communication 19, no. 1(1994): pp377 - 399.

员规定的奋斗目标、行动准则、工作任务、工作方式、行动步骤和具体对策措施。媒介政策是政党、政府管理媒介事业和媒介产业的重要手段，可以从以下四个方面具体把握它的内涵：

第一，媒介政策是政党、政府有选择的管理行为。政党、政府对媒介采取的对策是一种有选择的管理行为，主要体现在：(1) 整体管理。媒介政策最终要解决的问题，是那些要维持媒介稳定、新闻传播事业有序发展的重大问题，表现出总体管理特征。(2) 实际行动。媒介政策是政党、政府实际做的事情，而不是打算要做的事情。(3) 反复选择。媒介政策是政党、政府依据公共利益以及自身所代表的阶级、阶层的利益需要而不断选择的结果，它既不是一般的政治行为，也不是泛泛的管理。

第二，媒介政策是一个具有明确方向的活动过程。这主要体现在：(1) 明确目的。媒介政策不是偶然行为，政党、政府出台媒介政策总是具有明确目标。不同时期的不同政策无一不蕴涵着政党、政府的管理和调控目标。(2) 活动过程。媒介政策体现了政党、政府的活动方式，并非孤立的和无关联的决定。一项媒介政策既包括某一媒介法律性的规定，也包含与之相关的决定与实施细则。(3) 连贯有序。政党、政府所采取的一系列媒介政策是一个彼此依存、相互影响的连续过程，在时空上呈现连贯有序的特点。

第三，媒介政策是根据统治阶级的意愿所作出的行为准则。这主要体现在：(1) 政府主体。媒介政策是政党、政府所作出的政策。媒介政策与企业所采取的政策、举措、战略的界限是十分严格的。(2) 政治需要。政党、政府代表政治统治者的利益，所以体现政府意志的媒介政策，需要维护统治阶级的利益与地位。(3) 权威地位。媒介政策是以公共权力为后盾的，是社会的公共权威，其地位与影响力必然要求媒介政策客体接受与执行。

2. 媒介法规

从严格意义上说，媒介法律是指全国人大及其常委会制定的规范性文件。媒介法规在法律体系中主要指国务院、地方人大及其常委会、民族自治机关和经济特区人大制定的规范性文件。媒介规章是行政性法律规范文件，之所以是规章，是从其制定机关进行划分的。规章主要指国务院组成部门及直属机构，省、自治区、直辖市人民政府及省、自治区政府所在地的市和经国务院批准的较大的市和人民政府，在它们的职权范围内，为执行法律、法规，需要制定的事项或属于本行政区域的具体行政管理事项而制定的规范性文件。媒介法律和法规的区别主要在于制定机关的不同，一个是全国人大及其常委会，一个是国务院或地方人大等机构。其效力层次也是不同的，法律的效力大过法规的效力。本书所称的媒介法规是从广义角度理解的，即指一切关于媒介的法律、法规、规章等规范性文件。

媒介每天面对千变万化的情况，其自身追求经济效益也可能会构成对国家利益、社会利益、公共利益的影响，因此，必须制定媒介法规。随着我国媒介产业的发展和社会主义法制的日趋完善，有关规范媒介的政策法规逐渐健全起来。

我国媒介法规具有如下性质：(1) 媒介法规属于公法，规定国家行政机关和有关部门与媒介组织和其他所作用的对象之间的关系；(2) 媒介法规属于国内法，适用对象为我国范围；(3) 媒介法规属于成文法，由国家机关依照一定程序制定颁布施行；(4) 媒介法规属于强制法，不容许当事人自由选择，不论个体意愿如何均适用。

3. 媒介政策与媒介法规之间的关系

媒介政策是媒介法规的灵魂，指导着媒介立法的过程、媒介法规的运用和实施，特别是在无法律规定时，应按政策治理。媒介政策依靠媒介法规贯彻实施，媒介法规是媒介政策的具体化。媒介政策的制定和实施受媒介法规的规范和制约。媒介法规权威高于媒介政策，党和政府有关部门制定媒介政策时，要自觉接受媒介法规监督，媒介政策内容不能与媒介法规相冲突，必须坚持法规优先的原则。

可见，媒介政策与媒介法规之间存在着密切的联系：(1) 媒介政策和媒介法规有着统一的指导思想、政治方向和利益基础，本质上是一致的。媒介政策是媒介法规的灵魂和依据，在媒介法规的制定和实施中，政策具有指导作用，在出现媒介法规空白时，相应的政策可以给予补充或补白。(2) 媒介法规与政策在制定机关和程序、表现方式、实施方式、效力范围等方面存在着区别，这些区别表明法规与政策各有其独特的、虽相辅相成但又不能互相取代的调整机制。这样，既不能把法规与政策截然对立，也不应把两者简单等同。在现阶段要着重克服以政策代替法规的思想和惯性。要在充分发扬民主的基础上，根据现实的需要和条件，通过立法机关把政策制定为法律、法规。(3) 媒介法规有严格的制定、审查程序，有标准的表现形式，有专门的制定、实施、监督机构，只有这样才可以减少政策的失误和“土政策”泛滥。

尽管媒介政策和法规在阶级本质、经济基础、指导思想、基本原则、社会目标等方面是高度一致的，但两者也有明显的区别，具体表现在：(1) 媒介政策是统治阶级意志的体现，文件可以是公开的，也可以是“内部”的；而媒介法规则是国家意志的体现，表现为由立法机关依照法定职权和程序制定的规则，它们必须是公开的，面向社会公布。(2) 媒介政策可以主要或完全由原则性的规定组成，可以只规定行动的方向而不规定行为的具体规则；媒介法规必须以规则为主，不仅限于原则性规定，而且要对权利和义务明确界定，对各种利益关系和社会关系加以有效调整。(3) 媒介政策主要靠宣传教育和有关纪律处理条例保证实施；而媒介法规则是以国家强制力保证实施的，可以对任何违反者实施制裁，具有普遍的适用性。(4) 媒介政策具有较大的灵活性，一些根本政策具有较高的稳定性，但大量的具体政策往往随着形势的变化而随时调整，否则便不能发挥及时的指导作用；而媒介法规则具有较高的稳定性，一般是在较长时期内保持不变，如果变动周期过短，则受法规调整的社会关系便处于捉摸不定的状态，这样就不能建立起良好的法律秩序。

如果媒介政策与法规出现矛盾，应采取以下处理办法：(1) 如果媒介法规落后于媒介产业发展的需要，应及时废止或修改现行法规；(2) 如因媒介政策失误或失当而引起矛盾，应及时修改现行媒介政策；(3) 在媒介法规尤其是关于媒介的基本法律没有修改之前，应当依法办事。若必须按照媒介政策办事，也不能损害公民在法律结构中所取得的合法权益。

二、媒介政策法规的作用

1. 约束与监管

媒介政策法规对传媒有着直接影响。例如，1999 年 8 月中共中央办公厅、国务院办公厅发布的《关于调整中央国家机关和省、自治区、直辖市厅局报刊结构的通知》，这对报刊结构提出明确意见，对非党报的报纸要重新规划部署，对全国中小型报纸进行清理整顿，给报刊行业带来很大震动。2008 年，影片《苹果》在电影制作、参加国际电影节、互联网传播及音像制品制作等方面严重违反了《电影管理条例》及相关法规，国家广播电影电视总局吊销其《电影片公映许可证》，停止其在影院发行、放映，停止其在网络传播，停止其音像制品的发行。2009 年 3 月，多家未取得国家广播电影电视总局颁发的“信息网络传播视听节目许可证”的网站非法从事互联网视听节目服务，国家广播电影电视总局会同电信管理部门对“白骨精公社”、“疯人榜”、“美女导航”等 162 家传播含有淫秽色情和低俗内容视听节目的网站采取了强制关闭措施。我国法律规定，不得发布淫秽、低俗、暴力的信息，不得为迎合部分受众的低级趣味而侵犯未成年受众的身心健康。我国《广播电视管理条例》、《电影管理条例》、《互联网管理条例》中都明确指出，不得传播淫秽、色情、暴力、凶杀、赌博等信息。

2. 保护与促进

媒介要公平地参与市场竞争，就需要政策法规来维护一个公正、规范的市场秩序和优胜劣汰的竞争机制。根据我国《宪法》相关规定，我国媒介和新闻工作者的采访权、报道权、舆论监督权等是国家赋与的合法权利。采访权是指新闻工作者获取新闻信息的权利，也是实现公民知情权的手段；报道权是指新闻工作者在符合社会规范和媒体宗旨的前提下，通过采访获得新闻素材后，其新闻作品享有在媒体上发表的权利；舆论监督权包括对于任何国家机关和国家工作人员，有提出批评和建议的权利。营造一个良好的市场秩序和社会环境是制定法规政策的重要目标。可见,媒介政策与法规绝不是媒介发展和改革中可有可无的配角,而是始终参与改革进程的重要角色。

3. 威慑与预防

政策与法规的作用在于威慑与预防,而不是报复。媒介相关政策与法规的制定使得媒介有了约束其行为的准则,媒介在法规的框架内行使权利,并且履行媒介义务,防止违法行为的发生。要解决影响媒介市场健康发展的问题,必须由相关部门形成合力,尤其要突出法律法规的威慑作用。同时,法律通过对违法行为的制裁,既可以教育违法者本人,也可以对其他企图违法的人起到威慑警示作用,使其引以为戒。而且通过对合法行为及其行为后果的确认和保护,也会对其他人起到示范和鼓励作用。

三、媒介运作中的法律问题

1. 隐私权的侵犯

从法律上来看,隐私权属于名誉权的一种。这一法律关系属于民法调整的范围,但它又与其他的名誉权有所不同。隐私是一种客观的事实,它是属于个人的不愿告知他人或不愿公开的事情。如果将个人隐私公开,则可能给当事人造成名誉上的损害或精神上的压力和痛苦。我国《民法通则》中没有提到隐私权的概念,但有明确的司法解释。最高人民法院《关于贯彻执行〈中华人民共和国民法通则〉若干问题的意见》(试行)第 140 条规定:“以书面、口头等形式宣扬他人的隐私,……应当认定为侵害公民名誉权的行为。”从而明确地界定了隐私权侵害违法的问题。但是隐私的内容究竟包括哪些,从法律上应当如何加以界定,并没有明确的法律依据。从司法实践来看,隐私的内涵是约定俗成的。由于这一内涵也有不明确的一面,所以给人们对这一概念的准确把握造成了一定的困难。

隐私权侵害的内容一般包括:非法监视监听他人行踪;故意窥视拍摄他人在住所的私生活情况;故意刺探了解他人的通信及私人文件的内容;非法调查他人性生活及财产的状况;非法以口头、书面或其他能使他人知晓的方式披露公开他人的隐私资料等行为。新闻活动中侵犯他人隐私权的法律问题较之一般的民事法律问题要复杂一些,因为对一些重要的事件的采访、报道不可避免地要涉及一些当事人的隐私,如性犯罪中的受害人,甚至是性犯罪中和一些流氓犯罪中的犯罪嫌疑当事人,对于其真实姓名或犯罪过程中的某些具体细节都不宜公开报道。如果以猎奇或其他目的故意公开披露当事人隐私的,则更是明显的违法行为。

从媒介运作的实践来看,隐私权的侵犯主要有两类,一种是不违法,但有悖于新闻职业道德。这一类问题应当由媒介行业的自律手段加以处理。另一种是明显侵犯了当事人的隐私权,属于违法行为,其行为应由法律手段进行处理。一般说来,在司法实践中,对媒介活动的隐私侵害的法律责任的追究是比较宽松的。不是十分突出的侵害行为,或不是出于主观故意、没有造成严重后果的,通常不会追究媒介工作者和媒介的法律责任,但这不能成为媒介工作者和媒介放纵自己行为的思想依赖。媒介工作者和媒介都要以严格的新闻职业自律的规范来开展新闻活动。

2. 诽谤行为

我国《民法通则》第 101 条规定:"公民的人格尊严受法律保护,禁止用侮辱、诽谤等方式损害公民、法人的名誉。"我国《刑法》第 246 条也规定:"捏造事实诽谤他人,情节严重的,处三年以下有期徒刑、拘役、管制或者剥夺政治权利。"可见,诽谤行为受到民法和刑法两种法律关系的调整。

新闻是对客观事实的报道。新闻工作者所编写的内容应当以事实为依据,客观地反映情况。但是在新闻实践中,也不能完全排除新闻报道中的失实,有的甚至给当事人造成了一定的损害。其中既可能有客观因素,也可能有主观因素。如对某些事实暂时无法一一核实调查,被采访人的陈述有误,或是记者工作疏忽,等等。

但是,新闻失实究竟在何种情况下才构成诽谤行为,无论从新闻实践还是从司法实践来看,对这一问题的研究都还不够充分,司法实践中也没有较成功的典型案例。不过,近年来,因新闻所引起的诽谤诉讼事件还是时有发生的。新闻工作者的行为是否构成诽谤行为,应主要考虑以下几点:(1) 是否出于主观故意,特别是恶意;(2) 是否有明显的捏造事实的行为;(3) 情节是否严重,是否对当事人造成了重大的伤害;(4) 是否造成了严重的后果或较大的社会影响等。只有对这四个方面的情况进行综合分析,才能确定是否构成诽谤行为。对于新闻工作者来说,是否具有主观故意应视为构成诽谤行为的主要情节依据。

3. 泄密行为

新闻活动中会引起法律纠纷的另一种情况是泄密。国家保密局为此制订了《新闻出版保密规定》。泄密行为侵害的客体可能是国家,也可能是企事业法人、社会团体。由于新闻工作者在采访的过程中经常会接触到一些国家机密或企事业单位的技术秘密,这些秘密一旦泄露就会给国家利益和企事业法人的利益造成损失,所以新闻工作者要树立牢固的保密意识。

当然,对于什么是秘密,新闻工作者和政府部门往往有不同的看法,因为其价值标准不同。在美国就曾经发生了一起轰动一时的美国政府与《纽约时报》就五角大楼的绝密报告在新闻媒介上披露而引发的案件。1971 年 6 月,《纽约时报》驻白宫记者尼尔·希思获得了一份 250 万字,共分为 47 卷的关于美国介入越南战争损失报告的绝密文件。《纽约时报》将其公开发表后,在美国引起了一场轩然大波。时任司法部长约翰·米切尔在时任总统尼克松的授意下,以"使美国国防利益以及国家安全受到巨大的损害"为由,禁止该报继续刊登。但最后美国最高法院援引美国宪法第一修正案,竟以 6∶3 的裁决判定美国政府败诉。可见,对新闻活动中涉及的秘密有时也会产生不同的解释。

四、媒介管理如何避免法律纠纷

在媒介运作过程中,出现一些法律纠纷往往是难以避免的,但是积极的防范和妥善的处理仍然十分重要。

1. 强化法律意识

要强化媒介工作者的法律意识,尽量避免可能出现的法律纠纷。事实上,只要有充分的防范意识和认真的工作态度,绝大多数的法律纠纷是可以避免的。因此,每一个媒介工作人员不仅要熟悉媒介相关的法律法规,而且还要通过实例分析和具体的工作实践来提高运用这些法律法规的能力和技巧。媒介要对员工开展法律教育,灌输法律意识,使人人树立牢固的法制观念,并学会用法律武器保护自己。对于工作过程中可能产生的法律纠纷,必须交由决策层进行集体研究,必要时应咨询法律专家,然后再作决定。在涉及敏感的报道、宣传以及合同等重要事务时,要认真落实,严格把关,确保媒介运作的万无一失。

2. 聘请法律顾问

媒介应当聘请专门的法律顾问参与媒介日常运作和重大决策。对于媒介的各项工作,都应从法律的角度进行充分考虑,保证不违规、不犯法。无论宏观把握还是微观把握都要力求做到合理合法,这样才能使媒介在根本的大方向上不误入歧途,不迷失方向。媒介如果缺乏法律工作者的指导,在日常管理中缺乏法律意识,不仅可能给媒介造成经济上的损失,而且还会极大地损害媒介的声誉和公众形象。

3. 敢于维护媒介的利益和声誉

一旦媒介出现了法律纠纷,也不要消极回避。要在弄清事实、责任和权衡利害的前提下,按照法律程序和规定妥善地加以解决。无论是通过诉讼手段还是非诉讼手段,都要着眼于维护媒介的利益和声誉,既不可文过饰非,也不可无原则地迁就和退让。在处理法律纠纷中,应尽量聘请律师参与。律师是专业的法律工作者,对法律的专门知识和法律程序比较熟悉,往往能抓住问题的要害,大大提高工作效率，加快法律纠纷解决的进程。所以，律师的作用是非专业的法律工作者所难以替代的。同时，由于一些律师对媒介行业的专门性法律法规可能不太熟悉，媒介应积极配合律师的工作，尽可能提供媒介行业法律法规的背景材料。

五、处理法律问题的环节

在媒介活动中，出现一些法律纠纷往往是不可避免的。妥善处理好这一问题是媒介管理过程中的一项重要任务。处理问题的出发点是有利于保护媒介的合法利益，以事实为依据，以法律为准绳。由于媒介行业的法律法规还不是很完善，媒介的法律问题往往又有其自身的特殊性，因此，在处理这类法律问题的过程中，要注意把握以下几个主要环节。

1. 分清问题的性质

对于媒介活动中出现的法律问题，首先要对事件进行定性分析，看它是属于一般的违规，还是涉及民事法律责任，或者是刑事法律责任。在定性分析的基础上，再看其程度如何，属于较轻程度还是严重程度。弄清这些问题以后，才能决定是否要采取法律手段以及采取何种法律手段来解决问题。否则，就会陷入盲目境地，造成不必要的经济损失和精力的浪费。

同时，分析法律纠纷问题的性质有一个必要的前提，就是必须有充分的事实根据。对事实根据把握的程度如何直接关系到对问题的定性把握。所以，在处理媒介问题的过程中，收集和占有各个方面的相关事实证据至关重要。在一些媒介法律纠纷的诉讼中，常常久拖不决或草草收场，其中一个很重要的原因就是缺乏充分的有法律效力的事实证据。没有事实证据，对问题的性质就无法作出判断，更无法进一步加以解决，所以，定性分析要以有关法律为依据。

2. 分清法律责任

媒介管理中出现了法律纠纷后，要迅速分清法律责任，以便按部就班地加以处理。区分法律责任主要应弄清由谁造成了侵权，侵权属于何种性质，侵权的程度如何，造成的后果是否严重，应承担何种法律责任，等等。分清法律责任，是确定侵权主体的必要条件，也是进入诉讼或非诉讼程序解决问题的前提。媒介活动中造成侵权法律责任的形式是多种多样的。授权者可能是一个，也可能是若干个，其中有主要责任者，也有次要责任者；可能是一方有责任，也可能是双方都有责任；有民事法律责任，也有刑事法律责任。侵权的性质和程度不同，所应承担的责任也就自然不同。只有分清这些法律责任，才能针对不同的情况采取不同的策略和措施，有的放矢，迅速而有效地处理好法律问题。在媒介法律纠纷中，不论是原告还是被告，都要在分清法律责任的基础上来维护自己的合法权利，这样才能确保公证合理地解决法律纠纷。

3. 确定处理方式

媒介活动中出现的法律纠纷，在弄清问题性质和法律责任后，要着重考虑通过何种方式来处理和解决问题。确定处理和解决问题的方式要考虑这样几个因素：(1) 试图达到何种目的，主要从经济利益考虑，还是从社会影响考虑，抑或是兼而有之。(2) 适用于何种法律，是否具备充分的法律依据。(3) 是否具有相应的人力、物力、财力和时间来处理这一法律问题。(4) 准备通过非诉讼还是诉讼的途径来解决问题。在充分考虑这些因素的基础上，应认真咨询律师和法律专家的意见，然后再采取相应的法律行动。

一般说来，解决法律纠纷的方式主要有三种：非诉讼方式、民事诉讼方式、刑事诉讼方式或附加民事诉讼。(1) 非诉讼方式。这是纠纷的双方不经过诉讼程序，以协商、调解等方式达成协议。但这种协议必须具有法律的有效性，能够维护双方的合法权益。(2) 民事诉讼方式。当事一方，通常是被侵权的一方，对对方的侵权行为提起民事诉讼，通过法庭审判来获得民事权利的赔偿。(3) 刑事诉讼方式或附加民事诉讼。这是有关当事人在媒介活动中触犯了刑法，由国家检察机关向法院提起公诉，依法追究其刑事责任，并可一并提起民事诉讼赔偿，追偿被侵害的损失。

作为受侵害的媒介或个人来说，应积极主动地提供有关证据，配合国家司法机关的工作。同时，应当注意的是对于侵权者，除了国家检察机关追究其刑事责任外，被侵权者也可同时一并提起民事请求，使自己受损害的民事权利得到赔偿。由于媒介法律纠纷的实际情况是极其复杂的，处理和解决问题的法律背景和政治背景又不尽相同，所以，当事人只能从实际情况出发，权衡利弊，尽量以最能保障自己权益的方式来解决问题，不要使问题的处理过于复杂化。

随着媒介行业对社会生活的参与程度越来越高，由媒介活动引起的法律问题也越来越多。新的媒介形式的出现又带来新的法律问题，如信息高速公路上出现的色情、泄密、非法侵入他人信息系统等等。除了在客观上要加强媒介法制建设，营造一个良好的媒介活动的社会环境外，更要从主观上和媒介行业内部管理方面强化媒介工作者的法制观念，建立一套完整的内部监督和制约机制，使媒介活动在法律的轨道上健康、有序地发展。近年来，我国制定了《出版管理条例》、《广播电视管理条例》、《电影管理条例》、《互联网管理条例》、《音像制品管理条例》等，这一系列法律法规的出台标志着我国的媒介产业正迎来一个充满希望的法制化时代。

第三节　媒介管理与伦理道德

法国媒介批评家阿芒·马特拉在《世界传播与文化霸权》一书中写道:“把传播的重心重新定位为文化只是在最近的80年代,伴随着出现了民族—国家—福利的文化管理的中心模式的危机之后,才取得合法性。”①媒介是传播的最大组织,它的主要工作是传播信息和新闻,但仅仅传播信息和新闻并不会自动创造文化,相反,从当今的传播可以看出传播在文化道义上的浅薄和无知。所以,在构成媒介文化的因素中,与其他产业有着巨大差别的就是媒介伦理道德。

一、媒介伦理道德的内涵与特征

媒介伦理道德是指媒介在传播的过程中所遵奉的伦理道德规范,是普遍性道德在传媒领域的表现形式。媒介伦理道德是职业道德的一种,具有调整媒介传播活动中与社会和个人之间关系的功能。在大众传播活动中,媒介必须恪守公正、客观、准确的基本道德准则,并建立符合媒介活动的道德行为规范,以约束媒介的传播活动。“如果一个新闻媒介丧失了道德价值观,那么它就不再对社会有用,不再有任何存在下去的真正意义”。② 很多优秀的媒体工作者就身体力行地诠释了坚守媒介伦理道德的意义。2001年,广西南丹发生特大矿井透水事故,新闻记者冒着被地方政府和黑心矿主围追堵截,甚至被黑恶势力杀人灭口的危险,勇敢地深入采访,坚持将事实真相公之于众,为媒介工作者赢得了崇高的声誉。

媒介伦理道德作为职业道德的一种,具有下列特征:(1) 在内容方面,要鲜明地表达媒介和媒介工作者的职业义务、职业责任以及职业行为上的道德准则。(2) 在形式方面,媒介伦理道德为了适应新闻传播职业活动的客观环境和具体条件,所以它往往不只是原则性规定,而且还有具体的细则,通常采取诸如制度、章程、准则、公约、须知、誓词、保证、条例等简洁明快的形式。例如,2009年由中华全国新闻工作者协会修订的《中国新闻工作者职业道德准则》对新闻工作提出了明确的要求,如:维护采访报道对象的合法权益;尊重采访报道对象的正当要求,不揭个人隐私,不诽谤他人;要通过合法途径和方式获取新闻素材;不以任何

---

① ［法］阿芒·马特拉:《世界传播与文化霸权:思想与战略的历史》,陈卫星译,中央编译出版社2001年版,第3页。

② ［美］雪莉·贝尔吉:《媒介与冲击:大众媒介论》,赵敬松译,东北财经大学出版社2000年版,第396页。

名义索取、接受采访报道对象或利害关系人的财物或其他利益。(3) 在调节范围方面,媒介伦理道德主要是用来约束从事媒介职业的人员,主要是调节两方面的关系,一是调解媒介职业的内部关系,一是调节同媒介所接触的对象之间的关系。媒介为了维护自己的职业信誉和职业尊严,不但要设法制定和巩固道德规范,以调整内部的相互关系,而且要通过自己的职业活动来调整媒介同社会各方面的关系。一个记者,不但要热爱自己的职业,提高新闻报道水平,尊重同行从业人员,而且还要尽自己最大的努力来提供最快、最真实的信息。(4) 在功效方面,媒介伦理道德一方面使新闻传播业的道德原则和规范明确化,另一方面又使媒介从业人员的道德品质高尚化。媒介伦理道德与媒介职业要求和职业生活结合在一起,具有较强的稳定性和连续性,有助于形成比较稳定的媒介职业心理和职业习惯。

二、媒介伦理道德失范的表现

以媒介伦理道德标准来观照,在市场利益和商业逻辑的驱动下,我国仍然存在着一些媒介伦理道德失范问题,主要表现在以下几个方面:

1. 假新闻频频出现,媒介公信力下降

一年一度的"十大假新闻"评选,无疑是对媒体的嘲讽。2008 年中国维和士兵被蟒蛇吞噬、高速列车三秒跨越长江大桥等假新闻,有的是记者为了吸引眼球,引起公众的好奇心,有的则是把采集信息过程简单化而杜撰出来的。假新闻严重违背了新闻的真实性原则。真实是新闻的生命,媒介工作者弃新闻的真实性而不顾,歪曲事实,道听途说,子虚乌有,容易引发公众对媒介的信任危机。媒介的公信力一旦降低,那么它作为公众与政府之间沟通渠道的作用也会大大减弱,甚至还会引发政府的信任危机和全社会的道德危机。

2. 侵犯公众隐私,过度炒作干扰

隐私是指公民个人生活中不愿向他人公开的秘密,包括个人的健康状况、生理缺陷、财产状况、私人日志、生活习惯等。媒介活动中,侵犯公民隐私权的现象时有发生。有些记者在采访过程中可能意识到了个人隐私问题,但是为了获得轰动效应还是作出了披露的决定。我国 20 世纪 30 年代的著名演员阮玲玉即是因不堪忍受小报的造谣和谩骂服毒自杀的。如果媒介不顾道德底线一味挖掘个人隐私,就容易给当事人带来极大困扰甚至生命威胁。作为承担一定社会责任的媒体,应该用客观、适度的报道或评论指出其行为、现象的不合理性,目的是引导正确的社会舆论,切不可盲目追逐、炒作,甚至在言论、态度上黑白颠倒,是非不分。

3. 传播内容低俗,缺乏社会责任感

满足受众合理的信息需要是媒介发展的必要前提,也是毋庸置疑的。然而,一些媒介组织把某些受众的偷窥心理等不良心态认定为受众的好奇心，以低俗化内容迎合之却是违背职业道德的。目前很多媒体如网络、博客，甚至在热播的电视剧中，充斥着暴力、性、犯罪细节等内容。特别是一些偶像剧和婚恋交友节目中，对拜金主义和腐朽生活的呈现，也容易使青少年产生错觉，不利于他们树立正确的道德观、价值观和金钱观。这些缺乏社会责任感的表现也容易损害媒介公信力。

4. 媒介不端屡现，违背社会公德

如今，少数媒体工作人员职业道德素质不高，收受贿赂，作“有偿新闻”，弃善扬恶，混淆视听，有些甚至以曝光相威胁，向事主敲诈勒索钱财。有偿新闻是任何意识形态、任何社会制度的媒介从业人员都不耻的行为，包括故意隐匿和扣押新闻，其实质就是某些媒介从业人员将国家和社会赋予的新闻传播权利作为个人和团体的私有商品非法出卖。这一不正之风的存在和蔓延是对媒介伦理道德的亵渎。2008 年山西霍宝干河煤矿矿难发生之后真假记者排队领封口费的“封口费事件”是我国新闻行业的一个耻辱。要提高媒介公信力，就要提高媒介工作者的职业道德教育和个人信用教育，坚决惩治有偿新闻、媒介腐败、虚假广告等问题。

5. 缺乏人文关怀，成为冷漠看客

媒介在传播信息的同时，有选择、有倾向地向受众展示着人与其他各种对象的关系，而这也正是媒介实施人文关怀的一个重要手段。我国媒介存在着一些缺乏人文关怀的现象。例如，在 2008 年“5·12”汶川大地震中，有些媒体赤裸裸地把死难者的尸体等场面过多地公之于众，给死难者的家人带来了“二度伤害”。媒介为社会服务，应该把“以人为本”作为核心理念，在报道灾难或是痛苦时，应该做到体恤个人感受，保护个人的隐私、生命安全，媒介对弱势群体也要杜绝冷漠和歧视，应关心未成年人、妇女、老人、残疾人的权益。在报道案件时，如果还没有判决就不能作定性、定罪报道。媒介应该更多地去关心人性的价值、人的尊严和人生的意义。

三、媒介伦理道德失范的成因

1. 经济利益驱使

媒介伦理道德失范的深层原因，有政治、经济、法律、社会文化、信息自身、个人等因素，但最根本的还是经济因素。媒介进行市场化改革和运作后，媒介承担了自主经营、自负盈亏的压力。媒介为了求得生存和发展，不仅争夺受众，还争夺广告客户。媒介的市场化运作有时候会导致经济利益与社会责任之间发生冲突，但是绝对不能以牺牲伦理道德去换取经济利益。有的媒体把经济利益放在第一位，把社会效益放在了第二位，没有正确处理好经济效益和社会效益的关系。目前，广告收入是媒介最重要的收入来源，受经济利益驱使，有的甚至播放虚假广告，给公众造成了极大的误导和伤害。

2. 职业道德素质不高

“虚假新闻”、“有偿新闻”等现象的出现，说明媒体队伍已经出现了伦理道德滑坡的危险。个人信用是社会信用的基石，媒介组织如果忽视个人信用建设和职业道德素质建设，就不可能提高整个媒介队伍的综合素质，也不可能以客观、公证、诚实、守信的良好形象自觉地承担起社会责任。如今，国际局势纷繁复杂，西方文化传媒、意识形态以及各种思想冲击着我国媒介业，同时，各种经济利益交织在一起，各种社会矛盾不断出现，在这种大背景下，媒介需要提升职业道德素质，提高自身明辨是非的能力，在大是大非面前要保持清醒头脑。媒介从业者应当时刻注意个人修养，不能身处市场经济大潮之中就忘却对理想、良知和公正的追求。

3. 社会责任感欠缺

社会责任感欠缺也是媒介伦理道德失范的重要原因。当一些媒体正日益成为一些利益集团或既得利益群体的喉舌时，就会损害媒介公信力；当一个媒体发出的声音不能代表社会的整体利益时，就容易危及社会公众。在这个价值多元化的新时代，媒体必须提升伦理道德，应力求真实准确，以翔实公正的专业报道与正派合理的言论评析去尽自己应尽的社会责任。

四、伦理道德与政策法规的联系与区别

媒介管理中的伦理问题与法律问题在性质上是既相联系又相区别的不同问题。媒介管理中的法律问题属于以国家意志的强制手段调整媒介活动关系的范畴，一般是以颁布法律法规的形式来明文禁止或允许何种行为，对于违反者要予以惩罚。而伦理道德问题则属于以道德的手段调整媒介活动关系的范畴，虽然不具有强制性的约束力，但也是媒介活动中所必须遵循的准则。

对于伦理道德与政策法规的这种区别，当代西方伦理学家威廉 · K. 弗兰克精辟地指出：“道德之区别于法律（有一致的地方，例如禁止凶杀），是由于它和习俗具有某些共同的特点，这表现在道德和习俗都不是靠审慎的立法、行政或司法法令那样的东西来建立或改变的，还表现在道德的制裁不是靠外在的强制力量及其威胁，而至多是用称赞和谴责，以及其他如赞成与不赞成这种主要是言语上的表示。”①就媒介管理而言，媒介活动中的政策法规与伦理学问题是相辅相

① 威廉 · K. 弗兰克：《善的求索——道德哲学导论》，黄合伟等译，辽宁人民出版社 1987 年版，第14～15页。

成、互为依托的，在许多情况下也是难以截然区分的，媒介管理者应当把两者的刚性制约机制与柔性制约机制有机地结合起来，共同形成媒介管理中的规范体系。

虽然媒介伦理研究的内容是媒介实践中的道德问题，但是媒介管理中的伦理问题首先是以一般的道德行为准则为前提的。人类一般的道德行为准则不仅适用于每个媒介行业的从业人员，而且也是媒介管理道德准则的基础。“道德作为一种实践精神，是特殊的意识信念、行为准则、评价选择、应当理想等的价值体系，是调节社会关系、发展个人品质、提高精神境界诸活动的动力。”①

道德实践精神实际上是一种反映社会价值观的精神活动，是真、善、美和公正、自由、平等这些人类的终极价值观念的体现。媒介的道德实践也应该反映人类这一终极的道德价值观念，在大众传播活动中遵循这一普遍的道德实践精神。同时，道德实践精神也是社会的价值评价方式，是通过价值评价而形成的行为规范体系，是一种以非强制方式制约人们行为的柔性制度。大众传播的社会价值评价方式主要是以媒介的社会公信力来体现的，建立和提升媒介公信力是媒介伦理实践的首要目标。

为此，媒介必须恪守公正、客观、准确的大众传播的基本道德准则，并建立符合媒介活动特殊性的道德行为规范，以约束媒介的实践活动。

思考题：

1. 媒介管理和文化之间是什么关系？
2. 媒介文化的构成要素是什么？媒介管理需要考虑哪些文化影响？
3. 什么叫媒介政策？什么叫媒介法规？两者之间是什么关系？
4. 新闻活动中常见的法律问题有哪些？如何避免法律纠纷？
5. 媒介伦理道德作为职业道德的一种，具有哪些特征？
6. 媒介伦理道德与政策法规有什么联系与区别？
7. 媒介伦理道德失范表现在哪些方面？原因是什么？

① 罗国杰：《伦理学》，人民出版社 1994 年版，第 57 页。

第十一章
报刊业经营管理

报刊业是一种涉及面广的产业，既要处理新闻、信息和广告，又要熟悉生产、发行和销售等。毫无疑问，报刊业在愈演愈烈的媒介竞争中一定会生存下来，不过，报刊业也面临着许多复杂的问题。因此，报刊业的发展应更重视战略规划，尽快融入数字出版，建立一个具有发展前途的格局和一种富有成效的经营模式。

第一节　报刊业分析

改革开放30多年来，我国报刊不仅记录了社会主义市场经济体制的逐步建立过程和国民经济的快速发展所带来的种种深刻变化，而且作为国民经济和社会的一部分，其自身也发生了令人瞩目的巨大变化。我国报刊的种数、发行总量、广告收入等大幅攀升，报刊业竞争格局正在形成，报刊业的经济实力正在不断增强。

一、报刊业无可替代的地位

当世界上第一台电视机问世时，有人曾悲观地预测报刊时代即将终结。美国北卡罗来纳州立大学的菲利普·迈尔教授在《正在消失的报纸：在信息时代拯救记者》一书中甚至给出了时间表："到2044年，确切地说是2044年10月，最后一位日报读者将结账走人。"[①]但事实上，即便现在网络都已普及，报刊依然保有旺盛的生命力和强大的竞争力。日本《读卖新闻》2006年10月发布的一项民意调查显示：90%的人认为报纸是最值得信赖的信息来源。在多媒体时代"需要报纸"或"相比电视更偏爱报纸"的受访者所占比例合计高达92%。针对报纸在报道中是否注重保护个人隐私进行了调查，结果78%的人给出了肯定回答。在日

---

① 吴海民：《媒体变局：谁动了报业的蛋糕？——关于报业未来走势的若干预测》，载《中国报业》2005年第11期。

本,每1 000名成年人中就有634人每天都购买报纸。《读卖新闻》发行量高达1 000万份[1]。这说明,即使在互联网日渐普及的情况下,大多数日本民众还是把读报作为获取信息的重要手段。

从国际报刊业数据资料来看,报刊业具有重要的地位,并且,仍然处于发展的上升阶段。2003年,世界报业协会在土耳其伊斯坦布尔年会上表示,全球范围内报纸订阅量虽有所下降,但零售额仍上升5%,每天有超过10亿读者阅读报纸。全球五大会计事务所之一的普华永道发表的《2001—2005年世界娱乐业及传媒业展望报告》认为,美国、加拿大、欧洲、中东、非洲、拉丁美洲和亚太地区的报刊市场将年平均增长4.9%。越来越多的欧洲、亚洲、美洲报业在对传统的报业战略进行调整,发行量和盈利持续增长。

从我国报刊业的主要指标看,报刊业的发展也处于上升阶段。国家新闻出版总署发布的全国新闻出版业基本情况显示:2008年全国共出版报纸1 943种,总印数442.92亿份,定价总金额317.96亿元,折合用纸量444.03万吨。与2007年相比,种数增长0.26%,总印数增长1.13%,定价总金额增长3.73%。2008年全国共出版期刊9 549种,总印数31.05亿册,定价总金额187.42亿元,折合用纸量37.12万吨。与2007年相比,种数增长0.86%,总印数增长2.1%,定价总金额增长9.65%。[2] 目前,我国报刊广告收入已突破600亿元。虽然2008年后报刊业受到国际金融危机的影响,但广告收入也只是略有下降。可见,我国大多数受众仍然非常重视报刊媒体,把阅读报纸作为获取信息的重要来源。

报刊与广播、电视、网络等传媒一样,在传播技术的历史演进过程中形成并确立了自身的独特地位,不会轻易被取代。作为人类传播史上最早出现的传播媒介,报刊对近现代社会的发展产生了巨大影响。1609年,德国《观察周刊》出版,1615年,著名的《法兰克福新闻》出版周刊,被认为是世界新闻史上第一家真正的报纸。1650年莱比锡的《新到新闻》通常被认为是世界上第一张日报。400年辉煌历史,报刊在各类大众传媒形态中,对人类社会进步做出了最早也最显著的贡献。在我国,从反封建到推进资产阶级革命,从为推翻帝国主义殖民统治制造舆论到为积极建设凝聚文化力量,从推动"五四"运动的《新青年》到延安时期推动思想解放的中央机关报《解放日报》,从掀起真理标准讨论的理论文章到对邓小平南方谈话的报道评论,报刊业都起到了积极的推动作用,也奠定了其不可动摇的传播地位。一批有影响力的报人和权威性的严肃报刊在公众心目中已经成为公信力的化身。

① 孙秀萍:《日本人认为报纸最值得信赖》,新华网2006年10月18日。
② 《2008年全国新闻出版业基本情况》,新闻出版总署网2009年7月16日。

二、报刊业发展取得的成效

1. 报刊业初具经济规模，实力增强

在过去的计划经济体制下，办报刊的经费主要靠国家财政拨款。如今，报刊组织的办报刊、抓经营两个轮子一起转。除了广告、发行、印刷、信息等产业外，报刊组织还兴办各种经济实体。报刊业经济已初具规模，成为我国第三产业中的一个重要组成部分。我国报纸的结构经过历次调整，逐步形成了以党报为龙头、各门类报纸共同发展的局面，报刊业的总产值已经占到整个新闻出版业产值的一半以上，许多报业集团已经成为当地的纳税大户。以地处西南的《成都商报》为例，2008 年，该报广告收入近 9 亿元，在全国单张报纸中仅次于《广州日报》。在国家税务总局公布的纳税百强系列排行榜上，该报在全国单张报纸纳税额排名中仅次于《广州日报》，在都市类报纸中名列第一。该报还是我国西部版数最多的报纸，年用纸量 4 万多吨，形成较大的出版规模。报刊组织的良性经营和经济实力为报刊业务的开展打下了良好的基础。一些经费实力强的报刊能够为一次采访投入数十万元，不再因为经费紧张而大打折扣，一些报社、杂志社甚至租用直升飞机追踪报道重大的新闻事件。以往因为资金限制而只能望洋兴叹的海外采访，如今在这些报刊社已变得极为寻常。2009 年 1 月，国内众多报刊社都直接派出记者到华盛顿对美国总统奥巴马的就职仪式进行现场报道。

2. 报刊数量和品种有了较大增加，结构趋于完善

1978 年底，我国只有 186 种报刊，基本上是单一的党委机关报刊，就连专业报刊、行业报刊也屈指可数，报刊业结构单一，数量很少。发展到今天，报刊的品种结构也发生了巨大的变化。2008 年报纸和期刊分别达 1 943 种和 9 549 种。报刊业市场呈现出空前繁荣的局面，形成了一个以党委机关报刊为骨干，兼及经济、文化及各行各业的多层次报刊业结构，满足了人们学习、生活、娱乐等多方面的信息需求。地级市都有了报刊，很多地方的县级市也已拥有日报。较大的城市几乎都是同时存在至少二至三份报刊，最典型的是各地法制报刊、科技报刊、青年报刊、家庭生活报刊、体育报刊等交错伴生，分工不同，各司其职，成为多元复合结构。一些符合时代需要的新生报纸也在快速崛起，发行量和广告额在短时间内迅速增长，这都有力地促进了报业的有序竞争。

3. 经营意识增强，报刊管理走向现代化

我国报刊过去不是很重视经营战略，只谈社会效益，很少提及经济效益。随着改革向市场经济方向的深化，经济效益价值观念逐渐深入人心，报刊业也像其他产业一样走上了一条面向市场发展的新路。不少报刊组织实行走出去战略，

到海外参观学习。以报刊业经营为主题的各种论坛更是层出不穷，产业化、集团化、品牌经营成为报刊领导者们的热点话题。在经营管理上，不少报刊社开始实行社长负责制下的总编辑、总经理负责制；报刊社内部也采用分级核算，强化成本管理；人事管理上，大多数报刊社采用了全员聘任制、定岗定编和科学的绩效考察、评价标准，一些报刊社建立起了报刊社内部人才流动机制。机制创新、新闻运作、队伍建设、报刊业结构调整、合理和优化配置资源、产业化、集团化等关于报刊社经营管理的各种措施从一个侧面反映了我国报刊业经营观念的深刻转变。

4. 报刊社硬件改善，新技术应用突飞猛进

近 30 年来，报刊业的物质条件不断改善，各种机器、设备频频更新换代。随着信息时代的到来，高科技在报刊业得到了充分的运用。报刊业不仅顺利地完成了告别"铅与火"，迎来"光与电"的第一次技术革命，而且不少报刊社已经完成第二次技术革命，告别了纸和笔，实现采、编、传、印、发、管理、办公自动化，使信息容量、传输速度、生产效率实现了新的飞跃。国内最现代化的报刊社已经初步具备了国际报刊业水平的硬件环境。广州日报社在 1996 年建立报业集团后，就着手进行报业技术装备的更新，自筹资金 10 亿元，建设了总面积为近 6 万平方米的亚洲第一流的印务中心暨报刊印刷博物馆。从德国、瑞士引进 4 条最现代化的印刷生产线，其速度可以在 3.5 小时内印刷报纸 100 万份，每份 40 大版，其中 1/3 为彩色版，其余为套红版。配合这些生产线，他们还引进了全自动输纸系统、全自动晒版系统、全自动分发系统，使报纸从印刷、包装、分发、装车全部实现了自动化。技术与装备的现代化为报刊业的经济增长创造了良好的物质条件。

三、报刊业面临的挑战

1. 数字化挑战

数字出版已经成为现代信息传播的重要形式。从古代造纸术、雕版印刷、活字印刷的发明到现代印刷和照排制版技术的广泛应用，再到今天数字技术的出现，先进科学技术一次又一次地为报刊业带来了革命。数字出版新业态的产生使受众开始减少对传统报刊的高度依赖，报刊、图书、广播、电视、电影以及网络传播的严格界限逐渐模糊，传统报刊业以载体形态划分的产业界限的格局正在被打破。数字化一方面丰富了报刊出版载体形式和手段，如手机报刊、网络报刊等；另一方面给报刊业的发行和广告带来了很大的挑战。如何适应这种发展变化，确保报刊在数字时代也能得到快速推进，需要报刊业与时俱进形成经营管理的新模式。

2. 融合化挑战

美国尼尔森公司调查显示，2006 年上半年，浏览美国报纸网站的网民平均

每月超过 5 550 万人。而 2005 年同期这一数字约为 4 240 万人。调查表明，在美国的网民中，登录报纸网站的网民超过了 1/3。① 这些报纸网站成为报业集团收入的重要来源之一。在网络时代，网上看报、手机看报成为一种新的阅读方式。纸质报刊、网络报刊都是重要的形态，实现传统媒体和新媒体的完美融合是拓展报刊业发展空间的重要途径。多媒体的融合所带来的调整主要是如何实现技术的融合、业务技能的融合和产业价值链在多媒体平台上的融合。传统报刊业要认清报刊产品形态改变的各种可能，积极采用数字化技术，实现报刊内容、纸质报纸、网络报纸和电子版的完美融合。

3. 全球化挑战

我国的报刊业已经进入全球竞争的时代，国际资本进入中国传媒业的速度加快。一方面，国际传媒集团给传统的中国报刊业带来了较先进的经营管理经验，有助于我国传媒业不断提升竞争力；另一方面，我国报刊业的进一步发展将受到外来资本的牵制，也将承受更多的竞争压力。我国报刊业应积极应对全球化机遇，开拓国际市场，吸收国际资源，提升参与国际竞争的能力。

4. 多角化挑战

报刊业在多角化经营方面需要不断探索，利用自身的品牌，进行跨行业、跨媒体、跨区域的“三跨”发展，实现网络、手机、IPTV、移动媒体等新媒体产业和文化、教育、旅游、创意等产业的立体化经营，增强经营实力和抗风险能力，扩大报刊社的影响力。这对报刊业进行多媒体、多行业、多区域的经营管理能力提出了更高的要求，能否驾驭诸多与报刊业多角化发展相关联的因素成为报刊业所必须应对的挑战。

四、报刊业存在的问题

1. 报刊业体制改革较慢

随着报刊业市场化运作的深入和竞争环境的改变，报刊业管理体制对于报刊业市场运行具有越来越重要的影响。行政的过多参与导致报刊主体发挥市场主体的作用大打折扣。在我国报刊业中，发行量大的报刊主体不一定就是市场影响力大的主体。一些报刊依托行政力量进行推广，难以发挥市场的主体作用，也不利于报刊业优胜劣汰的市场机制的形成。报刊业市场至今仍有较深的计划经济痕迹，从内容到形式，同质化都极其严重，而很多社会资本却无法大举进入报刊业。

---

① 梅宁华：《中国报业发展进入新阶段：对报业发展的再思考》，载《新闻与写作》2007 年第 1 期。

2. 报刊业竞争过度与无序竞争

我国报刊业进入了激烈的竞争环境，但竞争并不规范，出现了竞争过度与无序竞争的现象。竞争过度在报刊业竞争中最直接的表现就是打价格战。报业市场价格大战在南京、南昌、成都、昆明都曾上演。在一些经济并不十分发达、人口规模中等的城市，五六张都市报为了建立各自的优势而展开大规模竞争，结果可想而知。同时，报刊业市场秩序混乱，竞争无序，如虚报发行量问题，有的报刊发行量虚报数倍。因为国内缺乏权威的数据调查机构，有些报刊还以海外一些社会组织评审的并不真实的名次来招揽受众。在这种情况下，广告主也无法准确判断广告效果。另外，报刊市场还存在着很多没有刊号而发行的报刊。

3. 报刊同质化严重，定位趋同

报刊内容的同质化，在北京、上海、广州、成都、西安、南京、武汉、杭州等地都表现得非常突出。大多数报刊版面趋同，风格类似。对相同题材的报道趋同率高达40%以上。这些缺乏创意的经营理念使很多报刊缺乏特色和差异化竞争优势。定位趋同问题也非常明显，尤其是都市报的读者定位都是市民，如北京的《北京晨报》、《北京晚报》，西安的《华商报》、《三秦都市报》、《今早报》，杭州的《钱江晚报》、《都市快报》、《青年时报》等，定位都没有明显的差异。湖北日报报业集团的《楚天都市报》、《楚天金报》定位也较雷同。很多报刊清楚自己的广告主是谁，却不知道自己的受众是谁，更没有明晰而准确的报刊定位。

4. 报刊企业规模不大，实力较弱

我国报刊业市场化运作后，各地都建立了企业化运作的报业集团和出版集团。与全球知名传媒集团巨额的广告收入和现金流相比，我国的报刊企业规模较小，实力单薄。法国最大的出版集团阿歇特期刊广告年收入远高于我国所有期刊广告收入的总和。与日本相比较，日本期刊总印量虽在30亿册，但按人均计算，却是我国人均期刊拥有量的10倍。日本讲谈社期刊年广告收入约为300亿日元，是我国期刊广告收入的1.4倍。由于规模不大，加之外部体制因素的影响，绝大多数报刊企业还未建立起完善的现代企业制度，导致报刊企业发展活力不够，效益不佳。

5. 广告收入所占比重过大，资本运作能力较弱

我国报刊业的广告收入在报业总收入中所占比例要大于西方报刊业，而一些报刊衍生产品、多元化经营的收入则低于西方传媒。广告收入占总收入的比重过大，增值业务少，导致报刊业收入结构单一，抗风险能力弱。报刊业在广告产品提供方面也缺乏有创意的广告计划，在价格、渠道、市场推广、商业合作方面的谈判能力也不强。特别是2007年金融风暴的爆发，对我国报刊业影响较大。因为在我国报刊的广告收入中，占极大比例的是房地产广告和汽车广告，而它们恰恰是此次金融风暴影响最大的两个行业，这对报刊业来说无疑是雪上加霜。这也说明我国报刊业的资本运作能力较弱，投资战略和多元化经营战略的运用还有待时日。

五、报刊业发展的对策

1. 加快体制改革和制度创新，建立现代法人治理结构

如果说报刊业第一轮的发展是靠政府洗牌的话，那么新一轮的发展将更多地靠市场推动。我国报刊业需要加快体制改革的步伐，尽快构筑适应市场的运营机制和以资产为纽带的现代法人治理机制。政府主管部门应积极转变管理方式，变微观管理为宏观管理，促进形成有效的市场竞争环境，促进报刊组织成为真正的市场主体，让市场在报刊组织发展的过程中起到优胜劣汰的作用。我国需要进一步研究和深化公益性报刊和商业性报刊的管理办法，落实报刊组织的退出机制。对于继续实行事业体制的党报党刊、时政类报刊，要切实推进其内部人事、收入分配和社会保障制度等方面的改革，建立新的运行机制，增强活力和竞争力，提高服务质量，更好地引导社会舆论。推进报刊企业的公司化改造，完善法人治理机制，重塑传媒市场主体。

2. 运用资本运作战略，实现规模扩张

全球传媒产业已开始迈进一个全新的资本时代。适度的资本运作不仅能够为报刊业带来低成本外部融资，满足资金需求，更重要的是，能够实现报刊业资本的低成本扩张与增值，改善资本结构，提升资产管理效率。借助资本运作，很多报刊实现了规模扩张。当前报刊业竞争具有很强的商战性质，更加表现为实力的较量。报刊组织应该充分发挥自己的品牌优势，按照市场经济规律，大胆吸收社会资金。如果仅仅寄希望于自身循序渐进式的积累扩张，就有可能失去宝贵的商机。资金是报刊运作的血液，关乎存亡。报刊业要逐步摆脱以往对自有利润和银行信贷的高度依赖，打破单一渠道融资格局，广泛拓展上市融资、引进境内外基金、信托融资、合作开发融资等多种渠道。

3. 运用差异化竞争战略，增强核心竞争实力

美国品牌研究专家大卫·艾克认为，“什么样的信息最能体现差异化，就最吸引目标市场”。① 差异化能让受众产生有效的认知，进而产生阅读偏好。核心竞争力是报刊品牌独特的竞争能力，它必须特别有助于实现受众所看重的品牌核心价值。从长期来看，报刊组织的差异化竞争优势应立于在追求受众价值实现的过程中，向受众提供优于竞争对手并且不易被竞争对手所模仿的、为受众所看重的剩余价值的能力。例如，《新周刊》作为我国第一本由本土精英创办的社会生活咨询杂志，始终保持对社会潮流动态的高度敏感，张扬无情解构的犀利风格，并开创了多种全新媒体报道模式，“中国最新锐的时事生活杂志”的定位已深

---

① ［美］大卫·A. 艾克、爱里克·乔瑟米赛勒：《品牌领导》，曾晶译，新华出版社 2001 年版，第 31 页。

入人心。

4. 运用多角化经营战略,改善收入结构

多角化经营战略属于开拓发展型战略,是报刊组织在现有经营状态下增加市场或行业差异性的产品或产业的一种成长方式。报刊组织运用多角化经营战略,可以分散风险,提高经营安全性,改善报刊业广告收入比重过大的问题更有利于其向前景好的新兴传媒行业或相关产业转移。通过多角化经营,往往可以达到促进报刊业务发展的作用。位居日本印刷出版业首位的大日本印刷公司,在经营主业印刷业的同时,把业务扩展到包揽国际体育会议筹备、承办全国性产品展览、代客市场调查、情报服务等方面。这些新业务,不仅提供了年递增率10%～20%的收入,而且使公司原需补贴的一些印刷部门扭亏为盈。需要说明的是,运用多角化战略是一项艰巨而复杂的工作,风险也很大,在实施前需要进行科学的可行性研究。

5. 跨媒介、跨行业、跨地区发展,增强企业实力

我国报刊业的资金和资本实力还不强,仅靠自身自我积累式发展,所需时间较长,难度很大。报刊业的发展必须打破行业壁垒、地区垄断,打造跨媒介、跨行业、跨地区的传媒集团。通过"三跨"发展,合理配置新闻资源,增强企业实力,最终实现规模化、集约化的发展,这也有助于报刊业增强抵抗风险的能力,参与全球传媒竞争。当前可以鼓励质量高、实力强的品牌报刊出版更多的子报子刊,或者兼并其他传媒,形成传媒梯队、传媒群体。鼓励有实力的报刊企业做强做大,实现规模化发展与经营,减少上市的人为壁垒。通过将报纸、杂志、图书、广播、电视、网站聚合在一起,形成综合传媒集团;通过加强合作实现资源共享、降低生产成本、提升竞争能力等目的;通过形成一些报刊业巨擘,有效进入国际竞争,提升我国传媒的话语权。

总之,新形势、新任务、新挑战要求报刊业必须抓住战略转型的机遇,以更加长远的战略眼光、以创新的理念和规范的管理推动和提升报刊业的进一步快速发展。

第二节　报刊的生产和经营

报刊内容的生产要经过新闻线索的搜寻、采集、筛选,版面整体的统筹、编排、设计,版样的校对、印刷等一系列相互承继的环节,报刊的经营包括纸张采购、新闻采制、广告销售、发行等一系列环节。这些构成了报刊生产和经营的重要内容。本节重点介绍报刊内容生产、市场竞争和广告经营这三个重点问题。

一、报刊内容生产

报刊内容生产是确定报刊内容的环节，是报刊生产链的上游环节，很大程度上决定了报刊的成败。报刊的竞争归根到底是内容的竞争，报刊能否赢得读者、赢得哪些读者终归要靠内容说话。《人民日报》内容的权威性，《南方周末》内容的深度性，《读者》杂志对生活的贴近性，《瑞丽》杂志对女性的敏感性，都在其读者群中形成了深刻的印象。这正是一个报刊独有的内在能力的表现，也正是报刊的内容核心竞争力。报刊内容生产主要包括内容定位、内容采制、内容表现三个环节。

1. 内容定位

报刊内容定位可以从受众、产品、功能、整体四个角度进行考察。通过对受众人口统计资料的把握与了解，从年龄、职业、性别、地域、文化、经济收入、教育程度、心理、行为等方面定位。在报刊产品的文化与艺术风格上也应该进行定位，包括报刊产品的名称、推广口号、记者、特色、风格等细节都应进行论证。在功能上，内容生产必须界定它的类型与功能，如新闻、娱乐、体育、科技、经济、服务、教育等。比较困难的是整体的报刊定位。报刊根据自己的创办目的来决定刊发哪些方面的内容，尤其是要选择优势内容资源，这是形成差异化内容核心竞争力的关键。例如，《计算机世界》充分依托主办方信息产业部电子科技情报研究所的专业技术优势和美国国际数据集团（IDG）的传媒资讯优势，以信息全面、迅捷、准确、权威而成为目前中国 IT 领域的第一大报刊媒体，以骄人的业绩成为全国报业十强。

2. 内容采制

报刊的内容采制是根据内容定位要求实施的策划、组织和信息采集的过程。内容采制主要包括选题、组稿、审稿、发稿四步。选题环节要确定在报刊上刊登的文章的题目或者有关信息。组稿的来源包括内稿、通讯社购稿和社外供稿等。审稿要兼顾报刊的意识形态属性和市场属性，择优选取稿件。对制作完成的广告，编辑要根据广告版面、广告主的要求和报刊的定位决定广告的采用量和采用形式。经过编辑初审、编辑部主任复审、总编辑终审“三审”后，送交发稿。业界对发稿的基本要求是“齐清定”①，即稿件的正文和附件一次发齐，稿面清楚，发的稿件必须是定稿。内容采制过程中要讲究新闻敏感性，重视新闻策划，对内容信息资源进行深度挖掘。

---

① 谭云明：《传媒经营管理新论》，北京大学出版社 2007 年版，第 218 页。

3. 内容表现

对符合定位要求的采制内容作出科学合理的出版规划，形成报刊合理的格局、版块划分、栏目设置等。《精品购物指南》研究了市场上不同读者的实际需求和消费习惯，按照内容科学地划分版块，特别是对购物信息的分类处理十分精细周到。内容的表现需要适当的体裁、恰当的结构和语言，需要合理且美观的形式。内容表现的重点在于内容信息资源的配置、加工和整合，强调准确、可读、美观、新颖。《北京青年报》的版式设计、粗直线条和大图片的运用就大大提高了其在报摊上的吸引力，《中国青年报》极富现代感的语言也让它成为名副其实的青年报。

二、报刊市场竞争

1. 报刊市场的构成

报刊市场一般可以分为四个：读者市场、广告主市场、新闻来源市场和投资者市场。不同的市场反映了不同的交易特点：读者付出金钱和时间而获得信息和娱乐；广告主付出金钱或物资而得到广告的机会；新闻来源提供信息而获得受众的注意；投资者以资金和政策换得利润。报刊业需要在市场经济条件下考虑自身的投资回报，关注市场的一举一动，与读者、广告主、新闻来源提供者和投资者建立良好的关系，进而获得最大的经营效益。

报刊业市场分析关键是要考虑下面两个因素：一是报刊业市场依靠的基本经济力量，这些基本经济力量影响到报刊业的存亡。最重要的两个基本经济力量是读者和广告主。二是报刊业市场的变化。报刊经营面对许多的变数，但是没有一个变数比市场变化这一因素更加起伏不定。报刊业要及时掌握这些变化，然后据此不断完善报刊的管理。

报刊业市场可以是一块地理区域，如一个城市，也可以是一个具有共同兴趣个性的群体，通常，报刊所服务的地域和寻求的读者是由他们对广告主的吸引力所确定的。例如就报纸而言，有美国媒介专家断言，瞄准对广告主有吸引力的读者就会引来广告主——他们提供了报纸年收入的75％～80％。一家报刊要想获得成功，必须认定一个地理上是连贯的，并且在这一区域建立“特许权”的市场。

报刊市场是复杂的，必须要研究现代管理技巧，对市场反馈作高度精确的分析。有一些市场反馈是由受众发出的，带有感性。这包括读者给编辑的信、电话投诉或报刊工作人员领略到的读者和广告主情绪的反应。更为关键的一点是，读者、广告主、投资者需要什么？报刊必须为读者市场提供具有吸引力的某些特征，必须保证自己的发行量和家庭渗透率足以达到广告主的目标。报刊只有显示出它能够产生影响，才可以促使投资者加入合作。

2. 报刊与不同性质媒介之间的竞争

竞争是市场经济的本质特征。报刊竞争是关系报刊生存的重大问题。报刊业存在两类竞争，即与不同性质媒介之间的竞争和与其他报刊之间的竞争。

报刊与不同性质媒介之间的竞争处于什么状态呢？对这个问题的回答必然涉及一个重要的经济学名词——可替代性。可替代性是指产品或服务在功能和作用上的相似与互换。要研究不同性质媒介之间的竞争，关键是研究媒介彼此的互换性。媒介产品是满足产品需求和对社会作出贡献的特殊商品。媒介产品从内容分类，不外乎两个：信息和娱乐的提供与广告版面和时空的提供。

从最广泛的角度来看，所有的媒介均在信息提供这个市场之中就信息的提供展开竞争。虽说各类媒介在信息提供方面具有相似之处，但是，报纸、杂志、广播、电视、书籍、电影、网站，以及其他媒介产品却各自照顾了截然不同的需要，因此，受众也就以截然不同的方式加以使用。也就是说，各类媒介不可能百分之百互换，这就像巴西足球与冰上舞蹈表演固然都是耗费观赏时间的休闲活动，但两者却不可能完全互换一样。

对于受众而言，报刊的主要功能是信息与观念上的服务，而广播、电视（包括有线电视）、电影则主要是用作娱乐方面的服务。广播、电视、电影提供的信息种类与数量都与报刊不同，而且，它们的规格形式、出现频次与使用方式也自成特色。由于上述差异，各类媒介在信息的负载、传播方式、次数与形式都不尽相同。广播、电视固然负载新闻与信息，但它们毕竟只负载有限的新闻，而且也仅在特定时段为之。雷思（Lacy）的研究指出，广播在全美流行以后，对美国境内的报刊少有影响。傅尔顿（Fullerton）也有类似发现。他认为，电视普及的过程的确诱使消费者暂时将非媒介资源的使用转移到电视机的购买，但购买后不久，媒介及非媒介资源的使用支出马上就回复到先前的形态。

由于内容有所差别，从信息来源的角度来看，报刊与不同性质媒介之间互换的可能性是较低的。不过，如果从娱乐的角度来考虑媒介的可替代性，则要比信息高了许多。值得注意的是，长期的研究结果显示，由于新媒介和新技术的出现与扩散，不同媒介之间的竞争更为激烈，他们各自使出招数抢夺受众。麦孔（McCombs）的研究结论是，消费者愿意使用新的媒介来替换他们现在使用的媒介。这又使报刊感到了压力。

虽然不同性质的媒介对广告市场的开发和占有有着诸多相似之处，但它们却不能互相替代，这是因为他们提供的受众类型极不相似。不同媒介的受众在产品使用的类型、地理区域的差别、人口因素的细分以及消费心理偏好上均有差异。这些因素对于广告主选择哪一种媒介有很大影响。正是这些造成了不同媒介在广告市场中各有专长。人们对不同媒介注意力的集中程度及使用媒介的方式、习惯都左右着广告主对媒介的选择。报刊具有密集报道、弹性大和社会威望高等诸多优点，这吸引了很多广告主。不过，尽管不同媒介有着差异，但这并不意味着媒介广告没有相近的地方，也并不意味着广告主找不到可以替代的媒介满足自身的广告需求。恰恰相反，他们有足够的精力找到可替代的媒介。如果广告主认为对于广告信息有两种媒介可供选择，那么他们在决定两种媒介的可替代性之前要对地区进行分析。这些媒介虽然可能在相同的地区运营，但他们有着特定的地区诉求市场，因此也就预先排除了对方的可替代性。例如，广播媒介的市场范围较大，超过了报纸和有线电视的运营范围，但却比不上地区性的杂志。

3. 报刊与其他报刊之间的竞争

毫无疑问，报刊业之间处于竞争状态，关键是竞争程度有多大，竞争方式如何，竞争的未来趋势怎么样。报刊内容的特性在相当大的程度上会相同或相似。他们竞相提供信息和娱乐等内容商品给受众，或者竞相提供给广告主靠近受众的机会，从这两层意义看，报刊业之间有很强的可替代性。需要说明的是，这并不意味着报刊本身和他们提供给广告主的受众类型毫无区别，因为从报刊的地理、市场、历史差别等方面依然会找到报刊业之间发展的不同。

报刊业的市场竞争突出表现在三个方面。

(1) 争夺信息资源。单就报纸而言，除了日报，还有早报、晨报、午报、晚报和周报；除了综合报，还有都市报、生活报、专业报、商报、经济报，它们对信息资源的争夺达到白热化。报刊组织按行业和领域分派重兵严密把守信息出口，这几乎成了每个媒介最基本的竞争手段。绝大多数报刊都设有 24 小时提供信息的读者热线，并且还根据提供线索的价值进行奖励。

(2) 价格竞争。如今，报刊市场竞相降价的风潮愈演愈烈。印刷精美的《精品购物指南》的常规版量在 150 版，多的时候将近 400 个版，平时也经常有一些 200 多个版的特刊。这样一份常规报纸的印制成本要 6 元钱，但是在北京地区零售价只有 1 元。一份报纸要补进去 5 元，一年接近两亿元。以至于有人说，卖废纸也能换得到本钱。印刷亏损只能依靠广告收入来弥补。这样来又导致了广告市场竞争空前激烈。

(3) 品牌竞争。激烈的竞争还表现在中国的报刊业越来越重视品牌效应。没有品牌就意味着失去了整个受众市场和广告主市场，就意味着失去了一切。报刊的时效性、可读性越来越强，内容越来越丰富，特色越来越鲜明，制作设计越来越美观。“三步五秒”的现象很能说明品牌对于报刊产品的重要性。它指的是读者在距离报刊摊三步远，面对几十上百份的报刊，仅用 5 秒钟来判断他想购买的报刊。因此有人认为评价报刊是否具有品牌的力量，就看“5 秒钟是生还是死”。

三、报刊广告经营

策划一个成功的广告销售策略来实现广告目标是报刊管理者最重要的任务之一。以下几个方面是当今报刊业广告经营需要特别重视的。

1. 广告交易科学化

广告交易科学化主要是指广告价格公平，交易过程规范。报刊组织根据市场情况推出版面广告价格体系并告知广告客户。这一体系对报刊广告价格进行细分，根据版面和位置的不同将广告价格分级，又按广告旺季和淡季分常规期、繁忙期、折扣期分别计价。如果是全年做广告，还可以按指定日期或指定版面等类型另行计价，这实际上就把广告价格和广告效果联系在了一起，从而能够取信于广告主。

2. 广告表现创新

消费时代更强调广告表现的创新，这样才能获得理想的广告效果。报刊组织在编排广告版面时，也是煞费苦心，力争使广告版面表现出色，以引起读者和广告主的注意。为了提高广告注目率，报刊组织都很重视广告表现的创新。例如，研究读者的阅读方式和阅读习惯，以选择安排广告的最佳位置，尽量把特定商品广告的版面，与相关的专版排在一起，使版面读者对象和目标消费者一致，并根据广告内容的表现需要，适当予以横排、竖排或横竖结合，使广告形式新颖独特，加大视觉冲击力。同时，通过调动版面语言，在图文配合上，在色彩与内容的搭配上，动用现代排版手段对版面空间进行精心构思。利用设计技巧所做的变形广告不断增多，如把广告插进一般报道文章中，嵌在标题下。这种广告被戏称为报刊的“插播广告”，注目率较高。

3. 拓展广告市场

前几年，很多报刊社的广告基本上是以本地一些企业为主的，但是现在它们从本地广告为主转向以外地广告为主，向外拓展业务寻找新的广告源。报刊组织非常清楚，经济低潮不等于广告市场低迷，因为产品市场的开拓和新产品的推广是企业首要营销目标，在这个过程中，企业必然会把目光投向报刊业广告这块大好市场。这一切都给报刊广告带来了无限商机，如何抓住这一商机，与海内外知名品牌建立长期广告合同是一个重点。报刊组织应制定远交近攻、内拓外扩的广告发展方针，通过市场调查和分析，并与知名广告代理商合作，掌握主要品牌的经营情况，利用传媒优势牵线搭桥，从而不断开拓广告源。例如，江西日报社主办的《江南都市报》，其发行量、阅读率、广告收入在业内遥遥领先，2008 年名列前 30 强，广告收入占了江西报业市场的半壁江山。为了拓展广告市场，它们从 2007 年开始与电话邮购公司合作，开拓邮购业务；与淘宝网合作专门辟出版面作为淘宝商品专版；增开 DM 夹报广告投递业务，凭借宽大的报刊发行渠道和发行量，迅速击败竞争对手。其推出的 DM 杂志《江南时尚》日发行量超过 5 万份，在南昌市场进行高密度投放，遍布 2 000 个高档娱乐消费场所，市场反响不俗。

4. 培育分类广告

当前大量中小企业和民营业主对分类广告比较感兴趣，于是分类广告就渐渐成了热点。由于分类广告适应了现代市场信息传播的需要，文字简短，篇幅较小，价格相对便宜，中小企业、一般市民均能承受。分类广告的变体专栏广告，如“名优家电”、“住宅产品”、“企业之窗”等，因为可以详细介绍产品而受到了广告主的青睐。这一品种的出现也适应了广告市场的需要。在国际上，分类广告是报刊广告很重要的一个方面，每天有多个版，且没有淡旺季之分，广告源稳中见长。虽然其单个分类广告收入微不足道，大不过千把元，小的才几十元，但集腋成裘，聚沙成塔，积累起来就是一笔可观的收入。为了培育这个市场，报刊组织通常会把征订点充分利用起来拓展分类广告，甚至把社会团体、居民委员会发动起来，真正做到与客户方便，把分类广告做大做强。

第三节 报刊的发行和销售

报刊的生存发展之道是经营，经营的根本在于发行与广告。而广告也依赖于成功的发行，所以归根到底，发行是报刊生存发展的基础，是报刊的生命线和立身之本。报刊发行经营工作的成效和价值决定了报刊组织的整体经济实力、市场竞争力、品牌号召力和社会影响力。

一、报刊发行的发展阶段

从我国报刊业发展的历史过程来看，报刊发行主要经历了三个发展阶段。

1. “内容为王”阶段

在改革开放之前的计划经济时代，报刊的生存发展主要取决于报刊的内容和形式，报刊经营的重点在于报刊内容的选择和竞争，报刊社作为一个事业单位，而不是作为一个企业在运作。通俗地讲，“内容为王”阶段的发行和销售理念就是“我生产什么，你就买什么”。这一时期的报刊内容生产是报刊单位生产经营活动的中心和基本出发点，强调降低成本、扩大产量，忽视读者和广告主的需求和缺乏相关的营销活动。这一时期的报刊发行主要依赖于行政手段和“红头文件”，实行“邮发合一”体制。这一体制的弊端是割裂了报刊与受众之间的联系，报刊社不能自主销售自己的产品，效率低下。

2. “渠道为王”阶段

改革开放以来，报刊业的发展逐步进入社会主义市场经济时代。随着人民生活水平和经济收入的不断提高，报刊品种不断增多，报刊业由“卖方市场”进入“买方市场”。随着文化事业单位体制改革的不断深入，报刊业的经营特性也越发明显。这一阶段强调销售观念，认为读者存在购买惰性，必须积极采取各种销售手段来刺激他们购买和阅读。此时，报刊产品的销售渠道成为报刊经营活动的中心与出发点，报刊业逐渐摆脱以往“内容为王”的行政化模式，以市场需求和读者导向为指向，大力建设销售队伍，构筑销售渠道和物流网络，以期在激烈的市场竞争中能够抢占先机。这一时期除了邮局发行外，自办发行和委托专业发行公司发行成为主渠道，实现了投递的快速准确和报刊发行模式的创新。1985年，洛阳日报社率先自办发行。自办发行具有投递时效强、发行费率低、资金周转灵活、服务意识强等优点。南方日报社则采用“用多条腿走路”的方式，一是组建自己的网络发行；二是委托自办发行的报刊社网络发行；三是委托民间发行渠道发行；四是委托银行营业网点收订。

3. “服务为王”阶段

20世纪末以来，现代报刊业进入了一个全面竞争、全面发展、全面创新的整合营销时期。这一阶段的发行和销售观念认为，实现报刊发展目标的关键在于正确确定目标市场的需要和欲望，并且比竞争对手更有效、更有利地传送目标市场所期望满足的东西。为了做好服务，报刊组织强调以读者和广告主为中心，以他们的需要为出发点，为他们提供比竞争者更有效的传送目标市场所期望的报刊服务，从而更有效地满足目标市场的需要。报刊业对报刊产品、发行价格、发行渠道、促销和服务实行全方位整合运用，重视顾客关系管理，使得发行的服务观念不断得到深化。

二、报刊发行和销售的方式

1. 订阅与零售

纵观报刊发行的各种方法，可以将其分为两个基本的大类：无偿发行和有偿发行。无偿发行即免费赠阅，不收取读者的阅读费用，主要用于报刊的促销和宣传，通常在报刊创刊初期或改版时期运用得比较多，属于特殊发行。有偿发行即通过买卖的关系把报刊销售给读者，这是报刊发行的正常形式，也是报刊发行方研究的重点内容。

考察报刊的有偿发行，还可以将其进一步分为订阅和零售两种主要形式。

订阅即报刊读者预交一段时间内的报刊订阅费，由专门的投递人员在该时间段内把读者所订的报刊按期投送到读者指定的地点。从经办主体来说，可以分为直接收订和间接收订两类。直接收订，即自办发行的报刊社直接收取订户的订阅报刊费，并由报刊社组织人员为订户送报刊。间接收订，即报刊社以让出部分订报刊费为代价，通过一个中介部门征求报刊订户，再由该中介部门人员为订户投送报刊。订阅对报刊业经营来说是最好的一种发行方式，其最大好处是可以事先获得一笔流动资金，而且发行量也比较稳定。

零售即由报刊社发行部门向报刊零售点提供报刊，由报刊零售点将报刊一份一份地销售给读者。在这种发行方式中，报刊社与读者之间不发生直接的经济联系，没有固定的供应关系。读者可以根据自己的需要与爱好从报刊零售点选购报刊。报刊社与零售商之间一般是代销的关系，没有销完的报刊，报刊社有责任收回。对报刊社来说，零售的好处是可以省去部分投送入户的费用，减少发行支出，也可以通过每天的报刊零售量来了解读者的兴趣所在，以便于及时调整编辑方针。实践表明，报刊零售在创造消费、扩大发行量上发挥着重要的作用。在《扬子晚报》现有的 200 多万发行量中，报刊摊零售的份额占了一半，可见零售的魅力。

2. 委托发行和自办发行

从具体从事发行业务的操作主体来看，报刊的发行也可以分为委托发行和自办发行两大类。

委托发行就是报刊社把报刊发行的任务委托给报刊社以外的专业部门去办理。比如过去我国普遍实行的“邮发合一”体制，就是报刊社把报刊发行的任务委托给邮局去办理。在一些欧洲国家和地区，报刊的发行主要委托给专业的报刊发行公司去承担。这种发行方式的好处是，报刊社比较省心，不用去组建一支发行队伍。不利的是，报刊社对发行的主动权掌握不够，无法及时回收读者订阅报刊的款项，并且还得为此付出一大笔费用。

自办发行就是由报刊社自己组建发行网络发行自己的报刊。这在北美地区非常流行，几乎每家报刊社都有自己独立的发行投递队伍。这主要是因为北美地区的报刊地域性比较强，跨地区发行的不多，在具体操作上比较容易把握。自办发行的好处是，报刊社可以及时通过改进报刊的投送服务质量扩大报刊的发行量，并且也能及时获得读者的订阅款。不利的方面是，报刊社需要投入大量的人力和物力维持发行队伍的稳定及正常运作。

三、报刊发行和销售的成本控制

按照盈亏平衡点原理，在报刊发行收入低于报纸成本的情况下，报刊发行量只有在小于盈亏平衡点时才能实现盈利。事实上，国内外大多数报刊尤其是面向市场的都市类报刊，都是以亏损方式发行的。报刊的利润是以增加发行量为成本代价，以广告收入的增加来补偿的。通常，报刊发行量越大，广告收入就越多，两者之间是一种正相关的关系。值得注意的是，报刊发行量的增减与广告收入的增减并不是按同一比例进行的。因此，加强报刊发行和销售的成本控制是报刊生存和发展的必然要求。

报刊组织只有科学地制定发行价格，合理地确定发行数量，并不断改善发行结构，提高发行质量，才能以最佳的发行量赢得丰厚的广告回报，从而获得最佳的经济效益，成为市场竞争中的赢家。如上海《申江服务导报》和《上海星期三》的广告实行承包代理制，这就意味着其收入在承包期内是一个固定的常量。《申江服务导报》和《上海星期三》的定价分别是 1 元和 0.3 元，后改为 0.5 元，均大大低于报纸本身的成本价。由于两报的广告收入是相对固定的，且都采用亏损的方式进行发行，发行越多，亏损就越多，利润就越少。因此，这两家报纸目前都采用了控制发行法，分别把发行量控制在 40 万份和 25 万份这样适度有效的范围之内，以求得发行效果和经济效益的最大化。有的报社却陷入了"发行量越大越好，覆盖面越广越好"的误区，结果，发行量比过去提高了，但广告收入却停滞不前甚至节节下滑，出现了一些"高产穷队"或"增产不增收"的现象。在这方面国际上早已有前车之鉴。例如，美国的《星期六晚邮报》在 1969 年发行量达到 700 万份时，因严重亏损而倒闭，《展望》在 1971 年发行量达到 800 万份，也因收支不抵而停刊。[①]

瓦乔维亚证券发布的报告显示，2009 年投向报纸的广告支出减少 9.8%，较此前预期有所下滑。一方面是广告收入的下降，另一方面是纸张价格的不断上涨。一些报纸选择了涨价来应对。2008 年初以来，南京市场上的 4 份都市报《现代快报》、《扬子晚报》、《金陵晚报》和《南京晨报》零售价集体提高 40%，提价的理由是"新闻纸价格上涨"。这些报纸从原来的零售价 0.5 元不约而同地提升为 0.7 元。2008 年下半年，南方日报报业集团的《南方都市报》零售价从 1 元提至 2 元，《南方周末》从 2 元提至 3 元。从事后的反馈来看，其在深圳市场的发行量略受影响；2008 年 9 月后，北京 5 份报纸《北京晚报》、《法制晚报》、《北京晨报》、《北京青年报》、《京华时报》统一把零售价上调了 0.5 元。报纸涨价意味着短期内一部分读者将会流失，但也是一个迫不得已的选择。还有一些报纸没有选择涨价，而是设法把传统尺寸的报纸转换为面积更小的"小报"形式。如果说之前的"小报"改革被理解为报业发展的一个创新，那么现在的"小报"化经营就是自救的举措了。《华尔街日报》等一些著名大报都已在市场上推出"小报"版式的报纸，通过尺寸裁减节省成本。因为内容压缩而导致的变相涨价也常常让读者感到不满。

对于市场化程度较高的综合性日报和都市报，如果主要是面向某个特定区

---

① 王新杰、唐敏：《报纸发行：警惕"虚火过旺"》，载《传媒观察》2004 年第 6 期。

域发行，自建渠道自办发行是十分必要的，而且成本并不高。如北京青年报社早在 1996 年就成立的北京小红帽报刊发行服务有限责任公司，现在已发展成为京城乃至全国最有影响力的专业化报刊发行及配送服务企业，成为国内报刊发行和配送服务的知名品牌。小红帽除了全面代理《北京青年报》发行业务外，还承担了百余种报刊在北京地区的代理发行业务，及图书、音像、票卡、假日商品的营销业务和牛奶、饮用水、饮料等商品的直投配送业务。通过自建发行网，不但有效控制了发行和销售成本，还掌握了发行主动权，能保证发行质量，增加发行收入和资金回笼，也收到了很好的广告效果。日本发行量最大的报纸《朝日新闻》、《读卖新闻》也都有自己的发行渠道。

针对报刊发行中的有效和无效问题，业内有专家提出了“有效发行”和“无效发行”。所谓“有效发行”，即能够有效地扩大报刊的市场占有率、阅读率和影响力，并能直接带来广告回报或对广告有吸引力的发行。否则，就是“无效发行”。常见的对“有效发行”和“无效发行”的区分和计算方法有两种：一是边际收益与边际成本比较法，二是发行效应分析法。①

边际收益与边际成本比较法是根据边际收益等于边际成本的原理，在一定的范围之内，随着发行量的增加，发行的经济效益根据下列三种情况分别处理：边际收益大于边际成本时，意味着每增加一单位发行量所增加的收益将大于增加的成本，总收益的增加也将大于总成本的增加，扩大发行就能够增加利润。因此，这时扩大发行就是有效的。边际收益等于边际成本时，意味着发行的经济效益达到了最大化。这时的发行量为最佳发行量，也是最有效的发行量。边际收益小于边际成本时，意味着每减少一单位发行量所减少的成本大于减少的收益，总成本的减少也将大于总收益的减少，进一步减少发行才能增加利润，而扩大发行反而会使利润下降。因此，这时扩大发行就是无效的。

发行效应分析法是通过报刊收入对发行量的反应来考虑发行问题。报纸发行量与报纸收入量之间的关系一般有三种：在经济景气、广告繁荣、报业竞争不太激烈的情况下，发行效应极为显著，发行量与收入量之间常呈近似直线的关系。在经济景气、广告繁荣但是报业竞争激烈的情况下，发行量渐次增加，收入则按报酬递减规律变化。在到达最高收入量之前，发行量与收入量之间的关系就不再是直线关系，而是曲线关系；当经济下滑、广告萎缩、报业竞争异常激烈的情况下，发行效应开始弱化，随着发行量的增加，不仅不能增加收入，相反还会导致亏损。这时，发行量与投入量之间的关系就由曲线关系发展为抛物线关系。

---

① 王荣：《试论报纸的“有效发行”与“无效发行”》，载《新闻记者》2001 年第 8 期。

第四节　报刊的数字出版

推进报刊的数字出版是现代报刊业发展的总体态势，是由技术进步和市场需求所决定的发展方向。作为一种新兴的出版方式，报刊的数字化不但被社会认可并接受，甚至已成为报刊业持续发展而不得不执行的刻不容缓的任务。

一、报刊数字出版的发展

1. 20世纪70—80年代，印刷技术革命

报刊数字出版溯源，不能忽略从20世纪70年代开始的印刷技术革命，它是报刊业运用数字技术最早的成功典范。1974年8月，王选教授参与“748”国家重点科研工程，主持发明了“数字化存储和高倍率字形信息压缩及输出复原和失真最小的变倍技术”，奠定了计算机技术在报刊领域的应用基础。印刷技术革命告别了“铅与火”，北大方正的激光照排系统使报刊业全面进入彩色印刷领域。

2. 20世纪90年代，电子出版兴起

20世纪90年代初，随着计算机技术在产业领域的应用，产生了一批教育软件、实验模拟系统、信息数据库、小型多媒体节目，以及科技图书附带盘。这一新的媒体形式被定名为电子出版物。1992年底，中国出版工作者协会电子出版研究会成立。20世纪90年代后期，我国互联网业发展迅速，电子出版开始向网络出版转型。

3. 2001年至今，数字出版繁荣

报刊数字出版的直接源头是网络报刊。1995年1月，《神州学人》杂志在互联网上推出电子版，成为国内第一份中文互联网杂志。2006年2月，全国第一张数字报《浙江日报》数字报诞生。传统报刊业积极应对数字化挑战。2007年7月，第二届中国数字出版博览会的举办，标志着我国数字出版已经进入从理念到实践，从环节到产业链的全方位、立体化的推进阶段。2008年年底，我国数字出版产业的整体收入规模达到530亿元。

二、报刊数字出版的现状和特点

报刊数字出版以内容为基础，依靠技术创新、运营模式创新，提高了报刊业的生产能力和供给能力，加快了报刊产业结构调整的步伐，拓展了报刊的传播广度和深度。报刊数字出版的现状和特点体现在以下五个方面：

1. 数字技术发展迅速，报刊数字出版体系齐全

数字化推动报刊业的现代化，已成为我国新时期报刊业发展的主旋律。特别是近年来数字出版呈现出迅猛发展的态势，新媒体大量涌现，报刊的数字化、信息化、网络化转型加快了步伐，相关业务迅速扩张，形成了门类较齐全的报刊数字出版体系。近两年来，以移动终端、电子阅读器等为主的数字出版技术的不断创新，数字阅读终端产品不断升级，新型阅读方式不断涌现。无线网络、手机等随身移动设备的出现，为报刊提供了一个全时陪伴读者的媒介渠道。2009—2010 年我国三大电信运营商投资 2 800 亿元预计完成 3G，并至少拉动两三万亿元人民币的社会投资。国际电信联盟统计的数据表明，截至 2008 年底，全球移动电话用户数达 40 亿，普及率达 58%；全球互联网用户数超过 15 亿，普及率达 22%。中国的移动用户数和互联网用户数均是世界第一。3G 的到来加速了移动通信和互联网的融合，它们的融合呈现为三种趋势：互联网接入移动化、移动业务的互联网化、互联网业务移动化。报刊数字出版的产业形态经过几年的实践，已经初步成型，在培养用户消费习惯的过程中将逐步建立持续有效的盈利模式。

2. 全媒体开始提供立体化服务

通过数字化，报刊媒体将成为提供立体化服务的全媒体。报刊与网络媒体互动合作具有广阔的发展空间。2006 年，《纽约时报》与微软合作推出时报阅读器 TimesReader。这是一款基于 PC 的获取新闻的软件，用户在缴纳 165 美元的年费或者 15.95 美元的包月费后，无论在线还是离线，都可以读到最近几天发生的各类新闻，还可获得时报精选、付费填字游戏，以及其他各类特色服务。广州的《家庭医生》是发行量超过 100 万份的著名期刊，其电子杂志两年里发行量就超过 1 000 万。家庭医生在线信息有限公司是一个新媒体内容的制造商，也是新媒体内容的提供商，还是健康需求人群的服务商。家庭医生网站把原有的资源整合在一起，成为一个立体化信息服务的机构，与电信、电视、手机及其他媒体合作，提供包括健康咨询、医院挂号、网上挂号和电话挂号等的服务。作为数字出版的主要形态，家庭医生 E 刊系列杂志是主要的内容。该系列杂志是家庭医生独立制作的杂志，分综合版、男性版、女性版和育儿版，分别在新浪、腾讯等发布，它们还把家庭医生内容和服务嫁接到 114 台。由此可见，全媒体立体化服务开始走向前台，以内容价值最大化为目标，相关内容产业融合开始不断加深，有效地拓展了传统出版的阅读空间，实现了资源的真正融合。

3. 报刊网络出版风起云涌

当越来越多的人将视线从报刊投向网络，当人们手里的报纸换成阅读器的时候，报刊的生存状态注定将会被改变。2007 年 1 月，创刊于 1645 年的瑞典《国内邮报》停止发行印刷版，只以网络版的形式出现。美国具有百年历史的《基

督教科学箴言报》也于2008年4月起停止出版纸质版,专注于制作网络版报纸。广州日报报业集团于2006年推出《广州日报移动数字报纸》,随后又相继推出《信息时报》数字报纸、《羊城地铁报》数字报纸和《番禺日报》数字报纸,其中《羊城地铁报》成为全球第一张同时推出纸质和网络发行的地铁报纸。集团下属有17个系列报刊网络版,并联合广东移动公司推出了短信手机报、彩信手机报、广州日报富媒体、语音手机报。广州日报富媒体打破了传统手机资讯阅读软件的局限,摒弃了以前短信中的单一信息,成为移动流量费全免的终端。2007年实现了微波传输,推出语音播报新闻,2008年实现了无线上网。自2006年2月《浙江日报》数字报算起,截至2008年7月,仅两年多的时间内,全国已经有33家报业集团、300多家报社、500多份报纸出版发行了数字报纸。

4. 手机报刊出版势头迅猛

手机已逐渐成为人们获取各种信息的主要阅读终端。用手机收看电视、上网、读报纸、读书非常普遍。截至2010年4月底,全国移动电话用户数已达到7.86亿,其中用手机上网的用户达到1.9亿,我国使用手机上网的用户将很快超过PC上网用户数量。2009年1月,中国国家工业和信息化部为中国移动、中国电信和中国联通发放了3张第三代移动通信(3G)牌照,标志着中国正式进入了3G时代。如此众多的手机用户为手机出版物的发展提供了广阔的市场。在发展速度上,手机出版是增长最快的数字出版行业,2007年实现近300%的增长速度,2008年手机出版营业收入继续翻番地增长。传统报刊积极同通信企业合作,纷纷推出手机出版业务。手机已经不局限于提供彩铃下载和短信服务,它还是报刊向受众24小时提供高质量的内容平台和广告平台。有人把这类受众称作"动众"——移动中的受众,他们通过手机接收媒介信息。据美国在线出版商协会最近一项调查报告《走向移动》统计,美国71%的移动电话支持上网。国际数据公司(IDC)预测,美国的移动电话广告市场总收入将从2006年的1.6亿美元上涨至2011年的40.2亿美元。在欧洲,文本短信和移动网站已成为各大日报的重要组成部分。欧洲人通过移动设备接受预警短信、手机优惠券和购物要比美国用户频繁。2007年6月19日开通的重庆首张彩信手机报《重庆手机报》,除了常规的报刊内容,还有许多对市民有用的生活信息。天气预报、体育新闻、娱乐新闻是最受手机用户欢迎的信息。

5. 数字报刊内容经营和广告运作悄然改变

以无线网络、手机为代表的随身移动设备的伴随性特点,可以使报刊为受众提供服务的功能发挥到极致,而且还可增强服务的互动性,让报刊经营者随时了解受众的需求。美国报业巨头甘乃特集团在过去的两年内为旗下的90张日报和19个广播电台均开辟了移动网站。大事年表和餐馆导航等服务性的内容将上载至每个网站,让读者即使在移动中,只要需要信息或服务,第一反应就是求助当地报纸。芝加哥论坛报业集团在其多个手机报纸网站上都推出了移动媒体服务功能,例如,用户可以通过手机向餐厅订座或订购体育赛事的门票。《芝加哥论坛报》移动网站开通了交通预警信息定制服务。《亚利桑那州共和报》甚至将报纸的讣闻栏搬上了该报的移动网站。为了让浏览和阅读更愉悦,数字报刊开始尽量提供简单而形象化的内容。对受众来说,将当天报纸头条、体育新闻、天气预报添加到移动网站,要比一开始就做一个内容繁多令人眼花缭乱的移动网站实用得多。向数字报刊用户发送图片,也有利于内容更加形象化。实践证明,移动网站上的实用、简单、令人愉快的内容组合满足了受众的需求。2007年5月,美国《亚利桑那州共和报》的移动网站访问流量超过30万次。数字报刊在广告方面也充分瞄准了广告主的需求。报刊通过数字出版,能够提升"发行量",这个"发行量"包括网页流量、RSS订阅人数、电子邮件列表订户、手机报纸等,这些都将惠及广告。同时,因为手机广告和网络广告具有可选择性,使得广告主能更精确地瞄准消费者需求,实现丰厚的利润回报。在报刊的手机广告中,分类广告、折扣信息和商家优惠券最受欢迎,也是手机广告的主要盈利板块。

三、报刊数字出版战略的实施

随着计算机、互联网及通信技术的迅速发展和"三网融合"的逐步推进,3G通信技术在传输音视频数据速度上已大幅提升,这为报刊数字出版发展带来了前所未有的巨大空间。报刊数字出版战略的实施需要做好以下几点。

1. 加大数字出版科技投入,完善产业扶持政策

科学技术是第一生产力,当今数字出版的发展,科学技术起到了关键作用。推动报刊业的数字化发展必须依靠科技创新,加大科技投入。只有这样,才能加速传统报刊业的科技进步,为进一步发展增添活力。政府要加快出台鼓励媒体数字出版及相关产业发展的优惠政策,确立报刊数字出版业发展的规划及制定相关政策和配套措施。通过不断完善产业扶持政策,鼓励和支持报刊组织出版数字产品,支持报刊企业在促进技术创新、加速科技成果转化,以及设备更新等方面享受相应的税收优惠。充分发挥报刊企业的自主性和创新性,鼓励和支持报刊企业采取联合出资、共同委托等方式进行合作研发,对加快创新成果的转化给予政策扶持。各地可以通过成立新闻出版科技发展专项基金,加大对数字报刊业重点项目的扶持,鼓励企业和社会对数字报刊业重点项目的投资。

2. 推进数字出版产业基地建设,促进数字出版的全面发展

加快建设数字出版产业基地,形成一批网络出版强势企业。通过数字出版基地建设推动我国报刊业数字出版的发展。加快传统报刊业转型和推动数字出版新业态发展。为更好地发挥政府引导、扶持产业发展的职责和功能,应适时出

台我国《数字出版业发展规划和引导目录》。既要重视数字出版的基础性工程、项目，以及公益性、共享性平台建设，也要突出市场化、产业化程度高的一些新兴领域。根据发展形势，可优先支持与手机、手持阅读终端相关，与新一代广电网(NGB)相关的数字出版技术开发和相匹配的内容资源数据库开发，优先支持具有产业化前景的品牌报刊出版数据库建设，优先支持数字出版物集成与分发平台建设。为了推动数字出版企业的快速发展，可以对大型数据库建设给予资助，鼓励数字出版企业技术研发和内容原创，对创新性强的数字出版产业化项目进行奖励，对重大的数字出版项目采用贷款贴息方式给予支持。通过政策引导和扶持，将针对不同报刊数字出版企业发展的不同阶段，提供多种类型的资助，以帮助数字出版企业不断做强做大。积极为数字出版企业营造良好的发展环境，发挥龙头企业带动作用，引领数字出版产业走上发展的快车道。

3. 保护知识产权，规范报刊数字出版市场秩序

为了促进报刊数字出版业的规范发展，我们需要进一步加强对数字出版的知识产权特别是版权的保护力度，依法严厉打击网络环境下的侵权盗版行为。只有有效保护数字出版的知识产权，才能保护已取得的成果，为数字出版发展营造一个良好的环境。在目前的技术基础上，进一步提高数字版权保护核心技术，重点突破 DRM 系统的体系结构、数字内容加密、身份识别、密钥管理、数字权利转移、数字版权描述、数字内容交易和数字内容使用的跟踪和审核等技术。报刊组织要与国际先进技术同步发展，扩大相关专利技术的研究，加强自有知识产权研究，并不断扩大数字版权保护技术的应用软件开发及应用领域。

4. 加快数字出版标准制定，推动技术兼容和数字内容共享

要建立一个媒体数字出版的权威标准，进行科学合理的信息分类，形成符合新闻出版行业规范的标准化体系。建立并依据新闻出版标准体系表、印刷标准体系表、出版物发行标准体系表和信息标准化体系表，完成基础标准和关键标准的制定与推广。当前必须重点解决数字资源标识符标准的制定和实施；建设标准化数据交换平台和标准动态维护系统；制定数字印刷标准格式及新兴数字媒体和“出版物二维码”、“出版物物流二维码”、“出版物标识数据格式”等各项标准。数字出版标准化有利于数字出版链条上的参与各方实现利益均衡，有利于分工合作、资源整合、降低成本，实现技术兼容和数字内容共享。

5. 实施数字出版专业人才培养计划，培养高精尖人才

传统报刊业要向数字出版产业进军，拓展数字出版业务，不仅需要用科技手段进行推动和促进，也离不开一支高素质的人才队伍。当前从事报刊数字出版的人员越来越多，但由于没有接受系统的专业培训，导致许多数字产品质量良莠不齐，甚至让有问题的信息在网络上传播。因此，要高度重视对数字出版专业技能人才的培养，通过实施专业人才培养计划，造就一批既懂报刊出版又懂数字技

术的复合型人才队伍。国家要建立专门的研发队伍、研发机构，以及相关院校和专业，大量培养适应数字出版发展需要的高精尖人才。

思考题：

1. 我国报刊业的发展取得了哪些成效？面临哪些挑战？
2. 我国报刊业在发展中存在哪些问题？应采取什么对策？
3. 报刊内容生产有哪些环节？
4. 报刊发行和销售的方式有哪些？如何控制发行和销售成本？
5. 报刊数字出版的现状和特点是什么？如何推进报刊的数字出版？

第十二章 广播影视业经营管理

广播影视业具有强大的影响力和传播力，它的发展不仅能满足受众日益增长的精神需求，还能快速推动文化创意产业、信息服务业的发展。我国多层次的广播影视传播覆盖体系建设和数字广播电视、移动多媒体广播电视等新兴媒体的兴起和繁荣，正成为我国广播影视业新的亮点。在当前国家加快转变经济发展方式、促进产业结构转型升级、加快发展新兴战略性产业的背景下，广播影视业必将取得更好更快的发展。因此，正确认识和科学管理广播影视业具有极其重大的现实意义。

第一节 广播影视业分析

美国媒介学者丹尼尔·切特罗姆认为，广播影视业“一直是销售学的天才……它集中并加强了19世纪的报纸承担的广告和销售功能，它加速了将时间重新定义为金钱单位的进程。广播电视对每一个家庭的渗透是空前的，现代传播由此为历史上最大的生产力(工业)提供了出路，为最大的销售机器(商业)奠定了基础”。[①]

一、广播影视业的发展阶段

电影的诞生日是1895年12月28日，法国人卢米埃尔兄弟首次以售票的方式向公众展示了自己制作的《工厂大门》、《火车进站》等多部可放映一分钟的影片。这“使人类又一次获得了一种全新的感知世界的经验，获得了一种全新的影像思维方式”。[②] 广播和电视作为现代传播媒介的诞生时间略迟，分别诞生于20世纪20年代和30年代的欧美国家和地区。我党的广播事业诞生于1940年，新

① [美]丹尼尔·切特罗姆:《传播媒介和美国人的思想》，黄静生、黄艾禾译，中国广播电视出版社1991年版，第176页。

② 郑亚玲、胡滨:《外国电影史》，中国广播电视出版社1995年版，第1页。

中国的电视事业产生于 1958 年。1905 年放映的《定军山》是中国民族电影的开端。[①] 与西方国家和地区的广播影视业普遍走产业化发展道路不同的是，我国的广播影视业从诞生到 1980 年前后一直走的是纯事业的发展道路。改革开放以后，我国的广播影视业才走上了快速的产业化发展道路。

1. 初创阶段

这一阶段从 1940 年开始直到 1978 年党的十一届三中全会的召开。在这 38 年间，我国先后经历了关乎国家和民族命运的抗日战争和解放战争，新中国成立后，又经历了社会主义革命和社会主义建设道路探索时期。因为长期革命战争的影响，“以政治为核心”、“以宣传为目的”的理念深入人心。在这种背景下，我国广播影视业属于事业型发展模式，广播影视单位属于事业单位，具有行政级别。中央和各省的广播电台、电视台、电影制片厂都是由政府有计划创建的。这种“单一宣传型”的运营模式，对受众的信息需求服务不够。因为性质为事业单位，所需运作经费完全由国家财政负担。

2. 快速发展阶段

这一阶段从 1978 年到 1997 年。这 19 年里，由于改革开放的不断深化，我国社会主义市场经济地位得到确认，广播影视业也取得了快速发展。特别是 1983 年第十一次全国广播电视工作会议确定了我国广播电视发展的方针，明确了要“自己走路”、要“以新闻改革为突破口”、要“四级办节目、四级混合覆盖”。1992 年，我国确立了“建立社会主义市场经济体制”的改革方向。从此，我国广播影视的生产力得到进一步解放，产业化步伐有所加快。在运作经费的来源上，已由单一的财政拨款转变为拨款与自筹资金相结合，许多电视台基本上实现了自收自支。不过在这一阶段，政府不提倡广播影视组织开展多角化经营活动，不允许实行“制播分离”。

3. 全面提升阶段

1997 年至今是我国广播影视业发展的第三个阶段。广播影视业的快速发展，特别是海外传媒与海外资本的进入和网络时代的到来，迫使我国必须从广播影视业的实际出发，对广播影视业的发展作出正确的战略决策，以便能在全球媒介市场竞争中立于不败之地。正是在这样的背景下，从 1999 年起，广电系统开始了产业化管理，并着手组建广播影视集团。采取资产重组的方式，开始小范围实验跨媒体、跨行业、跨地区的经营。党的十六大以后，广电系统展开了全面的调研活动，提出了广播影视业的体制改革问题和广播影视单位的“转制”问题。近 10 年来，以数字技术、卫星技术、光传输技术和网络技术为代表的新技术，正在给广播电视的发展带来革命性的变化。网络和手机等新兴媒体异军突起加剧

① 周星：《电影概论》，高等教育出版社 2004 年版，第 167 页。

了广播影视业的竞争。广播影视组织的上市成为重要的资本运作战略，而行业内外的购并活动也开始活跃起来。

二、广播影视业的现状

经过改革开放30多年来的发展，我国形成了有线、无线、卫星、互联网等多种技术手段并用的广播影视传播网络。广播影视业成为第三产业的重要组成部分和国民经济新的增长点。我国广播影视业的现状可以归纳为以下几个方面：

1. 广播影视业发展成绩斐然

截至2008年底，全国有广播电视播出机构2 587座（其中，广播电台263座、电视台287座、教育电视台44座、广播电视台1 993座），共开办了3 760套节目（其中，广播节目2 477套、电视节目1 283套）。全国有广播电视发射台、转播台6万多座，卫星上行站30多座，卫星接收设施2 000多万个，微波线路8万多公里，有线电视网络300多万公里，有线电视用户超过1.5亿户，有线数字电视用户超过2 600万户。广播电视“村村通”工程和“西新工程”扎实推进。中央人民广播电台一套、央视一套、七套无线覆盖率分别达到84%、82%和68%，人口覆盖分别为11亿、10.7亿和8.9亿。全国广播电视综合人口覆盖率分别为95.96%、96.95%。在收入方面，2008年全国广播电视总收入突破1400亿元。这其中，电视剧产业已经成为中国影视产业中取得成绩最突出、市场化程度最高的领域。2008年国产电视剧产量达到1.4万集，涌现出《闯关东》、《李小龙传奇》等一大批优秀电视剧，形成了电视剧制作方、购买方、播出方、观众和广告主等多方参与的完整产业链形态。2008年全国近200家电影制片单位（含民营），年生产电影故事片406部，全国电影市场票房超过43亿元，其中《赤壁》、《非诚勿扰》、《梅兰芳》、《画皮》、《长江七号》、《功夫之王》、《大灌篮》、《投名状》等8部影片均创造了票房过亿的优异成绩。综上所述，中国广播影视业无论是规模总量，还是覆盖人口，都居世界前列，已成为名副其实的广播影视大国。

2. 广播影视业数字化发展迅猛

广播影视数字化发展步伐加快，广播影视组织的数字化程度普遍提高。中央三台、大部分省级台和部分地市级台实现数字化，中央电视台、北京电视台等开播高清频道。许多省级台和城市台已经完成全台业务一体化网络系统的建设，提高了节目制播水平和效率，为电台、电视台从单一传统业务模式向为多种终端提供多种业务模式转变提供了有力的技术支撑。地面数字电视稳步推进。我国6个奥运城市和广州、深圳已分别规划了1～3个地面数字电视频道，初步建立了地面数字电视候选频道库。全国100多个城市的有线电视用户开展整体数字转换，完成转换的用户已超过4 000万，接近全国有线电视用户总数的1/3。全国电台、电视台大都开办了网站，有27家省级广播电台、广播电视总台开办了网络广播业务，共有167套广播频率实现网上直播，有25家广播电台、电视台开办的网站提供网络电视直播业务。手机电视、车载电视、IP电视、高清电视等也得到了重视和发展。北京奥运会期间，移动多媒体广播电视在全国37个大中城市的成功试播，为移动多媒体广播电视的发展打开了广阔的空间，从而成为广播影视组织的主攻方向。电影数字化进展也在加快。中影数字电影制作基地已经于2008年完成建设任务并投产运营，对全面提升我国电影产业的经营实力和制作质量，全面提升国产电影的市场竞争力，均有着深远的影响。

3. 广播影视业跨媒介经营稳步推进

在海外，跨媒介经营是常见并重要的媒介产业经营形态。我国由于媒介市场发展水平和政策的限制，跨媒介经营一直没有实质性的动作。随着我国媒介产业的不断发展，这种人为限制开始松动。跨媒介经营开始步入实质化的操作阶段。目前，我国跨媒介集团大体分为两类：一类如牡丹江模式的跨媒介产业集团，另一类如成都模式的跨媒介事业集团。牡丹江广播电视集团成立于1999年，是较早进行产业运作的广播电视集团。2004年5月，牡丹江广播电视集团与牡丹江报业集团正式合并，组建了国内第一家真正按企业模式运营的跨媒介产业集团，即牡丹江新闻传媒集团，其业务包括广播、电视、报纸、杂志、音像出版、网站等，涵盖广告、影视、网络、印务、出版发行、传媒教育、旅游、国际贸易等多种业务领域。集团实行董事会制度，下设总经理，拥有11个分公司或分公司性质的运营机构。在用人机制上，实行全员聘用，员工一律由公务员、事业编制转为企业编制。成都传媒集团成立于2006年，实行"事业集团企业化管理"，集团成立党委会和董事会，党委会成员与董事会成员完全覆盖，以党委为中心，设立集团编委会和集团经委会，分别负责采编和经营工作。集团直接管理、运行和经营电视频道、广播频率及报社、出版社，统一调配采访力量，报刊、广播和电视、网络等媒介资源已实现共享。跨媒介产业融合能充分发挥传媒业的规模经营效应，提升核心竞争力。①

4. 国产动漫产业增长强劲

动漫早期以儿童为服务对象，如今已被不同年龄层次群体所喜爱。近年来，国产动漫产业发展势头强劲。首先，国产动漫生产数量持续高速增长。2008年

① 欧阳宏生、姚志文：《媒介融合：广播电视产业创新的路径》，载《当代传播》2008年第6期，第34～36页。

产量超过13万分钟,同比增长30%,跃居世界前列。其次,优秀国产动画片不断涌现。如《喜羊羊与灰太狼》、《福娃奥运漫游记》、《小卓玛》、《家有儿女》、《虹猫蓝兔七侠传》等国产动画片的收视率毫不逊色于引进的境外动画片。第三,全国34个少儿频道和4个动漫频道成为推动国产动画产业健康发展的主力平台,自身得到长足发展。2008年,中央电视台少儿频道广告收入2亿多元,央视动画公司创收1.3亿元,北京卡酷动画卫视2008年收入1.2亿元,上海炫动卡通频道收入9 000万元,湖南金鹰卡通频道收入7 000万元。第四,国产动漫产业的产业链延伸开发取得较大进展。动画片《喜羊羊与灰太狼》、《福娃奥运漫游记》、《虹猫蓝兔七侠传》受到观众热捧以后,相关图书发行量全年分别突破800万册,码洋分别突破8 000万元。央视的《哪吒传奇》续集和《美猴王》尽管尚未制作完成,图书版权收入就分别达到1 100万元。常州宏图公司的《小卓玛》品牌授权合同额超过1 000万元。中央电视台制作的《小鲤鱼历险记》、《三国演义》,湖南宏梦动画公司创作生产的《虹猫蓝兔》系列,浙江中南集团卡通影视公司制作的《天眼》系列,湖南三辰卡通集团制作的《蓝猫》系列,继续在产业化运作上不断深入发展。第五,国家动漫产业基地和动漫产业园区建设如火如荼。截止到2008年底,我国已经批准了17个国家级动漫产业基地和30多个动漫产业园区。成立国家动画产业基地和动漫产业园区,可以为国产动画的集约化生产和规模化运营提供保障。第六,我国动漫交易市场日臻完善,交易量增大。2008年的第四届中国国际动漫节就吸引了37个国家和地区的近300家动漫企业参展,签约项目34个,金额达41亿元。《虹猫蓝兔七侠传》已进入泰国、越南、缅甸等东南亚国家和地区。①

5. 广播影视业国际化步伐加快

我国国际广播已经在美国、加拿大、利比亚、柬埔寨等国家和地区落地,境外整频率电台达19个,累计落地总时数达到每天700小时。电视的海外影响力不断扩大。中央电视台国际频道整频道海外用户数达到9 650万户,部分时段落地项目用户超过1.5个亿。仅2008年就新增落地项目16项,整频道落地项目10项,覆盖用户672万。中央电视台欧洲、美洲中心记者站运行良好。“中国电影频道”在国外和我国港澳台地区的付费电视用户也保持上升势头,用户数在美国为7.4万,法国1.5万,香港地区5万多,台湾地区和澳门地区两地1.3万。中国电视长城平台成为国际电视市场知名品牌,全球付费用户突破10万户,总收入已经接近2亿元人民币。我国广播影视产品和服务出口增长迅速。2008年共有44部影片出口到61个国家和地区,海外票房收入总计超过25亿元人民币。②

① 朱虹:《广播影视业:回顾2008,展望2009》,载《广播电视信息》2009年第2期。
② 同上。

为了获得国际市场进一步的认可，我国影视业对外交流合作程度不断加深，每年都选出有代表性的影视作品参加国际电影节和电视节。新闻业务方面也获得了国际社会的认可，对汶川大地震、南方低温雨雪冰冻灾害、拉萨“3·14”事件和乌鲁木齐“7·5”事件等重大突发事件和北京奥运会、残奥会等重大活动的及时报道，为广播影视业赢得了较高的声誉。北京奥运会期间，中央电视台第一次实现无延时直播，共直播、录播奥运赛事 1 500 余场，共计 3 800 多小时，总体收视份额达 54.42%，比雅典奥运会期间提高了 16.41%。以上这些方面使我国广播影视业在全球传媒界的传播话语权和产业主动权都得到了较大提升。

三、广播影视业的发展趋势

1. 体制改革将稳步推进

长期以来，我国广播影视业在走向市场化、产业化的进程中或多或少地受到体制和机制的制约。因而，深化广播影视体制改革，使其尽快适应市场经济和全球化的发展格局，是我国广播影视业加快发展取得突破的必由之路。通过转变政府职能，建立一个政事分开、政企分开的广播影视管理体制。政府的主要精力集中在政策制定、行业规划、协调服务、宏观调控和监督管理上。广播影视立法步伐也将加快，形成一个更符合广播影视基本规律和特点的政策法规体系。通过体制改革和创新，鼓励有条件的地区组建起跨产业、跨媒体、跨区域、多层次、多功能的综合性传媒集团。对当今广电业发展影响比较大的上星频道数量、市级频道上星等问题都将有所突破。制播分离改革稳步推进，影视剧、娱乐、体育类等节目将更多地引入市场机制。

2. 数字化将全面覆盖

数字技术的发展使整个广播影视业从制作方式、经营模式到行业结构都发生了深刻变化。数字广播影视的经济效益也一路看好。美国 XM 电台和塞里厄斯电台是世界上最先正式开播数字卫星广播的电台，它们分别在 2001 年 11 月和 2002 年 2 月开始广播，现已分别向全美播出 120 多套数字卫星广播节目，并已在美国国内市场普遍销售接收机，价格从 150 美元到 400 美元不等，节目每月订费约 10 美元。可以预见，通过加快传输覆盖数字化，全球数字电视用户数量将不断增长。为了抓住这一机遇，我们需要跟踪研究国际广播影视数字科技的发展趋势，加大科技攻关力度，有计划地推进广播电台、电视台数字化和数字电影的制作与发行；积极探索手机电视、车载电视及楼宇电视等公共视听载体经营管理的新模式。

3. 经营模式将不断创新

随着广播影视业数字化、网络化、信息化的发展，广播影视业的经营模式也将有大的改变，以适应新的生产力的发展。这将主要从内容生产模式、组织创新模式和市场营销模式上反映出来。内容生产模式创新方面，将实现多渠道优化生产，社会专业制作力量的介入将有效解决内容匮乏问题。在 Web2.0 时代，手机、计算机、网络（无线与有线）、DV、数码摄录机、数码相机日益普及，部分音视频内容的制作与传播开始转移到受众手里，信息生产呈现一定的全民化、草根化趋势。组织创新方面，将进行组织流程再造，特别是着眼于建构数字信息平台、舆论互动平台、公共服务平台和个性化内容服务平台，数字部、数据部、内容定制部、多媒体内容制作部等将被设置。市场营销模式创新方面，将逐步转向以受众与广告主为主的营销模式。随着受众与广告主的信息消费需求越来越个性化，广播影视的营销模式也需要从原先的大众化集中营销转向一对一定向营销，立体式、互动式、个性化将成为这种营销的主要特征。

4. 资本运作将成为主流

目前，西方的新闻传播业购并活动仍呈上升趋势，例如，美国广播电视业主要市场 80％由大公司兼并。随着对媒介产业开发的进一步认识，资本进入广播影视业已不容回避。国际传媒集团和投资集团已经在我国国内进行试探性的投资。近年，某些省、市开始文化体制改革试点，使得民间资本进入广播影视业的积极性高涨。民间资本开始进入广播影视业，特别是其中的节目制作市场。政府也在不断推出相关政策，使资本运作能符合国家对广播影视业的整体规划。政府期望通过资产重组、上市融资等多种措施，引导资源向优势企业集中，培育壮大一批龙头骨干企业。完善的产权制度和资本运作对于促进广播影视企业的发展是有利的。需要注意的是，资本运作的最终目的是为了追求效益，而不仅仅是为了规模扩张。

第二节　广播经营管理

一、广播经营管理的要素

正确处理好广播台、广播电视网、听众和广告这四个经营管理要素对广播的发展来说是十分重要的。

1. 广播台

如今，国内外众多电台几乎每天 24 小时播出节目，这些节目可能是自己制作的，也可能是由其他机构提供的。大中型电台的多数节目为自己制作。电台可以免费得到很多的节目资源，如最新的新闻信息、生活资讯，最新的唱片、影视剧片段或片花、刚出版的报刊等。大多数唱片公司都急不可待地向电台免费提供他们刚出版的唱片,让更多的人尽快听到新歌,从而激起人们购买的欲望。电台可以自由播放各种报刊上的新闻,而不需支付费用,因为新闻属于公众支配,不归个人所有。电台也可以通过物物交换的形式得到节目,如以本台节目去换其他台的节目,以向对方提供广告时间去换对方制作的节目,还可以直接以现金交易的方式获得节目资源。

2. 广播电视网

在海外,许多广播台都附属于一个广播电视网,并把它们的大量时间让给广播电视网的节目,当然也获得电视网提供的资源。如今,国内的广播电视网以一种独特的组织形式存在,因为广播台大多属于广播影视集团,集团内的新闻、广告及其他重要资源都为广播台的发展带来了巨大的活力。广播电视网既是节目供应者,即向各广播电视台提供节目,又是节目交易商,即各广播电视台制作的节目可以在这里进行交换,或者它将从海外购得的节目再提供给各广播电视台。广播电视网不仅为广播台开辟了获得全国乃至全球优秀节目的渠道,铺平了本台的某些节目、服务和广告向全国或全球播出的通道,而且以其优厚的利润和强大的竞争优势扶持并保护本网络的成员。

3. 听众

传播学者欧文和毕比认为:广播的工作就是生产听众,这些听众又被出售给广告商。没有受众,就没有广告商,就没有大众传播。广播台的生存与发展,由听众的多少和构成决定。因此,广播台成功的关键应在于如何吸引受众。广播节目由于在形式上超越了听众识字与否的障碍,因此受众数量特别大。2007 年我国广播综合人口覆盖率达 95.43%,全国收音机拥有量超过 5 亿台,听众规模超过 12 亿。[①] 同样,在美国,99%的家庭拥有收音机,每户人家平均拥有 5.5 个收音机。尤其是随着数字技术的发展,更多的听众可以通过网络、手机、MP3、MP4 等终端设备随时收听节目。可见,广播受众不仅面广量大,而且能适应时代的发展。

4. 广告

经济史学家戴维·波特认为:"论社会影响,广告可以同由来已久的机构(如学校和教堂)相比。它统治了媒介,对大众标准的形式有巨大的影响,它是很有限的几个起社会控制作用的机构中货真价实的一个。"英国作家托马斯·麦考利也认为"广告对于商业如同蒸汽机对于工业,是唯一的推动力。除造币厂之外,没有人能够不靠广告赚钱"。同样,广播作为一种商业形式所具有的偿付能力在很大程度上也依赖广告,而广告业又深深地依赖大众媒介作为自己的传播工具。没有广告的发展,广播业是不可想象的。事实上,在当今世

① 《中国广播综合人口覆盖率达 95.43%》,中国广播网 2009 年 7 月 23 日。

界，广告业已成为广播赖以生存的经济支柱，广告业的发展对广播的生存与扩张至关重要。

二、广播经营管理的发展趋势

1. 由“节目导向”向“受众导向”转变

广播电台在经营管理上将由“节目导向”向“受众导向”转变和发展。我国的广播原先比较习惯于事业性运作，以节目的生产为中心，生产什么就播放什么，而不管受众是否需要该节目。现在，广播电台越来越重视从目标听众的节目收听需求出发，开发比竞争者更有特色和个性的节目。受众在收听广播时，受到四种因素的影响：文化因素、社会因素、个人因素和心理因素，这些因素为电台如何更有效地赢得受众和发展自身提供了思路。广播电台要深入了解自身受众群体的地域、收入、职业、年龄、性别、民族、教育程度等人口统计因素，并通过市场调研等方式掌握受众的心理和行为特征。只有根据特定受众群的需求提供节目，才能获得差异化优势。

2. 由“全国媒介”向“地方媒介”转变

广播电台将由“全国媒介”向“地方媒介”转变与发展。随着电视、网络、手机等媒介的迅速崛起，许多非常吸引人的广播节目（如广播剧、相声和其他娱乐节目）被放在新平台上传播，这导致广播电台部分听众的流失。在这种情况下，广播电台要生存和发展，必须以“地方媒介”自居，切切实实地为当地听众服务。在经营管理上应关注以下做法：减少全国性节目，增加地方性节目；随时插播地方现场新闻，向当地听众提供咨询或信息服务，为当地听众的各种大小事务出谋划策；不断播出各种最新的流行歌曲，等等。

3. 由“广”播向“窄”播转变

美国未来学家阿尔文·托夫勒在《第三次浪潮》一书中写道：未来将出现一种新的消费者，一种新的市场，同时也将出现一种新型的、可以把两者联系起来的大众媒介，这种媒介将使大众传播的服务分散化、地区化和人格化，亦即非“广”播的“窄”播化，非大众的“小众化”。日本学者竹内启在《信息化带来的产业、经济的变革》一文中将信息技术的“小众化”看成信息内容的“多样化”，认为多样化的信息是服务于“小众化”的受众的。小众化媒介和“窄”播成为必然选择。各种新闻台、交通台、文艺台、经济台、旅游台等“专业电台”或“类型电台”的迅速兴起，在不同时间段播出固定节目和吸引固定听众的“时钟型节目”的纷纷出台，都说明“广”播向“窄”播转变的发展趋势已经十分明朗。

三、广播节目管理与编排的原则

广播节目的管理与编排要遵循一定的原则，而不应该主观臆断和随意安排。这些原则主要有：(1) 依据党和政府的中心工作任务；(2) 依据电台电波的覆盖范围；(3) 依据听众的分布和组成情况；(4) 依据听众的作息规律和收听心理、收听习惯、收听时间情况；(5) 依据节目内容的不同领域特点和重要性、新鲜性、接近性等价值要素；(6) 专业台依据本台的专业特点，力争办出专业特色。

我们以中央人民广播电台"中国之声"为例。2004 年 1 月 1 日，中央人民广播电台第一套新闻综合频率以"中国之声"的呼号全新推出，经过 5 年多的发展，其经营理念已经在业界获得广泛认可，被誉为"全天 24 小时不间断直播的中国新闻广播的第一品牌"。"中国之声"板块式节目编排恰到好处地体现了频率的定位，又让每个节目有一定的个性和特色(参见表 12-1)。如《新闻和报纸摘要》、《全国新闻联播》、《千里共良宵》、《守望黎明》、《神州夜航》等节目，根据不同的时段进行编排，已经拥有了较稳定的听众群。每日上午 10—12 点，国内广播收听率普遍处于低谷，"中国之声"针对此情况推出每天长达一个半小时的大型新闻直播节目《直播中国》，有效提升了该频率在上午这个时间段的收听率。另外，激烈的社会竞争、繁重的工作压力、快速的生活节奏使受众的读报时间受到挤压，中国之声因此相继在傍晚和早上开发了读报节目，并引领了"听报"的时尚。午夜 23 点到零点，很多白领人士正是静下心来准备休息的时刻，这时候，"中国之声"的《神州夜航》栏目从生活和人生的层面解读社会、解析人生，在我国午夜广播节目中获得了极高的收听率。

"中国之声"通过节目编排取得了新闻内容立体化传播的效果。板块设置具有较大弹性，当重大事件、突发事件发生之时，中国之声可以随时关注，在新闻轮盘或者有关节目中迅速播出，即时连通新闻现场，全面解析新闻背景，为听众展现、还原全面真实的新闻事件。它们的节目编排把广播节目直播放在重要位置。2008 年"5·12"汶川大地震发生后，"中国之声"广播频率和"中国之声"网站全程直播汶川大救援，24 小时不间断，而且最新消息有时比电视还要快。很多听众找到"中国之声"了解信息。2004 年 5 月 12 日，温家宝总理在访问欧洲五国和欧盟总部归国途中对"中国之声"随行记者说："我在国内每天都听你们的节目，必须得听《新闻和报纸摘要》。我发现你们的节目突破了一些框框。大家注意观察一下，它是按新闻性，按重要性，而且应该说还体现了老百姓的喜闻乐见。"这是对"中国之声"的极高的评价。

表 12－1　中央人民广播电台中国之声 2009 年度节目表

	时段	周一	周二	周三	周四	周五	周六	周日	播出形式
夜间特色节目	00:00—02:00	千里共良宵							直播
夜间特色节目	02:00—04:30	守望黎明							录播
夜间特色节目	04:30—05:00	农业广播学校							录播
夜间特色节目	05:00—06:00	养生大讲堂					残疾人之友		录播
早高峰新闻板块	06:00—06:30	国防时空					信息之窗		录播
早高峰新闻板块	06:30—07:00	新闻和报纸摘要							直播
早高峰新闻板块	07:00—08:00	新闻纵横							直播
新闻轮盘	08:00—09:00	央广新闻							直播
新闻轮盘	09:00—09:30	新闻和报纸摘要							直播(重播)
新闻轮盘	09:30—12:00	央广新闻							直播
午高峰新闻板块	12:00—13:00	全球华语广播网							直播
新闻轮盘	13:00—18:30	央广新闻							直播
晚高峰新闻板块	18:30—19:00	全国新闻联播							直播
晚高峰新闻板块	19:00—19:30	央广新闻							直播
晚高峰新闻板块	19:30—20:00	央广新闻							直播
夜间特色节目	20:00—20:35	直播中国							直播
夜间特色节目	20:35—21:00	小喇叭							录播
夜间特色节目	21:00—22:00	新闻观潮					老梁说天下	环球军事 60 分	除周日外直播
夜间特色节目	22:00—23:00	今晚听吧					体育评书	冬吴相对论	除周日外直播
夜间特色节目	23:00—00:00	神州夜航					国学堂	国学堂	除周六、日外直播

四、广播节目管理的环节

广播节目管理的具体环节通常有以下6个步骤：

1. 制订节目计划

节目计划是广播节目管理中的重要部分，它是根据一定时期的新闻工作方针和广播管理者的科学判断和预测，预先制订阶段性的节目安排。节目计划体现在广播节目的总体规划、选题计划、制作计划和播出计划中，各节目制作部门在节目的总体规划指导下制订节目选题计划，节目的制作和播出计划又以选题计划为依据。必须要指出的是，对于整个节目的广告和销售问题，在这一阶段就应该明确，并预先制订独立的节目销售和广告计划。

2. 进行节目策划

节目策划是节目生产的蓝图，主要是根据节目的宗旨、任务、性质和所针对的听众群体来确定自己的风格、特色。节目策划是在节目总体规划指导下和在与其他节目的比较中进行的。这保证了节目成为整个广播节目系统中的一个有机组成部分。

3. 确定节目制作流程

广播节目的生产是通过采访和资料的收集、编辑、制作和播出等一系列制作程序完成的，要由多个工种协同合作。因此，必须将节目制作部门、技术制作和支持系统与记者部门、编辑部门、经营部门置于广播台节目质量管理部门的有效管理协调下，才能保证节目质量。

4. 进行节目审查

节目审查是对广播节目的思想内容、艺术水平和技术质量进行检验的重要环节。我国的广播业在制作节目的初期，审查主要由负责人直接进行，后来逐渐采用分级审查制度，并制订了一系列审查标准和完整的审查制度。

5. 安排节目播出

节目播出是节目系统中的输出环节。在这一环节中要进行节目的播出和宣传，按总编室预先排定的节目表发送节目。播出管理的效果如何，能否确保安全播出，对广播节目的社会效果具有重要的影响。通常情况下，广播节目的播出运行，由播出磁带库、节目编排部门，以及播控中心协调合作完成。

6. 收集反馈信息

信息反馈是广播节目管理的一个重要环节。收集反馈信息的目的是了解节目在听众那里的反响如何，以便做好下一阶段的工作。收集反馈信息是保证节目系统良性循环的重要途径，它具有咨询、指导、调整和监督的作用。听众来信、各种调查问卷、收听率统计、媒介反映，以及各种渠道的评论，都是反馈信息的重要来源。广播节目管理部门通过分析反馈信息，对已播出的节目进行分析，有利于积累经验，总结教训，对下一阶段的节目计划、制作和编排方式等有重要的指导作用。

五、提高广播经济效益的途径

1. 提高节目收听率

一般来说，广播节目覆盖率高，收听率就会上去，经济效益就高，反之，经济效益就差。比如，中央人民广播电台晚上黄金时段的广告价格比地方台高得多，很重要的原因就是覆盖率高。此外在同一地区，广播电台的广告收入往往也很悬殊，其中很大的一个原因就是收听率存在差别。如今，卫星广播和数字广播越来越多，在覆盖率差别慢慢缩小的情况下，广播台应该着重通过提升节目质量来提高收听率。节目设计的现代性、节目编排的科学化、节目与听众需求的吻合度，以及必要的营销推广工作都是重要的方法。

2. 搞活广播经营管理

广播经营管理的核心是节目，所以，要尽量把节目推向市场，这是广播电台取得发展的必由之路。一些制作精良的广播剧、颇具特色的资讯、娱乐和音乐节目要尽快进入交易市场，并开发品牌衍生品。广播在节目的竞争中虽然比不上电视，但是广播的制作成本很低，而且有其语言的创造性，经营得当依然会有市场。更何况现在数字技术与广播业结合愈来愈紧密，广播与其他媒介的界线日趋模糊，这也为广播节目交易提供了更大的可能性。因此，广播经营管理要时刻注意树立品牌意识，以质量促效益，以效益争取更大的发展。

3. 强化成本费用管理

广播电台要提高经济效益，自然要降低成本费用，减少不必要的支出，制定目标成本，进行成本核算和管理。广播电台所有的成本费用和所付出的心血几乎都是为了要生产出第一份复制品——节目。所以，为了降低成本，广播电台必然要提高它的经济规模。提出这一概念的前提是：某种广播产品所生产的复制品越多，则它的单位成本自然降低，每份复制品的价格也会变得更为便宜。廉价的复制品能够被更多的人接受，同时也能够创造出更宽广的受众群体。① 在成本构成当中，投资在第一份复制品上的费用通常涉及信息收集、编辑、剧本、编导、歌曲、音响效果、特殊效果、制作人员、策划等。广播电台要增加经济效益，务必要扩大自己的经济规模，关键是尽可能地将自己的广播复制产品推广给更多的受众。

---

① [美]斯特劳巴哈、拉罗斯：《传播媒介与资讯社会》，涂瑞华译，台湾亚太图书出版社 1996 年版，第 101 页。

4. 注重广告销售与推广

除了降低成本，提高广播经济效益的另一途径就是广告，吸引广告主，扩大广告源，是广播经营管理的主要目标之一。广播电台广告价格一般只有参考价目表而没有固定价目表，如果是长期合作须和广告主进行深入谈判。当经济不景气，收听率下降，或竞争对手降价时，也可以考虑适当降低广告价格；相反，若某些节目受众量迅速上升，广告时间供不应求，也可以考虑提高售价。总之，广告时间的销售和价格的确定要依据市场和节目的行情而定，要有一定灵活性，以争取及时售出。与广告代理公司合作是广播电台广告的主要来源。广告代理公司可以使广播电台极大地避免招揽广告的烦扰，而且在一定程度上来说，其广告经营运作更为专业，因此广播电台在广告经营上实行广告代理制已经成为最普遍的方式。

第三节　电视经营管理

媒介观察家杰夫·格林费德认为，"电视是美国人普遍的体闲娱乐形式。国家按地理、种族、阶层和文化划分成多种类别，它是唯一的连接线——连接着青年与老年、穷人与富人、知识分子与文盲。国家很大，难以统一，没有一个统一的连接点，但现在我们能做到了，那就是回答这个问题：'美国人在干什么？''在看电视'。"[①]因此，建构并有效提高电视的核心竞争力是具有高度战略意义的，也是电视业发展的重点。

一、电视核心竞争力

电视虽然问世时间不长，却使人们获得信息和享受娱乐的方式发生了根本性变化。尽管它已受到来自网络、手机和其他数字终端媒介的挑战，但目前仍是最有影响力的传媒。我国已经建成了天上卫星、地上微波、地下电缆，以及有线和无线结合的电视网络，覆盖了我国绝大多数地域。2007 年，电视综合人口覆盖率为 96.58%，有超过 12 亿的电视观众。电视集信息传播服务和娱乐于一身，生动、直观、活泼，在媒介中具有明显的优势。电视技术进步的速度之快也令人惊叹。雪莉·贝尔吉认为，电视最新、最重要的进步表现在高清晰度电视、直接广播卫星、网络电视等方面。[②] 数字电视技术对整个电视业的影响深远。

① Jeff Greenfield. *Television: The First Fifty Years*. Abrams, 1997, pp11.

② [美]雪莉·贝尔吉：《媒介与冲击：大众媒介概论》（第四版），赵敬松等译，东北财经大学出版社 2000 年版，第 192～193 页。

1. 电视业发展需要核心竞争力

对现代核心竞争力的研究表明，一个组织的所有竞争力都来源于其核心竞争力，核心竞争力是能够确保竞争优势动态持续的能力。核心竞争力常被描述为“独一无二”、“与众不同”、“难以模仿”或“竞争优势”。

电视的核心竞争力与通常所说的竞争力既有联系，又有区别。竞争力的内涵在于决定电视竞争力的因素在各电视台之间具有可比较性和较大程度的可量化特征，许多因素可以通过市场过程获得，或者通过模仿而形成。然而，决定核心竞争力的因素通常是电视台不可交易、不可竞争和不可模仿的优势因素，这也导致电视台之间难以对这些因素进行直接比较和量化。每个电视台为了能在市场竞争中生存，都或多或少需要具备一定的竞争力，却未必具备核心竞争力。

由此，我们可以界定电视核心竞争力的内涵：电视的核心竞争力是电视对显在和潜在的资源进行有效整合而形成的一种独特的、难以复制的、抗击市场风险的能力。核心竞争力的载体是电视台这一整体，而不是电视台的某个部门或某个产品。核心竞争力是在电视台过去的成长历程中积累而产生的，而不能通过市场交易轻易获得，关键在于电视台资源的有机结合，而不是某种可分散的资源、要素或技能。

2. 电视核心竞争力的主要特征

（1）受众价值性

从长期来看，电视台的差异化竞争优势应立足于在追求受众价值实现的过程中，向受众提供优于竞争对手并为受众所喜闻乐见的节目和其他媒介产品的能力，也就是令受众收视节目时在心理上产生一种满足感。这种独特能力由于意在追求受众的满意度与忠诚度，体现了受众价值导向，同时，又难以为竞争对手所模仿，因此，可以为电视台提供持续的竞争优势。

（2）独特性

电视核心竞争力的独特性意味着它拥有独一无二的、没有被当前和潜在的竞争对手所具备的能力。独特性要求核心竞争力具有难以替代性。如果容易被替代，则意味着这种竞争力很弱，无法给电视台创造持续的竞争优势。核心竞争力是电视台在其长期的经营活动中以特定的方式，沿着特定的发展轨迹逐步积累起来的，它不仅与独特的产品特性高度相关，还深深印上了组织、营销和文化等诸多方面的特殊烙印。

（3）稳定性

电视的核心竞争力是与电视台的组织结构、管理模式、资源配置、文化取向等因素高度融合的，它不仅由硬性因素决定，而且与电视台的系统效应相配合。由于核心竞争力是电视台在实践过程中逐渐培育起来的，在它形成的过程中，电视台主体也在不断变化，因此与电视台拥有的实物资产不同，核心竞争力难以从电视台主体中分离出来，一旦形成就较为稳定。例如，《新闻调查》、《焦点访谈》无疑是形成央视核心竞争力的重要节目保证。

(4) 动态性

随着时间的推移，电视的核心竞争力必然发生演变，经历产生、成长、成熟、衰亡等阶段。所以，核心竞争力在形成以后，就面临着再培育和再提升的问题，否则，随着市场竞争的加剧和电视业的发展，核心竞争力也会逐渐丧失，沦为一般竞争力，甚至完全丧失竞争优势。电视台若想长久保持核心竞争力，就必须进行持续不断的创新，对电视台核心资源进行重新配置与定位，实现核心竞争力的新陈代谢。

3. 电视核心竞争力的获取

电视核心竞争力的获取包括内部开发和外部拓展两个方面。内部开发是一项根本性的对策。电视台通过在内部开发出各种有利条件，走自我发展的道路，是一种基本模式。而外部拓展实际上只是一种补充，因为核心竞争力很难从外部获取。

(1) 体制与机制的持续创新

体制决定发展的可持续性，机制决定发展的活力。不断创新的体制和机制，是电视台生存和发展的原动力。我国已经成为电视大国，并正在向更高的目标迈进，无论从宏观管理层面还是微观操作层面，都要求积极稳妥地推进体制创新和机制再造，数字新媒体的发展更加速了进行体制、机制创新的必要性和紧迫性。通过体制改革，建立电视台的现代企业制度，深化内部改革，有效整合资源。如果没有相应的体制与机制条件加以支持，电视台核心竞争力将失去价值。因此，体制和机制的持续创新，已经成为电视台核心竞争力开发的战略性要素。

(2) 明确的竞争战略定位

竞争战略定位是提升电视核心竞争力的有效途径。在变革的环境中进行竞争战略定位，电视台首先要分析所面临的市场环境，了解受众与广告主的需求，包括现实的和潜在的需求，寻找市场机会。特别要了解受众与广告主的期望值，即他们从电视节目中所期望得到的利益。在此基础上，确定目标受众与广告主、应提供的电视节目或相关服务，以及如何高效率地给受众与广告主带来更大的价值，从而为选择相应的市场战略提供依据。迈克尔·波特教授提出过三种基本的竞争战略，即成本领先、差异化、目标集聚。[①] 一般说来，拥有明确竞争战略的电视台会胜过那些竞争战略模糊或者既想体现差异化又想成本领先的电视台。在这方面，凤凰卫视做得比较突出，其差异化竞争战略植根于明确

① [美]迈克尔·波特:《竞争战略》,陈小悦译,华夏出版社 2005 年版,第 33 页。

的文化定位，这得益于其一贯以来对媒介文化理念体系的严格遵循。在执行文化定位的过程中，凤凰卫视形成了一个良性的价值链：文化理念凭借品牌节目贯彻，对节目精心打造并孕育新的节目。文化定位不但是一种具有远见的运营战略，同时也是一种很重要的长期投资，凤凰卫视也因此成为华语电视台的一面旗帜。

(3) 电视节目的研发创新

电视台的核心竞争力有一个赖以生存的基础：电视节目是否足够吸引受众和广告主的注意力。如今，我国一个中等规模城市中的家庭目前能收到的电视台频道约 50 个左右，如果计算付费的数字电视频道，将接近 100 个。除电视台之外，报纸、杂志、广播、电影、VCD/DVD 制品、网络与手机都在争夺受众的"眼球"，这就使得内容成为电视台竞争中的一个重要因素。因此，不断对电视节目进行研发创新，是提升电视核心竞争力的有效途径。研发创新通常有三种途径：一是自主创新。电视台依靠自主研究，自主开发，不断改进原有节目或推出新节目，保持自己在市场上的优势和领先地位。二是外引创新。电视台在构筑核心竞争力时，可以通过引进发展所必需的电视节目和技术来实现创新目标。三是联合创新。电视台与科研院所、咨询机构、文化传播企业之间联合创新，优势互补，从而形成双赢或多赢的局面。如湖南卫视在媒介市场上开创出了"超级女声"、"快乐男声"、"快乐女声"等一系列品牌，引领着国内的真人秀时代。

(4) 购并策略与战略联盟的适当应用

有时为了获得有效的资源，并利用这些资源冲破各种壁垒进入新的媒介产品生产领域和媒介市场，电视台常常会选择购并这一有力武器。通过购并实现规模经济效益，从而导致资本的积聚和集中，从更大范围满足资本增值的要求。战略联盟与收购兼并有所区别。对电视台而言，战略联盟是两个或两个以上有着对等经营势力的媒体之间，出于对整个市场的预期和总体经营目标、经营的风险的考虑，为达到共同拥有市场、共同使用资源和增强竞争优势等目的，通过各种协议而结成的优势互补、风险共担的松散型组织。战略联盟是一种伙伴关系，是提升核心竞争力的重要途径。价值链的不断分解，使市场上出现了越来越多的独立并具有一定竞争优势的环节，电视台在特定环节上通过与合作伙伴的联合，可以发挥各自的最大优势，大幅度地降低成本，从而实现更多的利润，提高各自的核心竞争力。

二、电视节目编排的要领与策略

电视节目的编排要特别注意时段的选择和编排策略的选择。

1. 时段选择的要领

(1) 依循受众的收视流向

收视流向犹如股市,是有涨有落、不断变化的。收视率和收视流向的数据既可以自己调查获得,也可以向专业市场调查公司购买。当受众持续收视该台节目时,人们称之为“顺流”;反之,当受众离开该台转向他台的时候,则称之为“溢流”,当受众从他台转向本台时,又称之为“入流”。电视经营人员总是想方设法以优良的节目、较低的价格、良好的公关和各种渠道努力争取“入流”,尽力保持“顺流”,竭力避免“溢流”。通常,“顺流”之后的“入流”是电视经营管理的最佳表现,其时段销价也最高;“溢流”之后的“入流”,也是有竞争力、有希望的表现,好好经营,效益也应不俗;但是,若“顺流”之后出现“溢流”,或一再出现“溢流”,这就应该迅速查找原因,制定对策,采取措施。

(2) 掌握每个时段的受众情况

要清楚每个时段的受众是些什么人?有多少?这些受众代表怎样的价值?例如,“夕阳红”节目和时段与“七巧板”节目和时段的受众是不同的,前者可能吸引生产、销售保健养生用品的广告主,后者则适合生产、销售儿童食品、玩具的广告主。当然,节目时间段也不是受众越多,价钱越高。如果某个节目和时段的受众是广告主所期望的那种理想受众,那么人数越多价钱越高。但是,如果该节目或时段的受众是广告主所不需要的,那么它的受众再多也难卖到好价钱。

(3) 与特色节目板块整体融合

打造特色节目板块必须与重点时段、黄金时段融合起来,这也是电视频道差异化竞争的必然选择。每一个板块都需要独特的时段,只有这个时段才最有可能让目标受众看到并产生影响。通过精心打造不同时段的不同板块,尽量减少所谓的“垃圾时间”,可以提高电视节目的美誉度和社会影响力,拉动其他节目板块的收视率,进而拉动整个频道的整体收视率。

(4) 最佳时段应有最佳剧目相配合

电视台要得到好片,就要不惜巨资制作节目或以高价收购。面对日益激烈的荧屏竞争,电视台除了科学地选择时段、安排节目、投资制作富有特色的节目之外,就是不惜成本收购独播剧,力求在竞争中站稳脚跟。

2. 节目编排常见的策略

节目的选择与编排应灵活运用各种编排策略:

(1) 反向策略。即在同一时段中安排与竞争对手完全不同的节目类型和特色节目,以示区别。

(2) 提前或推迟策略。即在某个强大竞争对手已在某一时段安排了与本台相同的节目时,将自己节目的播出时间提前或推迟一点,以吸引受众,保持收视流向。比如,中央电视台的“新闻联播”节目安排在每晚 19:00 播出,各省(自治区、直辖市)电视台则多将本台的类似节目提前或推迟 30 分钟播出,从而获得双赢效果。

(3) 针锋相对策略。自己认为可以与竞争对手一拼高下,于是在同一时段安排与对手相同的节目,以争夺同类受众和同类广告主。

(4) 带状策略。即将同一节目在周一至周五的时间内作带状性的播出。

(5)“西洋镜”策略。在一周中,每天的节目在每个时段都不同。

(6) 区间策略。就是将性质相同的节目安排在一个区间时段,以养成受众的观看习惯。中央电视台在每日上午 7:00—8:00 的区间时段安排的四个节目就都是新闻性节目。

(7) 特别策略。即在正常的节目中,安排高知名度或特别节目来吸引受众。

(8)“吊床”策略。即在两个强势节目中,安排一个较弱的节目,使整段区间节目有张有弛,有起有伏。

这类策略还有很多,关键是结合受众和电视市场的特点找到最适合自己的策略。我们以湖南卫视 2009 年 4 月的节目编排为例进行分析(见表 12-2)。

表 12-2　湖南卫视 2009 年节目编排表(4 月 1 日—4 月 30 日)

<table>
<tr><th>时间</th><th>周一</th><th>周二</th><th>周三</th><th>周四</th><th>周五</th><th>周六</th><th>周日</th></tr>
<tr><td>7:00</td><td colspan="7">湖南新闻联播(重播)</td></tr>
<tr><td>7:20</td><td colspan="5">背后的故事+说出你的故事(重播)</td><td rowspan="2">栏目重播</td><td>艺术玩家</td></tr>
<tr><td>8:10</td><td colspan="5" rowspan="2">偶像独播剧场(4 集)</td><td>天下女人(重播)</td></tr>
<tr><td>8:20</td><td colspan="2" rowspan="2">青春独播剧场(四集)</td></tr>
<tr><td>12:00</td><td colspan="5">播报多看点</td></tr>
<tr><td>12:30</td><td colspan="5">乡村发现</td><td rowspan="3">天天向上
(重播)</td><td rowspan="3">快乐大本营+
勇往直前/金牌
魔术团(重播)</td></tr>
<tr><td>13:00</td><td colspan="5">晚间 830 栏目(重播)</td></tr>
<tr><td>14:30</td><td colspan="5" rowspan="2">开心独播剧场(3 集)</td></tr>
<tr><td>15:30</td><td colspan="2">青春独播剧场(2 集)</td></tr>
<tr><td>17:40</td><td colspan="5">娱乐无极限</td><td rowspan="2">节节高声
周末版</td><td rowspan="2">娱乐无极限</td></tr>
<tr><td>18:15</td><td colspan="5">节节高声</td></tr>
<tr><td>18:25</td><td colspan="7">A6 广告</td></tr>
<tr><td>18:30</td><td colspan="7">湖南新闻联播</td></tr>
<tr><td>18:52</td><td colspan="7">新闻 XT 段广告</td></tr>
<tr><td>18:55</td><td colspan="7">卫视气象站</td></tr>
<tr><td>18:58</td><td colspan="7">黄金时刻广告</td></tr>
</table>

续表

<table>
<tr><th>时间</th><th>周一</th><th>周二</th><th>周三</th><th>周四</th><th>周五</th><th>周六</th><th>周日</th></tr>
<tr><td>19:00</td><td colspan="7">CCTV 新闻联播</td></tr>
<tr><td>19:30</td><td colspan="7">A1 广告</td></tr>
<tr><td>19:35</td><td colspan="4">挑战麦克风第二季</td><td rowspan="3">天天向上</td><td rowspan="3">快乐大本营</td><td>李宇春演唱会
(4 月 5 日)
金牌魔术团
(4 月 12 日起)</td></tr>
<tr><td>21:00</td><td colspan="4">A2 广告</td><td>A2 广告</td></tr>
<tr><td>21:05</td><td colspan="4">说出你的故事</td><td>背后的故事
(4 月 12 日起)</td></tr>
<tr><td>21:50</td><td colspan="7">A3 广告</td></tr>
<tr><td>21:55</td><td colspan="7">金鹰独播剧场(2 集)</td></tr>
<tr><td>23:55</td><td colspan="7">A4 广告</td></tr>
<tr><td>0:00</td><td colspan="4"></td><td>听我非常道</td><td>天下女人</td><td>零点锋云</td></tr>
<tr><td>0:30</td><td colspan="7">精品独播剧场(两集)</td></tr>
</table>

湖南卫视在我国中心城市入户率位居省级卫视第一,覆盖人口达 7.6 亿。近年来收视率已连续多年位居省级卫视第一,全国所有卫视第六,仅次于央视的部分频道。“快乐中国”是湖南卫视的口号,这一点在节目设计与编排上体现得非常明显。周一到周五白天时段主要安排“偶像剧场”等栏目,而且都是多集连播,周六、周日白天时段的重点放在自办品牌娱乐节目的重播,而一周连续七天每天晚上的黄金时段 19:35—21:55 全部安排原创的品牌娱乐节目。毫无疑问,湖南卫视通过对晚间电视节目板块的差异化编排,避开竞争对手,通过创新节目内容和形式开拓出了“蓝海”空间。

湖南卫视还把编播季作为电视节目编排创新的突破口。“编播季”概念的产生和运作方式借鉴了美国商业电视台中“电视季”的概念。夏季,美国人会增加户外活动时间,许多美国家庭也会外出度假,因此观众人数会减少。进入 9 月之后,昼短夜长,学生返校,美国人的生活趋向规律。在这种情况下,每年的 9 月至来年的 5 月成为美国电视业界公认的“电视季”。在一个以受众为导向的市场上,湖南卫视已开始依据观众收视习惯的阶段性划分出“编播季”。电视收视情况的变化与季节、节假日密切相关,在国内,春节、五一、十一和寒暑假的收视率都会呈现阶段性高点,而收视增量主要出现在白天(6:00—18:00)。晚间五小时的收视情况受季节、节假日的影响并不显著,这也是湖南卫视每晚都安排重点娱乐节目的原因。

按照“季”进行编排，有一些规律可循。一是要对各“季”中观众的收视习惯及收视心理有一定的把握。在分配全年节目资源时要把握好两个关键的时间段。第一个时间段是12月份至来年的2月份，元旦、春节和元宵节三个节日贯穿其间，是全年的收视高峰期。节假日收视的显著特征是白天收视时间剧增，因此在整体编排中要强调传统节庆气氛，并加强白天时段的编排力度。第二个时间段是6月至8月。随着师生放假，白天收视人数和全天的收视时间都会增加。电视台可以通过暑期特殊编排取得理想效果。湖南卫视每年暑假几乎都会安排《还珠格格》等经典剧集的重播。二是城市晚间的收视高峰开始出现后移，21:00左右才出现全天的收视最高峰值。这意味着在编排方案中必须重视21:00至22:00这个区间。三是每个“编播季”应形成一个明确主题，这也是电视广告销售上的“卖点”。电视台的优质节目资源是有限的，可以根据来年各类节目资源的情况，确定每一“季”的主打节目资源。比如湖南卫视在推出“超级女声”、“快乐男声”、“快乐女声”、自制励志剧《丑女无敌》或者当季主打独播剧等节目时，几乎所有节目都与之相呼应。四是“编播季”的主题应与频道定位相吻合，同一个“编播季”的主题要具有延续性，这样有利于培养观众的期待心理，并提升频道品牌的识别度。① 湖南卫视的快乐选秀类节目、自制偶像剧都形成了一个编播季，这会提升观众对频道的忠诚度，也会增强广告主的信心。

三、电视节目的制作与播出管理

1. 前期计划阶段

在这一阶段，节目制片人是最关键、最繁忙的人，要设计节目策划书，将自己的创意理念传递给节目组成员。节目策划的内容应包括节目的基本设想、开发价值、制作方式、播出要求和可能产生的播出效果和经济效益。有些编剧、导演、记者、主持人也会向制片人推荐好主意。制片人召集已挑选好的导演、主持人、经营人员等讨论节目计划。制片人还要研究节目经费预算计划。预算计划既要考虑节目制作的成本费用，还要估算投资回收期和广告来源。制作节目的经费可以分成三块：一是导演、编剧、主持人、演员、摄像师、灯光师、音响师、美工师等节目创作人员的费用，二是设备、场地、交通、住宿、物耗等费用，三是节目营销推广费用。通常在上述预算总额上还要加上10%～15%的弹性费用。如果节目策划书和预算计划得到批准，或者制片人自己筹集到了经费，接下来就可以进入第二阶段。

2. 排演和布置阶段

在这阶段，导演负责对剧本或文稿作进一步修改、润色，而后改写成分镜

① 钱睿：《编播季：电视节目编排创新的突破口》，载《视听界》2007年第2期。

头剧本，使每一个动作、场景、人物能够得到形象化呈现。同时，导演要求主持人、嘉宾或者演员熟悉节目内容、熟记自己的台词，并进行拍摄前的排演和准备工作。音响师负责按设计布置音响的采集、录制；场景设计师监督场景布置的搭建；灯光师负责按灯光设计布置灯光；摄像师调试机器；制片人则对各方面工作予以总调度、总协调。

3. 摄制阶段

电视节目摄制过程既紧张热烈，又严肃认真。这个阶段，摄像师、灯光师、音响师、美工师、服装师、舞台和场景设计等一般摄制人员的工作都服务于主持人、嘉宾或演员，并要求听从导演指挥，互相配合。制片人一般会在监视器上观看节目摄制，控制节目摄制的时间，因为导演和演员常常会对某个问题过分专注而大大超出节目所规定的时间长度，这就要求制片人注意提醒演员在规定时间内完成。特别是现场直播的娱乐节目，合理地控制时间更是必不可少的。当然，除了直播节目外，大多数电视节目要至少在正式播出前一周摄制完成。

4. 后期编辑阶段

这一阶段主要是对摄制的节目进行一些适当的组接、调整和修改，以便使拍摄的内容获得最佳的制作和播出效果。同时，除了在摄制时的道具广告、布景广告之外，编辑往往还要插入商业广告和打出赞助、协助拍摄的单位名称。此外，广告内容与节目的融合一致是业界关注的焦点，需要尽量使广告的内容和节目的风格接近一些。

5. 播出与销售阶段

任何电视节目的制作，都是为了播出和销售。任何电视节目的成功，在某种程度上又都取决于选择适宜的播出时间和销售渠道。比如，把儿童娱乐节目放在晚上 10 点钟以后播出，不会有什么好效果，因为这时孩子们都已经上床睡觉了。有些节目没到特定的季节或过了特定的季节也不适宜播出，播出了效果也不佳。电视节目的销售除了要选择适宜的渠道组合之外，也要注意时间因素。只有在适宜的时间（季节和时段），才能卖出好价钱，收到好效果。

第四节　电影经营管理

电影学者杰森 · E. 斯凯尔说过，“用最真实的感受来说，电影是建立在梦幻基础上的一种产业。”[①]在其他任何一种产业中，没有一种产品完全是在没有公众一定会买账的保证下而投资百万美元进行制作的例子。在其他任何产业中，

① Jason · E. Syuire. *The Movie Book*. Simon & Schuster, 1983, p3.

也没有公众“使用”这种产品，然而只带走了对它的记忆的情况。麦克卢汉也曾写道：“电影不仅是机械主义的最高表现，而且它提供的是最具有魔力的消费品，即梦幻。”[①]

一、电影业发展迅速

我国电影业从 20 世纪 90 年代初期开始引入市场机制。1994 年 8 月 1 日，国家广播电影电视总局出台《关于进一步深化电影行业机制改革的通知》，含蓄地把中国电影推向了市场。2003 年，《电影制片、发行、放映经营资格准入暂行规定》的出台则打破了过去只有国家指定的 16 家电影制片厂才有资格拍摄电影的规定，任何国有、民营企业都可以投资制作、发行和放映电影。电影产业化改革由此全面启动。近年来，我国又推出了一系列促进电影业发展的政策，通过不断解放电影生产力，实现了较快的发展。

1. 我国电影产量攀升，类型、类别增多

2008 年，我国电影年产量从 2002 年的 100 部左右上升到了 406 部，位居世界第三。生产动画片 16 部，纪录片 16 部，科教片 39 部，电影频道节目中心还拍摄了数字电影 107 部。经过持续多年的生产数量攀升，我国已经步入全球电影生产大国行列。张艺谋执导的《英雄》让中国电影进入了商业大片时代并使电影人尝到了甜头。与此同时，影院建设接轨国际惯例，影院建设突出了为观众服务的经营意识。全国城市影院银幕数从 2002 年的 1 400 多块增长到 2008 年的 4 097 块，2008 年日增银幕 1.5 块。电影的类型、类别增多，多元化趋向明显。电影观众的多样化需求带动了电影类型多样化的生产，另一方面，投融资渠道的多元化直接促使电影创作者选择更为保险的电影类型进行创作。如原先贺岁档电影的选择不多，如今常有 15 部左右供观众选择，能满足市场多样化需求。电影制作水平得到提高，中国元素也开始得到重视，2008 年的国产大片中，《非诚勿扰》、《梅兰芳》、《叶问》、《赤壁》等都是讲中国的故事。特别是《梅兰芳》上映后，观众对影片“东方神韵、全球视野、中国特质、人文关怀”的艺术追求给予充分肯定和高度评价，认为其代表着国产大片创作走向成熟。

2. 社会资本投资电影业踊跃，投资主体呈现多元化

电影是投资“魔方”。《泰坦尼克号》投资 2 亿美元，全球票房达 18 亿美元，这还不包括电影衍生产品。随着我国电影院线制改革的推进，银幕数的急剧增加，社会资本开始纷纷投资电影业。2002 年时，我国只有几十家投资主体，到 2008 年，这一数字已经超过 300 家。多种经济成分并存，投资结构趋于多元。

---

① [加拿大]麦克卢汉：《理解媒介——论人的延伸》，何道宽译，商务印书馆 2000 年版，第 358 页。

投资方要收回投资，关键是看票房收入和影片的附属版权收入。在票房收入占我国电影业收入主要组成部分的背景下，投资者十分重视影片的营销，以便快速回笼资金。附属版权收入近年来发展迅速，包括电影的电视版权、航空版权、移动版权、音乐版权、图书出版权等。另外，投资者对城市影院的投资也在如火如荼进行。以往电影院收回成本的时间大约需要5—8年，但通过战略规划与资本运作，影院投资回收期正在缩短。如万达院线借鉴海外房地产的经验，将影院建在城市综合体（HOPSCA）内，融影院、商场、娱乐场所、酒店、写字楼等为一体，结合房地产的发展快速扩张影院，通常两三年它们就收回投资成本。电影票房收入虽然对万达集团的实际贡献非常小，却给万达带来了巨大的品牌效应。

3. 电影市场日趋活跃，票房总额高速增长

我国电影放映的总收入在1978年为9亿元，1979年为12.5亿元，1989年为20.4亿元，1991年是23.6亿元，成为90年代的最高峰，其后逐年下降，1999年不足9亿，只相当于1978年的水平。在2002年时还不足10亿元，2008年则突破43亿元。从2002年开始的年平均增幅均超过25%。在进口片保持稳定增长的同时，国产片票房快速增长令人惊喜。国产影片的市场占有率超过总票房的60%，连续6年超过进口影片。[①] 2008年《赤壁》、《非诚勿扰》、《长江七号》等8部影片票房收入分别过亿。进口片方面有4部过亿，分别是《功夫熊猫》、《007:大破量子危机》、《钢铁侠》、《全民超人汉考克》。一批中低成本的国产影片也创出佳绩，《游龙戏凤》、《疯狂的赛车》及动画片《喜羊羊与灰太狼》均取得了亿元佳绩。2008年我国国产片和进口片的票房情况参见表12-3、表12-4。以往电影能进入“亿元俱乐部”都很令人兴奋，现在电影人已经朝着5亿甚至更高的目标进军。

表12-3　2008年我国内地电影票房排行榜(国产片)

统计期间:2008年1月1日—2009年1月10日　　　　单位:元

排名	电影片名	上映日期	发行单位	总票房
1	《赤壁》(上)	2008年7月10日	中影/保利博纳	320 000 000
2	《非诚勿扰》	2008年12月18日	华谊	302 790 119
3	《画皮》	2008年9月26日	上影/中影/华夏	229 000 000
4	《功夫之王》	2008年4月24日	中影/华谊	195 000 000
5	《长江七号》	2008年1月30日	中影	194 000 000

① 《广电总局新闻发言人朱虹就近期电影发展答记者问》，载《有线电视技术》2009年第8期。

续表

排名	电影片名	上映日期	发行单位	总票房
6	《梅兰芳》	2008 年 12 月 4 日	中影	113 200 000
7	《大灌篮》	2008 年 2 月 6 日	中影/上影/华夏	113 000 000
8	《叶问》	2008 年 12 月 12 日	中影/时代影音	88 000 000
9	《见龙卸甲》	2008 年 4 月 3 日	保利博纳	65 300 000
10	《江山美人》	2008 年 3 月 6 日	保利博纳	43 000 000

表 12－4　2008 年我国内地电影票房排行榜(进口片)

统计期间:2008 年 1 月 1 日—2009 年 1 月 10 日　　单位:元

排名	电影片名	上映日期	发行单位	总票房
1	《功夫熊猫》	2008 年 06 月 20 日	中影/华夏	173 000 000
2	《007:大破量子危机》	2008 年 11 月 05 日	中影/华夏	152 600 000
3	《木乃伊 3》	2008 年 09 月 2 日	中影	112 000 000
4	《全民超人汉考克》	2008 年 07 月 2 日	中影/华夏	103 000 000
5	《钢铁侠》	2008 年 04 月 30 日	中影	94 000 000
6	《纳尼亚传奇 2》	2008 年 06 月 6 日	中影/华夏	82 000 000
7	《通缉令》	2008 年 10 月 9 日	中影/华夏	73 000 000
8	《地心历险记 3D》	2008 年 09 月 28 日	中影	68 000 000
9	《史前一万年》	2008 年 03 月 21 日	中影	66 500 000
10	《无敌浩克》	2008 年 08 月 20 日	中影	60 000 000

4. 电影综合效益明显增强

我国推行电影产业化改革以来综合效益增长了 4 倍多,从 2002 年的不足 20 亿元到 2008 年 84.33 亿元,创下历史新高。而且,电影产业对众多相关产业都有辐射关系,如电影广告业的拓展;电影的有线、网络、电视、手机和其他移动终端播放;电影音乐;电影出版物(电影报纸、杂志、图书);影院音响器材和设备的更新换代;后电影产品的开发(DVD、VCD、CD、彩铃下载等);电影衍生产品(玩具、服装等)的开发;电影主题公园;电子游戏等。这几年来我国在以上方面成效也十分明显,与房地产、建筑、装潢、旅游、仪器、设备、食品、包装、零售商业等许多相关产业的互动、渗透也较为成功。

5. 海外市场得到拓展

我国采取了一系列措施推动电影产品走出国门,精心组织参加有较大影响的国际电影节,在重点国家和地区举办中国电影展览活动,积极开展电影产品交易，加强海外营销和推广力度。2002年时我国出口的影片数量很少，在海外也得不到很好的放映和推广。而2008年有45部国产影片销往61个国家和地区，海外总收入达25.28亿元。有249部次国产影片参加了102个国际电影节，其中有39部影片在24个电影节上获得了72个奖项。

二、电影业存在的问题

1. 市场问题

国产电影现在发展势头良好，但是真正取得经济效益的电影并不多。业界通常称之为“二八规律”，即盈利和能够收回投资的影片占全部影片的20%，难以收回投资的占80%。现在最缺少也是最薄弱的是中等投资规模、中等回报的商业电影。在电影院线布局方面，经济发达地区电影市场非常好，新增院线和银幕大多集中在广州、深圳、上海、北京、南京、武汉等东部、南部以及中部经济发达地区，而西部地区电影市场较为萧条，更有甚者，东部个别电影院的年票房收入就相当于西部某省全年电影票房的收入，这说明我国电影市场发展结构不平衡。在出口方面，国产电影出口收入已经超过了在国内的票房，但是如果把出口产值换算成美元或欧元，这个数字有时甚至不如一部好莱坞电影在美国国内市场创造的票房，大部分国产电影在海外院线的票房并不理想。除了文化背景和语言差异因素，缺乏国际化的大制作和国际知名的影星领衔主演，也减少了打入海外市场的可能性。

2. 创作问题

影片创作质量是影响观众电影消费欲望的重要因素。我国电影目前还存在创作观念陈旧、创意意识缺乏和艺术功力不足等问题，制约着我国电影产业的发展。我国的商业电影缺乏鲜明的开端、发展、高潮、结尾结构方式，讲述过程中缺少戏剧冲突，情节不够跌宕起伏，巧合、误会等技巧运用不够娴熟，后期制作上还不够精致。我们常说，好电影是“做”出来的，而不是“拍”出来的，这方面，好莱坞电影的创作给我们以深刻的启迪。

3. 知识产权保护问题

知识产权保护问题是中国电影业发展中面临的极为严重的问题。作为内容产业，电影交易本质上是一种版权经济。但是，在电影产业链日益延伸，衍生产品收入逐渐成为收入大头的时代，各种形式的未经权利人许可的盗版、盗播行为却愈演愈烈。国内电视频道特别是某些地方频道有盗播电影的行为。盗版光盘也屡禁不止，极大地冲击了正版电影音像市场的合法交易。在网络宽频业务中，肆意盗播和免费下载电影等损害影片权利人利益的非法行为更是触目惊心。产生这些问题一方面是由于侵权者版权意识模糊，但更多的还是因为利益驱使。

侵权者违法成本低和权利人维权成本高提供了这种可能性。我国必须加强知识产权保护，建立真正有效的电影市场监管体系，为电影业发展提供良好的产业环境。

4. 衍生产品问题

在美国，电影票房一般能收回整个电影投资的1/3至1/2，其余都通过衍生产品收回，而我国目前电影的收入基本上还是靠票房、电影广告、音像产品和海外版权四大块，在电影衍生产品上没有拓展出太大空间。投资方立项时缺乏对电影“剩余价值”的认识，这影响了衍生产品的市场开发。当然，盗版和免费网络下载等版权保护问题影响了投资方利润的回收，也使他们在音像产品开发上缺少积极性。尽管如此，《非诚勿扰》对旅游市场的带动，《长江7号》太空狗玩具的广受欢迎等，还是已经使人们初步认识到电影衍生产品开发存在着巨大的获利空间。

5. 人才问题

随着我国电影产业化进程的推进，人才瓶颈日益突出。这其中，制片人应该是一个复合型的经营管理高手。他们既要懂市场，具有洞察观众需求的敏锐性，还要考虑启用哪些导演、编剧和演员来生产电影，最后还要考虑投资回收和后续开发，这样的优秀人才很少。此外，导演群体青黄不接，具有国际影响力的内地导演很少而且均已年龄不小，而年轻导演的水平还不足以进行“补位”。而在演员方面，在票房上有号召力的内地演员加在一起最多十几个，这样的演员阵容很难给电影市场的快速发展提供保障。再有，编剧、后期制作、营销创意人才也比较缺乏。

三、电影业发展的对策

1. 推动体制、机制改革

电影的产业化发展是一项系统工程，推动管理体制和经营机制的改革是我国电影产业发展的关键环节。宏观层面，国家整体的管理体制、相关政策法规是保证电影产业生存发展的大环境，为电影产业提供良好运行的制度保障，政府要按照产业管理规则来对电影业进行管理、保护、监督，制定产业政策，加强相关法律法规建设。对电影产业的发展导向应更多地利用政策、税收、电影基金等宏观调控手段。微观层面，电影企业的经营机制改革能够激活电影企业的创造力，使其充满生机和活力，向着有利于促进生产力解放的方向运转。进一步分离政府管理职能和企业自主经营权，在电影生产、发行和放映层面建立真正符合市场经济规律的现代企业制度。2008年12月，中宣部、中编办、广电总局、文化部联合发文并召开会议专门部署，将地方电影发行、放映的行政管理职能统一划转到广电部门，这将为下一步推动电影改革发展创造更为有利的体制环境。

2. 加强电影产业链运作

电影产业是一条不断延伸的产业链，从策划、融资、制作、发行、资金回收、利润分成，再到后电影产品的开发等，形成一个完整的体系。西方电影运作对电影录像带、DVD、VCD、LD及电影音乐等后电影产品极为重视。美国好莱坞著名的“三三制”表明：票房收入一般只占一部电影全部收入的1/3，电视等版权收入和后电影产品收入也各占1/3。迪斯尼动画电影《狮子王》投资5 000万美元，总收入却超10亿美元。可见，电影后产品的开发是电影增值的一个法宝，是我国加强电影产业链运作的关键环节。在这方面，我国已经有了一些成功的尝试，例如，投资仅600多万元的国产动画影片《喜羊羊与灰太狼之牛气冲天》，首日票房达800万元，全国票房过亿元。《喜羊羊与灰太狼》成功的一个重要原因就是“喜羊羊与灰太狼”这个动画品牌已经具备了较大的影响力。它的产业链也比较完整，从电视动画片到图书出版再到玩具，整体运作成效显著。

3. 拓展电影业融资渠道

电影被戏称为“烧钱”的行当。因此，只有真正拓宽电影的融资渠道，才能为中国电影产业化发展提供资金保障和发展基础。《无极》集中了中、美、日、韩四国3.4亿元的资金。《七剑》投资1.4亿港币生产电影，还动用了中、日、韩三国近10亿资金开发包括电视剧、网络游戏、漫画、娱乐项目等衍生产品，以此带动整个“七剑”产业链。我国电影业需要对海内外社会资本进一步加快放开步伐，拓宽资本进入范围。在制片方面广泛吸引资金参与电影制片。在放映领域，需要加快吸收非国有资本参股。对于外资正在有步骤地放开，通过中外合资、合作方式可以改造影院和改进电影制作技术。目标是通过资本运作方式的改革，最终形成国有资本、民营资本、境外资本在电影业的融合发展。

4. 建立大型电影企业集团

电影产业的发展需要形成一个在龙头电影企业带领下，独立制片蓬勃发展的市场竞争格局。电影业的发展是以大企业为龙头进行的。美国的电影产业通过市场购并和资产重组，形成了时代华纳、环球、20世纪福克斯、哥伦比亚、索尼、迪斯尼等大型集团公司，成为美国电影产业的支柱。电影产业化发展如果不培育大型龙头企业，就不会产生规模效益。我国只有通过建立大型电影企业集团，才能应对数字化时代对电影投入的高要求，才能直面来自全球的竞争。为了推动电影企业集团化建设，应当鼓励国有、民营企业相互参股，鼓励跨地区制作、发行、放映，以及跨行业联营。同时，还要加大我国文化创意产业园区和国家动漫基地建设规划中涉及电影的比重，积极做强做大电影企业集团。

四、电影营销

电影营销与电影生产同样重要，它们是电影经营管理的整体中两个既相互联系又相互区别的最重要的部分。电影营销是一个将电影产品转化为商品的过程，是从生产进入市场的流通过程，也是电影产品通过市场实现增值的过程。从冯小刚电影的传媒攻势到张艺谋导演的《英雄》和《十面埋伏》的整合营销，我国电影开始走向整合营销时代。电影营销如同哈里·波特手中的那根能化腐朽为神奇的魔杖，成为电影产业化发展的一个焦点。

1. 电影营销策划

电影营销策划的目的是为电影找到最佳的市场机会与促销手段，其目的就是提高电影的上座率和票房收入，推动后电影产品和衍生产品的开发。

电影营销策划包含了下面几个要素：(1) 建立在市场调研基础之上；(2) 包含两个层面，即总体宏观的策划和具体操作的策划；(3) 包含制订方案、选择方案、调整方案三个方面。策划包含对多个策划方案进行比较、研究后选择能达到目标且合理可行的一种。此外，还要根据要求和环境、资金等各方面因素的变化，随时调整、修改策划方案；(4) 注意营销过程的统筹整合。对任何一个细节的忽略都可能导致整个营销策划活动的失败；(5) 注重创新意识。创新的方式能够吸引观众的注意力，并能让这种注意力得到保持。

电影营销策划的过程有其自身的特点和规律，必须按照相应的步骤，有目的、分阶段地实施进行。电影营销策划的步骤包括：

(1) 信息的搜集与分析。电影营销决策首先是建立在充分的信息支持的基础上的。电影市场调查的主要内容指标有：各类电影的上座率和市场占有率、票房情况，人均单位消费量(时间)、消费支出，电影竞争状况、利润状况，观众的年龄构成、性别、文化、区域、职业、宗教、经济状况构成，以及对现有电影票价的反应等。

(2) 明确市场目标。在充分研究市场信息的基础上，要根据分析的结果，确定电影的市场目标。通过对市场信息的搜集和分析，电影公司需要权衡和确定进入市场的机会和范围，并预测未来电影的上座率和期望利润水平。例如，电影《无极》的项目运作考虑到了多个市场主体。除了陈红、陈凯歌代表的电影制作方，还有世界最大的游戏开发商法国育碧、全球第一个手机游戏开发商GAMELOFT、传统电视媒体代表派格太合和IT业制造商康佳等。

(3) 制订电影营销策略。宏观策略有市场细分策略、市场发展策略和市场竞争策略等；微观策略有产品策略、价格策略、分销策略和促销策略等。电影通过营销实现与企业的联姻是现代产业化发展中的一出好戏。电影《手机》还未上映就收回全部投资,摩托罗拉、中国电信等企业赞助总数超过千万元,音像版权卖了800万元,电影频道和贴片广告收入2 000多万元。《手机》也没让摩托罗拉公司失望,电影放映后摩托罗拉新款手机A760销量剧增。而新画面公司出品的《十面埋伏》招商项目多达10余项,包括首映式冠名、贴片广告预售、央视黄金时段广告、音像制品广告、纪录片发行广告、路牌广告等。电影的北美发行权卖了约1.15亿元,日本发行权卖了0.85亿元,而《十面埋伏》的总投资是2.9亿元。这同样意味着影片上映前就已收回大半成本。再如《神话》把手机的增值服务产品的开发给了空中网,《满城尽带黄金甲》根据主要演员分批多次召开新闻发布会来吸引大众眼球等。

2. 整合营销传播

电影营销需要重视运用整合营销传播。整合营销传播倡导更加明确的顾客导向理念,对我国新形势下电影业的发展具有重要指导意义和实用价值。

电影整合营销传播可以分成以下四个阶段:

第一阶段:战术协同。电影公司协调营销传播活动。通常,他们制订一些宣传计划、开机仪式、首映式或新闻发布会等计划,从多个角度展示"一种形象和一个声音"。电影公司期望在多传媒、多维度的传播过程中形成协同效应。

第二阶段:重新界定营销传播范围。电影公司试图考虑得更加广泛而不是局限于传统的电影推广活动。电影公司需要通过电影市场评估,决定在哪里和在哪种情况下与购片方和观众建立联系。这意味着电影公司要在进行传统的市场推广活动之前就采取行动。

第三阶段:信息技术与大众传媒的应用。在这一阶段,电影公司开始利用信息技术来整合过去使用过的各种营销传播形式。例如,通过使用包括数据库技术在内的各种研究方法、观众态度和行为数据上的差异,以及如何使这两者相一致。利用更多的外部观众信息,区分观众的个人标准。也就是说,从大量营销方法转换到通过辨别观众的独特的需要和消费欲望来精确定位顾客。通过这种方法,电影公司可以进行定制化传播。

第四阶段:战略的整合。电影公司开始制订营销计划说明书,该说明书是基于对购片方、发行方和顾客的市场价值及潜在价值的评估,而不是简单地基于电影公司所想要达到的目标。通过关注这些群体,电影公司通常能够制订出使用更好的计划和测量方法的营销传播标准。单一的票房指标对电影产业化而言已缺乏有力的支撑。在电影品牌之下,特许经营、联合促销、植入性广告等都具有广阔的盈利空间。电影公司也希望利用这些方法来测量它的投资回报率以及整合营销传播能给电影公司带来的价值。

电影创作的蓬勃发展带来了前所未有的活力,国产影片的质量提高更好地满足了观众多层次的精神文化需求,电影企业经营管理水平的提高高度活跃了电影市场。可以预见，随着我国的文化娱乐消费持续增长和电影产业化改革的进一步深化，我国电影业必将有更为乐观的产业前景。

思考题：

1. 广播影视业的现状和发展趋势是什么？
2. 广播节目管理与编排要遵循什么原则？广播节目管理有哪些环节？
3. 电视核心竞争力有什么特征？如何获取电视核心竞争力？
4. 电视节目编排如何选择时段？有哪些常见的编排策略？
5. 电影业发展的现状如何？存在什么问题？如何解决？

第十三章
新媒体业经营管理

新媒体是一个新兴的行业，我国与世界发达国家和地区几乎站在了同一起点上，这意味着我们有机会在这一领域取得领先地位。不过，要实现这一目标，我国传媒业需要有全面的战略计划和切实可行的政策措施。

第一节　新媒体概述

一、新媒体的界定

“在机械化时代，我们实现了自身在空间中的延伸。如今，在经历了一个多世纪的电子技术的发展之后，我们已在全球范围内延伸了我们的中枢神经系统，在我们的星球范围取消了时空。目前我们正在很快地接近人的延伸的最后阶段——意识的技术模拟阶段。在这个阶段，知识的创造性过程将被集体地、共同地延伸至整个人类社会，如同我们已通过各种媒介延伸了我们的感官和神经一样。”[①]这是麦克卢汉在 20 世纪 60 年代提出的著名的“媒介是人体的延伸”论断。麦克卢汉在这一论断中不仅精确地揭示了媒介的地位与性质，第一次让世人明白了媒介这一事物的核心所在，更对它的发展作出了惊世骇俗的判定——正是当媒介与人体这两个看似毫无关联的事物融为一体时，媒介才能真正找到本质。

利用这一论断反观当今的新媒体，我们可以从眼花缭乱的各种先进技术中发现“新”的方向，那就是“知识的创造性过程将被集体地、共同地延伸至整个人类社会”，简而言之，哪种媒介最具人性化、最能满足人的需求、最能高效地传播知识和信息，哪种媒介就能够从众多新兴媒体中脱颖而出，引领下一个媒体“进化”的革新之路。以人为本，将是新媒体“新”于传统媒体的最大特征。大众化传播将向个性化传播转变，单向集权传播将向自由平等的互动传播回归。“受众”

---

① Mcluhan, Marshall. *Understanding Media (second edition)*. McGraw-Hill. 1964, pp. 19.

一词的内涵在这股革新浪潮中将被重新阐释，因为过去单纯接收信息的人群在新媒体时代终将演化为主动选择信息、自由分享信息、积极参与传播信息的人群，他们将成为媒介的核心，是媒介的动机与目的，是媒介传播的渠道，是填充媒介的内容，更是媒介产业所要服务的对象。媒体最终会与人类社会融合，整个人类社会也将成为一个超媒介。

有人认为新媒体就是随着计算机发展而兴起的数字媒体，有人认为新媒体就是介质创新的新技术媒体，有人认为新媒体就是加入了人文理念的混合媒体，还有人认为新媒体只不过是传统媒体融入了新需求与新价值。美国《连线》杂志甚至把新媒体定义为："所有人对所有人的传播。"实际上，"新"是一个充满了辩证与矛盾的词汇，它是一个时间维度上的相对概念。人类使用文字记录传递信息的历史大约有 5 000 多年，而机械印刷取代书写印刷的历史不足 2 000 年，在那个遥远的年代，装订本相对于竹简书卷而言就是新媒体；广播电视的新奇还显得历历在目之时，互联网已经演进到了 Web2.0 时代，今天的广播电视开始越来越多地受到新媒体的挑战；当广告主争先恐后地皈依互联网这个被炒得"无所不能"的经济危机救世主时，3G 移动互联网戴着"覆盖全球 70% 人口"的光环降临在我们面前，就连苹果、谷歌、阿里巴巴这些 IT 新霸主都不得不加紧对移动互联网产品的开发，于是 iPhone 新一代智能手机出现了，Andriod 新一代智能手机操作系统出现了，手机淘宝也粉墨登场了。

我们认为，新媒体是以数字技术、互联网技术和移动传播技术为基础，通过互联网、宽带局域网、无线通信网和卫星等渠道向受众提供信息的一种传播形式。新媒介不仅在传播手段上发生了质的变化——采用了数字化、网络化的技术，更重要的是它的传播形式发生了根本性的改变，从内容生产、发行到用户消费的方式都已经发生巨变。

二、新媒体的分类

新媒体特征的多样性和变化性，决定了对其研究的过程必须根据不同标准、站在不同角度，对其内涵的研究必须具有针对性、深入性。

第一类：根据承载网络类型划分，可分为有线广电网、无线广电网、有线互联网和无线互联网。

（1）有线广电网：数字交互电视（双向数字有线网）；

（2）无线广电网：手机电视（CMMB）、车载移动电视（DVB－T、DVBS 卫星传输）、楼宇电视；

（3）有线互联网：互联网（xDSL、光纤）、IPTV（xDSL、光纤）、数字杂志、搜索引擎；

(4) 无线互联网：移动互联网(GSM、CDMA 及其衍生 3G 网络)、短信息(GSM、CDMA 等 2G 网络)。

第二类：根据媒体内容传播方式划分，可分为单向型传播媒体和双向型传播媒体。

(1) 单向型传播媒体：受众被动接受信息，如车载移动电视、楼宇电视。

(2) 双向型传播媒体：信息在受众与传播者之间交互传播，原先被动接受信息的受众可以自主选择信息。如数字交互电视、IPTV、手机电视、互联网、移动互联网。

第三类：根据媒介终端的空间范围划分，可分为近媒体、室内媒体和户外媒体。

(1) 近媒体：这一概念相当新颖，它是指基于手机、PDA、上网本等手持设备的、通过无线网络达成的商业广告与个人应用。也有人称之为"第五媒体"，其特点是精准、私密和便捷。如短信息、手机电视、手机报、手机游戏、移动互联网等。

(2) 室内媒体：基于新技术室内设备进行传播的媒体。如互联网、数字交互电视、IPTV 等。

(3) 户外媒体：不但拥有更强的大众传播效果，还拥有了移动性、便利性、针对性的新技术。如车载移动电视、楼宇电视等。

三、聚焦主要新媒体

从上面的划分类型来看，划分新媒体的标准不一，且相互交叉。下面选择几种具有代表性的新媒体种类进行简要阐述。

1. 数字交互电视(ITV)

数字交互电视往往与"数字电视"这一概念相混淆。数字电视指的是利用单向广播式数字有线传输网络向观众放送的电视形式；而数字交互电视(Two-Way Interactive CATV Network，简称 ITV 或互动电视)是指通过遥控器、机顶盒及返回信道的连接，使单向传播的电视获得双向交互功能，在数字电视信号发送中实现交互传播活动的新型数字电视媒体。"ITV"这一名字中的"I"字生动地揭示了数字交互电视重在人机对话、以人为中心的传播理念。如果说数字电视只是实现了电视信号由模拟到数字的画面质量转换，那么数字交互电视就实现了由"你播我看"到"我选我看"的变革，它打破了"受众"一词中"受"的概念，以"我"的概念取而代之。

数字交互电视不仅与数字电视相比具有显著优势，甚至在当前与互联网电视(IPTV)相比也具有独特的领先优势。虽然都利用双向传输技术，但 ITV 的网络带宽更大,网速更快,画面更清晰,版权保护机制更加完善,在进行语音传输、高清视频观看等应用上,还未受到来自互联网的挑战。

在数字交互电视的运营上,杭州模式是我国的一个典型案例。杭州数字有线电视采用独一无二的"广播式+交互式"模式,整合网络服务商和内容运营商、整合"模转数"的传统电视节目与交互式新型数字电视、整合公共信息服务与付费商业服务,并在内容建设和整体平移上取得了令人瞩目的成绩,为数字交互电视的发展找到了一条适合的道路。

2. 互联网电视(IPTV)

互联网电视(IPTV)是最容易与数字交互电视(ITV)混淆的一个名词,两者都具有"交互"的概念,但从两者对比中即可找出 IPTV 的特征:与 ITV 相比,IPTV 直接接入互联网,能提供更加丰富、海量的服务内容,如电子邮件收发、网络游戏、远程教学、网上炒股等服务,而这些都是 ITV 难以提供的;载体更多样,可以直接在计算机上观看 IPTV 内容,也可以采用"机顶盒+电视机"的方式在客厅观看,甚至通过手机设备观看,灵活程度大大提高;IPTV 比任何媒体都更适合切入"三网融合"的建设,因为它本身与有线电视、宽带网络都有紧密的关系。

我国非常重视 IPTV 的建设。2005 年和 2006 年,国家广播电影电视总局先后为上海文广、央视国际、南方广电传媒和浙江广电集团下发了 4 张 IPTV 全国牌照和地方牌照。IPTV 进入了有序、健康、快速的发展时期。

3. 楼宇电视、车载移动电视

楼宇电视主要指通过闭路信号或无线信号传输的、通过放置在写字楼、居民楼、商场超市以及公共场所的液晶电视机呈现的电视媒体;车载移动电视包括公交客运移动电视和列车移动电视,信号也分为闭路和无线两种形式。这两种媒体在形态上似乎截然不同,但实质上都是传统单向传播媒体以新技术、新载体呈现的形式,并没有改变"广播式"的信息投放方式,在分众效果和广告效益上算不上成功。在最初几年的迅猛发展期退去之后,众多冷静的研究者甚至指出,这些所谓的"新兴媒体"连传统媒体都比不上,它们剥夺了受众的自由选择权和需求心理,没有顾及公共场合内受众群体的复杂性,无视传播环境的多变性和特殊性等。业内对这些新媒体的质疑也与日俱增。

但"存在即合理",楼宇电视、车载移动电视还是发挥了不少积极的作用,至少作为勇敢投身"蓝海"的一批新媒体,它们的存在填补了许多传媒产业的空白。一方面,它们很好地"榨取"了受众的时间,有了这样无处不在的媒体,民众等待电梯、搭乘公共交通的过程才显得不那么枯燥无味;另一方面,现代传媒产业理论认为,真正稀缺的不是受众而是受众的注意力,这些新媒体所处的环境多是无聊、嘈杂、无序的环境,在这样的环境里放置一台播放着有趣内容的电视机，很容易吸引周围人群的注意力，与之对应的，电视内的广告触达率必然提高。

4. 手机电视

如果明白了手机电视的技术标准，就不会奇怪它为什么会独立于移动互联网之外而与数字交互电视更为密切了。目前手机电视在我国标准林立，分为“广电系”和“电信系”两大势力，“广电系”指由国家广播电影电视总局、广播科学研究院发布的CMMB(China Mobile Multimedia Broadcasting，中国移动多媒体广播)标准，它是由我国自主研发的手机电视技术，借助卫星通信，播放十分流畅，与电视播放效果毫无分别，并由国家广播电影电视总局负责管理，节目源丰富(CCTV全套)，收费低廉，终端支持度高；而“电信系”由各大移动运营商支持，得到了工业和信息化部的批准，依靠即将建立的3G宽带无线网络传输电视节目，移动运营商在运营此类业务方面经验丰富，产业化程度相当成熟，且此类手机电视来源不受国家广播电影电视总局控制，节目数量更多，但受技术制约，播放流畅度上与电视还有一定差距。

在2008年由工业和信息化部颁布的中国手机电视标准(国标)中，CMMB并未中标，但依靠国家广播电影电视总局的努力和这一标准的先天优势，CMMB在事实上成为目前以及未来我国最主流的手机电视标准，从芯片到终端的产业链已经建立完整，产品的市场口碑也得到了广泛认可。随着CMMB的胜利，手机电视在中国的成长道路已经完全偏向了广电系，它就是数字电视、卫星电视的手机版，甚至将芯片装在MP4、GPS上就能实现“手机电视”功能，“手机”色彩将变得越来越淡，掌上电视的新媒体时代即将来临。

5. 互联网

当奥巴马当选美国第56届总统时，他实际上开创了一个全新的媒体时代，这是继罗斯福的“炉边谈话”、肯尼迪的电视竞选之后又一场新的媒体革命。有研究者认为，媒体之“旧”止于互联网，媒体之“新”始于互联网，新媒体就是各种基于互联网的媒体形态。① 要证明互联网的重要地位可以很容易举出成千上万个例子，互联网的势力之大以至于人们担心单独将其列为新媒体的一分子是否会抢了其他新媒体的风头，因为今天的互联网所蕴含的内容实在太丰富了，它渗透到了我们生活中的每一个角落，在许多领域早已不可替代、不可或缺。

研究互联网的特征几乎就能概括出整个新媒体产业的基本特征和发展方向，但是有两点是最核心的：第一，去中心化。互联网的出现特别是演进到Web2.0时代，内容的制作与传播从精英集团手中挣脱出来，成为大众的活

① 姚争:《新兴媒体的传播特性研究》，中国广播电视出版社2008年版，第2页。

动，以土豆网为代表的视频分享网站正在取代传统电视新闻的作用，以 cnBeta 为代表的新闻自由评论网站正在使传统门户新闻站点的人气锐减，以校内网、开心网为代表的社交网站（SNS）正在使一切存在于互联网上的资源充分流动起来，在这些新锐媒体中，内容完全由网民自己创造，传播活动也是在自发、自由、自主的环境下有效进行。第二，互动性。麦克卢汉的“热媒介”理论真正在互联网中达到了“沸腾”，这种互动已经不局限于与媒介进行交流了，而是上升到一种生活方式、精神信仰，无私的分享、自发的创造、没有隔阂的对话、相互尊重的包容，使得互联网与真实世界的差异越来越小，甚至有人宁愿逗留在互联网也不愿面对真实世界。于是，各种社会现象社会问题应运而生，如“宅男宅女”、“网瘾少年”、“网恋”，等等。另一方面，互联网也对真实世界施加着强大影响力，“人肉搜索”等新现象如同一把双刃剑，扮演着公民监督权使者与网络破坏工具的双重角色，社会、法律、媒体一时间面面相觑。互联网作为一种媒体正在深刻地改变着这个世界，这种媒体的巨大力量在人类历史上都是不多见的。

6. 移动互联网

移动互联网的最大亮点并不在于“移动”两字，前面讲到的手机电视、车载移动电视都具有移动性、便捷性，移动互联网与它们最大的差别在于“个人”的内涵。由于基于唯一号码的 SIM 卡接入无线网络进行信息传播，移动互联网的使用者就将个人的号码、身份、位置，甚至爱好、消费需求统统“暴露”给了移动运营商及其合作商户，这就使得基于客户个性的精准营销成为可能，从此广告再也不是铺天盖地、漫无目的的撒网式营销了，而是将消费者最期待的、最迫切的需求变为一条条富有价值的信息，及时传达到消费者的手机屏幕上。过去的广告是受众跟着媒体跑，跑到一处指定位置才能接收到该处广告。移动互联网时代是广告跟着受众跑，受众到哪儿广告就跟到哪儿。

移动互联网这一新媒体的优势令所有其他媒体难以望其项背，它具有四个“I”的显著特点：(1)“Individual”，即所谓的“分众”，具有独特的定向性；(2)“Instant”，即时性，信息的到达在分秒之间，无论是商业广告的投送还是公共信息的传递都将十分依赖这一点；(3)“Interactive”，互动性是保证用户黏度、提高流量转化率的重要特质，也是几乎所有媒体发展的方向，而对移动互联网来说，互动性是与生俱来的；(4)“I”，即个性化，广告的投放以人作为归宿，尊重个人选择、满足个人需求将是移动互联网前进的永恒原则，某些公司滥发垃圾广告、出卖用户信息的行为将会被整个产业界牢记，所有移动互联网从业者都将认识到背叛了“I”的精神就等于颠覆了移动互联网的内涵。

7. 短信息

英文全称为 SMS(Short Messaging Service)的短信息在此独立于移动互联

网之外，因为从技术角度来说它不依赖于高速无线传输网络，不属于“互联网”的应用；从内容角度来说，单条短信息最多只支持70个汉字的内容，相比移动互联网范畴的彩信（MMS）、移动电邮、手机报纸和即时聊天（IM）而言容量非常小，无法承载信息量大的内容。但是，短信息在全世界，特别是中国拥有难以置信的商业、社会影响力，青年人被称作“拇指一代”，通过短信息汇聚的祝福在中国节庆日“汹涌澎湃”，由短信投票操作的选秀节目已经在某些国家和地区升级为政治公选工具，而短信息在公共服务、社会舆论、民生应用上的“才华”正在不断显现出来，小小短信息不再只是手机屏幕里的一条条不起眼的文字，而已然成为矗立于新媒体之林的重要支柱。这也是我们依然把短信息列为新媒体的重要原因。

短信息看似弱势的特点反而是其安身立命的“法宝”。首先，正是由于短信息文字有限，它才能够覆盖100％的手机设备，哪怕是最低端的手机用户也能依靠这一媒体；其次，正是由于短信息的“娇小身材”，信息发送者才能够方便快捷地向大量接收者发送信息，其中包括商业广告和公共服务信息；再次，纯文本的内容格式实际上统一了短信息媒体，使得全世界的短信息使用者实际上是在同一平台上传播着信息，这就为各种信息的传播铺平了道路，这一优势在短信投票、移动支付中体现得格外明显；最后，由于只支持纯文本，短信息服务的使用大大减少了手机病毒传播的可能。在新技术条件下的大众传播中，安全问题越来越突出，所以在可预见的未来，依靠轻量级、安全性高的特点，短信息这一貌似落后的媒体仍将在信息传播方面发挥举足轻重的作用。

四、新媒体与传统媒体的竞合之道

在我国，新媒体无论是在用户数量还是深层次应用上都进入了大规模的提速时期。中国互联网络信息中心（CNNIC）2010年发布了《第25次中国互联网络发展状况统计报告》。报告显示，截至2009年12月底，我国网民数量达3.84亿人，高居世界第一位。同时，我国网民中接入宽带比例为90％，宽带网民数达到2.7亿人，也跃居世界第一。报告同时显示，我国网络购物使用率为28.1％，用户人数达到1.08亿人，用户规模9 406万，年增幅高达80.9％，还有网上炒股、基金买卖等应用，似乎也有增多的趋势。中国手机电视市场规模将超过60亿元。随着3G牌照的继续发放，及借世博会进行3G的推广和普及，中国基于流媒体的手机电视市场将进入快速发展期，2010年用户市场规模预计达到745万户。那么，新媒体和传统媒体是一起做大这块受众蛋糕开辟新的“蓝海”，还是互相厮杀、掠夺地盘在“红海”里争霸？

新媒体与传统媒体是相对而言的，但就现状而言，新媒体在受众的广度与深度的开辟上显然比传统媒体更具优势，也正是因为其最大的特点“新”，所以才有可能取得更大的发展。这一点在细分市场的挖掘、受众社会属性的分类上体现得最为明显，分众传媒就是做得相对成功的例子，而最为人们所津津乐道的可能就是楼宇广告市场的开辟。分众传媒于2003年首次推出户外视频广告联播网络，通过收购分别进入平面媒体、手机媒体、互联网媒体等多个领域。2005年7月，分众传媒成功登陆美国纳斯达克交易所，成为海外上市的中国纯广告传媒第一股。

新媒体的内容发布者跟传统媒体有很大的不同，除了具有权威法定的消息外，在大量民生娱乐领域，广泛的受众均可以利用新媒体强大的互动性、广阔的交流平台、迅捷的传播速度，来实现民间信息材料的共享发布。正是由于这种革命性的转变，让大众也成为内容制造者和发布者，使得媒体平台的信息量得以呈几何级别数量增长，也使得媒介监管的难度大大增加，可见媒体发展是一把双刃剑，既能带来沟通上的便捷，也会带来管理上的不便。

不过，新媒体纵然有再多优点，在信赖度方面还是略输传统媒体一筹。新媒体虽然容易获得受众的青睐，但是目前所处地位仍然以简单获取信息、娱乐放松为主。扩大影响力应该是新媒体发展的主要方向。分众传媒所能覆盖的那些商务人群，互联网和电视同样能覆盖到，但商业楼宇间的营销更精确，同时相比部分网络媒体接触深度更深。所以，盲目扩张新媒体受众规模并不是最佳选择，而强化新媒体受众的忠实度，提升营销价值，也许是新媒体强化核心价值的一个方向。

传统媒体是“主导受众型”，而新媒体是“受众主导型”。更有一部分是利用用户创造内容(UGC)模式，受众在新媒体那里有更大的选择权，通过新媒体可自由阅读，但不可靠的信息也不可避免，这就需要新媒体架构一个合理的框架，让受众有一定程度的自由发挥权利，双效互利，达到一个平衡点。

国家在新媒体管理上，只能在媒介平台上进行审查监督。如网络在2003年开始普及的时候，国家缺乏对新媒体管理的经验，使得不少网络运营商为了点击量以及一些收费上的经济利益，不顾法律的制约和道德的谴责，制作出许多色情暴力的网页以赚取利润，对社会风气、市场竞争均有很大程度的影响。后来国家对网页平台进行严格的审查控制，情况才得以好转。另外，网上身份具有匿名性，这也是虚拟世界一个比较有趣的地方，但也正是这一原因，使得不少不法分子利用网络平台发布破坏民族团结、危害国家安全的不良信息，借此煽动大量不知真相的网民。近几年，国家虽然实行了网络警察等新手段，但对付上述的匿名发布情况，仍只能局限于在平台上监视敏感字眼，处于防微杜渐的守势。平台监控是如今最有效的新媒体管理手段，至于下一步所构想进行的网络实名制，可行性有待商榷。

在新媒体与传统媒体的博弈中，业界逐渐探索出了一条新的道路，即新媒体与传统媒体的交叉产物——融合型媒体。通过将传统媒体（电视、报纸、杂志、广播等）和新媒体（互联网、手机、户外广告、楼宇电视等）的资本融合、信息融合、技术融合、媒体终端融合，从而实现资源共享和风险控制，实现降低成本、提升利润的目标。可以说在新媒体时代，传统媒体也将进行一场前所未有的革命，成功者将会借着新媒体的势头一起前进，失败者则会丢失原有的市场份额被无情地淘汰。至于由传统媒体自行开发的新媒体，国家可以按以往的办法管理，难度并没有太大的增加。如新华网、大洋网等网站，主要是对应报业的信息延伸，增加了论坛反馈，但平台是由报业自己开发的，因此若出现任何不良信息，也能够及时迅速地对网页进行处理。新增的论坛反馈部分，反而给报业提供了很好的信息反馈渠道，对其未来发展能够起到积极的作用。

第二节　新媒体产业的现状、问题与突围

新媒体产业的迅速崛起带动了基于互联网、无线网络、数字广播电视等平台的众多产业的变革、转型和融合，而新媒体产业在市场上的所向披靡则让人们意识到了它巨大的价值和无限的潜力，因此，新媒体产业正在得到广泛的认可和公正的对待。我们对它未来的发展充满了憧憬。

一、新媒体产业发展现状

中国新媒体产业近年来保持了快速增长，2008 年市场规模达到了 634.3 亿元，较 2007 年增长 37.0％。[①] 赛迪顾问 2009 年发布的研究报告显示，2006—2008 这 3 年我国新媒体产业保持了高速增长，分别为 315.1 亿元、463 亿元和 634.3 亿元。虽然增速放缓，从 46.9％降到了 37％，但绝对值已经较大。2008 年的规模是 2006 年的两倍多（见图 13－1）。

新媒体产业在高速增长的同时，不同种类的新媒体呈现出非均衡发展的态势。由于互联网业的发展历史相对于数字电视、IPTV 等要长，所以市场运营较为成熟，占据了新媒体产业 54.3％的市场份额。另一个很值得关注的现象是数字电视的发展速度非常快。2008 年起我国数字电视普及速度加快，使得数字电视的收视费用总量有较大提升，占市场比例达到 22.2％；户外数字媒体和移动互联网媒体分别占 9.6％和 7.0％。IPTV 由于受体制和政策影响，用户规模和

① 赛迪顾问：《2008—2009 年中国新媒体产业评述》。

收视费虽有提升，但在整体市场中的比例较低，仅为 1.3%。其余的楼宇电视、车载移动电视、手机电视等占据了 5.6%（见图 13-2）。

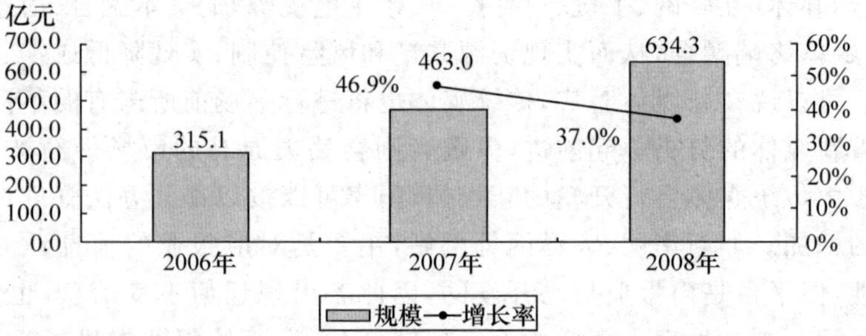

图 13-1　2006—2008 年我国新媒体产业发展规模

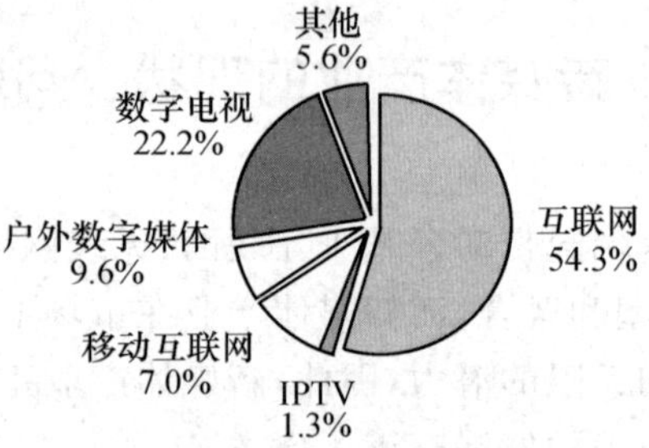

图 13-2　2008 年我国新媒体产业细分市场结构

新媒体产业快速发展的市场支撑有四个必不可少的原因：一是我国网民规模持续大幅增长，并从大城市扩展到中小城市和经济较发达的农村地区。用户的经济水平、消费能力和对新媒体技术的接受程度、应用能力都显著提升；二是新媒体的消费价格持续下降。随着数字技术的发展、3G 时代的来临、具备上网功能的手机售价与手机上网资费不断降低，以及 IPTV、数字电视等新媒体的普及率不断加大，这些都有效带动了新媒体业务快速增长，稳步提升了整体产业规模；三是新媒体企业对新媒体产业的认识和利用程度在加深，对新媒体产业的运作能力得到提升。在新媒体产业发展的过程中，涌现出一批传媒市场新宠，分众传媒、阿里巴巴、腾讯、盛大网络、土豆网等一批企业成为主要力量。特别是 2008 年北京奥运会期间，新媒体首次作为奥运会独立传播机构，与报刊、广播电视一起被列入奥运会的传播体系。这意味着新媒体的市场主体地位已经获得了确认。

新媒体产业发展呈现出下列趋势：(1) 随着新媒体产业的成长，总体市场规模将保持快速增长。预计未来 3 至 5 年，我国新媒体产业的市场平均增速将超过35%,产业总体规模将超过2 000亿元。(2) 互联网企业将继续稳步发展并日益规范。国家对网络经营的管理将更为完善。2007年12月29日,我国启动了视频网站的视听服务许可证制度,互联网企业从此进入到牌照化管理的时代。我国电子支付行业也制定了更为完善的标准,进一步完善网络交易制度。(3) 各类新媒体业务之间将更多地出现跨平台融合发展。各类新媒体的用户之间往往具有高度的重合性,因此各类新媒体业务提供商都希望通过相互渗透实现市场的共同增长,取得多赢的效果。2008年,我国对六大电信运营商进行重组,其中最大的亮点是使中国移动、中国电信以及中国联通公司都成为全业务运营商,这从根本上改变了中国的互联网业务竞争格局,对我国互联网、移动互联网的发展影响深远。运营商在这一过程中将实现角色转变:从网络基础服务提供商转变成为综合服务运营商。这给了我们很大的产业想象空间。(4) 移动互联网业务将成为新媒体发展的一个焦点。移动增值服务的业务随着通信技术的进步而升级。2.5G以来,以彩信、WAP等为代表的多媒体增值业务发展迅速。3G时代,面向个人用户的以流媒体业务为核心的增值服务,必将获得更广阔的发展空间,如移动网络下载(音乐、图片、视频、游戏等)、可视电话、视频点播,以及其他一切能够提供的业务。

新媒体产业的政策环境将进一步放宽,市场化运作成为主流。对各类新媒体的标准、市场准入、融资、税收等方面的政策将日趋明朗,国家的支持态度也奠定了我国新媒体产业发展的基调。2008年来出台的一系列政策都发出了强烈的政策信号。如《国务院办公厅转发发展改革委等部门关于鼓励数字电视产业发展若干政策的通知》、《互联网视听节目服务管理规定》、《关于鼓励数字电视产业发展若干政策的通知》、《国务院关于印发推进三网融合总体方案的通知》等。随着与新媒体产业的不断接轨,政策环境有望迎来进一步的突破。

总之,新媒体开辟了新的传播渠道,蕴含着巨大的社会价值和商业价值。新媒体产业的迅猛发展,吸引了资本大规模流入,市场影响力日益凸显,同时市场竞争也开始加剧,整个产业开始向纵深挺进。

二、新媒体产业面临的问题

2008年借助北京奥运会这一大事件的热度,以互联网为代表的新媒体终于迎来了发展的黄金期。但是,新事物的发展总是不寻常的,新媒体产业也体验到了发展道路中的艰难险阻。要想在未来取得健康持久的发展,必须正视新媒体产业目前所面临的问题。

1. 同质化现象遭质疑

新媒体携"信息爆炸"时代的威风粉墨登场,但是却没有避免信息泛滥和严重的同质化现象。不同的新媒体中每时每刻充斥着雷同的报道。譬如，一则当日头条新闻，一名“上班族”从上班途中观看的公交电视，到上班期间浏览电脑上的门户网站，到随时接收的手机报信息，再到下班回家阅读订购的报纸，都在转载着来自新华社、中央电视台、人民日报等媒体的专业报道。看似丰富了的媒介生活，其实只是平台技术得到了发展，而内容的提供依然牢牢掌握在传统媒体手中。内容提供本应是新媒体的基本属性与基本职责，但在目前普遍缺乏原创和新闻整合经验的新媒体中，还很难找到凭借独立采编制作而脱颖而出者。即使从新媒体引以为傲的平台技术角度来说，跟风模仿的另一种同质化现象也困扰着新媒体的发展。以楼宇电视为例，在分众传媒取得了盈利神话之后，众多“杂牌军”纷纷跟进，把写字楼、卖场、超市、地铁、医院、车库等一切能够接入楼宇电视的场所视为淘金宝藏地，这些盲目的投资者以为只要在有人的建筑物中放上一台液晶屏，就能在新媒体浪潮中分得一杯羹。如此一来，楼宇电视媒体的品牌识别度和区分度受到了极大影响，“新媒体类型的拥挤和重复，一方面致使客户在投放广告时难以抉择，陷入困境，同时投放对象不够明确，花了大价钱却达不到投放效果，也伤害了客户的积极性，致使大多数新媒体不能盈利，频频进行再融资，新媒体经营也陷入困境。”①

2. 盈利模式尚未成熟

如果说当年《一个馒头引发的血案》在网络上的火爆只是网友一时兴起的恶搞，那么 2009 年走红的“草泥马”一词就不得不引起我们的深思了。一种无政府主义、民粹主义、打色情擦边球的低俗之风正在互联网上蔓延，纵观整个新媒体产业，可以惊讶地发现，这股低俗甚至滑向违法的风气正愈演愈烈：手机网站充斥着大量诱骗点击率的色情图片视频；以散布病毒为目的的彩信快速传播；格调低下妖言惑众的短信比比皆是。截至 2009 年 4 月，国家互联网违法和不良信息举报中心已发布了整整十批涉嫌低俗内容的网站名单，其中一些网站甚至多次“上榜”。这实际上反映出了一个不得不面对的现实问题：新媒体靠什么盈利？若想在激烈的媒体竞争中实现跨越式突破，只能集中精力将新媒体打造成信息平台，通过转载热门新闻聚集人气，再招揽广告进驻，这一盈利模式的确是一种捷径，然而，低俗化问题更加凸显出新媒体的盈利心切，为了更快地崭露头角，博取点击率，一些新媒体平台不惜违背社会公德，从事传播低俗内容的活动。一些知名的新媒体则出于自身利益考虑，对在其平台上出现的不法行为睁一只眼闭一只眼，纵容其泛滥。以手机短信为例，在 2008 年央视“3·15”晚会曝光了分众传媒旗下的分众无线滥发垃圾短信严重扰民的行为后，直接导致分众传媒将其

① 金朝力：《雷声大雨点小：新媒体市场繁荣背后凸显隐忧》，中国新闻网 2009 年 3 月 19 日。

无线部门拆分；而2009年垃圾短信问题再次曝光，这次落马的是中国移动通信集团某分公司，他们出卖用户手机号码等个人信息，为其他商业公司进行广告群发提供了便利。可见，新媒体作为年轻的媒体形态，走上成熟发展的道路依旧任重道远。

3. 技术瓶颈尚有制约

新媒体在技术革新中诞生，也必将在技术进步中发展，相比依托内容的传统媒体，新媒体更依赖于新技术的支持。当然，技术的瓶颈也在一定程度上成为制约新媒体进一步发展的“短板”。在数字电视方面，有些传统用户不习惯当前的复杂的数字电视操作系统，在他们的眼中，音量和频道切换是唯一需要掌握的技巧，数字电视的易用性与传统模拟电视还存在差距；在户外新媒体方面，解决好信号稳定问题是首要任务，否则用户对节目信号不良无法收看的抱怨将与日俱增，进而影响这类新媒体的传播效果；在网络媒体方面，视频特别是高清视频成为用户期待的项目，而目前严重滞后于国际平均水平的宽带接入技术还没有做好迎接高清视频的准备；在用户数量最为庞大的手机及移动互联网媒体方面，屏幕尺寸和上网速度都是相当棘手的难题，前者不仅关乎使用者进入这一新媒体的成本，更直接影响传播内容能否有效地向用户呈现，解决不好屏幕尺寸问题，移动互联网要想复制当年互联网的神话是行不通的。尽管我国的第三代移动通信技术已经轰轰烈烈地铺开，但是终端问题、资费问题、稳定性问题都为移动互联网的普及增添了不确定性，从目前看来，移动互联网要想“飞入寻常百姓家”还需时日。

4. 广泛认同尚需时日

新媒体面临的困境还有其价值认同度问题。正因为盈利模式模糊，自身发展不成熟，技术支持不强大，使得新媒体难以获得用户的广泛认同和推广支持，对于一株刚刚出土不久的新芽而言，残酷的现实时刻考验着它的生命力。站在用户的角度来看，新媒体还不能给他们的媒介生活带来太大的便捷和好处，反而像是开启了信息过剩的“潘多拉之盒”，互联网上不断弹出的广告窗口、满目的低俗内容、手机上防不胜防的垃圾短信、无孔不入的户外广告，令越来越多的人开始反感新媒体的存在；站在媒介内容生产者的角度来看，新媒体大量分流了原本忠实于自己的传统受众，在版权保护尚不健全的条件下，新媒体成了盗版的天堂和捷径，创作者的创作热情被扼杀；站在广告主的角度来看，新媒体众多的不成熟令他们望而却步，甚至被认为是最具有冒险精神的、激进的风险投资家们也开始捂紧口袋。2008年席卷全球的金融风暴，将新媒体行业推向了经济危机的风口浪尖。一时间，一直最为炙手可热的投资行业迅速降温。原本被视作企业发展驱动力的投资资本，却由于上市阻滞导致退出无门，反而转为新媒体企业面临的巨大压力。[①] 新媒体的融资活动困难重重，对于一个正处于萌芽阶段的新兴行业而言，这无疑是相当致命的。

5. 高层次人才匮乏

新媒体每年至少20%的人才需求增长、30%的薪资增长却找不到合适的人才。我国新媒体人才的缺口已达30万人之多。复合型职业经理人引领着新媒体的航向。作为领军人物，他们需要战略规划、决策判断、高效管理等方面的综合能力。在目前新媒体从业人员中真正懂得经营管理的人才不到1%。新媒体的总经理、总编辑、内容总监、发行总监、广告总监、生产总监、人力资源总监、财务总监等人员组成的高层次人才队伍，相比于传统媒体还不齐整，现有的人才队伍在技术理解能力、市场敏锐能力、商业模式创新能力等方面还存在很大不足。从企业的首席执行官队伍来看，问题也比较多。大多数新媒体公司的首席执行官是公司的创立者，他们也都有自已的股票作为自已抵御其他公司诱惑的条件。但在新媒体经营管理中会出现这样的情况，董事会不再相信首席执行官，或者首席执行官不再相信董事会。高层领导者之间的隔阂与钩心斗角影响了公司战略的执行，这也影响了新媒体产业的发展后劲。新媒体采编型人才同样缺乏。一些传统媒体的记者、编辑跳槽到网站、电子杂志、通信公司等新媒体后才发现，他们原有的技能滞后于时代，亟待更新。

三、新媒体产业如何突围

中国古代经典的博弈案例“田忌赛马”告诉我们，在激烈的市场竞争中必须采取灵活策略，才能在取舍之间游刃有余，“杀出一条血路”来。对于仍处于艰苦探索阶段的新媒体产业而言，内有稚气未脱，外有强敌环伺，发展对策须同其形态一样充满新的创意。针对上文所述的问题，新媒体产业应该通过差异化合作战略和精准营销实现突围。

1. 凸显差异，谋求共赢

新媒体对技术依赖性较强，因此前期投入普遍不菲，如成本回收周期超长的户外巨型液晶屏和需要购买大量服务器设备的视频播客网站等，往往比运营一家相同规模的传统媒体耗费更多的资源。另一方面，新媒体对自身传播特征的把握尚未成熟，在进行信息传播活动中缺乏必要的新闻专业主义。而传统媒体内容制作由来已久，在新闻报道的权威性、广告传播的认同度上，新媒体目前还难以与其匹敌。不过，新媒体在互动、及时、便捷等特征上的长处同样突出，在人类社会由服务经济向体验经济转型的今天，新媒体带给受众的

① 唐文祺：《风投“盛宴”提早散席 新媒体行业面临大洗牌》，载《上海证券报》2009年3月31日。

尖端体验和便捷享受是无与伦比的。可见，新旧媒体各有所长，“复制对方的模式，即使不是死路一条，至少也会做得很辛苦。只有专注构建自己的特色烙印，才是最终的出路。”①

在未来的发展中，一种方式是新媒体提供原创内容，借助与受众的互动，由终端用户提供大量内容并由所有用户共享。如土豆网的数千万个视频很多都是由用户上传的。另一种方式也是发展的重点，我们称之为“差异化合作战略”：由平面报刊、传统广电媒体提供深度的信息原料和专业内容，整合最权威、最资深的新闻资源，用传统媒体的长处来弥补新媒体的短处，新媒体则充分发挥出自身特长，用全新的推广模式为信息传播插上无线的翅膀，铺上宽频的公路。在已有的案例中，“读览天下”网站联合国内上百家平面杂志，推出了优惠订阅、一元限时租阅，以及包年订阅等创新购买支付方式，以当代互联网人熟悉的在线阅读习惯呈现精品的线下杂志内容，在给受众带来便捷与实惠的同时，极大地提升了传统杂志的销量与影响力。在 2008 年北京奥运会和 2010 年南非世界杯足球赛期间，传统电视媒体更与各新媒体企业通力合作，传统媒体深入赛场前线，网络视频同步放送赛事直播，手机媒体第一时间将最新战果传递到受众面前，做到了内容共享、渠道共建、利益共赢。新媒体通过此类融合既培养了与其他媒体合作共赢的默契，又凸显了自己不可替代的差异性，有助于找到最适合自身特色的传播模式和盈利模式。

2. 一矢中的，精准营销

新技术浪潮孕育了新媒体，而新媒体产业发展的龙头扎根于新的营销方式之中。新媒体产业需在营销中生存，在营销中成长，在营销中壮大。差异化合作战略有助于新媒体走向成熟，而破解新媒体盈利模式这道难题的关键在于精准营销，这可以说是新媒体的“杀手锏”。

在以顾客为中心的新营销环境下，铺天盖地的传统媒体已经不足以满足广告主的全部需要，特别是经济环境恶化的情况下，广告主对营销手段和广告效果有了更为苛刻的要求。“新媒体广告营销以其精确、数据能见度高、直接、互动等特性仍将具有传统媒体无法替代的竞争优势。”②

在互联网精准营销应用方面，网站运营商可以记录下使用者浏览页面主题的次数，了解到使用者关注的文章、产品和他们发表的体验感受，在使用者下一次利用搜索引擎定位时，网站将向其推送与其浏览习惯、兴趣爱好相匹配的广告内容，从而锁定目标受众。精准营销，在减少受众遭受“信息轰炸”、提高访问体验度的同时，也为广告主们减少了广告投送的成本与时耗。

---

① 刘兴亮：《新媒体突围之差异化与精准化》，搜狐网 2007 年 8 月 3 日。

② 金朝力：《新媒体市场繁荣背后凸显隐忧 精准营销成未来共识》，中国新闻网 2009 年 3 月 19 日。

在手机精准营销应用方面，WAP 网站、手机软件商、电信运营商甚至手机持有者所经过的商场店铺，都可以通过各种无线技术获取用户相关信息，富有针对性地进行营销，如使用者手机的型号、档次，使用者每月话费额度，使用者所处的地理位置，使用者最常参与的移动互联网应用等，都可以用来推测判断该用户所能接受的营销尺度，从而缩小营销活动的范围和投入。

在移动电视方面，由于列车车厢的单一性、封闭性特征，使精准营销效果更加显著，列车广告运营单位可以根据列车档次(普快、特快、动车组等)、运营季节(外出务工者返乡期、学生寒暑假、旅游黄金周等)来划分受众群体，并且能够直观地得到营销效果的监测数据，便于广告主分析营销效益。精准营销的基础在于细分，关键在于关注受众的个体体验。

新媒体与生俱来的特色优势决定了其作为绝佳营销平台的地位，新媒体产业只要能够扬长避短，在竞争中合作，在合作中壮大，就能在未来媒体行业中取得更加辉煌的成绩。

第三节　新媒体经营的特点、规则与盈利模式

一、新媒体经营的特点

新媒体的经营管理呈现出很多新的特征，主要表现在以下四个方面：

1. 长尾效应

长尾理论能够很好地解释这一特征。简单地说，以往企业关注一个“二八原则”，20%的是大企业，80%的是中小企业，20%的大企业提供了 80%的利润。而在新媒体产业、文化产业等新兴产业，80%的中小企业与 20%的大企业提供的价值基本相等。这 80%的中小企业常被形象地称为“长尾”。新媒体可以将长尾部分连接起来，把涓涓细流聚集成海洋，这是一个聚沙成塔的过程，颠覆了传统经济下很难聚集的问题。如阿里巴巴、谷歌、百度都是长尾理论的典型案例，因为他们服务的用户中绝大多数是中小企业。根据长尾理论，新媒体产业的经营应当让用户很容易获得它所需要的各种东西，要提供足够的产品数量聚合。如卓越亚马逊、当当网等网站，如果没有一个足够大的产品目录就不可能有自己的长尾经济。长尾产品的价格要有竞争优势，而因为它的库存成本和渠道成本几乎为零，而且供应环节缩短，所以往往能做到这一点。当顾客主动“暴露”了自己的需求后，新媒体很容易实现关联推荐，即通过研究用户的浏览、下载、搜索或者购买行为来对其他用户进行指导(如“购买此商品的顾客也购买过……”、“其他搜索热词有……”)。

2. 创造为先

新媒体产业是以创造力为核心的经济形式。由上海文广新闻传媒集团、广东原创动力和北京悠扬传媒共同出品的动画电影《喜羊羊与灰太狼》获得巨大成功，关键就在于突破了新媒体产业的“创意瓶颈”。新媒体产业经营的一个重点是创造自己的品牌。近年来，以创意为核心的新媒体产业已成为全球新经济中最有活力的内容之一。然而，长期以来，关于“中国制造”与“中国创造”之间的矛盾一直困扰着我国的新媒体产业。我们已经具有比较成熟的新媒体产品的加工能力，但是在创造力方面与发达国家和地区仍有一定的距离。创造性要求新媒体经营者大力发掘新业务、新品种的潜力，在新媒体的多样性功能上做文章，通过与其他相关产业结合提供新的服务平台，形成商业链条，不断创造新的文化形态。新媒体产业的创造性还体现在要有新颖的经营理念、经营模式和经营手段。新媒体的经营管理冲破了长期以来形成的对传统媒体的管理理念，促使管理者的思维从封闭走向开放，从单一走向多样，从静态走向动态，从直线性走向立体性，从孤立性走向协调性。时代华纳与美国在线的并购可谓震撼全球，这种创造性变革提供了新的媒体商业形态。美国在线的全球性、高速度、个性化与时代华纳丰富的内容，使二者在更广阔的空间中达成共享。这次大刀阔斧的变革不仅使时代华纳美国在线集团获益匪浅，而且引导了世界范围内的媒体商业模式的大变革。新媒体还需要重视新媒体文化方面的创造性建设，创建有利于发展的文化氛围。

3. 融合互动

新媒体技术之间的融合相比于传统媒体更为容易，这就要求在经营管理上必须充分利用这一特点。数字技术加上移动互联网、手机等可以产生很多新的事物。如把手机上网功能和银行功能、证券公司的功能连接起来，那么资金的交割就不用去银行或证券公司了，资金运作在任何地方都可以简便完成。手机报刊、电子报纸、手机电视、网络电影等，消解了广播、电视、报刊等传统媒体与新媒体之间的边界，消解了信息发送者和接收者的标志，这是消解的力量。与此同时，新媒介的运营方式和模式也应该实现融合与互动。今后新媒体的发展，将是融合平面媒体、电子网络媒体、立体户外媒体和移动通信媒体在内的相互整合的过程。只有实现新媒介之间、新媒介与传统媒介之间的业务、技术、渠道、平台的融合，新媒介才能良性发展。新闻集团收购全球第一大社交网站 My Space，维亚康姆收购 Midway，迪斯尼联手 iPod、Google 收购全球最大的视频分享网站 YouTube，这一次次传统媒体与新媒体、新媒体之间的联姻，同时向我们传达一个讯息：全媒体时代已经来临。新媒体发展的最终结果就是传统媒体平台与新媒体平台的融合，产生更长的和更为可观的产业价值链。在我国，随着 3G 流媒体和 DMB 技术的发展与成熟，手机电视业务越来越受到各大电视台的关注，目前包括上海文广、央视国际、南方广电传媒，以及中国国际广播电台等多家媒体，获得了手机电视牌照。它们共同的目的只有一个，那就是深挖传统无线增值业务，同时探索 3G 时代的流媒体之路。

4. 竞合共赢

与融合直接相关的另一个特征是竞合。有时候这两个特性交叉在一起难以明确分开。新媒体产业的竞合性内涵是各类媒体之间应建设一种竞争、合作和共赢的机制。新旧媒体间的融合方兴未艾，正走在一条竞争与融合并存的发展之路上。随着新媒体技术研发的大规模发展，单独一个企业往往难以承担巨大的研发投入和风险，合作正成为新媒体企业整合资源的新方式。相对于合资、并购等传统资源整合模式，新媒体企业通过产业联盟的形式，将各成员的利益紧紧地捆绑在一起，能以较低的风险实现较大范围的资源配置。在这一经营理念指导下，新媒体运营商已不再仅仅着眼于自身的利益最大化，更关注合作的服务商能否获取合理的利益。研发机构将不再仅仅关注技术上的突破，还致力于推进新媒体产业化的进程。因此，合作中的竞争正成为新媒体企业竞争的新形态：为竞争而合作，靠合作来竞争。如基于 GSM(全球移动通信系统)技术的产业联盟和基于 CDMA(码分多址技术)技术的产业联盟相互竞争、基于 Windows 技术的产业联盟和基于 Linux 技术的产业联盟之间的比拼。凤凰卫视与中国移动、星空传媒签订无线内容的战略合作协议，合作内容涉及开发、制作、集成和分销等一系列的无线服务，包括音乐、宽带互动、社区网络以及多媒体增值产品，试图建造一个融合互联网、无线网和网络电视为一体的跨媒体平台。

二、新媒体经营的规则

1. 遵守市场经济规则

市场诸要素如价格、供应、需求等是相互联系、相互制约的。新媒体市场运行有它独特的机制，包括价格机制、供求机制、竞争机制、决策机制、信贷机制等。市场机制对新媒体产业资源的配置起着重要的调节作用。遵守市场经济规则要求所有新媒体企业务必按照市场规则进行自愿、自由交易，按照统一的市场运行规则去进行，只要没有违反规则，所有参与者都必须接受市场的结果。建立经济规则并令其严格遵守。有序竞争是新媒体产业市场体系有效运行的重要前提条件。市场的有序运行是通过遵循一定的市场规则和管理来实现的。政府要减少对市场直接进行行政干预，应该加强法制建设，更多地采取经济手段解决市场问题，对新媒体市场的长远发展负责，对受众的长远利益负责，不可迎合一时，贻害一世。因此，建立市场规则，规范市场秩序，是新媒体产业管理的首要任务和核心内容。

2. 遵守法律、法规

新媒体产业的发展必须自觉遵守法律、法规，依法经营管理。实际上，遵守法律、法规是促进新媒体企业更快更好发展、做强做大的重要保障，也是认真履行和承担社会责任的重要任务。新媒体信息的泛滥和不良内容的扩散是全球面临的共同问题。通过立法形式管理新媒体产业，是普遍采用的管理方式之一。一些不良新媒体企业传播色情、暴力、反动等内容将对未成年人带来非常大的侵害。因此，几乎所有的国家和地区都制定了专门的法律、法规来进行管制，如美国有《儿童在线隐私保护法案》、《未成年人互联网保护法》等，欧盟颁布了《保护未成年人和人权尊严建议》、《儿童色情框架决定》、《保护未成年人和人权尊严建议》等相关法律、法规。我国目前颁布了《中国互联网管理条例》、《互联网视听节目服务管理规定》、《国际互联网安全保护管理办法》等法律、法规，但还不够完善。对网络传播新形态（博客、播客、微博、微视频等）、手机视频等的管理办法还没有出台。这就要求新媒体企业增强大局意识，自觉提高依法经营管理的能力和水平，在规范市场秩序、促进市场公平竞争方面发挥表率作用。

3. 遵守媒介生态规则

在市场利益和商业逻辑的驱动下，新媒体往往在社会责任、伦理道德与巨额利润、受众知情权的矛盾中陷入困境。在一些新媒体看来，新媒体经营的最终目的不过是为了盈利。新媒体在倡导受众知情权、选择权和表达权的同时，却屡屡违背职业道德，做出有害受众的事情。近年发生的“艳照门”事件、“人肉搜索”、“网络审判”等都是新媒体面临的信任危机，凸显出新媒体对这些新问题应对不及。新媒体和传统媒体一样，都有其道德底线，违背社会公德的后果，不仅会损害公众利益和社会秩序，同时也降低了整个行业的公信力。如果新媒体利用数字技术进行信息欺瞒，就会严重违反媒介生态的良性发展规律。因此，新媒体产业的发展必须遵守媒介生态规则，进而推动我国媒介产业的良性发展。

4. 遵守新闻传播规则

真实、准确、客观、公正是新闻传播机构历来最看重的规则，新媒体作为媒体的重要一员，也必须严格遵守这些新闻传播规则。新闻媒介是全体公民了解社会的共同渠道和发表言论的公共论坛，在现代国家的公共领域建设中具有重要地位。如果新媒体不重视新闻传播规则，最后损害的一定是整个产业的未来。2008 年发生的“百度屏蔽门”事件是一个典型案例。2008 年 9 月 11 日，三鹿毒奶粉事件被媒体公之于众，9 月 12 日，网上惊现“三鹿公关公司写给三鹿危机公关的信”，透露三鹿公关曾建议跟百度接触，希望百度协助其删除近期有关负面信息。有网友用“三鹿”关键词搜索发现，当谷歌已经超过 10 000 条时，百度仅有几条。9 月 13 日，百度紧急发布声明《从未答应屏蔽三鹿负面信息》。9 月 14

日，在阿里巴巴、淘宝、阿里巴巴商人论坛首页头条全部使用了“三鹿奶粉危机扯出百度原是最大网上黑社会”、“网友爆三鹿300万罩百度”等骇人听闻的标题。随后的“百度屏蔽门”事件演变成了百度和阿里巴巴的口水仗。可见，新媒体要把真实、准确、客观、公正作为不懈的追求，从而取信于民，为实质性地深化新媒体产业经营的改革和提升我国新媒体的国际传播地位打下坚实的基础。

三、新媒体的盈利模式

新媒体引导、改变着受众的生活方式，并诞生了新的庞大的市场需求。它以创新性的媒介形态，不仅改变着传统媒体的传播手段与接收终端，更给整个传媒产业带来包括内容资源、传播渠道、盈利模式在内的一场深层次、全方位的根本变革。在新媒体时代，传统单一的盈利模式已经改变，获取利润的方法和途径也随之要改变，正逐渐发展形成多元复合的盈利模式。

1. 新媒体的盈利源

对于一个新兴行业来说，盈利模式的不确定是阻碍其发展的最大问题。在新媒体产业中，除了户外电视传播平台具有清晰的盈利模式外，其他新媒体都还在摸索之中。理清新媒体的盈利源有助于找到经营的重点。而以下四个方面是目前新媒体企业最主要的盈利源：

(1) 广告

大多数人最直观的想法就是用新媒体的影响力赢得广告主的青睐，继而赚取广告费，也就是“二次售卖”。如今，互联网和无线增值服务相关的新商业模式都将广告作为一个重要的收入来源。网站通常是在播放视频内容之前或之中插播广告，即贴片广告，或者在影片下载期间播放缓存广告；在与传统媒体的合作中获得广告赞助，还有电子邮件广告、文字链接广告、弹出式广告、通栏式广告等。移动电视、车载电视、地铁电视等主要是通过节目的包装设计来增加受众黏性，从而吸引广告投放。手机媒体利用它的普及、快捷、方便和具有一定强制性的平台来吸引广告。未来的两到三年内，随着3G手机的逐渐普及，手机媒体将成为普通人在日常生活中获得信息的重要手段。但是现实情况不容乐观，大量的广告平台对应少量的广告主，这种失衡的状态显然不利于维持和发展新媒体行业。尤其是新媒体在公众信赖度方面远不及传统媒体，这导致广告主对于新媒体的信赖度也不会很高。传媒界有一句戏言：“男人不问收入，女人不问年龄，报纸不问发行量，新媒体不问经营额。”但是广告主真的能不问么？值得欣慰的是，有数据表明，广告主在新媒体的广告投放正在增加，投放比例已经接近全部媒体广告总额的20%。新媒体可供发展广告的种类较多，如电影广告、服装类广告、酒类广告、银行保险类广告、电器类广告等。关键还是在于提供差异化的传播渠道，以最低的成本最精准地到达目标消费者。

(2) 内容付费

在我国“内容付费”还属于“看起来很美”的阶段。以互联网为例，一方面，国内互联网所培养的网民享受免费资源的习惯，对网络服务提供商形成了很大的收费压力。网民普遍认为，网上提供免费的资源是理所当然的，如果哪一家收费，他们就会掉转头寻找另一个免费的站点，从而使收费网站“寿终正寝”，这实际上不利于整个网络产业的发展；另一方面，网络技术并不完善，视频网站提供的画面质量、下载速度，新闻网站提供的内容价值，以及网络安全、论坛服务都还需要逐步提高。在海外，有些互联网已经在建立一个自动收费系统，允许报纸和杂志对付费内容进行收费，而用户可以同时购买多个媒体发布的付费内容。这一趋势使得运营商不得不重新考虑他们的商业模式。新媒体必须重视这方面收入的开发，尽管这一部分收入相比于广告收入还是很少的。实际情况也在一点点地改变，已经有用户愿意通过付费获取网络内容服务，尤其是订阅网站的独家新闻、体育、娱乐等信息。Jupiter 调研公司公布的一项报告乐观地估计，未来新媒体付费内容的收入将以 20%的速度增长。不过很大一部分购买是发生在商业和财经网站上。如《纽约时报》数字版，《华尔街日报》网络版，《华盛顿邮报》、《新闻周刊》网络版，msnbc. com，espn. com 和 CBS Marketwatch。一些体育网站的收入增长也很快。这些变化说明，新媒体应该切实提供消费者需要的服务，同时也表明了人们正在改变那种内容服务必须免费的观念。

(3) 提供无线增值服务

与移动增值服务商合作提供无线增值内容也许是新媒体的又一条出路。与习惯享受免费的网络资源不同，消费者们比较认可付费购买手机增值服务，因此内容提供商们可以将各类网络资源的内容制作成音乐电视、电视剪辑、新闻、手机电影或手机杂志以供付费下载，最终与无线增值服务提供商实现利润分成。如现今发展得比较成熟的无线增值业务有：彩信——通过移动通信数据网络传送包括文字、图像、声音、数据等各种多媒体格式的信息；手机邮箱——除提供普通电子邮箱的主要功能外，还支持多种终端尤其是移动终端的访问，并可支持多种移动数据业务，如发送短信、彩信等；手机银行——是货币电子化与移动通信业务的结合，客户可以随时随地通过操作手机实现客户账户情况的查询、同一银行内账户间的转账等。

(4) 异业合作，实现利润分成

异业合作是指跨行业、领域的企业在面向相同、共同用户群时所达成的以资源互换、整合、捆绑为主要模式的战略合作。异业合作不仅是盈利模式上的突破，更是一种经营思想的创新。它不仅可以让合作双方目标受众群体资源得到置换和共享，更可以进行战略市场的联合开发，实现盈利模式的互动创新。从本质上来看,“异业合作”其实是一种“资源运作”,用自己优势的资源去置换目标异业资源,从而与“置换者”之间达到“双赢”。一般而言,大品牌强强联手往往能产生“1+1>2”的协同效应。如苹果(iPod)和耐克(Nike)曾经携手推出的Nike+iPod运动工具包,就是比较成功的案例。再如网络游戏与传统产业的融合。随着网络游戏的兴起,网络游戏业者竞争愈来愈激烈,为了吸引更多玩家,网络游戏吹起异业结盟风潮。而异业结盟的对象从食品业者到汽车业者,从赠送开卡序号到虚拟物品可以兑换实际奖品。网络游戏业的唯一期望,就是吸引更多的玩家,而食品业者似乎是网络游戏厂商的合作大户。以我国台湾省为例,早期《龙族》就曾与统一食品合作,进入网络游戏时代后,《宠物王》也宣布与必胜客合作,只要玩家在游戏中打怪,就有机会获得从怪物身上掉下来的必胜客餐券,免费吃比萨饼。其他网络游戏厂商类似的合作案,更是不胜枚举。如今,新媒体的异业合作已变得越来越丰富和多元化,渠道捆绑、泛媒体合作、产品合作的应用越来越广泛,甚至在操作中会将几种模式并用,打出组合拳。

2. 建构复合盈利模式

新媒体实现并促进了信息技术与内容产业之间的嫁接与融合,将内容产业、媒体业务与有关服务业结合了起来。将上述四个盈利源泉整合起来,可以改变以广告收入为主的单一盈利模式,整合多种盈利源,从而实现多渠道创收。新媒体通过利用自身的核心技术、渠道及资本竞争优势,依赖内容产品的开发,可以由传统媒体的“内容为王”转变为内容、用户、渠道的“三足鼎立”。因此,建构复合的盈利模式能促进新媒体产业的快速健康发展。

复合盈利模式实现的必要前提是提供差异化的增值服务和个人定制体验服务。体验经济时代的来临为此提供了这种可能性。消费者为自己的体验买单,从中得到的感官体验和思维认同成为消费的重要部分,并成为影响消费者选择内容、产品的重要因素。比如即时通讯,特别是手机短信、彩信和彩铃这样的个性化服务,能充分满足受众的需求,实现盈利。体验至上、口碑“病毒式”营销传播可以有效地实现增值信息产品的开发和市场推广。例如,中国移动推出的飞信业务,提供了免费在线聊天、发送短信、彩铃订制、飞信空间、网上营业厅等服务功能。这些服务在手机用户使用手机的过程中提供了极大的便利性,但是如果用户的手机欠费停机后,该业务服务立即中断,只有在续交话费后才能重新享有该种“免费服务”。因此,新媒体需要加强对受众的研究,对特定消费群体的满意度和忠诚度要进行维护和开发,建立快速高效的效果反馈机制。

新兴媒体在未来的发展过程中必须意识到受众需求的多样性,研究受众和广告主的广度、深度、社会属性与追求的变化,从而更好地发挥自己与传统媒体的差异优势。新媒体时代,用户的需求不再局限于传统的新闻资讯、影视剧、娱乐节目等内容,而是更关注享受内容过程的体验服务。以IPTV为例,它打破了传统有线电视用户单向被动接受电视节目的方式，为用户提供直播电视、时移电视、点播电视、虚拟频道、视频短信等多种服务，以此满足用户的需求。在IPTV的产业链中，包含有四个环节，即内容提供商、内容运营商、网络运营商和用户。内容提供商提供IPTV基础内容，直接从内容制作出售中获益。运营商方面主要负责IPTV业务的运作，直接对用户提供收费服务，包括广告、游戏等其他增值业务的制作，运营商向网络服务提供商支付网络租借费用。IPTV实现媒体提供者和媒体消费者的实质性互动，为网络发展商和节目提供商提供了广阔的新兴市场。

综上所述，新媒体复合盈利模式可以减少单一依赖广告收入的压力，大大降低受广告投放波动影响的风险，从而拥有更大的经营独立性和主动性。

思考题：

1. 什么是新媒体？请简述常见的新媒体类型。
2. 新媒体产业的现状、问题是什么？如何实现突围？
3. 新媒体经营的特点是什么？要遵循哪些规则？
4. 新媒体产业如何开展精准营销？
5. 结合实际案例谈谈新媒体的盈利模式。

第十四章
广告经营管理

广告经营管理是指在广告业发展过程中，为实现经营目标和计划而进行的一系列运营和管理活动。通过有效的管理活动，可以使广告业各个组成部分之间协调行动，在法律法规所允许的范围内更好地达成广告目标，满足消费者的需求。不断繁荣的广告媒体组成了星罗棋布的传播渠道，创意和策划水平的提高使广告业的发展如虎添翼，这都有助于推动广告收入的持续增长，使我国广告业呈现出更大的发展空间和更好的市场前景。

第一节　广告经营管理概述

美国前总统西奥多·罗斯福曾说："如果我能重新选择生活，可能首先考虑广告作为我的终身职业，因为它能将真正的想象与对心理学的深入研究结合在一起。"[①]此后，广告在美国被称为"仅次于总统的职业"。广告产业是一个知识密集、资金密集、人才密集的朝阳产业。在广告市场，越来越多的品牌为消费者所熟知，同时有更多的我们不熟知的产品不断进入广告市场。在竞争日趋激烈的市场背景下，广告经营管理成为广告业获取和维持竞争优势的核心组成部分。

一、广告及其经营管理

广告一词源于拉丁文 Advertere，原意为注意、诱导。中古英语时代（约公元 1300—1475 年），演变为 Advertise，其含义演化为"使某人注意到某件事"，或"通知别人某件事，以引起他人的注意"。直到 17 世纪末，英国开始进行大规模的商业活动。这时，广告一词便广泛地流行并被使用。此时的"广告"，已不单指一则广告，而指一系列的广告活动。静止的物的概念的名词 Advertise，被赋予现代意义，转化成为"Advertising"。

① 转引自张树庭：《广告教育定位与品牌塑造》，中国传媒大学出版社 2005 年版，第 209 页。

我国也是世界上最早产生广告的国家之一。其实早在西周时期，就已有了音响广告。《诗经》的《周颂·有瞽》一章里已有“箫管备举”的诗句，据汉代郑玄注说：“箫，编小竹管，如今卖饧者吹也。”唐代孔颖达也疏解说：“其时卖饧之人，吹箫以自表也。”这说明西周时，卖糖食的小贩就已经懂得以吹箫管之声招揽生意。古代“悬帜”广告也较常见。《韩非子·外储说》说到“宋人有酤酒者，升概甚平，遇客甚谨，为酒甚美，悬帜甚高。”这是我国酒家和酒旗最早的记录。为了招徕顾客，以酒旗来吸引顾客。用现代眼光来看，这是“招牌广告”。

广告有广义和狭义之分，广义广告包括公益广告和商业广告。公益广告是不以盈利为目的的广告，通常是政府部门、社会团体所做，也有企业为树立形象而投入这类广告，主要目的是为了传播一种观念或态度；狭义广告仅指商业广告，是指以盈利为目的的广告，通常是企业和消费者之间沟通信息的重要手段，是企业为占领市场、推销产品、提升销量的重要形式，主要目的是为了经济效益。

我国《广告法》对广告的定义为：广告，是指商品经营者或者服务提供者承担费用，通过一定媒介和形式直接或者间接地介绍自己所推销的商品或者所提供的服务的商业广告。一般情况下，广告是指由确定的组织或个人为了一定的目的，通过投入一定的费用，在规定的时间内，由媒体将信息传播给受众的一种社会活动。

广告的要素有广告主、广告媒体、广告信息、广告受众及广告效果，它具有不同于一般大众传播活动的特征，主要表现在其目的是将某一商品或服务的信息传送给消费者，而不只是一种传播工具。可见，广告进行的传播活动是带有说服性和功利性的。做广告需要付费这一点也和一般的新闻传播有着本质区别。需要说明的是，广告不仅对广告主有利，有时候对广告目标对象也有好处，它可使消费者得到很多有用的信息，使消费者辨明此产品和其他产品的不同，了解产品的特色及相关购买信息。

广告经营管理是与广告密切相关的一个概念。广告经营管理是对广告运行的计划、协调、组织和控制，目的是使广告业各个组成部分之间协调行动，在法规所允许的范围内更好地达成广告的目标，满足消费者的需求，进而对社会经济建设作出贡献。狭义的广告经营管理主要是指广告公司的经营管理、媒体广告的经营管理和企业广告的经营管理。广义的广告经营管理还包括国家和地区对广告的管理、广告审查、广告公司的管理、广告法规、广告道德、广告的社会监督与广告的行业自律、广告纠纷与广告管理等问题。

当前，全球广告市场持续稳定增长，市场格局不断变化。根据艾瑞咨询集团发布的《2008年全球广告行业发展报告》，2007年全球广告市场总体规模达到了4 648.4亿美元，较上年增长6.24%；2005—2010年间，全球广告市场年复合增长率为5.89%。全球广告市场格局虽然出现较大变化，但是仍由欧美主导。美国是全球最大的广告市场，广告市场规模是 2 839 亿美元，占全球广告市场规模的 61%。2000—2007 年间，美国广告市场年复合增长率为 2.2%，发展呈现疲软；而东欧、非洲、中东等新兴市场发展迅猛。未来 5 年，中国和俄罗斯将成为主要增长力量，在全球广告市场的排名将实现飞跃，尤其是中国的年复合增长率一直保持着两位数。日本广告市场增速平缓，发展趋于停滞。数据显示，四大媒体仍然是广告市场主体，但是市场份额逐步下降。2005 年到 2010 年，全球四大媒体中电视媒体广告市场的年复合增长率为 6.41%，广播媒体为 3.80%，杂志媒体为 3.11%，报纸媒体仅为 1.80%。据估计，2006 年到 2010 年，四大媒体广告市场在全球主要广告媒体市场中的份额将从 86.8%减少到 80.4%。与此同时，互联网广告和其他新媒体广告的市场份额在不断攀升。2007 年互联网广告占总体广告市场的份额，日本为 8.55%，美国为 7.43%。

自 1979 年我国广告市场重开以来，我国广告产业一直保持着高速增长的态势。我国经济的稳定健康发展、国内消费的强劲拉动，都为广告业的发展创造了良好的环境。2007 年我国总体广告市场规模达到 1 741 亿元，市场规模为美国的 8.4%，为日本的 38.7%，较 2001 年差距缩小了 100%。互联网广告占总市场份额的比例从 2000 年的 0.5%增至 2007 年的 6.09%。我国的广告市场规模在全球排名第五，但由于人口基数庞大，每年的人均广告费用仅为 18 美元，低于 70.4 美元的世界平均水平。美国、日本的人均广告费用分别高达 921 美元/年和 485 美元/年。作为一个发展中的市场，我国的广告业发展空间依然巨大，相比那些消费品市场趋于饱和和理性消费的国家和地区，我国的消费市场还有比较大的成长空间。通过科学规范的经营管理，我国广告业一定会发展得更快速、更健康，广告市场也将会更加成熟。

二、广告经营管理的特点

1. 全局性

广告经营管理事关广告运作的全方位工作，对广告公司、媒体和广告主的长远发展具有重要意义。为了适应未来环境的变化，广告经营管理者总是在寻求长期生存和稳定发展的方法，并制订总体经营策略。它以广告组织全局为重点，在企业总体发展目标的指引下，强调广告组织的长远利益而不是眼前利益。

2. 过程性

广告经营管理注重广告业务的过程管理。目前广告业的基本活动包括市场调研、广告策划、广告创意、媒体策略、广告执行等，每一个阶段都需要广告经营管理参与其中，这一过程实际上是创造价值的过程。同时，广告经营管理的过程性表现在广告活动是一个广告主、广告媒介、广告公司和消费者之间的信息互动过程，更重视顾客关系的维护与管理。

3. 复杂性

广告经营管理内容繁多，而且随着广告业和传媒业的发展，具有越来越复杂的特征。一方面，广告经营管理内容众多，另一方面，广告市场竞争日趋激烈，尤其是国际大型广告公司的进入，更增加了本土广告公司的经营压力。广告新媒介层出不穷，这也增加了广告经营管理的难度。

4. 发展性

广告工作不是简单操作或重复操作性的工作，它具有创造性，并随着时代的发展而发展。广告经营管理需要打造一支具有创新精神的广告人队伍，推行行之有效的广告营销手段。这无疑具有很大的挑战性。广告公司需要重视广告专业人才和经营人才的培训，引进最前沿的广告销售、广告设计和广告营销等培训课程。同时，也需要举办各种论坛、展览和评奖活动，以打造一个与时俱进的知识型、创新型、复合型广告组织。

5. 多层次性

广告的经营管理包括内部管理和外部管理，而内部管理和外部管理又分别有多个层次。内部管理可以分成高层管理、中层管理和基层管理。外部管理主要包括广告行政管理、广告审查制度、广告行业自律和社会监督。我国对广告进行行政管理的机关是工商行政管理局。广告审查通常是审查广告主和广告公司主体资格、广告内容真实性、广告表现形式真实性与合法性等。广告行业自律具有自发性、自愿性和道德约束性。社会也会对广告业进行监督。

三、广告经营管理的内容

1. 市场调研

广告经营必须重视市场调研工作。市场调研内容广泛，通常包括：社会、经济、政治、文化等宏观调控因素；某一段时间在一定的市场条件下消费者对某一种产品的需求量；企业产品的功能、结构、品质、价格等；竞争对手的经营实力、竞争者产品的生命周期阶段以及他们的顾客和广告情况；关于消费者的人口统计分析（人口总量、分布及人口增长速度、年龄结构、性别结构、家庭结构、受教育程度、人均收入等）与消费者的心理及购买行为模式等。市场调研要讲究方法与技巧，除了现成的资料，要注重使用问卷调查、电话调查、面谈调查、观察法、实验法等专业方法获取第一手调查资料。市场调查的步骤通常包括确定实施调查计划的预算、调查方法及样本确定、问卷拟订、问卷发放和回收、分析与编写调研报告。

2. 媒体策划

通过媒体分析，了解各种媒体的广告特性与表现技巧，确定广告媒体的选择与组合。在媒体策划过程中，一定要重视对重要指标的研究，如下列指标是十分关键的：到达率（特定时期内广告目标受众暴露于某一广告信息至少一次的百分比）、收视率/收听率（收看收听某一特定电视或广播节目的人数或家庭数/拥有电视机或收音机的全部人数或家庭数）、开机率（某一特定时间内拥有电视机的家庭中开机的比率）、节目视听众占有率（某一特定节目开机率的百分比）、总视听率/毛评点（某一广告媒体在一定期间内所达到的收视率/收听率总数）、暴露频次（一个月内一则广告信息到达受众的次数）。通过媒体分析与策划，必须明确目标受众的构成、广告的主要区域，并作出科学的媒体评估。媒体评估既要关注媒体量的价值（受众数/广告的有效到达率），也要关注媒体质的价值（媒体的广告冲击力），更要关注媒体的经济价值（广告每千人成本/总视听率每点成本）。在上述基础上，确定媒体的广告区域与预算分配、媒体广告费用、媒体组合、广告排期等重要策略。

3. 广告策划、创意与表现

广告策划、广告创意与广告表现是现代广告经营管理的三个有密切联系的重点内容。广告策划解决广告的整体战略和运筹规划问题，对广告计划以及实施广告计划的全过程作预先的设想。广告策划不是具体的广告业务，而是广告决策的形成过程，在整个广告运作中处于核心位置。广告策划具有明确的目的性和完整的系统性，从调研开始，确定广告目标，制订广告计划并设计具体活动策略，与广告创意和表现等环节相互衔接，密切配合。广告创意是介于广告策划与广告表现制作之间的思维活动，即根据广告目标和广告策划，把所掌握的材料进行创造性的组合，以塑造一个全新的意象的过程。广告创意追求独创性和实效性。独创性是要求广告创意不能因循守旧、墨守成规，而要善于创新求变、独辟蹊径。只有独创的广告创意才具有最大强度的心理突破效果。实效性是指通过广告创意达到广告客户的广告和营销目的，广告创意应做到能够被消费者接受和理解。广告表现是运用图像、声音、文字，以及它们的组合等视觉化、形象化的方式，将广告要传递的信息表达出来的过程。

4. 广告执行

广告执行是指广告活动的实际操作，如印刷品的印制和发放，电视广告的拍摄和后期制作合成，广告在媒体的发布和反馈等，重点是广告在媒体的发布环节。广告执行要知己知彼，认真研究主要竞争对手广告的投放内容及投放方式，分析竞争对手在广告创意上的缺点和漏洞，从而设计自己的广告投放策略，实现广告投放效益最大化。在执行过程中，既要注意市场信息的及时反馈，更要注意印刷媒体、电子媒体和新媒体广告整合投放所产生的整体效果。根据广告执行中获得的信息，可以继续和广告策划、创意和表现部门进行沟通，不断完善和修改广告作品。广告执行需要关注两个终端：一个是媒体的播出终端，一个是消费者的心理终端。只有把心理终端做强，才能有效提升消费者的购买意愿和购买行为。

5. 广告效果评估

广告效果的评估不仅包括通常所理解的销售效果，更应包括传播效果。实际上，传播效果是一种潜在的销售效果，它的影响比销售效果本身更为深远。广告效果的评估应从传播效果和销售效果两方面进行，它包括事前评估、事中评估和事后评估。事前评估是就广告投放前的广告作品征求广告客户、有关专家和消费者的意见和建议。常用的方法有德尔菲法、消费者评判法、检验表、直接信函法、心理测试法等。事中评估的目的在于使广告活动能按照预定的广告计划执行、对广告效果进行跟踪并对广告整体效果进行预测。常用的方法有销售地区试验法、广告播出前后比较法等。事后评估是在一个广告周期结束后，对整体的广告效果作出测定。要特别关注广告到达率、受众心理效果（知名度、美誉度、忠诚度、偏爱度）和购买率。常用的方法有认识测定、回忆测定、问卷调查、检验表、心理测试等。

6. 广告预算

广告预算管理主要是决定广告费用投入的总额及其分配方案。广告学家哈斯伯特曾建议的四种广告预算方法值得借鉴：一是百分率法，以一定期间内销售额或利润额的一定比率，计算出广告经费；二是销售单位法，以商品的一件，或同类商品的一箱等某一数量为单位，以这一单位广告费，再乘以销售数量而算出；三是邮购法，根据特定的广告而得来的询问价和订货的人数，来算定广告效果，找出广告费和广告效果之间的合理关系，以归纳的方式来决定广告经费；四是目标完成法，先确定一定的销售目标，决定达到这一目标所必需的广告活动和范围，然后再确定所需要的广告费用。广告预算应该遵守量入为出原则和最佳广告效果原则。既要考虑财力所能承受的程度，又要把钱花在刀刃上，取得该预算金额限制下最佳的广告效果。

第二节 广告公司的经营管理

广告公司是指依法办理登记注册，经核准成立的专门的广告服务企业，业务通常包括调研、设计、制作、发布等。现代广告公司最明显的特征是业务代理，即接受委托，提供服务。改革开放以来，我国广告公司数量和规模都有较大的增长，从业人员数量增加明显，广告经营额也呈大幅度增长状态。广告公司作为广告业的主体之一，在社会经济中起到越来越重要的作用。

一、广告公司的类型

广告公司经营范围很广，种类很多，通常有下列几种：

1. 综合型广告公司

综合型广告公司提供全方位的广告服务。这类公司不仅重视报纸、杂志、电视、广播这四大传统媒体广告的拓展，也重视网络、手机等新媒体广告和户外广告的开发。除了常规广告业务和广告交易，这类广告公司还提供与市场营销领域有关的所有服务，如市场调查、市场分析、品牌策划、包装设计、广告策划、广告创意、广告设计、广告制作、媒介购买与代理、广告发布、公关活动、促销活动等。综合型广告公司会为企业提供大量市场资料，给出他们自己的专业化市场调查与预测，对广告商品的销售渠道、销售网络等商品流通系统进行分析，提出与之相适应的广告与营销方案。国际 4A 广告公司都属于这一类。4A 一词源于美国，是“美国广告协会（The American Association of Advertising Agencies）”的简称。如今全球广告公司都以此为标准，取其合乎资质，有强大的广告实力之意。

2. 专业型广告公司

专业型广告公司是一种只承担部分广告功能的广告公司。这种类型的广告公司依靠其某方面的独特能力提供广告经营业务。这类广告公司规模不大，经营范围较狭窄，只有一项或几项服务功能，如策划、创意、设计、制作等，或只承担制作、代理、发布路牌广告等。它们的活动是帮助企业解决某些特殊需要。比较常见的是广告策划公司、广告设计与制作公司。广告策划公司主要是对广告进行策划与创意，提出有系统性和可操作性的广告活动的总体思路和规划。广告策划公司通常会给企业做一些市场分析，为企业找出目标消费群体，确定企业的独特销售卖点（USP），进而为其树立品牌形象策划广告方案。广告设计与制作公司服务的价值主要体现在广告作品上。这类公司的服务对象主要是广告主，也有为广告策划公司服务的。由于市场竞争的加剧，一些企业意识到，广告传播如果不讲究策略和艺术，其效果是非常有限的。因此，对专业型广告公司的需求越来越多，需要他们为企业创造新颖的广告作品。

3. 行业型广告公司

行业型广告公司一般只为某些特定行业服务，这是对广告公司细分的结果，目的是打造某个行业的广告精英。如房地产广告公司、化妆品广告公司、专为奢侈品生产厂家提供服务的广告公司、专为旅游文化产业服务的广告公司、专为教育产业服务的广告公司等。各种行业性的广告公司在它服务的领域都有自己特殊的优势,如人才优势、媒体优势、人脉优势、资金优势和资源优势等。有些行业型广告公司与行业主管部门的关系比其他广告公司更密切一些,这也是很多企业选择他们的重要原因。

4. 媒介代理广告公司

这类广告公司主要是接受媒介的委托、代理报刊版面或广播电视时段,也包括路牌、灯箱、车身、大屏幕显示屏等户外媒介,常常还从事体育赛事、演唱会等活动。作为媒介广告代理人,从中获取一定比例的佣金,通常以销售额的一定比例或年承包费的形式实现。媒介代理类型的广告公司需要掌握买卖双方的信息,熟悉媒介版面和节目,把时间或空间推荐给广告主。广告公司通过对媒介代理,可以促进媒介组织提高电视节目的收视率,改进户外媒介内容,提升媒体广告的艺术性等。

5. 广告展览公司

广义上说,展览公司也是广告公司的一种形式。展览是一种特殊的广告形式,它形成的信息冲击是多元的,具有较强的现场感和真实感。广告展览公司以举办各种各样的展会获得客户。在会展中心、展览馆、展厅、展室等场所,利用图片、文字、模型、实物,配以广播、录像、电影等综合性的信息传播方式,有利于企业获取行业最新信息,了解市场需求和最新流行趋势。企业通过展览会可以充分挖掘到消费的兴奋点。广告展览公司为企业精心挑选国际知名行业博览会,组织企业出团,代办签证手续、机票预定、酒店预定,协助展品运输、展览摊位的设计与装修、展会现场服务、现场宣传,提供展后数据反馈,提供展会效果总结等。

二、广告公司的部门设置

具有一定规模的广告公司,一般都有比较规范的部门设置,比如客户部、企划和创作部、媒介部、市场调研部、行政部等。在组织机构设置健全的基础上,还必须对各有关部门进行明确的职能划分,把责、权、利落到实处。

1. 客户部

客户部是直接与客户发生联系的专职部门,负责接洽客户,协调客户与广告公司之间的关系。客户部是广告公司面向客户、面向市场的窗口,它是广告公司为客户服务的龙头,其他部门都要围绕客户部开展工作。在广告公司接触到客户时,首先由客户部作初步接洽,向客户介绍广告公司,并索取客户的有关资料,如客户背景、产品特征、市场情况、促销计划、市场目标、竞争对手和广告预算等。客户部对资料加以整理后,会同其他有关部门,研究这些资料,制订出初步的广告计划方案和工作计划,分别由各部门执行。在广告活动进行过程中,客户部还需要负责与广告客户进行随时的联络和信息反馈，通报有关市场调查结果和广告活动进展情况。客户部还代表客户负责对广告的创意、策划、设计、制作和实施过程进行监督。可见，客户部扮演双重角色，对外代表广告公司的整体利益，对内则代表广告客户的利益。如果广告公司不常设公关部的话，客户部还应承担公共关系方面的工作。客户服务的人员通称为客户代表（Account Executive，简称AE）。客户代表应有很强的沟通能力和谈判技巧，了解广告作业流程，有敏锐的洞察能力和很强的市场能力。客户部人员岗位设置一般有部主任、客户总监、客户经理、业务主管、业务员、业务协调员等。

2. 企划与创作部

广告公司的重要任务是把广告策划与广告创意产品卖给客户，因此，企划与创作部是广告公司的核心部门之一。根据广告客户提出的要求，企划与创作部负责把这些要求转化为具有吸引力的广告作品。有些广告公司会把企划和创作部门分开，但是因为这两个职能联系的紧密性，更多的广告公司是把它们合并在一起的。他们对客户部和市场调研部提供的有关资料和意见加以分析，依照广告计划的要求，根据目标消费者的特征，完成创意方案，然后会同客户部和调研部，制订出整套广告方案，在客户审核同意后完成广告整体的策划和创作。这一部门一般可具体地细分为策划专员、创意专员、广告文案、美工、摄影和制作合成等专职小组或专职人员，各负其责。企划与创作部人员岗位设置一般有主任、策划总监、创意总监、创作主管、制作主管及各专业人员等。

3. 媒介部

广告创作完成后，只有在媒体按计划发布后才算完成了一次广告活动。媒介部的任务是根据广告计划，制定广告活动的媒介策略，预算媒介费用，对广告媒介进行评估与选择，并负责与有关媒介接洽和联络。一个完整的媒介计划要包含媒介目标、媒介策略、媒介选择、媒介组合、购买策略等内容。对总收视率、目标受众收视率、到达率、暴露频次、有效暴露频次、千人成本等指标都要做详细说明。在广告实施过程中，负责对媒介广告的实施进行监督，检查印刷质量或播出质量。媒介部人员岗位设置一般有主任、媒介总监、发布主管及各专业人员等。

4. 市场调研部

广告活动的整个过程都离不开市场调研，所以市场调研部是广告公司不可缺少的专业部门。市场调研部的职能包括三个方面：一是收集市场信息。按照广告活动的要求，对目标市场开展调查，完成对市场、消费者、竞争对手、广告媒介等信息资料的收集。二是分析市场趋势。结合分析结果确定相应的市场发展趋势和突破点，给决策者提供可供决策的营销和广告方案。这要求该部门提供专业的市场调研报告。市场调研报告通常会在详细统计分析的基础上，提出科学的市场预测和营销广告方案，提交给客户部、企划与创作部、媒介部等部门或者广告客户使用。市场调研部人员岗位设置一般有主任、调研总监、调查员、分析师、记录员和资料员等。

5. 行政部

行政部的任务是对日常事务进行全面的管理，行使计划、组织、控制和协调等职能。行政管理工作要以计划为中心，因为计划关系广告公司在一个时期内的工作目标和工作部署。在制订出各项计划之后，行政部要组织各项计划的实施，并对各项计划的实施进度进行控制，定期检查工作进展情况。协调的职能主要包括两方面的内容，一是协调公司内部各部门间的关系，二是协调广告公司与社会其他企业、社会机构和政府部门的非业务关系。行政部一般下设办公室、计划科、人事科、财务科、后勤科等。办公室负责广告公司的一些行政往来事务。计划科负责广告公司的年度工作计划和经营计划的制订以及监督执行，并负责制订公司的长远发展规划。人事科要负责公司人员的录用、解聘和职员培训。财务科要做好财务计划、财务预算、财务分析和成本费用控制。后勤科要为公司提供后勤保障。这些分支部门在一些大型广告公司往往被单独列为正式的直属部门。行政部人员岗位设置一般有主任、各科科长和职员等。

三、广告公司的收费制度

1. 实费制

这种收费方式由奥美广告公司总裁大卫·奥格威率先实行。实费制是广告公司根据广告客户提出的要求开展广告业务，并按实际成本支出与实际劳务支出来收取整个广告代理费用的方式。广告代理公司在整个代理过程中的所有开销，均须按实际付款凭证向广告客户结算，付出的劳务按实际工时和拟定的工时单价向广告主收取酬金。广告公司的一切外付成本必须具有收款机构的收款凭证，广告公司内部的各项花费也须具有财务凭证，一并提供给广告主审核，广告主审准后方能据此支付。广告公司所有参与此项广告活动的作业人员，都必须每天记录自己在各项业务上花费的时间，为保证计时的准确，甚至不以一小时或半小时，而是以一刻钟作为计时单位。进入记录的工时，还包括向客户提供咨询和与客户一起讨论业务所花费的时间。全体参与此项广告作业的人员的合计工时乘以工时单价，或者再加上双方一定的利润比率，便是广告主应支付给广告公司的劳务酬金。如果广告活动持续的时间较长，可分阶段或分月结算。实费制虽然在成本费用控制上具有比较大的作用，使广告客户觉得比较公平合理，也使广告公司消除了许多经费方面的顾虑，但是这种制度在操作上相当麻烦，如采购原材料控制和工时的精确记录都需要信用作保证。

2. 佣金制

佣金制是目前比较普遍的广告收费制，本质上是一种“提成制”，是直接按广告投入的一定比率确定广告公司的广告代理费用的一种制度。佣金制起源于19世纪20年代美国艾耶父子广告公司。到20世纪五六十年代，美国、加拿大、日本、西欧等国家和地区开始接受15％的佣金。现在15％的佣金成为国际惯例。国家工商行政管理总局在1993年7月颁布的《关于进行广告代理制试点工作的若干规定(试行)》中明确规定，我国代理国内广告业务的代理费为广告费的10％；代理外商来华广告业务的代理费为广告费的15％。

以15％为标准的固定佣金比率，使广告公司有了一定的收入保障，但有时却对广告客户不利。因为在佣金比率固定不变的情况下，媒介播出费用越高，广告公司所得就越多，而其所付出的劳务却不因媒介播出费用的增加而增加多少。因此，广告客户的不满也逐渐增长，尤其是一些广告费用支出较大的广告主。同时，广告公司在为广告客户所作的广告方案中，出于自身的利益，也倾向于增加广告费用，倾向于使用比较昂贵的广告媒介，这也导致广告主与广告公司为佣金的事常起纷争。所以在实际运作中，更常见的是协商佣金制。15％不是绝对标准，只是一个常用的参照系数和参考标准，具体比率由广告客户与广告公司经过协商确定。一般是确定一个小于15％的佣金比率，按照协定的比率，广告公司把从媒体得到的佣金超出该比率的部分退回广告主。

3. 分成制

分成制广告收费方式是指广告公司在向广告客户收取广告代理费用时，以广告客户获取的利润为基数，根据双方事先的协议，给广告公司利润分成。这种收费方式将广告费用与广告效益挂钩，广告公司参与广告客户的经营全过程，实行利润分成，风险共担。因为有这样一层利益攸关的关系，广告公司通常会用更多的精力和时间投入企业广告运作策划，对企业的市场营销决策问题提供更直接的建议，对广告投放媒体的选择也会更加慎重，对广告费用的控制也更加规范。当然这种收费制度对广告公司来说也有不利之处，那就是很难掌握企业真实的利润情况，而且即使产生利润，也很难分清哪些是广告所带来的，哪些是企业自己的人员销售带来的。这给分成制在实际操作上带来了一定的难度。

第三节　媒体的广告经营管理

广告与媒体是一对孪生兄弟，互相依托，互相促进，是不可分割的共同体。广告收入仍然是当今媒体收入的主要来源，广告收入的多少决定了大多数媒体生存发展的状态。因此，广告经营管理对任何一个媒介组织来说都是至关重要的。

一、媒体广告经营的方式

1. 媒体自营

媒体广告自营就是媒体以自己的名义开展广告销售业务。媒体自行组建广告队伍,培养广告销售业务员和专业人才。媒体广告自营有利于优势广告资源的集中,并具有控制广告价格、广告策略和经营行为的主动权。为了更好地拓展广告自营业务,媒体需要开发更多适合广告主的广告产品。如湖南卫视自制励志剧《丑女无敌》就整合了多芬、清扬、立顿等众多品牌的植入式广告,广告效果明显。媒体还需要建立完善的售后服务体系,以优质的服务贯穿整个广告销售环节,并与企业建立长期的战略伙伴关系。对投放广告的企业要建立完善的全程服务体系,要成立专门的部门对广告进入市场后的每一个环节进行市场跟踪,将有用的市场信息反馈给企业,从而争取到更多的广告投放量。同时,媒体可以尝试建立实时竞价系统,以更好地反映广告供求关系。

2. 广告代理

广告代理是指媒体的广告销售业务交由专业的广告公司进行代理。这也是媒体广告经营的重要方式。广告公司掌控着丰富的广告客户资源和市场投放的话语权,所以这一方式也常常得到媒体的青睐。现代广告代理制最大的特点,就是强调广告业内部合理分工,各司其职,互相合作,协同发展。广告公司通过为广告主和广告媒介提供双重服务,发挥主导和桥梁作用。广告代理有两种情况,一种是独家代理,媒体把广告业务交由一家广告代理公司;另一种是多家代理,媒体将广告业务交给多家广告公司。广告代理公司要在被代理人的授权范围内活动,以被代理人的名义从事广告经营活动,且其经营活动的法律后果由被代理人承担。我国从 1993 年实行广告代理制以来,广告代理业的发展十分迅速。大多数媒体的广告代理都有一定的比例。广告代理制可以使广告业内部形成良性运行秩序,最大限度地发挥广告主、广告公司与媒体的长处。值得关注的是,目前"独家代理模式"逐渐取代典型的"多客户代理模式"。"独家代理模式"强调每家广告代理公司只能为每一产品类型中的一个客户提供全方位的广告代理服务。因为"多客户代理模式"很可能造成同行业同类产品的市场营销方案和商业秘密被竞争对手所知晓,也造成广告代理策划业务的严重冲突。

3. 自营和代理"双轨制"

这是前两种广告经营方式的混合。如果媒体十分简单地把广告经营全部承包给指定的广告公司,这实际上是广告承包经营,而不是真正意义上的代理经营,也不利于媒体有效掌握广告经营主动权。媒体很难针对不同阶段广告市场变化调整广告价格体系，更不可能针对媒介竞争来调整广告策略。所以，自营和代理“双轨制”通常被很多媒体选择。如上海文广新闻传媒集团 2008 年的广告收入为 40 亿元左右，其中约 16 亿元来自代理公司，也就是说其广告总收入中约有 40％来自承包项目。该集团从 2009 年开始对广告经营模式进行了小幅变革，提高自营广告比例。因为分散的广告代理公司自身议价能力也有限，从而整体拉低了媒体的广告价格。不过，他们同时提出了广告诚信体系的建设，期望和广告代理公司建立良性深入的合作。

二、媒体—广告公司—企业的关系

媒体内容产品的生产、传播渠道建设和传播设备升级都需要资金支持，所以通过售卖内容产品给受众或售卖时间和空间给广告主以获得资金。而广告销售是媒体收入的最主要的来源。20 世纪 90 年代初期，大多数媒体广告经营基本是卖方市场，媒体都是老大，媒体掌握着市场交易主动权，广告主需要媒体关照才能拿到好的时段和价格。仅仅过了 10 年时间，我国媒体市场就发生了巨变，最大的特征就是媒体广告经营进入买方市场。广告买方市场意味着广告主掌握着广告交易的主动权，其主要特征是：媒体资源丰富，广告主能够任意选择媒体；媒体广告提供者之间展开激烈竞争；媒体广告提供者积极开展营销活动；广告主需求是媒体经营的轴心；广告的市场价格呈下降趋势，媒体削价竞销。媒体市场的竞争还迎来了国际广告巨擘，他们携客户资源制衡媒体的价格，使得媒体的广告经营陷入了困境。因为媒体在我国广告业中长期的卖方市场地位，不少媒体的价格偏高。在市场机制的自我调节下，一旦供求发生变化，广告价格的调整成为必然。提高给广告主的折扣实际上是媒体在由卖方市场向买方市场过渡过程中市场进行自我价格调节的一种类型。

广告主销售产品或服务给消费者，也需要通过媒体传播广告来树立品牌，从而影响消费者的购买态度和行为。媒体为了能够更快地销售广告资源，广告主为了更广泛地达到广告效果，都需要专业的广告公司帮助。广告公司的专业性保证了他们对广告主市场需求的了解和对媒体广告资源价值的准确把握。因此，广告公司一直扮演着沟通广告主和媒体的中间人角色。可见，三者之间构成的是一种互相依存、相互制约的三角关系。这一关系稳定的前提是相互承认对方的作用并的确发挥了作用。

媒体必须了解如何平衡和广告主、广告公司之间的关系。一般情况下，媒体、广告公司和广告主是稳定的三方关系，在基本平等的环境下相互服务。不过，三者之间的关系也存在不确定性。在广告主眼里，媒体的垄断性导致价格不断上升，却又不得不用，而广告公司是为自己服务的，可以为自己的更高投入精打细算。加上媒体刚刚开始重视营销，缺乏与广告主的沟通，这就形成了广告公司和广告主关系密切而和媒体游离的情况。尤其是在国际专业广告代理公司势力日益强大的趋势下，三者的失衡状态就更加明显。媒体还一直面临着广告经营抉择的困惑，在自营和代理经营之间到底该怎么选？依赖广告公司做大广告市场却又不得不面临广告公司的制约。而且大型广告购买或代理公司因为购买量大，他们要求价格折扣都比较高。

根据上述分析，媒介如想维护这三者关系的平衡就必须要拿出自己的独特优势。媒介定位是最有效的办法。只有明确了媒介定位，才能聚集相同需求的受众群，进而描绘出这一受众群体的详细特征，为广告公司和广告主提供一个相对明确的目标消费群体。海南卫视的定位是中国最大的旅游频道，并直接改名为旅游卫视；江苏卫视通过《人间》、《1860 新闻眼》等节目成功定位为情感频道；广西卫视的定位是女性频道；浙江卫视在 2008 年奥运会后成功转型，推出“中国蓝”概念，精办《我爱记歌词》、《我是大评委》等节目，成功定位为娱乐频道；福建卫视依托有利的地理位置被定位成海峡频道，并更名为东南卫视，等等。其中，湖南卫视与安徽卫视被认为是定位最成功的卫视频道。湖南卫视以受众价值观为定位，突出“快乐中国”的经营理念，不但抓住了电视观众的细分发展，也成功与其他卫视产生区分。安徽卫视以“中国最好的电视剧大卖场”为定位，推行“剧行天下”，拿出大面积时段导入一些老百姓喜闻乐见的电视剧，获得了很多有影响力电视剧的首播权。它清晰的定位吸引了众多的广告公司和广告主。宝洁、联合利华、娃哈哈等国内外知名的快速消费品、日化用品企业几乎都将最好的广告资源投放到了安徽卫视。安徽卫视的广告收入也越来越丰厚，实现了媒体与广告主、广告公司的共赢。

三、媒介广告的营销

媒介广告营销要注意以下几点：

1. 有效和充分的准备

媒体在开始广告营销之前，首先要做好精心的准备。如果希望留住重要的广告主，就必须为他们提供经过审计的调查报告，而调查报告必须提供客观的收视率、发行量、广告效果等重要内容。广告主需要确认他们付钱购买的广告时间和空间是有效的，这就要求媒介组织的管理工作必须有序、高效和完善。为了满足广告主对媒体创意广告的要求，媒体还需要有专业的广告人才。

2. 了解你的受众

一个媒介组织真正的价值来自其受众。如果一个媒体的收视率或者发行量高得惊人，这显然是最重要的一项资本。排名前 10 名的媒体仅仅只有 10 个，而绝大部分媒体甚至都在50名之外。那么,对大部分媒体而言该如何应对呢?精确定位能解决这个问题。通过精确定位,媒体依然可以发掘更多的广告主,只要媒体的受众代表一个目标市场就行。广告主十分在乎你的广告谁会看到。媒体了解了自己的受众,找准目标市场,就等于使自己成为一个重大商机的代言人。其中,有两个问题值得关注:一是媒体所预先设想的受众不一定就是你的现实受众;二是在确定现实受众后,应当投放适合这批受众需要的广告主的广告。实际上,也有很多媒体“见钱眼开”,对广告主来者不拒,结果把辛辛苦苦引来的受众“吓”跑了。

3. 斟酌广告销售策略

在广告销售中没有秘密武器。任何一个经验丰富的业务员都会说:“销售以各种关系为基础。”既然媒体是一个建立公共关系的最佳渠道,那么就应该充分利用这些资源。销售是一种艺术,除了讲究技巧之外,还要勤奋和努力。媒体广告销售需要仔细推敲各种策略,如打折、优惠、拍卖等,应该分析各自的优缺点,然后决定最适合自己的方式。

4. 增强自我形象传播

媒体为自己做广告,在过去似乎并不受重视,因为媒体自身就是传播平台,做广告不是很容易吗?事实上,在媒体多样化的今天,媒体若不重视在其他媒体上做推广,对树立品牌形象是很不利的。媒体应当尽可能多地对自我形象进行传播,对受众的意见,尽量给予反馈。

5. 关注定向营销

媒体广告的定向营销就是媒体根据每一个高度定向的市场或者广告主设计个人化信息。定向营销的第一步就是识别广告主。常言道:销售未动,调查先行。没有详细的广告主个人资料,就不可能实现定向营销。和传统营销相比,定向营销更注重顾客差别化。因此,媒体要和广告主之间建立一种良好的合作关系。定向的重要性就在于广告主的需要不但有更多机会表达并得到重视,而且媒体可以站在广告主的立场来科学地完善这些需求,由此长期保住该广告主的业务。湖南卫视在推出的《超级女声》活动中,为了满足购买了冠名权的蒙牛乳业集团的营销需求,将蒙牛乳业欲攻下的重点营销区域长沙、广州、成都、杭州、郑州五个城市作为2005年度分赛区,虽然蒙牛乳业付出了巨额的广告费,但是他们的主打产品“蒙牛酸酸乳”销售额却比上一年翻了三番。

6. 分析和扫除营销障碍

媒体营销的障碍主要有两个:一是广告主对媒体是否信任和对广告效果的担忧,二是越来越高昂的媒体广告费用。很多广告主认为,广告费用超出了其带来的收益。尤其是现在流行的电视台广告招标,广告主已在不断提出种种疑问。1996、1997连续两年,秦池酒成为央视标王,1997年的广告价格高达3.2亿元。

爱多 VCD、步步高 VCD、熊猫手机、宝洁、娃哈哈等都做过标王。其中有些品牌现在都已经成为过眼云烟。赢得最漂亮的是娃哈哈,它在 2001 年仅以 2 211 万元的价格获得标王,这也是央视广告招标史上身价最低的一个标王。极低的广告投入却给娃哈哈带来了爆炸性的增长。广告主需要通过建品牌、做广告来帮助解决市场问题。如果广告不能解决这些问题,那他们就不会选择做广告。为了扫除营销障碍,媒体需要改变广告营销理念,提高媒体差异优势,满足广告主的复合型需求。

第四节　企业的广告经营管理

尽管广告代价高昂,企业对它却十分热衷,原因在于广告已经成为企业开拓市场、树立品牌形象、实现营销目的的重要手段。不过很多时候广告也会有劳无获,成为现代营销中最具风险的投资。约翰·华纳梅科曾经嘲笑说:我花在广告上的钱有一半是浪费了,糟糕的是,我不知道是哪一半浪费了。现在很多公司也有这样的抱怨。只有巧妙利用媒体广告造势,企业才会开创良好的营销局面。

一、广告对企业的作用

好的广告不仅能让消费者认识到产品,也可以感受到企业以及企业文化。有时候我们不知道到底是企业自己发现了独特卖点还是广告帮助企业发掘了卖点。广告已经成为企业回击竞争的有力武器。广告在企业的发展过程中发挥着重要的甚至可以说不可或缺的作用。具体来说,主要有以下四个方面:

1. 传播商业信息,引起市场关注

广告是企业提高产品和企业本身知名度不可缺少的武器,是企业竞争的重要内容之一。企业的产品与消费者的购买之间,在时间上、空间上都存在着距离,广告作为一种信息传播手段,能缩短这种距离。当一种新产品上市后,如果消费者对它不了解就很难打开销路。特别是在市场竞争激烈,产品更新换代加速的情况下,企业通过大规模的广告传播,能引起消费者对本企业产品的关注并产生吸引力。通过广告传播的信息,消费者很容易了解企业的产品。广告的信息传播往往还夹杂着无数次密集播放,这可以给消费者留下深刻的印象。尤其是随着植入式广告、"病毒式"广告等广告传播方式的不断更新,消费者想要不注意这些广告信息都很困难。

2. 激发消费需求，促进产品销售

英国前首相丘吉尔说过：广告滋养了人们的消费能力。它创造了对更高生活水准的需求。广告能有针对性地对消费者的消费兴趣与需要进行刺激，从而引发购买行为。广告为企业产品的快速销售提供了支持，能挖掘潜在的购买力，对企业开拓新市场，加快产品销售和资金回笼都具有重要的作用。不过广告对销售的促进，需要通过一定的持续性投放才会有好的效果。因为消费者需要经历一个“认知—兴趣—信任—购买”的接受过程。“白加黑”药物广告将广告词设计为“治疗感冒，黑白分明”，与其说是在阐述产品功效，不如说是在传递一种人生哲学。以至于上市仅 180 天销售额就突破 1.6 亿元，在拥挤的感冒药市场上分割了 15%的份额，登上了行业第二品牌的地位，简直是广告史上的奇迹。海尔在 2003 年推出“有氧运动有活力”的氧吧空调也是一个经典案例。提起空调行业，大家想到的往往是“价格战”。正当大家猜测谁将是第一个降价的企业时，海尔推出了氧吧空调的广告篇，尽管遭受“非典”、“凉夏”、原材料涨价等多重不利因素，但还是取得了不俗的销售业绩。为了让广告更好地激发需求、促进销售，企业要找到合适的广告诉求点，这个诉求点不仅是产品卖点的诉求，更是对消费者买点的准确把握。

3. 营造差异优势，助力企业发展

市场竞争不只是实力的较量，有时候还是声势、活力、形象的较量。广告能帮助企业做到这一点。广告能使企业营造差异优势，规避竞争风险。通过广告的创意策划，能够给企业提供新的思路，让企业的产品保持个性和特色，让企业的独特卖点发挥到极致。比如“脑白金”广告。“今年过节不收礼，收礼只收脑白金”的广告词在中国几乎妇孺皆知。“乐百氏”的 27 层净化也有异曲同工之妙。乐百氏纯净水的成功相当程度上得益于其“27 层净化”的广告设计与传播。因为“27 层净化”给消费者一种“很纯净，可以信赖”的印象，这构成了差异优势最核心的部分。

4. 构筑品牌忠诚，树立企业形象

广告大师大卫·奥格威曾指出：“每一次广告都应该为品牌形象作贡献，都要有助于整体品牌资产的积累。”企业每次所做的广告实际上是对品牌的长期投资。广告传播理念与品牌建设理念的结合，有助于集中创造品牌价值、增加品牌资产。积极的广告策划对消费者产生号召力，而持续不断的广告传播能把企业和产品在消费者心中的形象具体化，从而提高消费者对企业的美誉度。广告能够把企业的品牌形象和消费者的社会环境及文化背景联系起来，从而使品牌富于个性，使消费者对品牌产生忠诚。消费者对产品有了品牌忠诚后，就会记住更多的品牌信息，如名称、标记、符号、特色等，而且会积极推广和维护这一品牌。所以，对企业来说，品牌是一项能带来利润的资产。为了树立品牌形象，企业必须为品牌选择和创造合适的广告设计，表现品牌独特的品质和个性，并能为消费者接受。联想在2005年完成了对IBM下属PC业务部门的收购后，成为全球第三大PC制造商。为此，他们投入2亿美元用于广告宣传与市场营销活动，目的就是提升新联想的国际品牌形象。

二、企业广告运作的流程

1. 确定目标市场

目标市场是企业集中资源想要进入的细分市场。明确目标市场既可以避免浪费广告费，也可以使广告更具针对性。企业的目标市场具备以下特点：既是对企业产品有需要、有支付能力的消费群体，也是企业能力所及的消费群体。企业通过亲自或者委托广告公司进行市场调查，对目标市场做详尽的分析，以更好地利用这些信息所带来的机会，创作合适的广告，以便增加对消费者的吸引力，最终实现增加销售额的目标。

2. 制订广告规划

企业在明确目标市场后，就需要制订科学的广告规划。首先是要明确广告运作的目的。通常，广告的目的有告知、说服和提醒。告知式广告主要用于新产品刚进入市场的时候，目的在于通过广告提升知名度，引发消费需求，引导消费观念，树立企业形象，缩短产品进入市场的时间等。告知性广告一般追求短期效应，通过有冲击力的广告给消费者留下强烈印象。说服式广告在市场竞争阶段十分重要。企业追求的是中期效应。这类广告既可以为企业塑造形象或突出差异优势，也可以用来重新定位。提醒式广告在产品的成熟期十分重要，目的是保持消费者对产品的记忆，从而使消费者在需要的时候，这些信息便能在脑海中出现，即使在淡季也不至于被遗忘。在此基础上，企业要周密策划，提出整体的广告规划。

3. 做好广告预算

在广告规划确定后，企业需要着手做好广告预算。企业做广告，要考虑广告的投入及产出关系。因此，广告预算很重要。不同的企业，其预算方式也是不同的。企业要根据自身的财力来确定广告预算。具体预算方法可参看我们在第一节介绍的百分率法、销售单位法、邮购法和目标完成法等。

4. 选择广告媒体

广告媒体的选择是企业广告经营的一个重点。企业常用的媒体有：报刊等印刷媒体；广播电视、互联网等电子媒体；户外媒体等。选用什么样的媒体组合，要根据所要传递的信息类型和要传达的市场类型决定，并关注以下步骤：一是确定广告涉及的范围、出现频率和效果；二是选择主要的媒体形式；三是选定特定的传媒载体;四是确定媒体时间安排。企业在选择广告媒体时,一定要考虑目标市场对媒体使用的习惯、媒体自身的特点、经营成本等因素。

5. 发布广告

一般来说,受众选择媒体主要是获取有用的信息,冲着广告去接触媒体的受众毕竟还是少数。央视数据调查公司的研究显示,普通观众可以忍受的广告时长是 2.5 分钟。电视台要设计科学的节目与广告编排策略,缩小节目和广告收视率的差异,为企业创造优良的广告投放环境。企业应在广告发布上进行合理把关,让广告得到更好的投放,这样才能确保企业的利益。上海分众传媒控股有限公司之所以异军突起,就是发现了楼宇电视广告这一市场的独特性。他们根据白领员工这一目标市场的特点,创造进出电梯零散时间的信息需求,增加视频广告的滚动播放量,给企业提供了全新选择,企业可以在包括餐饮店、娱乐场、医院、机场、火车站在内的各类液晶电视联播网络广告。

6. 广告效果评估

广告在媒体播出一个周期以后,企业要对所做的广告进行评估,确定广告的效果,如知名度是否增加,美誉度是否上升,记忆程度是否加强,销售额是否提高等。若没有达到预定目标,那么要对广告做一些调整。广告效果评估有助于企业选择更有效的广告媒体,创造良好的广告效益。而且,只有通过广告效果评估,企业才能更清晰地了解目标市场的消费者对广告的记忆点和理解情况,这有利于提高广告作品质量,节约广告成本。当然,广告效果评估对企业下一次选择广告发布媒体、发布时机、发布量和发布时段等都有帮助。

三、企业的广告媒体策略

就企业广告的媒体选择来看,不外乎印刷、电子和户外三大类。印刷媒体包括报纸、杂志、夹在商品里的传单、夹在报纸、杂志里的传单、直接邮寄的小册子、商品目录、折叠式的印刷品等。电子媒体主要是广播、电视、电影、互联网,以及现在兴起的数字媒体。户外媒体的内容比较广泛,如汽车表面和车内装饰、车站、候车室、候船室、候机室广告、霓虹灯、楼宇广告等。不同的媒体具有不同的特点和不同程度的局限性,因此,需要通过媒体整合运用来达到准确传播,增强广告效果的目的。

1. 掌握各种广告媒体的特点

(1) 报纸广告

在广播电视出现以前,报纸广告是最常见的形式。作为广告媒体,报纸可以比较灵活地掌握广告发布的时间和频度。读者对报纸可以精读、略读甚至一扫而过,阅读广告的时间长短取决于读者的兴趣与习惯,并没有任何限制。这比电视广告、广播广告等时间性广告具有更大的自由度。不过报纸广告也有劣势，如寿命短促，时效较差，而且一般读者阅读报纸的时间不够长。另外，虽然印刷水平已经有了很大的改善，报纸有时也做彩色广告，但印刷质量仍不够理想。报纸广告的以上特点，使其特别适合于百货、卖场、旅游、零售等广告的发布。报纸广告的收费视不同报纸的发行量及同一报纸的不同版面而定。一般来说，发行量越大，版面越突出，收费就越高。

(2) 杂志广告

杂志广告的最大优点是它的选择性和针对性强。不同的杂志有不同的读者群，而不同的产品也有不同的消费对象。许多产品只对某些人具有吸引力，对另一些人则没有，特别是对于个人奢侈品和工业用品来说，就更是如此。杂志广告的版面相对集中，印刷精美，形象突出。因为很多杂志都是用优质纸张印刷的，而且可以复制良好的黑白及彩色照片。杂志广告的时效长，有较强的生命力。读者都有保留杂志、阅读过期杂志的习惯，传阅率也比较高，这些都扩大了杂志的广告传播效果。因此，对于企业来说，与其做“撒胡椒面”式的广告，不如做集中的广告。杂志广告的收费除了看杂志的发行量外，还要按照整页、半页、四分之一页，封面、封底、封二、封三等不同版面计费。

(3) 广播广告

在电视传媒出现之前，广播的影响力是非常大的。因为当时订阅报纸的家庭非常少，但许多家庭都有收音机或有线广播。如今，广播受到了电视和报纸的夹击，听众人数有所减少，但它依然保持着自己独特的优势。作为广告媒体，广播广告传播最为迅速，活动的空间极为广泛，广告的针对性很强，拥有独特的受众群体，比如驾驶员、教师、大学生、退休人士等。广播广告制作方便，收费低廉。广播在特殊时段的影响力巨大，如早晨之于老年人，中午之于上班族，深夜之于年轻人。广播广告的局限性主要表现在听众过于分散，广播时间短暂，内容不够形象具体，听众的注意力不高等方面。现在广播广告借助数字化改革，在增加广告的多样性方面有了很大的进步。

(4) 电视广告

电视广告具有其他广告所不能替代的优越性。由于电视广告较少受受众文化程度高低的影响，尤其是随着电视在现代家庭生活中扮演的角色越来越重要，电视广告的影响也越来越大。电视广告直观性强，它利用了视觉、听觉的综合效果，直观地显现商品，且具有示范作用，能给消费者以深刻的印象。不少电视广告以其富于想象力的声画效果，使观众兴趣盎然。虽然电视广告时间较短，常见的是 5 至 15 秒钟，但因为反复播放，还是能让受众记住。不过，电视广告价格昂贵，花费较大。另外，电视广告选择性较弱也是缺点。一些消费面比较大的卫生用品、食品、药品、化妆品、服装等商品都很适合做电视广告。

(5) 电影广告

电影作为广告媒体具有独特的价值。电影把一大群人集中到一个空间,便于广告信息传播。而且,在电影院,除了银幕,播放现场一片黑暗,它排除了其他信息的干扰和竞争,有利于注意力聚焦。电影广告的形式也在发展。从正片播放前的贴片广告开始向植入式隐性广告转变,如利用电影情节、道具、场景和台词,把广告主或赞助商的商品信息嵌入其中,使受众不知不觉接受广告信息,也有利于减轻受众对广告的排斥感。

(6) 网络广告

网络的出现标志着传统媒体统治时代的结束。网络是一个综合性的媒体,在这一平台上,人际传播、组织传播、大众传播、小众传播都能够实现。网络是一个多媒体平台,可以把商品信息用文字、图片和音响等通过静态和动态结合的手段表现出来。网络广告的互动性比较强,这有利于增加它的吸引力。目前网络广告主要有电子邮件广告、搜索引擎广告、游戏广告、博客广告,弹出广告等。网络广告的收费一般按照网站的点击率和影响力收费。

(7) 手机广告

手机作为广告媒体具有随身携带的优势,属于个人追随性小传媒。这种广告媒体的使用可以做到真正的伴随性,即受众可以随时随地地接收和阅读。手机作为广告媒体正发挥着越来越重要的辅助作用,它有效提升了消费者在广告活动中的参与性,并为消费者采取的即时反应提供了技术支持。不过手机因为技术条件的限制,信息发布量受到制约,如短信广告。而且消费者对垃圾信息的反感态度也是一个不利之处。随着 3G 技术的发展,手机的网络化程度不断提高,功能不断强化,正在发展成为集通讯、摄影、摄像、电视、无线上网为一体的新一代功能强大的媒体。企业应当要重视这类新型广告媒体。

(8) 户外广告

户外广告种类很多,比如设在人行道或售货摊点的海报和招贴广告、路牌广告。一些先进的户外广告还采用了声、光、色、味等技术,形式多样,色彩新鲜,非常具有吸引力。户外广告是全时段的广告媒介。全天 24 小时伫立在那儿,很容易被消费者见到。通过策略性的媒介安排和分布,户外广告能创造出理想的到达率和暴露频次。而且,户外广告的千人成本低,因此常被称为最物有所值的广告媒体。

企业可供选择的广告媒体还有很多,比如被称为"无声的推销员"的包装广告,具有人情味的邮寄广告,旅客量大面广、费用比较低廉的交通广告,以及馈赠广告、展览广告等。

2. 企业确定广告媒体组合的原则

企业需要认识到不同媒体具有不同的功能,对各种媒体的特性、优缺点有一个理性的认识。在运用媒体策略时，尽量要使电子媒体与平面媒体高效结合，产品广告和形象广告优势互补，新媒体与传统媒体有效互动。广告媒体组合的好处在于可以发挥不同媒体的独特优势，形成协同效应，使不同的信息在不同的媒体得到最佳的表现，让目标市场的大多数消费者都能接触到广告信息。企业确定广告媒体组合的原则包括：

（1）效果最大化原则

在既定的广告目标下，通过不同的广告媒体组合所需要的广告投入往往是比较大的，这就要考虑各种组合的成本因素。通过选择最经济、最合理的组合，力争实现广告效果的最大化。

（2）有效到达率原则

通过广告媒体组合使广告能够有效覆盖和到达目标市场。因为目标市场的受众接触媒体的情况有所区别，所以在许多情况下通过媒体组合能够到达预定的目标受众。有效到达率还要考虑目标市场消费者受广告冲击的次数，没有一定数量的广告刺激，不足以产生促进作用。

（3）最佳广告表现原则

广告信息不只是到达目标受众就行，还需要有效表现出企业的形象、产品的优势、服务的特色等，不同的传媒表现方式和表现能力有很大的差异，选择媒体组合，必须要遵循最佳广告表现原则。

思考题：

1. 广告经营管理有哪些特点？
2. 广告经营管理的主要内容是什么？
3. 广告公司通常有哪些类型？
4. 常见的广告公司收费制度有哪些？
5. 媒体、广告公司、企业三者之间有什么关系？
6. 企业广告运作的流程是怎样的？企业如何运用广告媒体策略？

主要参考文献

郑瑞城.传播媒介管理学.台北:三民书局,1994.

黄新生.电视媒介管理.台北:广电基金,1995.

关尚仁.广播媒介管理.台北:黎民文化事业公司,1995.

张宏源.媒体经营规划与管理实务.台北:风云论坛出版社,1995.

蔡念中,张宏源,庄克仁.传播媒介经营与管理.台北:亚太图书出版社,1996.

邵培仁,刘强.媒介经营管理学.杭州:浙江大学出版社,1998.

邵培仁.媒介管理学.北京:高等教育出版社,2002.

邵培仁,章东轶.媒介管理学经典案例.北京:高等教育出版社,2003.

邵培仁,陈兵.媒介战略管理.上海:复旦大学出版社,2003.

陈兵.新闻媒介产业战略选择与经营突围.北京:中国广播电视出版社,2009.

陈兵.媒介品牌论.北京:中国传媒大学出版社,2008.

邵培仁.传播学(修订本).北京:高等教育出版社,2007.

邵培仁等.媒介理论前沿.杭州:浙江大学出版社,2009.

袁靖华.媒介愿景论:社会转型时期的媒介组织管理.北京:中国传媒大学出版社,2009.

胡正荣.媒介管理研究:广播电视管理创新体系.北京:北京广播学院出版社,2000.

崔保国.中国传媒产业发展报告(2007—2008).北京:社会科学文献出版社,2008.

李思屈.中国数字娱乐产业发展战略研究.北京:社会科学文献出版社,2007.

卫军英.整合营销传播理论与实务.北京:首都经济贸易大学出版社,2009.

张宏.媒介营销管理.北京:北京大学出版社,2006.

邵培仁.媒介生态学.北京:中国传媒大学出版社,2008.

凌昊莹.广播经营战略研究.北京:中国传媒大学出版社,2009.

支庭荣.媒介管理(第三版).广州:暨南大学出版社,2009.

唐玲玲.电影经济学.北京:中国电影出版社,2009.

吴曼芳.媒介经营与管理.北京:中国电影出版社,2009.

王菲.媒介大融合:数字新媒体时代下的媒介融合论.广州:南方日报出版社,2007.

邵培仁,江潜.知识经济与大众传媒.杭州:浙江大学出版社,1999.

张春朗.区域性广电传媒发展研究.北京:中国广播电视出版社,2009.

宜宝剑.媒介形象.北京:中国传媒大学出版社,2009.

吴小坤,吴信训.美国新媒介产业.北京:中国国际广播出版社,2009.

傅玉辉.大媒体产业:从媒介融合到产业融合.北京:中国广播电视出版社,2008.

宋建武.媒介经济学:原理及其在中国的实践.北京:中国人民大学出版社,2006.

桑义磷,谢恩光.创建中国传媒新机制.杭州:浙江人民出版社,2000.

黄升民.中国数字新媒体发展战略研究.北京:中国广播电视出版社,2008.

邵培仁等.文化产业经营通论.成都:四川大学出版社,2007.

唐榕,邵培仁.电影经营管理.杭州:浙江大学出版社,2005.

张茹等.数学版权管理.北京:北京邮电大学出版社,2008.

赵曙光.媒介经济学——案例分析.北京:中国人民大学出版社,2003.

迈克尔·舒德森.发掘新闻:美国报业的社会史.陈昌凤,常江译.北京:北京大学出版社,2009.

大卫·克罗图,威廉·霍伊尼斯.媒介·社会:产业、形象与受众.邱凌译.北京:北京大学出版社,2009.

多米尼克.大众传播动力学:数字时代的媒介(第七版).蔡骐译.北京:中国人民大学出版社,2009.

埃勒特.移动多媒体商务:3G时代的致胜之道.吕廷杰,孙道军译.北京:中国广播电视出版社,2007.

理查德·弗罗里达.创意经济.方海萍,魏清江译.北京:中国人民大学出版社,2006.

霍斯金斯等.媒介经济学:经济学在新媒介与传统媒介中的应用.支庭荣,吴非译.广州:暨南大学出版社,2005.

里克·莱兹伯斯.品牌管理.北京:机械工业出版社,2004.

大卫·A.艾克,爱里克·乔瑟米赛勒.品牌领导.曾晶译.北京:新华出版社,2001.

小查尔斯·W.兰姆,小约瑟夫·F.海尔,卡尔·迈克丹尼尔.营销学精要(第3版).王慧敏等译.北京:电子工业出版社,2003.

凯文·莱恩·凯勒.战略品牌管理.李乃和译.北京:中国人民大学出版社,2003.

乔治·E. 贝尔齐，麦克尔·贝尔齐. 广告与促销：整合营销传播展望（上下）. 张红霞等译. 大连：东北财经大学出版社，2000.

D. 舒尔兹等. 整合营销传播. 吴怡国等译. 呼和浩特：内蒙古人民出版社，1998.

迈克尔·波特. 竞争战略. 陈小悦译. 北京：华夏出版社，1997.

泰勒尔. 产业组织理论. 张维迎等译. 北京：中国人民大学出版社，1997.

汤姆·邓肯，桑德拉·莫里亚蒂. 品牌至尊——利用整合营销创造终极价值. 唐宜怡译. 北京：华夏出版社，2000.

迈克尔·R. 所罗门. 消费者行为（第三版）. 张莹等译. 北京：经济科学出版社，1999.

布鲁尔. 市场营销理论与实务. 于华民等译. 成都：西南财经大学出版社，2000.

爱德华·赫尔曼，罗伯特·麦克切斯尼. 全球媒体：全球资本主义的新传教士. 甄春亮等译. 天津：天津人民出版社，2001.

乔治·梅尔. 娱乐业的扩张经营：派拉蒙公司总裁迪勒现身说法. 傅兴潮译. 北京：工商出版社，2000.

艾尔·努哈斯. 传媒业的创新经营：今日美国报创办人努哈斯谈一本万利经营. 李瑞君等译. 北京：工商出版社，2000.

Robert G. Picard. 媒介经济学. 冯建三译. 台北：远流出版公司，1994.

B. Sohn & J. Wicks. 媒体管理——案例研究法. 李秀珠译. 台北：五南图书出版公司，1997.

Christopher J. Coyne. *Media Development and Institutional Change* (*New Thinking in Political Economy*). Edward Elgar Publishing, 2009.

Alan B. Albarran. *Management of Electronic Media*. Wadsworth Publishing, 2009.

Leslie Mitchell. *Production Management for Television* (*Media Skills*). Routledge, 2009.

Hans Van Kranenburg. *Management and Innovation in the Media Dustry*. Edward Elgar Publisher, 2009.

Lucy Keung. *Strategic Management in the Media: Theory to Practice*. Sage, 2008.

Cherian George. *Free Markets, Free Media? Reflections on the political economy of the press in Asia*. Asian Media Information & Communication Centre (AMIC), 2008.

Lucy Kung. *Strategic Management in the Media: Theory to Practice*. Sage

Publications Ltd,2008.

Robert McChesney. *The Political Economy of Media: Enduring Issues, Emerging Dilemmas*. Monthly Review Press,2008.

Robert E. Babe. *Cultural Studies and Political Economy: Toward a New Integration (Critical Media Studies)*. Lexington Books,2008.

Elaine England. *Managing Interactive Media: Project Management for Web and Digital Media*. Addison Wesley Publishing Company,2007.

Peter Pringle. *Electronic Media Management, Revised (Fifth Edition)*. Focal Press,2006.

Magan H. Arthur. *Expanding a Digital Content Management System: for the Growing Digital Media Enterprise (NAB Executive Technology Briefings)*. Focal Press,2006.

James R. Compton. *Converging Media, Diverging Politics: A Political Economy of News Media in the United States and Canada*. Lexington Books,2005.

Valerie Feldmann. *Leveraging Mobile Media: Cross-Media Strategy and Innovation Policy for Mobile Media Communication (Information Age Economy)*. Physica-Verlag Heidelberg,2005.

Ben Goldsmith, Tom O'Regan. *The Film Studio: Film Production in the Global Economy (Critical Media Studies)*. Rowman & Littlefield Publishers,2005.

Andreas Mauthe. *Professional Content Management Systems: Handling Digital Media Assets*. Wiley,2004.

Dennis F. Herrick. *Media Management in the Age of Giants: Business Dynamics of Journalism*. Wiley-Blackwell,2003.

Edward S. Herman. *Manufacturing Consent: The Political Economy of the Mass Media*. Pantheon,2002.

后　记

媒介管理学是一门新兴的跨学科复合型应用科学，它融合了传播学、管理学和市场营销学等社会科学知识和其他领域的相关理论。并且，随着媒介管理实践的不断丰富，还会有各种新理论、新知识融入该学科中来，因此，推陈出新是撰写教材的必然选择。

当前，媒介管理研究领域呈现出"百花齐放、百家争鸣"的态势。有关媒介管理学研究的学术著作、教材、研究报告和案例分析可谓汗牛充栋，数不胜数，学界对媒介管理学的界定、媒介管理学知识体系的建构，以及媒介管理学研究方法的运用等问题，仍然存在着一系列不同意见，这在一定程度上令初学者感到无所适从，增加了学习的难度。有鉴于此，为了使媒介管理理论更加符合媒介管理的实践，本书坚持"以人为本"的理念，力图全面、系统、审慎地反映和体现媒介管理学研究中较为成熟的理论成果与较为前沿的发展动态。

根据十五年来在媒介管理学教学和科研中的实践经验，以及对国内外最新学术成果的分析研究，我们对媒介管理学理论体系进行了科学设计，对国内外媒介管理学研究成果进行了筛选、诠释、完善和创新，力求使本教材简洁明了，浅显易懂，使读者不仅能在最短时间内掌握媒介管理学的基本框架，而且还能了解每个重要环节的关键知识。

《媒介管理学概论》在研究和撰写方面继承并发展了邵培仁、刘强在《媒介经营管理学》(1998)中创立并得到学界广泛好评的媒介管理学理论体系，集中体现和合理整合了邵培仁主编的以及与他人合著的"面向21世纪课程教材"《媒介管理学》和《媒介管理学经典案例》(这两种教材合并以《媒介管理学》名称于2004年获得浙江省人民政府优秀教学成果奖教材二等奖)、"全国新闻传播学研究生教材"《媒介战略管理》(2003)和国家社科基金项目成果《文化产业经营通论》(2007)中的学术精华，以及两位作者近年来许多相关论文和课题中的丰富内容，创新了体系、优化了内容，更好地保证了教材风格的统一和内容的完整。

在篇章结构和具体内容上，我们将原先十八章的结构压缩、调整为更加合理的十四章，删除了一些陈旧的内容和案例，对媒介管理职能、管理任务、管理领域等部分进行了重新整合和全面深化。对所有案例都进行了改写，重点选择2008年以后的案例进行分析、解剖。全书约有70%以上的内容属于全新创作。

在写作上的具体分工是：邵培仁撰写绪论、第一章、第二章、第四章、第五章、第六章、第七章、第八章、后记，提出写作大纲，进行统稿和定稿；陈兵撰写第三章、第九章、第十章、第十一章、第十二章、第十三章、第十四章。邵鹏、丁建辉等也在一些章节贡献了他们的聪明才智。我们要向多年从事合作研究的团队朋友们表示衷心感谢，向关心本书写作的新闻学传播学界的朋友们表示衷心感谢，向精编细校、认真负责的高等教育出版社编辑表示由衷谢意，是你们的关心与支持才使本书得以顺利出版。

最后，由于媒介管理的实践发展日新月异，媒介管理理论研究的新概念、新观点、新思想、新提法层出不穷，有很多领域有待我们进一步研究和探寻，书中偏颇和疏漏之处在所难免，真诚期待专家和读者的批评指正。

浙江大学传媒与国际文化学院　邵培仁

2010年5月6日于杭州沿山河畔寓所